中华传世藏书

【图文珍藏版】

荀子

[战国]荀况⊙原著

刘凯⊙主编

第六册

线装书局

26. 不道_____，以《诗》、《书》为之，譬之犹以指测河也，以戈春黍也，以锥餐壶也，不可以得之矣。(《荀子·劝学》)

A. 礼法　　B. 礼宪　　　　C. 礼义　　　　　D. 隆礼

27. 君子之学也，入乎耳，箸乎心，布乎四体，形乎动静。端而言，蠕而动，一可以为_____。小人之学也，入乎耳，出乎口；口耳之间则四寸耳，曷足以美七尺之躯哉！(《荀子·劝学》)

A. 礼法　　B. 隆礼　　　　C. 法则　　　　　D. 礼宪

28. 不_____而告谓之傲，问一而告二谓之囋。傲、非也，囋、非也；君子如向矣。(《荀子·劝学》)

A. 学　　　B. 问　　　　C. 听　　　　　D. 闻

29. _____莫便乎近其人。(《荀子·劝学》)

A. 礼　　　B. 学　　　　C. 善　　　　　D. 法

30. 问楛者勿_____也；告楛者勿_____也；说楛者勿_____也，有争气者勿与_____也。(《荀子·劝学》)

A. 听，问，告，辩　　　　B. 告，问，听，辩

C. 告，问，听，说　　　　D. 听，说，听，辩

【答案】

26．B　27．C　28．B　29．B　30．B

【识意】

26. 不遵循礼法，而仅仅学习《诗经》、《尚书》，这就像用手指去测量河的深浅，用长矛之类的兵器春米，用锥子代替筷子吃饭一样，是不能达到目的的。

27. 君子学习知识，要把所学听入耳中，牢记在心，融会贯通到整个身心，并表现在一举一动上；哪怕是极细微的言行，都可以成为别人学习的榜

样。小人学习，只不过是从耳中听进去，从口中说出来，嘴巴与耳朵间的距离不过四寸而已，这样怎么能使自己七尺之躯的品德得到修养呢，又怎么能使自己变得完美呢!"

28. 别人不问，自己却去告诉他，这叫做急躁；别人问一件事，却告诉他两件事，这叫做唠叨。急躁不对，唠叨也不对，君子回答别人，问一答一，如同回声回应本声一样。

29. 学习的途径没有比接近良师更便捷的了。

30. 问的事不合礼法，不要告诉他；告诉你的事不合礼法，不要去追问他；谈论的事不合礼法，不要去听他；那态度蛮横的人，不要和他争辩。

31. 曷谓一? 曰：执神而_____。（《荀子·儒效》）

    A. 志   B. 统   C. 礼   D. 固

32. 事行失中，谓之奸_____；知说失中，谓之奸_____。（《荀子·儒效》）

    A. 行，礼   B. 事，道   C. 行，道   D. 事，礼

33. 不闻不若闻之，闻之不若见之，见之不若知之，知之不若_____之。学至于行之而止矣。（《荀子·儒效》）

    A. 学   B. 行   C. 言   D. 为

34. 闻之而不见，虽_____必谬；见之而不知，虽_____必妄；知之而不行，虽_____必困。不闻不见，则虽当，非仁也，其道百举而百陷也。（《荀子·儒效》）

    A. 多，记，敦   B. 博，记，敦

    C. 多，识，敦   D. 博，识，敦

35. 有师法者，人之大_____也；无师法者，人之大_____也。（《荀子·儒效》）

    A. 宝，祸   B. 富，殃   C. 宝，殃   D. 富，祸

【答案】

31．D　32．B　33．B　34．D　35．C

【识意】

31．什么叫做专一？答：保持神明与稳固。

32．事情和行为不得当，就是奸邪的事；知识学说不得当，就是奸邪的学说。

33．不听不如听到，听到不如亲眼看到，看到不如知道，知道了不如亲自实践。学习到了实行的阶段，也就叫登峰造极了。

34．听到而没有亲眼看到，即使听到的很多，也必定会出现错误；看见了却不知道，虽然记住了，也必有错误；知道了却不付诸实践，即使知识很多，也将会陷入困境。没有听见，也没有看见，即使做对了，也不是仁，把偶然当做根本方法来做事，这样做一百次就会失败一百次。

35．有老师的教导和有法度，就是人们最大的财富；反之，没有老师的教导和没有法度，就会成为人们的灾祸。

36．人无师法，则隆性矣；有师法，则隆积矣；而师法者，所得乎积，非所受乎性。性不足以独立而_____。（《荀子·儒效》）

　　A．制　　　　B．治　　　　　C．知　　　　　　D．之

37．君子言有坛宇，行有防表，道有一隆。言_____之求，不下于安存；言_____之求，不下于士；言_____之求，不二后王。（《荀子·儒效》）

　　A．政治，志意，道德　　　　　B．治国，志意，礼义

　　C．政治，志向，道德　　　　　D．治国，志向，道德

38．多知而无_____，博学而无_____，好多而无定者，君子不

与。(《荀子·大略》)

    A. 善，礼 B. 亲，方   C. 善，方   D. 亲，礼

39. 少不_____，壮不_____，虽可，未成也。(《荀子·大略》)

    A. 努力，理论   B. 讽诵，论议

    C. 学习，讨论   D. 讽诵，议论

【答案】

    36. B   37. A   38. B   39. B

【识意】

36. 没有老师的教导，不懂得法度，人就会任性而为；如果有老师教导，懂得法度，就会重视学习的积累；而老师的法度本身也是通过学习的积累得来的，不是先天具有的，它不能独立地治理自己。

37. 君子的言论有界限，行为有标准，言行有所专重。谈到政治的要求，要以国家安定和存在为标准；谈到志向的要求，要以做士为准则；谈到道德的要求，就要以不能背离当代帝王为准则。

38. 知识丰富却不亲近老师，学问广博却没有一定的准则，喜好的东西很多，却没有一定的方向，君子是不赞成这样的。

39. 少年时不读书学习，壮年时又不研究事物的道理，即使有能力，也不会有所成就。

40. 善学者尽其_____，善行者究其_____。(《荀子·大略》)

    A. 理，难 B. 道，因   C. 理，因   D. 道，难

41. 君子_____则不言，未问则不言，道远日益矣。(《荀子·大略》)

    A. 惑   B. 疑   C. 因   D. 乱

42. 人之于_____也，犹玉之于琢磨也。（《荀子·大略》）

　　A. 礼义　　　　B. 善恶　　　　C. 文学　　　　D. 道德

43. 学问不厌，好士不倦，是_____也。（《荀子·大略》）

　　A. 宝库　　　　B. 天府　　　　C. 富贵　　　　D. 财富

44. 道虽_____，不行不至；事虽_____，不为不成。其为人也多暇日者，其出入不远矣。（《荀子·修身》）

　　A. 近，清　　B. 迩，小　　　　C. 近，小　　　　D. 迩，清

【答案】

　　40. A　41. B　42. C　43. B　44. B

【识意】

　　40. 善于学习的人能透辟地认识事物的道理；善于实践的人能把事物中的疑难探究清楚。

　　41. 君子疑惑不解的事情决不胡乱去说，没有经过认真学习和钻研的事情决不轻易说出，长期坚持这样做，就会不断地进步。

　　42. 人们对于文化知识，应该像雕琢玉石那样精益求精。

　　43. 学习请教不满足，爱好文人不厌倦，这就是宝库。

　　44. 路程即使很近，但如果不走就不能到达；事情虽然很小，但不做就不能完成。那些无所事事的人，他们是不可能超过别人的。

　　45. 跬步而不休，跛鳖千里；累土而不辍，丘山崇成。_____其源，_____其渎，江河可竭。一进一退，一左一右，六骥不致。（《荀子·修身》）

　　A. 堵，通　　B. 厌，开　　　　C. 堵，开　　　　D. 厌，通

　　46. 夫人虽有性质美而心辩知，必将求贤师而_____之，择良友而

_____之。(《荀子·性恶》)

A. 学，友　　B. 事，友　　　　C. 问，交　　　　D. 事，交

47. 今与_____人处，则所闻者欺诬、诈伪也，所见者污漫、淫邪、贪利之行也，身且加于刑戮而不自知者，靡使然也。(《荀子·性恶》)

A. 恶　　　B. 不善　　　C. 愚昧　　　D. 小人

48. 君子_____必择乡，_____必就士，所以防邪辟而近中正也。(《荀子·劝学》)

A. 居，行　　B. 居，游　　C. 住，行　　　D. 住，游

49. 国将兴，必贵师而重傅，贵师而重傅，则_____。国将衰，必贱师而轻傅；贱师而轻傅，则_____；人有快则法度坏。(《荀子·大略》)

A. 礼法存，人有快　　　　　　B. 法度存，人有快

C. 礼法在，人有快　　　　　　D. 法度在，人有快

【答案】

45. B　46. B　47. B　48. B　49. B

【识意】

45. 只要一步一步地走个不停，那么即使瘸了腿的甲鱼也能走千里；土堆积起来没完，山丘也能够堆成；堵塞水源，开通沟渠，即使是长江、黄河也会枯竭；一会儿前进，一会儿后退。一会儿向左，一会儿向右，就是六匹千里马拉车也不能到达目的地。

46. 人即使具有良好的资质，聪明的头脑，也一定要跟随明师学习，结交好的朋友。

47. 如果跟随不好的人相处，所听到的就是欺诈、虚伪的事情，所看到的就是肮脏、欺骗、下流、贪婪的行为，自己将要受到刑罚和杀戮还不知道，这也是由于观摩效法的结果啊！

48. 君子居住要选择好的地方，交游要接近贤士，这样才是防止自己误入邪途而接近正道的方法。

49. 国家将要兴盛的时候，一定尊敬老师而看重师傅；尊敬老师而看重师傅，那么法度就能保持。国家将要衰亡的时候，一定鄙视老师而看轻师傅；鄙视老师而看轻师傅，那么人就会有放肆之心；人有了放肆之心，那么法度就会破坏。

50. 君子_____教，弟子_____学，亟成。（《荀子·大略》）

　　A. 一，一　　B. 壹，壹　　　　C. 意，意　　　　D. 溢，溢

51. 礼者，所以正_____也；师者，所以正_____也；无礼，何以正身？无师，吾安知礼之为是也？（《荀子·修身》）

　　A. 行，法　　B. 身，礼　　　　　C. 行，礼　　　　D. 身，法

52. 不是师法而好自用，譬之是犹以盲辨色，以聋辨声也，舍乱妄无为也。故学也者，_____也。（《荀子·修身》）

　　A. 礼义　　　B. 制法　　　　　C. 礼法　　　　　D. 礼宪

【答案】

　　50. B　51. B　52. C

【识意】

50. 君子专心一意教授，学生专心一意学习，就能迅速取得成就。

51. 礼法，是用来端正自身的行为的；老师，是用来正确解释礼法的。没有礼法，怎么能够端正身心呢？没有老师，又怎能知道礼义是正确的呢？

52. 不遵照老师的教导，违背礼法，喜欢自以为是，这就好像用盲人去分辨颜色，用聋子去分辨声音，除了胡说妄为是不会干出什么好事来的。所以，学习的根本之处在于礼法。

（五）政治篇

荀子精粹之政治

荀子在政治上主张以礼治国，以德服人，呼吁恢复"周礼"，并认为"周礼"是实现理想政治的理想大道。

荀子认为作为一国之君必须讲"信"，他希望通过上行下效的办法推行信德。同时，他主张把仁、义、礼、信作为为臣之道，这样才能达到天下大治。

本篇主要阐述了荀子礼法治国、赏罚严明、强国求富及以民为本等观点和看法。

1. 人主天下之利势也，然而不能自安也，安之者必将＿＿＿＿＿也。（《荀子·王霸》）

A. 法　　　　B. 道　　　　　　C. 礼　　　　　　D. 治

2. 国者，重任也，不以积持之则不＿＿＿＿＿。（《荀子·王霸》）

A. 固　　　　B. 稳　　　　　　C. 安　　　　　　D. 立

3. 国无＿＿＿＿＿则不正，礼之所以正国也，譬之犹衡之于轻重也，犹绳墨之于曲直也，犹规矩之于方圆也，既错之而人莫之能诬也。（《荀子·王霸》）

A. 力　　　　B. 礼　　　　　　C. 法　　　　　　D. 义

4. 用国者，＿＿＿＿＿立而王，＿＿＿＿＿立而霸，权谋立而亡。（《荀子·王霸》）

A. 义，信　B. 礼，信　　　　C. 法，礼　　　　D. 信，义

5. 挈国以呼＿＿＿＿＿而无以害之，行一不义，杀一无罪，而得天下，仁者不为也；擽然扶持心国且若是其固也。（《荀子·王霸》）

A. 隆礼　　　B. 礼宪　　　　　C. 礼义　　　　　D. 礼法

【答案】

1. B 2. D 3. B 4. A 5. C

【识意】

1. 君主处在天下最有权势的位置，但是，他不能自行安定，如果要使天下安定，就必须掌握正确的治国法则。

2. 国家，是个沉重的担子，不依靠长期积累起来的管理办法去扶持它，国家就不能巩固。

3. 国家没有礼义就不能得到治理，礼义之所以能治理国家，好比秤是衡量轻重的标准，好比木工的墨线能衡量木材的曲直，好比规矩能够画圆取方一样，如果治理国家的礼法已经确定，人们就没有谁再能搞欺骗了。

4. 掌握国家的人，确立礼仪就可以称王天下，确立信用就可以称霸诸侯，玩弄阴谋诡计就会灭亡。

5. 用礼义来治理国家，而不用别的东西去危害它，仁义的人决不会为了得到天下，而做一件不合乎礼义的事，处死一个无罪的人。他对礼义像磐石那样坚定不移，并用来约束自己的思想，把国家治理好。

6. 上文下安，功名之_____也。（《荀子·致士》）

A. 积　　　　B. 极　　　　　　C. 礼　　　　　　D. 法

7. _____及身而行修，_____及国而政明，能以礼挟而贵名白，天下愿，令行禁止，王者之事毕矣。（《荀子·致士》）

A. 理，意　B. 礼，义　　　　C. 理，义　　　　D. 义，礼

8. 君人者，隆礼尊贤而_____，重法爱民而_____，好利多诈而_____。（《荀子·大略》）

A. 王，霸，亡　　　　　　　　B. 霸，王，危

C. 霸，王，亡　　　　　　　D. 王，霸，危

9. 人无礼则不_____，事无礼则不_____，国家无礼则不_____。（《荀子·大略》）

A. 生，成，宁　　　　　　　B. 能，成，宁

C. 生，成，安　　　　　　　D. 能，成，安

10. 百姓之力，待之而后_____；百姓之群，待之而后_____；百姓之财，待之而后_____；百姓之埶，待之而后_____；百姓之寿，待之而后_____。（《荀子·富国》）

A. 成，和，聚，安，长　　　　B. 功，合，积，安，长

C. 成，合，聚，安，长　　　　D. 功，和，聚，安，长

【答案】

6. B　7. B　8. D　9. A　10. D

【识意】

6. 上面礼法有条理，下面人民安乐太平，这是立功成名的最高境界。

7. 礼制贯彻到自身，品行就美好；道义贯彻到国家，政治就清明；能够把礼制贯彻到所有方面的，那么高贵的名声就会显著，天下的人就会仰慕，发布了命令就能实行，颁布了禁约就能制止，这样，称王天下的大业也就完成了。

8. 统治人民的君主，崇尚礼义尊重贤人就能称王天下，注重法治爱护人民就能称霸诸侯，贪图财利多搞欺诈就会危险。

9. 人没有礼就不能生活，事情没有礼就不能办成，国家没有礼就不得安宁。

10. 百姓的劳动，要依靠君子的教化才能得以完成；百姓的合群生活，要依靠君子的教化才能和睦；百姓的财物，要依靠君子的教化才能积聚起

来；百姓的地位，要依靠君子的教化才能安定；百姓的寿命，要依靠君子的教化才能长久。

11. 有乱君，无乱国；有治＿＿＿＿＿，无治＿＿＿＿＿。（《荀子·君道》）

　　A. 仁，法　B. 人，礼　　　　C. 人，法　　　　D. 仁，礼

12. ＿＿＿＿＿以其国为王者之所亦王，以其国为危殆灭亡之所亦危殆灭亡。（《荀子·王制》）

　　A. 若　　　　B. 如　　　　C. 成　　　　D. 诚

13. 临事接民，而以义变应，宽裕而多容，恭敬以先之，政之＿＿＿＿＿也；然后中和察断以辅之，政之＿＿＿＿＿也；然后进退诛赏之，政之＿＿＿＿＿也。（《荀子·致士》）

　　A. 始，隆，终　　　　　　　B. 隆，始，终

　　C. 始，终，隆　　　　　　　D. 隆，终，始

14. 今人之性恶，必将待圣王之治，——之化，然后始出于治，合于善也。（《荀子·性恶》）

　　A. 礼法　　B. 礼宪　　　　C. 隆礼　　　　D. 礼义

15. 不＿＿＿＿＿无以养民情，不＿＿＿＿＿无以理民性。（《荀子·大略》）

　　A. 荣，制　B. 富，教　　　　C. 贵，教　　　　D. 富，制

【答案】

11. C　12. D　13. A　14. D　15. B

【识意】

11. 有造成国家混乱的君主，没有自行混乱的国家；有治理国家的人

才，而没有使国家自然安定的法制。

12. 如果一心要把自己的国家变成一个实行王道的地方，那么一定会称王于天下；要把自己的国家搞到危险灭亡的境地，那么必将招致危险和灭亡。

13. 面临政事、接触民众时，根据道义变通来对付，宽大而广泛地容纳民众，用恭敬的态度去引导他们，这是政治的第一步；然后中正和谐地观察决断去辅助他们，这是政治的中间阶段；然后进用、黜退、惩罚、奖赏他们，这是政治的最后一步。

14. 人的本性恶劣，必定要依靠圣王的治理，礼义的教化，然后才能达到社会安定，合乎善良的标准。

15. 不使民众富裕就无法调养民众的思想感情，不进行教育就无法整饬民众的本性。

16. 治之＿＿＿＿＿＿，礼与刑，君子以修百姓宁。明德慎罚，国家既治四海平。（《荀子·成相》）

　　A. 理　　　　B. 法　　　　　　C. 经　　　　　　　D. 志

17. 治之＿＿＿＿＿＿，后势富，君子诚之好以待。处之敦固，有深藏之，能远思。（《荀子·成相》）

　　A. 经　　　　B. 志　　　　　　C. 道　　　　　　　D. 理

18. 思乃精，志之＿＿＿＿＿＿，好而壹之神以成。精神相反，一而不贰、为圣人。（《荀子·成相》）

　　A. 荣　　　　B. 广　　　　　　C. 大　　　　　　　D. 远

19. 君者、国之隆也，父者、家之隆也。隆一而＿＿＿＿＿＿，二而＿＿＿＿＿＿；自古及今，未有二隆争重，而能长久者。（《荀子·致士》）

　　A. 治，乱　B. 安，乱　　　　C. 合，乱　　　　D. 和，乱

20. 权出一者强，权出二者弱，是强弱之＿＿＿＿＿＿也。（《荀子·议兵》）

A. 理 B. 常 C. 规 D. 道

【答案】

16. C 17. B 18. A 19. A 20. B

【识意】

16. 治理国家的纲领，就是礼制与用刑，君子用礼来修身，百姓怕刑而安宁。彰明美德谨慎用刑，国家强大四海平定。

17. 治理国家的意念，要把个人权势放在后面，君子诚心为国家，凭此善心等推荐。对此忠厚意志坚定，深深地藏在心里，能够考虑得长远。

18. 思虑周密，志向就广大，做到心专一，事必达善境。思虑周密又专一，就能成为圣人。

19. 君主，是国家中最高贵的人；父亲，是家庭中最高贵的人。最高贵的人只有一个，就安定；如果有两个，就会混乱。从古到今，还没有两个最高贵的人互相争夺权力而能长久的。

20. 权力集中的，国家强盛，权力分散的，国家衰弱，这是国家强弱的常规。

21. 君者、论一＿＿＿＿，陈一＿＿＿＿，明一＿＿＿＿，以兼覆之，兼照之，以观其盛者也。(《荀子·王霸》)

　　A. 法，相，指　　　　　　B. 相，法，理

　　C. 法，相，理　　　　　　D. 相，法，指

22. 修＿＿＿＿以齐朝，正＿＿＿＿以齐官，平＿＿＿＿以齐民；然后节奏齐于朝，百事齐于官，众庶齐于下。(《荀子·富国》)

　　A. 理，法，政　　　　　　B. 礼，法，政

　　C. 理，令，政　　　　　　D. 礼，令，政

荀子诠解

《荀子》名言

23. 夫尚贤使能，赏有功，罚有罪，非独一人为之也，彼先王之_____也，一人之本也，善善、恶恶之应也，治必由之，古今一也。（《荀子·强国》）

A. 理　　　　B. 法　　　　　　C. 政　　　　　　D. 道

24. 赏以_____而罚以杀损也，是百王之所同也。（《荀子·正论》）

A. 荣誉　　　B. 富贵　　　　　C. 富厚　　　　　D. 富荣

【答案】

21. D　22. B　23. D　24. C

【识意】

21. 君主，选好一个宰相，公布一个统一的法令制度，明确一个主要原则，用此来统率一切，洞察一切，并以此来考察它的成就。

22. 修饬礼节，严肃法令，整顿百官，公正地处理政事，整治民众，然后才能够礼节整齐，各种事情治理得有条不紊，群众齐心合力。

23. 推崇贤良的人、使用有才能的人，奖赏有功的人，惩罚有罪的人，并不是某一个人的独特做法，这是古代圣王的政治法则啊，是统一人民行动的措施，这是爱好善良，厌恶凶恶的反应，治理国家，必须这样做，古今是一致的。

24. 有功就赏赐以财富，有过就减少赏赐，这在历代帝王都是一样的。

25. 威严猛厉，而不好假道人，则下畏恐而不_____，周闭而不_____。若是，则大事殆乎弛，小事殆乎遂。和解调通，好假道人，而无所凝止之，则奸言并至，尝试之说锋起。若是，则听大事烦，是又伤之也。（《荀子·王制》）

A. 和，说　B. 亲，竭　　　　C. 和，竭　　　　　D. 亲，说

26．刑当罪则_____，不当罪则_____；爵当贤则_____，不当贤则_____。（《荀子·君子》）

　　A．威，侮，贵，贱　　　　　　B．畏，轻，荣，侮

　　C．威，轻，荣，贱　　　　　　D．畏，侮，贵，贱

27．主暗于上，臣诈于下，灭亡无日。俱害之_____也。（《荀子·君道》）

　　A．法　　　B．道　　　　C．政　　　　D．理

28．公平者，听之_____也；中和者，听之_____也。（《荀子·王制》）

　　A．理，衡　　B．衡，法　　　　C．衡，绳　　　　D．理，绳

29．刑罚綦省而威行如流，世晓然皆知夫为奸则虽隐窜逃亡之由不足以免也，故莫不服罪而_____。（《荀子·君子》）

　　A．行　　　B．请　　　　C．清　　　　D．处

【答案】

25．B　　26．A　　27．B　　28．C　　29．B

【识意】

25．在朝廷上听取意见处理政事的时候，如果威武严肃凶猛刚烈而不喜欢宽容地顺从别人，那么臣下就会害怕恐惧而不亲近，就会隐瞒真情而不把心里话全部说出来；像这样，那么大事恐怕会废弛，小事恐怕会落空。如果一味随和，喜欢宽容地顺从别人而漫无限度，那么奸诈邪恶的言论就会纷至沓来，试探性的谈说就会蜂拥而起；像这样，那么听到的事情就会面广量大而政事也就繁多琐碎了，这就又对处理政事有害了。

26．罪罚相当就有威力，罪罚不当就会受到轻视；德才相当就会受人尊重，德才不当就会被人轻视。

27. 君主昏庸于上，臣子欺诈于下，灭亡就要不了几天了。这是对君主以及所宠爱的臣子都有害处的做法啊。

28. 公正，是处理政事的准则；宽严适中，是处理政事的准绳。

29. 刑罚很简略，而法令的威力却像流水一样的通行，无处不在，人们都知道如果为非作歹，即使躲藏逃亡也不能够免受惩罚，所以没有不伏法认罪而请求惩处的。

30. 贤能不待次而_____，罢不能不待须而_____，元恶不待教而_____，中庸民不待政而_____。（《荀子·王制》）

A. 举，废，诛，化　　　　　　B. 提，免，法，化

C. 举，免，诛，化　　　　　　D. 提，废，诛，化

31. 奸言，奸说，奸事，奸能，遁逃反侧之民，职而_____之，须而_____之，勉之以庆赏，惩之以刑罚。安职则畜，不安职则弃。（《荀子·王制》）

A. 教，待　　B. 惩，待　　　　C. 教，变　　　　　D. 惩，变

32. 不教而诛，则刑繁而邪不_____；教而不诛，则奸民不_____。（《荀子·王制》）

A. 服，罚　　B. 胜，惩　　　　C. 服，惩　　　　　D. 胜，罚

33. 无内人之疏而外人之亲，无身不_____而怨人，无刑已至而呼天。（《荀子·法行》）

A. 善　　　　B. 礼　　　　C. 足　　　　　D. 满

【答案】

30. A　31. A　32. B　33. A

【识意】

30. 对于有德才的人，不依级别次序而破格提拔；对于无德无能的人，

不等片刻而立即罢免；对于元凶首恶，不需教育而马上杀掉；对于普通民众，不靠行政手段而进行教育感化。

31. 对于那些散布邪恶的言论、鼓吹邪恶的学说、干邪恶的事情、有邪恶的才能、逃亡流窜、不守本分的人，就安排强制性的工作并教育他们，静待他们转变；用奖赏去激励他们、用刑罚去惩处他们；安心工作的就留用，不安心工作的就流放出去。

32. 不进行教化，而使用刑罚，刑罚用得多就会混乱，却不能克服邪恶；但只教化而不实行惩罚，邪恶的人就得不到惩罚。

33. 不要不亲近家人而亲近外人，不要自己不好而怨恨别人，不要遭受刑罚才呼喊上天。

34. 凡人之盗也，必以有_____，不以备不足，则以重有余也。而圣王之生民也，皆使当厚优犹知足，而不得以有余过度。故盗不窃，贼不刺，狗豕吐菽粟，而农贾皆能以货财让，风俗之美，男女自不取于涂，而百姓羞拾遗。（《荀子·正论》）

    A. 原   B. 为   C. 因   D. 过

35. 凡刑人之_____，禁暴恶恶，且征其未也。（《荀子·正论》）

    A. 本   B. 因   C. 为   D. 过

36. 杀人者不死而伤人者不刑，是谓惠暴而宽贼也，非_____也。（《荀子·正论》）

    A. 恶   B. 愚   C. 恶恶   D. 作恶

37. 凡奸人之所以起者，以上之不贵义，不敬义也。夫_____者，所以限禁人之为恶与奸者也。（《荀子·强国》）

    A. 义   B. 礼   C. 法   D. 理

38. 仁人在上，则农以力尽_____，贾以察尽_____，百工以巧尽械器。（《荀子·荣辱》）

    A. 田，贵   B. 田，财   C. 田，钱   D. 田，富

【答案】

34．B　35．A　36．C　37．A　38．B

【识意】

34．大凡人去盗窃，一定会有原因，不是为了补充自己的不足，就是为了更多地获得财物。而圣王对于老百姓，都应该使其达到富裕宽厚而知足，但也不要超过限度。这样就会强盗不抢，不偷不窃，连猪狗都不吃粮食了，而农民和商人都能以财货相让，风俗如此之美，男女自然不会聚集于道路，百姓也都以拾取他人财物为耻了。

35．大凡刑罚人的根本目的，即在于禁止暴行、反对作恶，并警戒将来。

36．杀人者不偿命，伤人者不受刑，这就叫施惠暴恶，宽大犯罪，就不是反对作恶了。

37．大凡奸邪之人之所以能兴起，都是由于君主不推崇道义，不尊重道义的缘故。道义，就是限制人们作恶和行奸的。

38．仁人处在君位上，那么农民就把自己的力量全部用在种地上，商人就把自己的精明全都用在理财上，各种工匠就把自己的技巧全都用在制造器械上。

39．_____则衍及百姓，_____则不足及王公。（《荀子·君道》）

A．安，乱　B．治，乱　　　C．安，危　　　　D．治，危

40．国_____则无乐君，国_____则无忧民。（《荀子·王霸》）

A．乱，安　B．危，安　　　C．乱，治　　　　D．危，治

41．刑政_____，百姓_____，国俗_____，则兵劲城固，敌国案自诎矣。（《荀子·王制》）

A. 平，和，节　　　　　　　B. 安，合，节

C. 平，合，节　　　　　　　D. 安，合，节

42. 务本事，积财物，而勿忘栖迟薛越也，是使群臣百姓皆以制度行，则财物积，国家案自_____矣。（《荀子·王制》）

A. 富　　　B. 荣　　　　　　C. 贵　　　　　　　D. 安

43. 轻田野之税，平关市之征，省商贾之数，罕兴力役，无夺农时，如是则国_____矣。夫是之谓以政裕民。（《荀子·富国》）

A. 荣　　　B. 贵　　　　　　C. 安　　　　　　　D. 富

【答案】

39. B　40. B　41. A　42. A　43. D

【识意】

39. 国家安定，那么富裕会遍及百姓；国家混乱，那么拮据会延及天子王公。

40. 国家危险君主就不能安乐，国家安定百姓就没有忧愁。

41. 刑法政令公正不阿，百姓和睦协调，国家的风俗节约俭朴，那么兵力就强大、城防就坚固，敌国自然就屈服了。

42. 致力于农业生产，积聚财物，而不要胡乱地遗弃糟蹋，使群臣百姓都按照制度来办事，财物就能积累、国家自然就富足了。

43. 减轻田赋，适当征收关卡集市的税收，减少商人的数量，少举办劳役工程，不夺农时，这样，国家就能富足。这就叫用政令使民众富足。

44. 足国之_____，节用裕民，而善臧其余。（《荀子·富国》）

A. 法　　　B. 道　　　　　　C. 本　　　　　　　D. 因

45. 彼裕民，故多_____。裕民则民富，民富则田肥以易，田肥以易

则出实百倍。(《荀子·富国》)

　　A. 财　　　　B. 余　　　　　C. 荣　　　　　　D. 富

　　46. 强本而节用，则天不能 _____；养备而动时，则天不能 _____；循道而不贰，则天不能 _____。(《荀子·天论》)

　　A. 贫，病，祸　　　　　　　B. 穷，苦，祸

　　C. 贫，苦，祸　　　　　　　D. 穷，病，祸

　　47. 使民夏不宛喝，冬不冻寒，急不伤 _____，缓不后时，事成功立，上下俱富。(《荀子·富国》)

　　A. 心　　　　B. 力　　　　　C. 利　　　　　　D. 立

　　48. 时其 _____，轻其 _____，以调齐之，潢然兼覆之，养长之，如保赤子。(《荀子·富国》)

　　A. 任，事　　B. 事，任　　　　C. 劳，负　　　　D. 事，负

【答案】

　　44. B　45. B　46. A　47. B　48. B

【识意】

　　44. 使国家富足的途径是节约费用，富裕民众，并妥善贮藏盈余。

　　45. 节约费用必定就有剩余的财物，使人民宽余人民就能富足。人民富足了，那么农田就会得到治理，多施肥，得到精心的耕作，这样生产出来的谷物就会增长上百倍。

　　46. 加强农业，节省用度，那么老天不会让他贫穷，衣食充足而让百姓按季节劳作，那么老天就不会使其困苦；顺其自然规律而无差失，那么老天就不会降祸于他。

　　47. 役使人民，夏天不让他们中暑，冬天不让他们挨饿受冻，紧急的时候不伤民力，缓和的时候不失时令，这样就会事业成就、功绩卓著，国家和

人民也都能富裕起来。

48. 根据时节安排他们的劳动、减轻他们的负担来调剂他们；广泛普遍地庇护他们，抚养他们，就像保护初生的婴儿一样。

49. 上一则下一矣，上二则下二矣。_____之若草木，枝叶必类本。（《荀子·富国》）

    A. 辟   B. 犹   C. 似   D. 则

50. 正义之臣_____，则朝廷不颇；谏争辅拂之人_____，则君过不远；爪牙之士_____，则仇雠不作；边境之臣_____，则疆垂不丧。（《荀子·臣道》）

    A. 任，信，施，处   B. 设，信，施，处
    C. 信，任，施，设   D. 设，施，信，处

51. 明主必谨养其_____，节其_____，开其_____，而时斟酌焉。潢然使天下必有余，而上不忧不足。（《荀子·富国》）

    A. 和，流，源   B. 合，变，流
    C. 和，源，流   D. 合，源，流

52. 百姓时和，事业得叙者，货之_____也；等赋府库者，货之_____也。（《荀子·富国》）

    A. 原，本   B. 源，流   C. 原，流   D. 源，本

53. 王者之_____：等赋、政事、财万物，所以养万民也。（《荀子·王制》）

    A. 论   B. 法   C. 制   D. 度

【答案】

    49. A 50. B 51. A 52. B 53. B

【识意】

49. 上面团结一致，下面就一心一意；上面三心两意，下面也就离心离德；就好比草木，它的枝叶要有它的根决定。

50. 坚持正义的臣子得到任用，那么朝廷就不会偏邪不正；劝谏、苦诤、辅助、扶持的人受到信任，那么君主的过错就不会延续很久；勇猛有力的武士被任用，那么仇敌就不敢兴风作浪；边境上的大臣安置好了，国土就不会丧失。

51. 英明的君主必定谨慎地顺应时节的变化，节流开源，时常谨慎地考虑这些问题，使天下的财富绰绰有余，国家就不再担忧财物不够了。

52. 百姓顺应天时，耕作适宜，这是钱财的源头；按照等级征收的赋税和国库收入，是钱财的支流。

53. 奉行王道的君主的法度：规定好赋税等级，管理好民众事务，管理好万物，这是用来养育亿万民众的。

54. 修礼者_____，为政者_____，取民者_____，聚敛者 。
（《荀子·王制》）

　A. 王，强，安，亡　　　　　　　B. 霸，强，安，亡

　C. 王，强，乐，危　　　　　　　D. 霸，强，安，危

55. 王者富_____，霸者富_____，仅存之国富_____，亡国富筐箧，实府库。（《荀子·王制》）

　A. 民，臣，大夫　　　　　　　　B. 民，大夫，士

　C. 民，大夫，臣　　　　　　　　D. 民，士，大夫

56. 筐箧已_____，府库已_____，而百姓贫：夫是之谓上溢而下漏。（《荀子·王制》）

　A. 富，实　　B. 足，满　　　　C. 富，满　　　　　D. 足，实

57. 聚敛者，召寇、肥敌、_____国、危身之道也，故明君不蹈也。（《荀子·王制》）

    A. 危   B. 灭   C. 亡   D. 害

58. 明君者，必将先治其国，然后百_____得其中。暗君者，必将急逐乐而_____治国，故忧患不可胜校也，必至于身死国亡然后止也，岂不哀哉！（《荀子·王霸》）

    A. 乐，缓   B. 安，后   C. 乐，后   D. 安，缓

【答案】

54．A 55．D 56．A 57．C 58．A

【识意】

54．遵循礼义的能成就帝王大业，善于处理政事的能强大，取得民心的能安定，搜刮民财的会灭亡。

55．称王天下的君主使民众富足，称霸诸侯的君主使战士富足，勉强能存在的国家使大夫富足，亡国的君主只是富了自己的箱子、塞满了自己的仓库。

56．自己的箱子已装足了，仓库已塞满了，而老百姓则贫困了，这叫做上面漫出来而下面漏得精光。

57．搜刮民财的行为，是招来侵略者、肥了敌人、灭亡国家、危害自身的绝路，所以贤明的君主是不走这条路的。

58．英明的君主，一定要先治理好自己的国家，然后就可以获得许多快乐了。昏庸的君主，必然急于追求享乐而疏于治理国家，那么他就会忧患缠身，一直到身死国亡才可罢休，这不是非常可悲吗？

59．天下之公患，_____之也。（《荀子·富国》）

A. 恶恶　　B. 混乱　　　　　C. 乱恶　　　　　D. 乱伤

60. 以小人尚民而威，以非所取于民而巧，是_____国之大灾也。（《荀子·王霸》）

A. 伤　　　B. 亡　　　　　C. 灭　　　　　　D. 危

61. 人生不能无_____，群而无分则争，争则乱，乱则离，离则弱，弱则不能胜物。（《荀子·王制》）

A. 志　　　B. 礼　　　　　C. 群　　　　　　D. 法

62. 君者、舟也，庶人者、水也；水则_____舟，水则_____舟。（《荀子·王制》）

A. 覆，载　B. 载，覆　　　　C. 覆，宰　　　　D. 宰，覆

63. 庶人安_____，然后君子安_____。（《荀子·王制》）

A. 礼，上　B. 政，位　　　C. 礼，位　　　　D. 政，上

【答案】

59. D　60. A　61. C　62. B　63. B

【识意】

59. 天下共同的祸患，是混乱所造成的。

60. 让小人居于百姓之上作威作福，用非法手段从百姓那里巧取豪夺，这是危害国家的大灾难。

61. 人生活着不能没有社会群体，但结合成了社会群体而没有等级名分的限制就会发生争夺，一发生争夺就会产生动乱，一产生动乱就会离心离德，离心离德就会使力量削弱，力量弱了就不能胜过外物。

62. 君主，好比是船；百姓，好比是水。水能载船，水也能翻船。

63. 老百姓安于政治，然后君子才能安居上位。

64. 君人者，欲_____，则莫若平政爱民矣；欲_____，则莫若隆礼敬士矣；欲_____，则莫若尚贤使能矣。是人君之大节也。(《荀子·王制》)

    A. 安，荣，立功名　　　　　　　B. 安，贵，立功德

    C. 荣，安，立功德　　　　　　　D. 安，贵，立功名

65. 人主用俗人，则万乘之国_____；用俗儒，则万乘之国_____；用雅儒，则千乘之国_____；用大儒，则百里之地，久而后三年，天下为一，诸侯为臣；用万乘之国，则举错而定，一朝而伯。(《荀子·儒效》)

    A. 亡，存，安　　　　　　　　　B. 危，存，安

    C. 亡，危，存　　　　　　　　　D. 危，安，存

66. 无土则人不_____，无人则土不_____，无道法则人不_____，无君子则道不_____。(《荀子·致士》)

    A. 安居，守，至，举　　　　　　B. 安，保，至，举

    C. 安乐，守，至，举　　　　　　D. 安，守，至，举

67. 用国者，得百姓之力者_____，得百姓之死者_____，得百姓之誉者_____。(《荀子·王霸》)

    A. 富，强，荣　　　　　　　　　B. 强，富，荣

    C. 荣，强，富　　　　　　　　　D. 富，荣，强

68. 政令制度，所以_____下之人百姓，有不理者如豪末，则虽孤独鳏寡必不加焉。(《荀子·王霸》)

    A. 阶　　　　B. 接　　　　　　C. 皆　　　　　　D. 节

【答案】

    64. A　65. A　66. A　67. A　68. B

【识意】

64. 统治人民的君主，要想安定，就没有比调整好政策、爱护人民更好的了；要想荣耀，就没有比尊崇礼义、敬重文人更好的了；要想建立功业和名望，就没有比推崇品德高尚的人、使用有才能的人更好的了。这些是当君主的重要关键。

65. 君主用庸俗的人执政，那么万乘之国也将被灭亡；任用庸俗的儒士执政，万乘大国也仅能保存；用高雅的儒士执政，千乘之国家就能保平安；任用大儒来执政，即使是百里之地的小国，也可以保持长久，三年之后就可以统一天下，各国诸侯都来称臣；如果任用大儒治理万乘大国，就会政令布施，国家安定，很快就可以名扬天下。

66. 没有土地，那么人民就不能安居；没有人民，那么土地就不能守住；没有正确的原则和法制，那么人民就不会来归附；没有君子，那么正确的原则就不能实行。

67. 君主治理国家，能得到百姓尽力效劳的，国家就富有，得到百姓为他效死力的，国家就强盛，得到百姓的称颂的，自身就荣耀。

68. 政治法令制度，是用来对待下层的老百姓的，即使是孤独鳏寡的人，也务必不能把丝毫不合理的事情加在他们身上。

69. 上莫不致爱其下，而制之以_____。（《荀子·王霸》）

A. 理 　　　 B. 礼 　　　 C. 安 　　　 D. 法

70. 仁人在上，百姓贵之如帝，亲之如父母，为之出死断亡而愉者，无它故焉，其所是焉诚_____，其所得焉诚_____，其所利焉诚_____。（《荀子·富国》）

A. 美，大，多 　　　　　　 B. 好，大，多

C. 美，广，多 　　　　　　 D. 好，广，多

71. 其知虑足以＿＿＿＿＿之，其仁厚足以＿＿＿＿＿之，其德音足以
＿＿＿＿＿之，得之则治，失之则乱。（《荀子·富国》）

A. 治，化，安　　　　　　B. 安，化，治

C. 安，治，化　　　　　　D. 治，安，化

72. 用圣臣者＿＿＿＿＿，用功臣者＿＿＿＿＿，用篡臣者＿＿＿＿＿，用态
臣者＿＿＿＿＿。（《荀子·臣道》）

A. 安，强，危，亡　　　　B. 王，强，危，亡

C. 强，安，危，亡　　　　D. 王，安，危，亡

73. 人主欲强固安乐，则莫若反之＿＿＿＿＿；欲附下一民，则莫若反之
＿＿＿＿＿；欲修政美俗，则莫若求其＿＿＿＿＿。（《荀子·君道》）

A. 民，政，人　　　　　　B. 人，礼，才

C. 民，政，才　　　　　　D. 民，治，人

【答案】

69. B　70. A　71. D　72. B　73. A

【识意】

69. 君主没有不爱护百姓的，所以就用礼法来治理他们。

70. 仁人君子处在君位上，老百姓尊重他就像尊重帝王一样，敬爱他就像敬爱父母一样，心甘情愿为他而死，这并没有别的原因，因为他所确定的政令太好了，他所取得的成就实在大，他给人民带来的好处实在太多。

71. 仁人君子的智慧足够治理天下，他的仁厚足以安抚民众，他的德政足以感化民众。得到民心，天下就安定了。

72. 任用圣明的臣子就能称王天下，任用立功的臣子就会强盛，任用篡权的臣子就会危险，任用阿谀奉承的臣子就会灭亡。

73. 君主想要强大稳固安逸快乐，不如反过来依靠人民；想要使臣下归

附、使人民与自己一条心，就不如反过来治理好政事；想要治理好政事、使风俗淳美，就不如寻求治国的人。

74. 不_____而利之，不如利而后利之之利也。不_____而用之，不如爱而后用之之功也。利而后利之，不如利而不利者之利也。爱而后用之，不如爱而不用者之功也。（《荀子·富国》）

　　A. 利，爱　B. 力，爱　　　　C. 爱，利　　　　D. 爱，力

75. 道存则国_____，道亡则国_____。（《荀子·君道》）

　　A. 安，危　B. 存，亡　　　　C. 强，危　　　　D. 安，亡

76. 君人者，爱民而_____，好士而_____，两者无一焉而亡。（《荀子·君道》）

　　A. 安，荣　B. 强，贵　　　　C. 安，富　　　　D. 荣，安

77. 道者，何也？曰：君之所道也。君者，何也？曰：能群也。能群也者，何也？曰：善生_____人者也，善班_____人者也，善显_____人者也，善藩_____人者也。（《荀子·君道》）

　　A. 安，治，设，饰　　　　　　B. 治，养，设，饰

　　C. 治，安，设，饰　　　　　　D. 养，治，设，饰

【答案】

74. A　75. B　76. A　77. D

【识意】

74. 不给人民利益，反而所取于民，不如先使他们得利，然后再从他们身上索取更为有利。不爱护民众而使用民众，不如爱护他们以后再使用他们更有成效。给予利益后再索取利益，不如只爱护而不使用更有功效。爱护民众以后再使用他们，不如爱护他们而不使用他们更有成效。

75. 正确的政治原则存在，国家就存在；正确的政治原则丧失了，国家就灭亡。

76. 统治人民的君主，爱护人民就会安宁，喜欢士人就会荣耀，这两者一样都没有就会灭亡。

77. 道这个词，是什么意思？回答说：是君主所遵行的原则。君这个词，是什么意思？回答说：是能够把人组织成社会群体的意思。所谓能够把人组织成社会群体，是指什么？回答说：是指善于养活抚育人，善于治理人，善于任用安置人，善于用不同的服饰来区分人。

78. 无爱人之_____，无利人之_____，而日为乱人之_____，百姓讙敖，则从而执缚之，刑灼之，不和人心。如是，下比周贲溃以离上矣，倾覆灭亡，可立而待也。（《荀子·强国》）

  A. 心，事，道   B. 心，道，法

  C. 道，事，心   D. 心，事，法

79. 彼国错者，非封焉之谓也，何法之_____，谁子之与也。（《荀子·王霸》）

  A. 政   B. 道   C. 治   D. 则

80. 尚贤使能则民知_____，篡论公察则民不_____，赏克罚偷则民不_____，兼听齐明则天下归之。（《荀子·君道》）

  A. 礼，疑，怠   B. 方，疑，怠

  C. 方，疑，慢   D. 礼，疑，方

81. 明分职，序事业，材技官能，_____不治理，则公道达而私门塞矣，公义明而私事息矣。（《荀子·君道》）

  A. 莫   B. 若   C. 如   D. 则

【答案】

  78. A 79. B 80. B 81. A

【识意】

78. 既不爱护人民，也不做有利于人民的事情，而是整天干扰人民，百姓稍有不满，就把他们逮捕起来，施加酷刑，而不去调解民心。这样，人民就会背离君主，国家的灭亡，就会随时到来。

79. 治国安邦的大计，决非是指划分一下疆土这一类的事情，而主要是看采取什么样的治国原则和任用什么样的人。

80. 尊重贤德的人，任用有才能的人，那么民众就会知道努力的方向；集体审查，公正考察，那么民众就不会怀疑了；奖赏勤劳的人，惩罚偷懒的人，那么民众就不会懒惰了；同时听取各种意见，完全明察一切事情，那么天下人就会归顺他。

81. 明确名分职责，根据轻重缓急的次序来安排工作，安排有技术的人做事，任用有才能的人当官，没有什么得不到治理，那么为公家效劳的道路就畅通了而谋私的门径就被堵住了，为公的原则昌明了而谋私的事情就止息了。

82. 德厚者进而佞说者_____，贪利者退而廉节者_____。(《荀子·君道》)

  A. 止，起　B. 停，进　　　C. 止，进　　　　D. 停，起

83. 贤士_____焉，能士_____焉，好利之人_____焉，三者具而天下尽，无有是其外矣。(《荀子·王霸》)

  A. 壹，官，服　　　　　　　B. 一，官，服
  C. 壹，用，顺　　　　　　　D. 一，用，服

84. 人主必将有便嬖左右足信者，然后可。其知惠足使_____物，其端诚足使_____物，然后可；夫是之谓国具。(《荀子·君道》)

  A. 定，规　B. 规，定　　　C. 定，治　　　　D. 规，治

85. 人主必将有足使喻志决疑于远方者，然后可。其辩说足以_____，其知虑足以_____，其齐断足以_____，不还秩，不反君，然而应薄扞患，足以持社稷，然后可，夫是之谓国具。（《荀子·君道》）

A. 解烦，决疑，距难 　　　　B. 规物，定物，拒难

C. 解烦，决疑，拒难 　　　　D. 规物，决疑，距难

【答案】

82. A 　83. B 　84. B 　85. A

【识意】

82. 品德淳厚的人得到起用，而巧言谄媚的人就受到遏制；贪图财利的人被黜退，而廉洁奉公的人被提拔。

83. 贤德之士都和我团结一致，贤能之士为我所用，喜欢利益的人在这里顺服，这三种人都具备，于是天下的人才全都在这里了，没有遗漏在外的了。

84. 君主一定要有了足可信赖的亲信侍从，然后才行；他们的智慧要足可用来谋划事情，他们的正直诚实要足可用来决定事情，然后才行。这种人叫做治国的工具。

85. 君主一定要有了足可出使到远方去传达君主旨意、解决疑难问题的人，然后才行；他们的辩说要足可用来消除麻烦，他们的智慧心计要足可用来解决疑难，他们的敏捷果断要足可用来排除危难，他们既不推卸职责，也不回到君主身边请示，然而应付紧急情况、抵御患难的时候却足可保住国家政权，只有这样才行。这种人叫做治国的工具。

86. 人主无便嬖左右足信者，谓之_____；无卿相辅佐足任使者，谓之_____；所使于四邻诸侯者非其人，谓之_____；孤独而晻，谓之

_____。(《荀子·君道》)

A. 危，独，孤，亡　　　　　　B. 孤，独，暗，危

C. 暗，独，孤，危　　　　　　D. 独，危，孤，亡

87. 明主急得其_____，而暗主急得其_____。(《荀子·君道》)

A. 人，势　　B. 才，财　　　　C. 人，权　　　　D. 才，势

88. 能当一人而天下_____，失当一人而社稷_____。(《荀子·王霸》)

A. 得，亡　　B. 取，危　　　　C. 得，危　　　　D. 取，亡

89. 先义而后利，安不恤亲疏，不恤贵贱，唯诚_____之求，夫是之谓巨用之。(《荀子·王霸》)

A. 才　　　　B. 能　　　　　　C. 贤　　　　　　D. 志

90. 彼持国者，必不可以_____也，然则强固荣辱在于取相矣。身能相能，如是者王。(《荀子·王霸》)

A. 孤　　　　B. 唯　　　　　　C. 独　　　　　　D. 一

【答案】

86. C　87. A　88. B　89. B　90. C

【识意】

86. 君主没有足可信赖的亲信侍从叫做不明，没有足可胜任的卿相辅佐叫做单独，被派遣到四邻诸侯国的使者不是那称职的人叫做孤立，孤立、单独而不明叫做危险。

87. 英明的君主急于得到治国的人才，而愚昧的君主急于取得权势。

88. 用人得当，就可以取得天下；用人不当，国家就危险。

89. 先讲礼义然后言利，不顾亲疏，不顾贵贱，只求真正任用有才能的人，这才叫做从大处着眼来治理国家。

90. 那些掌握国家政权的君主，治理国家不能只依靠他本人；既然这样，国家的强大、兴衰、荣辱，就在于卿相的选择了，如果君臣都有能力，这样的国君就可以称王天下。

91. 为人主者，莫不欲强而恶弱，欲安而恶危，欲荣而恶辱，是禹桀之所同也。要此三欲，辟此三恶，果何道而便？曰：_____，道莫径是矣。（《荀子·君道》）

　　A. 在于取相 B. 在于贤能　　　C. 在慎取相　　　D. 在慎贤能

【答案】

91. C

【识意】

91. 做君主的无不希望强盛而厌恶衰弱，希望安定而厌恶危险，希望荣耀而厌恶耻辱，这是禹和桀所相同的欲望。要实现这三种愿望，避免这三种厌恶的东西，究竟采取什么办法最便利？回答说：在于慎重地选取相，没有什么办法比这个更简便的了。

（六）军事篇

荀子精粹之军事

　　荀子认为治国、平天下，必须要强兵，强兵才能保国安民，同时主张把"信"作为治兵的"六术"之一。

　　本篇主要阐述了荀子制胜之本、人心向背、治军方略等观点和看法。

　　1. _____者强，_____者弱，是强弱之本也。（《荀子·议兵》）

　　A. 善，恶　　B. 治，乱　　　　C. 礼，愚　　　　D. 治，危

2. 好士者强，不好士者弱；爱民者强，不爱民者弱；政令信者强，政令不信者弱；民齐者强，民不齐者弱；赏重者强，赏轻者弱；刑＿＿＿＿者强，刑＿＿＿＿者弱；械用兵革攻完便利者强，械用兵革窳楛不便利者弱；重用兵者强，轻用兵者弱；权出一者强，权出二者弱；是强弱之常也。（《荀子·议兵》）

A. 严，轻　　B. 威，侮　　　　C. 严，侮　　　　D. 威，轻

3. 古之兵，戈、矛、弓、矢而已矣，然而敌国不待试而诎；城郭不＿＿＿＿，沟池不＿＿＿＿，固塞不＿＿＿＿，机变不＿＿＿＿；然而国晏然不畏外而固者，无它故焉，明道而钧分之，时使而诚爱之。（《荀子·议兵》）

A. 修，挖，建，施　　　　　　B. 辨，挖，建，张

C. 修，挖，树，张　　　　　　D. 辨，扣，树，张

4. 坚甲利兵不足以为胜，高城深池不足以为固，严令繁刑不足以为威，由其道则＿＿＿＿，不由其道则＿＿＿＿。（《荀子·议兵》）

A. 行，废　　B. 成，败　　　　C. 行，败　　　　D. 成，废

【答案】

1. B　2. B　3. D　4. A

【识意】

1. 安定的国家强盛，混乱的国家衰弱；这是强盛与衰弱的根本原因。

2. 君主喜欢贤士的就强盛，不喜欢贤士的就衰弱；君主爱护人民的就强盛，不爱护人民的就衰弱；政策法令有信用的就强盛，政策法令没有信用的就衰弱；民众齐心合力的就强盛，民众不齐心的就衰弱；奖赏慎重给人的就强盛，奖赏轻薄给人的就衰弱；刑罚威严的就强盛，刑罚轻慢的就衰弱；器械、用具、兵器、盔甲精善坚固便于使用的就强盛，器械、用具、兵器、

铠甲粗劣而不便于使用的就衰弱；谨慎用兵的就强盛，轻率用兵的就衰弱；指挥权出自一个人的就强盛，指挥权出自两个人的就衰弱；这些是强盛与衰弱的常规。

3. 古代圣王的兵器，不过是戈、矛、弓、箭罢了，但是敌国不等他使用就屈服了；他城墙不整修，护城河不挖掘，要塞不建立，机智变诈不施展，但是他的国家却平安无事地不怕外敌而又能昌盛，这没有其他的缘故，是由于彰明了礼义之道而用名分来协调臣民，适时使用人民而真诚地爱护他们。

4. 坚固的铠甲、锋利的兵器不足以用来取胜，高耸的城墙、深深的护城河不足以用来固守，严格的命令、繁多的刑罚不足以用来造成威势，遵行礼义之道才能成功，不遵行礼义之道就会失败。

5. 彼_____者，所以修政者也；政修则民亲其上，乐其君，而轻为之死。（《荀子·议兵》）

　　A. 礼义　　　B. 礼法　　　　　C. 仁义　　　　　D. 贤能

6. 仁者之兵，所存者_____，所过者_____，若时雨之降，莫不说喜。（《荀子·议兵》）

　　A. 神，化　B. 治，利　　　　C. 神，利　　　　D. 治，化

7. 知强大者不务强也，虑以王命，全其_____，凝其_____。（《荀子·王制》）

　　A. 力，望　B. 利，德　　　　C. 力，德　　　　D. 利，望

8. 教诲之，调一之，则兵劲城固，敌国不敢_____也。（荀子·强国》）

　　A. 侵　　　B. 婴　　　　　C. 攻　　　　　　D. 夺

9. 上诈其下，下诈其上，则是上下析也。如是，则敌国_____之，与国_____之，权谋日行，而国不免危削，綦之而亡。（《荀子·王霸》）

　　A. 轻，占　B. 侵，占　　　　C. 轻，疑　　　　D. 侵，疑

【答案】

5．C　6．A　7．C　8．B　9．C

【识意】

5．那仁义，是用来搞好政治的工具；政治搞好了，那么民众就会亲近他们的君主，喜爱他们的君主，而不在乎为君主去牺牲。

6．仁人的军队，他们停留的地方会得到全面治理，他们经过的地方会受到教育感化，就像及时雨的降落，没有人不欢喜。

7．懂得强大之道的君主不致力于逞强黩武，而是考虑用天子的命令来保全自己的实力、积聚自己的德望。

8．一个国家只有经过教化和调整，统一步调，兵力才能强大，城郭才能坚固，敌国才不敢贸然侵略。

9．君主欺诈臣民，臣民欺诈君主，则国家就会分崩离析。这样，敌国就会轻视它，盟国就会怀疑它，天天玩弄阴谋，国家就不免陷于危弱，甚至遭到灭亡。

10．其法治，其佐贤，其民愿，其俗美，而四者齐，夫是之谓上一。如是，则不战而_____，不攻而_____，甲兵不劳而天下服。（《荀子·王霸》）

A．胜，得　B．得，获　　　C．夺，获　　　　D．得，胜

11．政令已陈，虽睹利败，不欺其_____；约结已定，虽睹利败，不欺其_____。（《荀子·王霸》）

A．众，与　B．民，与　　　C．众，盟　　　D．民，盟

12．百里之地，可以取天下，是不_____，其难者在人主之知之也。取天下者，非负其土地而从之之谓也，道足以壹人而已矣。彼其人苟壹，则

其土地奚去我而适它。(《荀子·王霸》)

    A. 实   B. 假   C. 难   D. 虚

13. 明其不并之_____，信其友敌之_____，天下无王霸主，则常胜矣。(《荀子·王制》)

    A. 为，礼   B. 行，道   C. 为，道   D. 行，礼

【答案】

10. A   11. B   12. D   13. B

【识意】

10. 如果国家的法令制度是治平的，辅佐的臣子是德才兼备的，百姓是奉公守法的，风俗是淳朴美好的，这四种情况都具备了，就算是达到王道之治的目标了。如果有这样的国家，那么即使不用战争就能战胜敌人，不用进攻就能获得土地，不用四处征伐就能使天下顺服。

11. 政令已经颁布，虽然可能成功，可能失败，仍然不失信于百姓；盟约已经签订，虽然有利有害，但不失信于盟国。

12. 凭借方圆百里的土地，就可以夺取天下，这并不是玄虚的事情，它的难处在于君主要懂得其中的道理。所谓夺取天下，并不是说其他国家都带着他们的土地来追随你的意思，而是说治国之道足以统一人民罢了。如果能够把它的人民统一起来，那么他们的土地怎么会离开我，而跑到别的国家去呢？

13. 表明自己不会有吞并别国的行为，信守自己和匹敌的国家相友好的原则，天下如果没有成就王业的君主，这奉行霸道的君主就能常常取胜了。

14. 用强者，人之城守，人之出战，而我以_____胜之也，则伤人之民必甚矣；伤人之民甚，则人之民必恶我甚矣；人之民恶我甚，则日欲与我

斗。(《荀子·王制》)

  A. 器 B. 力   C. 利   D. 智

  15. 案平政教，_____，砥砺百姓，为是之日，而兵刬天下劲矣。(《荀子·王制》)

  A. 正法则 B. 伉隆高   C. 审节奏   D. 选贤良

  16. 以不敌之_____，辅服人之_____，故不战而胜，不攻而得，甲兵不劳而天下服，是知王道者也。(《荀子·王制》)

  A. 威，道 B. 力，道   C. 威，义   D. 力，义

  17. 凡用兵攻战之本在乎_____民。(《荀子·议兵》)

  A. 于   B. 壹   C. 与   D. 一

  18. 善附_____者，是乃善用兵者也。(《荀子·议兵》)

  A. 臣   B. 与   C. 民   D. 君

【答案】

  14. B 15. C 16. A 17. B 18. C

【识意】

  14. 使用强力来和别国争夺土地的君主，人家或者据城守卫，人家或者出城迎战，而我用武力去战胜他们，那么伤害别国的民众必然很厉害。伤害别国的民众很厉害，那么别国的民众怨恨我也必然很厉害。别国的民众怨恨我很厉害，那就会天天想和我战斗。

  15. 要搞好政治教化，审察礼节制度，磨炼百姓，当做到了这一点的时候，那么他的军队就是天下最为强劲的了。

  16. 拿不可抵挡的威势去辅助使人心悦诚服的仁义之道，所以不战而胜，不攻而得，不费一兵一甲天下就归服了，这是懂得称王之道的君主。

  17. 大凡用兵打仗的根本在于使民众和自己团结一致。

18. 善于使民众归附的人，才是善于用兵的人。

19. 有社稷者而不能＿＿＿＿＿＿＿民，不能＿＿＿＿＿＿＿民，而求民之亲爱己，不可得也。民不亲不爱，而求为己用，为己死，不可得也。民不为己用，不为己死，而求兵之劲，城之固，不可得也。兵不劲，城不固，而求敌之不至，不可得也。敌至而求无危削，不灭亡，不可得也。（《荀子·君道》）

A. 为，乐　B. 爱，利　　　　C. 利，安　　　　D. 利，爱

20. ＿＿＿＿＿＿＿之兵，聚则成卒，散则成列，延则若莫邪之长刃，婴之者断；兑则若莫邪之利锋，当之者溃，圜居而方止，则若盘石然，触之者角摧，案角鹿埵陇种东笼而退耳。且夫暴国之君，将谁与至哉。（《荀子·议兵》）

A. 贤能　　　B. 君子　　　　　C. 仁德　　　　D. 仁人

21. 王夺之＿＿＿＿＿＿＿，霸夺之＿＿＿＿＿＿＿，强夺之＿＿＿＿＿＿＿。（《荀子·王制》）

A. 地，与，人　　　　　　B. 人，与，地
C. 与，人，地　　　　　　D. 地，人，与

22. 兼并易能也，唯＿＿＿＿＿＿＿凝之难焉。（《荀子·议兵》）

A. 坚　　　B. 固　　　　C. 巩　　　　D. 力

【答案】

19. B　20. D　21. B　22. A

【识意】

19. 掌握了国家政权的人如果不能够爱护人民、不能够使人民得利，而要求人民亲近爱戴自己，那是不可能办到的。人民不亲近、不爱戴，而要求人民为自己所用、为自己牺牲，那也是不可能办到的。人民不为自己所用、

不为自己牺牲，而要求兵力强大、城防坚固，那是不可能办到的。兵力不强大、城防不坚固，而要求敌人不来侵犯，那是不可能办到的。敌人来了而要求自己的国家不危险削弱、不灭亡，那是不可能办到的。

20. 仁德之人的军队，集合起来就成为有组织的队伍，分散开来便成为整齐的行列；伸展开来就像莫邪宝剑那长长的刃口，碰到它的就会被截断；向前冲刺就像莫邪宝剑那锐利的锋芒，阻挡它的就会被击溃；摆成圆形的阵势停留或排成方形的队列站住，就像磐石一样岿然不动，触犯它的就会头破血流，夹着尾巴逃跑。至于那些强暴之国的君主，将和谁一起来攻打我们呢？

21. 要称王天下的和别国争夺民众，要称霸诸侯的和别国争夺同盟国，只图逞强的和别国争夺土地。

22. 兼并别国容易做到，只是巩固凝聚它很难。

23. 凝士以＿＿＿＿＿，凝民以＿＿＿＿＿；礼修而士服，政平而民安；士服民安，夫是之谓大凝。（《荀子·议兵》）

    A. 理，政   B. 礼，政   C. 礼，利   D. 政，礼

24. 制号政令，欲严以＿＿＿＿＿；庆赏刑罚，欲必以＿＿＿＿＿；处舍收藏，欲周以＿＿＿＿＿；徙举进退，欲安以＿＿＿＿＿，欲疾以速；窥敌观变，欲潜以＿＿＿＿＿，欲伍以参；遇敌决战，必道吾所明，无道吾所疑；夫是之谓六术。（《荀子·议兵》）

    A. 威，信，固，重，深   B. 势，信，固，重，深

    C. 威，信，坚，稳，深   D. 威，信，安，重，深

25. 上得天时，下得地利，观敌之＿＿＿＿＿，后之发，先之至，此用兵之要术也。（《荀子·议兵》）

    A. 变术   B. 变动   C. 变化   D. 变势

26. 不屠城，不潜军，不留众，师不＿＿＿＿＿时。（《荀子·议兵》）

    A. 预   B. 越   C. 超   D. 过

【答案】

23．B　24．A　25．B　26．B

【识意】

23．凝聚士人要依靠礼义，凝聚民众要依靠政策。礼义搞好了，士人就会归服；政治清明，民众就安定。士人归服、民众安定，这叫做最大的凝聚。

24．制度、号召、政策、命令，要严肃而有威势；奖赏刑罚，要坚决实行而有信用；军队驻扎的营垒和收藏物资的军库，要周密而坚固；转移、发动、进攻、撤退，既要安全而稳重，又要紧张而迅速；侦探敌情、观察其变动，既要隐蔽而深入，又要多方比较而反复检验；对付敌人进行决战，一定要根据自己已了解清楚的情况去行动，不要根据自己怀疑的情况去行动。以上这些叫做六种策略。

25．上取得有利于攻战的自然气候条件，下取得地理上的有利形势，观察好敌人的变动情况，比敌人后行动但比敌人先到达，这就是用兵的要领。

26．不摧毁城郭而屠杀居民，不秘密出兵搞偷袭，不留兵防守占领的地方，军队出征不超过预先约定的时限。

27．闻鼓声而进，闻金声而退，_____为上，有功次之；令不进而进，犹令不退而退也，其罪惟均。（《荀子·议兵》）

A．听命　　B．遵命　　　　C．命令　　　　　D．顺命

28．不杀老弱，不猎禾稼，服者不_____，格者不_____，奔命者不_____。（《荀子·议兵》）

A．舍，禽，获　　　　　B．禽，舍，获

C．获，舍，禽　　　　　D．舍，获，禽

29. 凡诛，非诛其百姓也，诛其_____百姓者也。（《荀子·议兵》）

A. 害 　　 B. 伤 　　　　 C. 压 　　　　　 D. 乱

30. 乱者乐其_____，不安其上，欲其至也。（《荀子·议兵》）

A. 策 　　 B. 施 　　　　 C. 政 　　　　　 D. 治

31. 仁人之兵，不可_____也；彼可诈者，怠慢者也，路亶者也，君臣上下之间，涣然有离德者也。（《荀子·议兵》）

A. 骗 　　 B. 杀 　　　　 C. 诈 　　　　　 D. 欺

【答案】

27. D　28. B　29. D　30. C　31. C

【识意】

27. 听见战鼓的声音就前进，听见钲、铙的声音就后退；服从命令是最重要的，取得战功在其次；命令不准前进却前进，就像命令不准后退却后退一样，它们的罪过是相同的。

28. 不杀害年老体弱的，不践踏庄稼，对不战而退的敌人不追擒，对抵抗的敌人不放过，对前来投顺的不抓起来当俘虏。

29. 凡是讨伐杀戮，不是去讨伐杀戮老百姓，而是去讨伐杀戮那扰乱百姓的人。

30. 混乱国家的人民向往王者的政治措施，而不安于自己君主的统治，都希望王者的军队来到他们的国家。

31. 仁德之人的军队，是不可能被欺诈的；那可以被欺诈的，只是一些懈怠大意的军队，羸弱疲惫的军队，君臣上下之间涣散而离心离德的军队。

32. 诈而_____之，与先惊而后击之，一也。（《荀子·议兵》）

A. 取 　　 B. 袭 　　　　 C. 得 　　　　　 D. 夺

33. 知莫大乎弃疑，行莫大乎无_____，事莫大乎无_____。事至无悔而止矣，成不可必也。（《荀子·议兵》）

    A. 错，悔   B. 过，悔   C. 悔，过   D. 过，错

34. 无欲将而恶废，无急胜而忘败，无威内而轻外，无见利而不顾其害，凡虑事欲孰而用财欲泰：夫是之谓五_____。（《荀子·议兵》）

    A. 权   B. 术   C. 至   D. 法

35. 所以不受命于主有三：可杀而不可使处不完，可杀而不可使击不胜，可杀而不可使欺_____：夫是之谓三至。（《荀子·议兵》）

    A. 人民   B. 君子   C. 百姓   D. 仁人

【答案】

32. B   33. B   34. A   35. C

【识意】

32. 用欺诈的办法袭击他，与先惊动他之后再攻击他，那结果是一样的。

33. 智慧没有比抛弃犹豫不决更高的了，行动没有比不犯错误更好的了，事情没有比毫无晦恨更美的了。做事到了没有后悔的地步就到顶了，不能要求它一定成功。

34. 不要热衷于当将军而怕罢免，不要急于求胜而忘记了有可能失败，不要只以为自己有威力而轻视外敌，不要看见了那有利的一面而不顾那有害的一面，凡是考虑事情要仔细周详而使用财物进行奖赏时要大方，这些叫做五种要权衡的事。

35. 不从君主那里接受命令的原因有三种：宁可被杀而不可使自己的军队驻扎在守备不完善的地方，宁可被杀而不可使自己的军队打不能取胜的仗，宁可被杀而不可使自己的军队去欺负老百姓，这叫做三条最高的原则。

36. 凡受命于主而行三军，三军既定，百官得序，_____，则主不能喜，敌不能怒：夫是之谓至臣。（《荀子·议兵》）

　　A. 群物皆正　　　　　　　　　B. 万物均正

　　C. 群物均正　　　　　　　　　D. 万物皆正

37. 凡百事之成也必在_____之，其败也必在_____之，故敬胜怠则吉，怠胜敬则灭，计胜欲则从，欲胜计则凶。（《荀子·议兵》）

　　A. 慎，怠　B. 敬，怠　　　C. 慎，慢　　　　D. 敬，慢

38. 战如_____，行如_____，有功如_____。（《荀子·议兵》）

　　A. 守，战，幸　　　　　　　　B. 守，占，幸

　　C. 攻，慎，信　　　　　　　　D. 守，战，信

39. 敬_____无圹，敬_____无圹，敬_____无圹，敬女_____无圹，敬_____无圹，夫是之谓五无圹。（《荀子·议兵》）

　　A. 事，谋，吏，众，敌　　　　B. 谋，事，吏，众，敌

　　C. 众，事，吏，谋，敌　　　　D. 敌，众，谋，事，吏

【答案】

36. A　37. D　38. A　39. B

【识意】

36. 大凡从君主那里接受了命令就巡视三军，三军已经稳定，各级军官得到了合适的安排，各种事情都治理好了，那么君主就不能使他高兴，敌人就不能使他愤怒，这叫做最合格的将领。

37. 大凡各种事情成功一定在于慎重，失败一定在于怠慢，所以慎重胜过怠慢就吉利，怠慢胜过慎重就灭亡，冷静的谋划胜过冲动的欲望就顺利，冲动的欲望胜过冷静的谋划就凶险。

38. 攻战要像防守一样不轻率追击，行军要像作战一样毫不松懈，有了战功要像侥幸取得的一样不骄傲自满。

39. 慎重对待谋划而不要大意，慎重对待战事而不要大意，慎重对待军吏而不要大意，慎重对待士兵而不要大意，慎重对待敌人而不要大意，这叫做五种不大意。

荀子诠解

《荀子》名言

第九章 荀子智慧

一、为学智慧

荀子曰："学不可以已。"人生有涯而学无涯矣。在荀子看来，学习在于不断积累，唯有勤奋好学、持之以恒，才能学有所成。学海无涯，学无止境。中华文化博大精深，是不可能学习完的。故此，学习不能骄傲自满，否则，很难学到更新更多的知识。"青，取之于蓝，而青于蓝"，学习要学会创新，学习更要有实事求是的精神。

择良友而友之，择贤师而事之

荀子说，人虽然具有好的素质又心智聪慧，但也一定要寻求贤良的老师跟着他学习，选择好友交往相处。得到贤师而跟着他学习，那么所听到的都是尧、舜、禹、汤的道理，得到好友而和他交往相处，那么所看到的就是忠诚、信用、恭敬、礼让的行为。自己在不知不觉中一天天逐步懂得了仁义，这是环境的影响使得这样的。现在如果和不好的人相处，那么所听到的就是欺骗、诬陷、奸诈、虚伪，所看见的就是肮脏、欺骗、淫邪、贪婪的行为，自己遭到刑杀还不知道，这也是

玉带钩（春秋战国）

环境的影响使他这样的。古书上说："不了解儿子就看看儿子交的朋友，就

清楚了，不了解君主就看看君主身边的人，也就明白了。"这就是环境的影响啊！这就是环境的影响啊！

人活在世上，不仅需要家庭的亲情，还需要朋友的友情。诗云："嘤其鸣矣，求其友声。相彼鸟矣，犹求友声，矧伊人矣，不求友声？"连鸟都嘤嘤求友，不失其群，何况我们人呢？

既然人离不开朋友，少不了交往，是不是可以无须选择地随意交往呢？显然是不行的。因为作为外界环境之一的朋友、老师对一个人的影响太大了。荀子看到了这一点，早于荀子的孔子也看到了这一点。

孔子曾经指出："与善人居，如入兰芷之室，久而不闻其香，则与之化矣；与恶人居，如入鲍鱼之肆，久而不闻其臭，亦与之化矣。"也就是说，一个人与一位朋友，与一位尊师久处，便会在言行、品德上受之影响而"同化"、"顺应"。孔子、荀子的这种思想，是很有辩证唯物性的，他们都点明了人的成长、进步的通律。按照现代的观点，"人的本质是一切社会关系的总和"，人的知识、品行、德性是在社会中所见所闻、所感、所习而逐渐形成的，其中，又以人与人的交往联系更紧，关系更大，所谓"近朱者赤，近墨者黑"就是这个道理。既然如此，人在选择朋友，选择老师时就一定要慎之又慎，一定要"择良友而友之，择贤师而事之"。久与良友交，则自己会从良，久与贤师学，则自己会得贤。反之则后果不堪设想。《吕氏春秋·仲春记第二》中，就以形象的比喻和大量的正反事例，说出了其中的道理。

文中说：墨子曾看到染素丝的而叹息道："放入青色染料，素丝就变成了青色；放入黄色染料，素丝就变成了黄色；染料变，素丝的颜色也随着变化，染五次就会出五种颜色了。"所以，染色不可以不慎重啊！

不仅染丝是这样，国家也有类似于染丝的情形。舜受到许由、伯阳的熏陶，禹受到皋陶、伯益的熏陶，商汤受到伊尹、仲虺的熏陶，武王受到太公望、周公旦的熏陶。这四位帝王，因为所受的熏陶合宜得当，所以能够统治天下，立为天子，功名盖天地。凡列举天下仁士、显达之人，一定都推举这四位帝王。夏桀受到干辛、歧踵戎的熏染，殷纣受到崇侯、恶来的熏染，周厉王受到虢公长父、荣夷终的熏染，周幽王受到虢公鼓、祭公敦的熏染，这四位君王，都因所受熏染不得当，结果国破身死，被天下人耻笑。凡列举天下不义、蒙受耻辱之人，一定都列举这四位君王。齐桓公受到管仲、鲍叔牙的熏陶，晋文公受到咎犯、卜偃的熏陶，楚庄王受到孙叔敖、沈尹筮的熏陶，吴王阖闾受到伍员、文之仪的熏陶，越王勾践受到范蠡、文种的熏陶。这五位君主，因为受到的熏陶合宜得当，所以称霸诸侯，功业盛名流传到后代。范吉射受到张柳朔、王生的熏染，中行寅受到黄籍秦、高强的熏染，吴王夫差受到王孙雒、太宰嚭的熏染，智伯瑶受到智国、张武的熏染，中山尚受到魏义、揠长的熏染，宋康王受到唐鞅、田不禋的熏染。这六位君主，因为所受的熏染不得当，结果国家都破灭了，他们自身有的被杀，有的受辱，宗庙毁灭不能再受祭祀，子孙断绝，君臣离散，人民流亡。凡列举天下贪婪残暴、蒙受耻辱之人，一定都举这六位君主。

这些比喻，这些历史事实，再鲜明不过地昭示我们，人在修身处世之中，一定要遵循荀子"择良友而友之，择贤师而事之"的古训。

学问不厌，好士不倦

读书学习、向人求教而不知满足，接近优秀杰出的人才而不知疲倦，这样，得到的各种知识就多。

孔子提出"生而知之"和"学而知之"两种知识起源说，在人性问题上又提出"性相近也，习相远也"（《论语·阳货》）的命题。孟子抓住一个方面，把"生而知之"发展为"良知"、"良能"说，把"性相近"发展成为天赋性善论。荀子则认为"学而知之"，强调后天的学习对人性的教育改造作用。在《荀子》一书中反复强调学习：

"学不可以已。青，取之于蓝，而青于蓝；冰，水为之，而寒于水。"（《劝学》）

"吾尝终日而思矣，不如须臾之所学也。"（《劝学》）

"君子生非异也，善假于物也。"（《劝学》）

"学恶乎始？恶乎终？曰：其数则始乎诵经，终乎读礼，其义则始乎为士，终乎为圣人。"（《劝学》）

"君子之学也，入乎耳，箸乎心，布乎四体，形乎动静……小人之学也，入乎耳，出乎口。"（《劝学》）

"君子之学也，以美其身；小人之学，以为禽犊。"（《劝学》）

"学莫便乎近其人。"（《劝学》）

"故学也者，礼法也。"（《修身》）

"我欲贱而贵，愚而知，贫而富，可乎？曰：其唯学乎！"（《儒教》）

"学至于行之而止矣。"（《儒教》）

"故学者，固学为圣人也，非特学为无方之民也。"（《礼论》）

"故学者以圣王为师。"（《解蔽》）

"今人之性，固无礼义，故强学而求有之也。"（《性恶》）

"善学者尽其理，善行者究其难。"（《大略》）

学而不倦才是一个人成熟、发展进步的必经之路。因此，古今之名人志士，在学业上、事业上有造诣的人，莫不具有"学问不厌、好士不倦"的精神。

中国的大思想家、教育家孔子，曾经自我剖析道："吾十有五而志于学，三十而立，四十而不惑，五十而知天命，六十而耳顺，七十而从心所欲，不逾矩。"他从15岁开始致力于学习，到70岁时能从心所欲，但要做到"不逾矩"，还必须继续学习，可见孔子"学问不厌，好士不倦"的精神。他不但如是说，而且确实是身体力行，《论语》记载：

子入太庙，每事问，或曰："孰谓鄹人之子知礼乎？入太庙，每事问。"子闻之曰：是礼也。

这一段讲的是孔子任鲁国司寇时候的事。当时，孔子参与了鲁国代表国家、王室的宗庙大典。他进去以后，对于每件事都要问个清楚，向人请教。在庙里该走哪条路线，坐在哪里才不逾矩，每事都问人。于是有人笑他说，一般人乱捧，都说孔子如何如何了不起，处处懂礼，可这个"乡巴佬"进了太庙，却什么也不懂，事事都要问别人。这句话被孔子知道了，他说："这就是礼啊！"

孔子51岁才开始担任公职，担任司寇时应该已是"知天命"的年龄了。况且他的知识、为人在当时早已名闻遐迩，可是他仍能谦虚好学，不耻下问，这正是孔子之所以能成为孔子的重要原因。

学问不厌，好士不倦既表现为那"凿壁偷光"、"悬梁刺股"的韧劲，更表现在不耻下问，广采博取的求学求教的精神。即是说问而不倦，必须伸开触角，扩大领域，虚心向书本学，向别人学，向自然学。

一、从书本中学

刘向说，"书犹药也，善读之可医愚也"。一个时代有一个时代的书籍、一个时代有一个时代的愚昧。

在战国末期，《诗》、《书》、《礼》、《乐》是那个时代的经典，《尚书》记载了先古的故事，《乐经》记载了协和音律，《礼经》记载了法律总则、礼节仪式，《诗经》知识广博，《春秋》微言大义，这些书把天地间的各种事理录载得十分完备了。所以，医治那个时代的蒙昧，塑造那个时代的人杰，这些书是非看不可的。

在现代社会，即使通读了这些书还不够，仍适应不了现代社会。现代社会有其自身的发展道路，现实环境和客观要求，你必须适应它，否则就会被淘汰。也许你想成为一个政治家、哲学家、科学家，或许你更现实一些，想成为一个律师、经理、金融家、经纪人，总之，是一些体面又有较高经济收入的职业，这无可厚非。问题是你必须读书。也许你可以割断自己和某一本或某一类书的联系，但你无法割断自己和所有书的联系。

人的生命是有限的，况且，任何职业都有专门的特点和知识要求，你必须建立与之相适应的知识结构，才能得心应手地从事你喜爱的工作。可以说，什么样的知识结构决定一个人成为什么样的人。因此，你应把自己的心理、气质、兴趣和社会发展联系起来，调整、拓展和完善自己的知识结构，才能站稳脚跟，壮大事业。

二、向别人学

居必择乡，游必近士。接触什么样的人就会成为什么样的人，这里面有一种神秘的交流和影响。

孟子的母亲见识可不浅，为教育孟子，她三次搬家。先前，他们住在郊外靠近墓地的山边。孟子整天看到的是奔丧的人。于是，他们搬到街市，孟子整天看到的是杀猪的人。最后，他们搬到一所学校附近，孟子所受到的影响是无疑的，尤其是对一个孩子。

一个优秀的人、杰出的人、伟大的人，他们并不是生下来就优秀、杰出或伟大的。孔子就说："我并非生下来就什么都知道，我的知识是我喜好读书，勤奋钻研才得来的。"但一般人只是看到他们学习的结果，并不了解他们的学习过程。其实，理解和掌握一种知识，没有比了解一种知识的生发和形成更具效果了。

既然知识是人创造出来的，那么你就可以从人的活动中去理解知识，追踪圣人或伟人对知识的选择、接受、摸索和成功的轨迹。这样，死的知识就变成了活的运动形态，你甚至嗅到了知识的芳香；如果你还能探求到圣人的举止、言谈、性格、气质与知识隐秘而又微妙的内在关联，那你就达到了出神入化的境地了。

所以，尽可能地去接近优秀的人或杰出的人，才能更深切地理解他们的成就，才能更透彻地了解自己的贫乏。所以，接近成功者，不能简单地视为一种屈辱和迎奉。

宋代福建有两个人，一个叫游酢，一个叫杨时，他们一同去拜访大学者程颐。刚好程颐正在休息，游酢、杨时不愿打扰先生，就恭立在门外，静心地等候程颐醒来。那时，天正下雪，他们仍然恭立在门外。过了许久，程颐才出来，发现他们仍然恭立在门外，雪已深达一尺。

尽可能地去接近那些杰出的人，去和他们握手、交谈，去倾听他们的声音，去感受他们的目光，你将获得书本上所没有的无形影响和熏陶。

三、向自然学

世事洞明皆学问。善于读书的人，世间一切都是书：山水是书、鱼虫是书、花月也是书。一般人只听见琴弦之声，却听不见天地弥漫着无弦之声。

唐代大画家韩干，天宝年间被召入宫中充任供奉。当时朝中有位画师叫陈闳，以善画马知名，于是，唐明皇命韩干师学陈闳画马。一天，唐明皇见到韩干所画之马，觉得俊逸飘洒，四蹄生风，与教师陈闳画风不同，十分诧异，问其原因。韩干奏道："我自然有教师，陛下马厩里的马，都是我的教师。"原来，韩干重视写生，常久驻马厩观察马的习性动静，所以他画的马达到了高妙传神的境界。

唐代还有一位书法家，名叫张旭，擅长草书，大凡喜怒、哀乐、穷窘、忧愁、怨恨、思慕、娱乐、酣醉、无聊等不同之情，必在草书中抒发出来。他静观世间万物，默察人间万象，凡山水崖谷、鸟兽虫鱼、草木花实、日月列星、风雨雷电、天地万物的变故，凡能唤起高兴、惊异之情的，都一一寄寓在书法之中。所以，张旭的草书，变化万千，如鬼斧神工，不着痕迹。他以此终其一生而名垂后世。

荀子说，不登高山，不知天之高；不临深溪，不知地之厚。敞开心灵，用耳朵去倾听，用眼睛去观察，人就会发现大千世界，万事万物，风云变幻，神出鬼没，充满喧哗与骚动。真所谓一花一世界，一叶一如来。

专心致志，不可朝三暮四

俗话常说："一心不能二用。"学习成效与用心程度是成正比的，只有集中注意力，才能确保知识、信息源源不断地输入大脑。孟子就以两人拜同一围棋高手为师而学习效果迥异为例，中肯地劝诫人们学习必须专心致志：弈秋，通国之善弈者也。使弈秋诲二人弈，其一专心致志，惟弈秋之为听；一人虽听之，一心以为有鸿鹄将至，思援弓缴而射之，虽与之俱学，弗若之矣。为是其智弗若与？曰：非然也。（《孟子·告子上》）

学习知识如此，道德修养也是这样："专心"才能致志，"宁静"方可致远。

人的大脑活动具有明确的指向性和集中性，即在同一瞬间大脑活动的神经中枢活动中心只能将注意力集中在某一方向。美国科学家的最新研究发现，大脑神经系统中存在一个"瓶颈"区，正是这一特殊区域阻碍了人脑同时处理多项任务的能力，一旦同时处理两项任务，哪怕是非常简单的任务，大脑处理信息的效率都会严重下降，这在神经科学中称作"双任务干扰"。这为人不能同时有效地做两件事提供了科学依据。

荀子论述学习的态度和方法，有两点特别给人留下深刻印象，一是强调一个"积"字，二是强调一个"一"字。所谓"积"就是说要锲而不舍，长期积累。所谓"一"就是要用心专一、专心致志。

荀子讲学习强调一个"一"字，就是要专一、专注。这有两层意思：一是说不要浮躁，不要三心二意。关于这一点孟子也有同样的意思。另一层意思是说学习的内容要专一，不要今天学这个明天学那个。《劝学》篇说"鼫鼠五技而穷"，"鼫鼠"（蝼蛄）有五种技能，为什么还"穷"呢？唐代杨倞的注释说：它会飞却飞不上屋顶，会爬却爬不到树顶，会游泳却不能渡河，会挖洞却藏不住自己的身体，会跑却没有人跑得快。看起来什么都会一点，但没有一样管用，最终还是不能保护自己，所以陷于困窘。就好像一个人学了很多东西，但都是业余水平，没有一项很专业，因此缺乏自己的核心竞争力。虽然我们现在提倡全面发展，但最好还是一专多能，有一个主攻方向。这或许也是我们可以从荀子学习理论中得到的一点启示。

一个人一生只专注于一件事，是事业成功的黄金法则。当一个人倾注全部心力于某一个点时，他极有可能硕果累累，大有成就。正如当太阳光反射在凹面镜上时，所有热都会凝聚于一点，这一点的能量将达到最高，以至于可以燃起辉煌的火焰。

在荷兰，有一个初中刚毕业的年轻人，来到一个小镇，找到了一份替镇政府看大门的工作。也许是工作太轻闲，他又太年轻，他得打发时间。他选择了又费时又费工的打磨镜片的工作作为业余爱好。就这样，他磨呀磨，一磨就磨了60年。他是那么专注和细致，那么锲而不舍，他磨出的复合镜片的放大倍数，比专业技师的都要高。借助他研磨的镜片，他终于发现了当时科技界尚未知晓的另一个广阔的世界——微生物世界。

从此，他声名大振，只有初中文化的他，被授予巴黎科学院院士的头衔，就连英国女王都亲自到小镇拜会了他。

创造这个奇迹的小人物，就是科学史上鼎鼎大名、活了90岁的荷兰科学家列文虎克。他踏踏实实地把手头上的每一块玻璃片磨好，用尽毕生的心血，认认真真地致力于每一个平淡无奇的细节的完善，终于在他的细节里看到了属于他的"上帝"。

唯有聚精会神地专注于一件事情，专心致志地去努力，才有获得成功的机会。

在《劝学》中，荀子分别从求学与做事的角度说明了这一点：

1. 求学需要专心致志

荀子曰："无冥冥之志者，无昭昭之明。"没有专心致志的思想，就不能洞明事理。

在荀子看来，求学需要专心致志，不能分心过多，否则再怎么勤奋学习也不可能学好。

然而，生活中就是有这样一些人，他们今天学习书法，明天学习音乐，一会儿觉得哲学智慧高深，一会儿又觉得数学思路明晰。然而，在每一种学问上都如蜻蜓点水，浅尝辄止。样样都知道一点，却又都知之不深。看似知识渊博，其实术业不专，学问不精，丝毫不值得恭维。

读书学习，追求博学是一件好事，但是一定要注意学一门要精一门，专心致志，才能探究到深刻精妙的境界。

2. 做事需要专心致志

荀子曰："无惛惛之事者，无赫赫之功。"没有埋头苦干的精神，就没有显赫的功绩。

在荀子看来，做事的道理与求学的道理相同，要想成就一番事业，就必须专心致志。

然而，有些人却急于求成，急功近利，不专注于自己的目标，却关心着别人的成功，不量体裁衣，却人云亦云，今天做点儿这个，明天干点儿那个，到头来，只能一事无成。

荀子提醒我们，不必为自己没有超人的智慧和才华而烦恼，因为，你只要执著于一个目标，专心致志地前行，也一样会取得成功。

其实，世界上许多成大事者都是一些资质平平的人，而不是才智超群、多才多艺的人。因为，那些看似愚钝的人有一种顽强的毅力；有一种在任何情况下都坚如磐石的决心；有一种不受任何诱惑，不偏离自己既定目标的专注力。正是这种专心致志的精神使平庸者最终获得成功，而所谓的聪明人恰恰缺乏这种专心致志的精神而最终导致失败。

专注于某一件事情，哪怕它很小，努力做得更好，总会有不寻常的收获。

一个人没有学历，没有工作经验，但只要有一项特长，一处与众不同的地方，就可能得到社会的承认，拥有其他人不能获得的东西。

有时候，一个人自诩有多种技能，但由于蜻蜓点水，钻研不透，反而不如拥有一项专长的人受青睐。专注于某一件事情，尽力把它做到无可挑剔，我们可能比技能虽多但无专长的人更容易获得成功。

实际上，一个人的时间有限、资源有限、能力有限，想要样样都精，门门都通，决不可能办到。如果想在某一方面做出什么成就，就一定要牢记荀子的教诲——专心致志，这样才有可能获得成功。不管做什么事情，没有坚定的信念，朝三暮四，变化无常，其结果只能是一事无成。

学海无涯，不可自满

学海无涯，学无止境。中华文化博大精深，是不可能学习完的。故此，学习不能骄傲自满，否则，很难学到更新更多的知识。南宋大学问家朱熹《观书有感》的诗中说道："问渠哪得清如许？为有源头活水来。"水渠里的水为何这样清澈，就因为它的源头是一口清泉。人要不断学习，充实自己。

韩非是荀子非常喜欢的弟子之一。

韩非很聪明，经过一段时间的学习，认为自己已经懂得很多，可以离开老师去辅佐君王了。

韩非将自己的想法告诉了荀子，荀子没有直接表达自己的意见，而是给韩非讲了一个故事：

孔子到鲁桓公庙中去参观，见到一个倾斜易覆的器物，就向守庙的人问道："这是什么器物呢？"

守庙的人回答说："这是君主放在座位的右边来警戒自己的器物。"

孔子说："我听说这种放在座位右边的器物，空着时要倾斜，注入一半的水就平正，放满了水又会翻倒。"

孔子又回过头来对他的学生说："往里面灌水吧！"

孔子的学生便舀水往器物里倒，倒到一半时，器物就端立着，倒满了，器物就翻倒了。空着时，器物就倾斜着。

于是孔子大声叹息道："唉！哪有满了而不倾覆的呢？"

韩非听完了荀子的话，脸变得通红，知道这是老师在批评自己骄傲自满呢！

韩非立即向老师作了自我批评，从此谦虚好学。

自满使人满足已有的成绩，自鸣得意、自以为是，从此止步不前。骄傲自满，会使人丧失进取之心。

荀子提醒我们，千万不能有自满之心。过分自我感觉良好是一种无知，它虽然使人有傻瓜般的幸福感，让人得一时之快，但实际上常常有损于名声。

然而，我们在生活中经常会遇到这样一种人，他们总喜欢指责别人的缺点，说人家这做得不合适，那也做得不够，似乎他什么都行，对什么都可以说出一番大道理来。其实，这只是一种自满的表现，他们之所以摆出一副"万事通"的面孔来，就是怕被别人轻视，才用这种方式来显耀自己，以此来提高自己的地位，可是这样做的结果只会让人厌恶。

一个人如果自满，觉得自己什么都会，就必然导致什么都装不下，什么都学不进去。就像杯满茶水溢出来一样。

山东大学校训"气有浩然，学无止境"，以其恢宏和大气营造着催人奋发向上的精神境界，堪为"学不可以已"的注脚。

荀子把"博学"与"自省"结合起来，作为进益智慧的途径。《中庸》概括了学习依次递进的五个层次，博学为基础："博学之，审问之，慎思之，明辨之，笃行之。"孙中山先生为中山大学亲笔题写了"博学、审问、慎思、明辨、笃行"的校训。

诸葛亮告诫子孙"夫学须志也，才须学也。非学无以广才，非志无以成学"（《诸葛亮诫子书》）；葛洪说"博见而善择，偏修一事不足赖也"（葛洪《抱朴子·微旨》）；欧阳修言"多识由博学"（《和圣俞》）；苏轼讲自己的创作体会是"退笔如山未足珍，读书万卷始通神"，所以他主张"博观而约取，厚积而薄发"（苏轼《稼说送张琥》）。

现代著名历史学家、人称"教授之教授"的陈寅恪也是一个博学的典范。陈寅恪少年时代就熟读经书、史书，后来留学日本、欧美，精通英、德、法、日文，还掌握了拉丁文、希腊文、梵文、巴利文、波斯文等19种文学，对魏晋隋唐史、梵文等古文字以及佛教经典均有精湛研究。著名学者吴宓对他有这样的评价："合中西新旧各种学问统论之，吾以寅恪为全中国最博学之人。"

狭义的学习是求知，即荀子所谓"习其句读者"，广义的学习则是对真理的求索，它是对世界、对人生的好奇，是探索未知的欲望，是一种永不满足的执着，也是人对完美的一种追求。

荀子强调学习是一个长期积累的过程，所以"学不可以已"。

从古至今，博学多才的人尚且不敢骄傲自满，仍然不断学习。作为我们这些后来者，焉能骄傲自满？

人贵有自知之明

老子曾说："知人者智，自知者明。"能够明白别人的优点和弱点，是"知人者智"；知道自己的优点和弱点，则是"自知者明"。一个人就好比是一条船，无论大小，都必须随时知道自己处在什么位置、载重多大、航速为多少。所以说，做人要善于剖析自己。只有当他正确地认识自己的才能和价值时，他才能在各种条件下，充分地展示和发挥自己的才能。反之，一味自高自大，目空一切，只能是一生碌碌无为，毫无建树。

世上万物，都有自己的长处和短处，然而，能否知道自己的长处和短处，却不容易。不然，何以自古就有"人贵有自知之明"之说呢！其实，这种自知之明就是能发现自己的卓越和缺陷，认识自我的优势和劣势，从而依照自己的条件决定去干什么，不去干什么。然而，生活中却常常能够看到没有"自知"的人。他们往往在还不清楚自己的能力、兴趣、经验之前，便一头栽进一个过高的目标——这个目标是盲目追随别人得来的，而不是了解自己之后得出来的，所以每天要受尽辛苦和疲惫的折磨，而最终却不一定获得多大的成效。其实，他们所受的折磨完全是由他们的不"自知"造成的。

虽然生活赋予我们每个人的并不是完全相同的阳光雨露，但上天是公平的，"天生我材必有用"，只要我们正确认识自己，不失自知之明，就能谱写出属于自己的华美乐章。

在《荀子·子道》中荀子记载了一段孔子与其弟子的谈话。

子路进来，孔子问道："由啊！有智慧的人应该怎样？讲仁德的人应该怎样？"

子路回答说："有智慧的人让人了解自己，讲仁德的人让人爱自己。"

孔子说："你可以称为儒士了。"

子贡进来，孔子问道："赐啊！有智慧的人应该怎样？讲仁德的人应该怎样?"

子贡回答说:"有智慧的人了解别人,讲仁德的人爱别人。"

孔子说:"你可以称为儒士中的君子了。"

颜渊进来,孔子问:"回啊!有智慧的人应该怎样?讲仁德的人应该怎样?"

颜渊回答说:"有智慧的人能认识自己,讲仁德的人懂得自爱。"

孔子说:"你可以称为明达的君子了。"

荀子借用孔子及其弟子的谈话告诉我们:人贵有自知之明。

所谓自知,即知道自己、了解自己。把人的自知称之为"贵",可见人是多么不容易自知;把自知称之为"明",又可见自知是一个人智慧的体现。

每个人都不相同,有的人聪明,有的人平庸;有的人强壮,有的人弱小。每个人的性格、能力、经验也各不相同。人如果在生活中总是与别人比较,总是希望获得他人的掌声和赞美,博取别人的羡慕,那么,他就会慢慢地迷失自己。一个人成天期望获得别人的掌声,他的生活必然是空虚的,久而久之,他的生活就变成了负担和苦闷。因此,我们只有了解自己,依照自己的潜能去发展,那才有真正的喜悦,那才有真正的快乐与成功。

汉高祖刘邦开创汉室四百年江山,他曾说过,论筹集粮草,安抚百姓,他比不上萧何;运筹帷幄,决胜千里,他比不上张良;行军打仗,指挥千军万马,克敌制胜,他比不上韩信。然而,他也有自己的长处,就是能使人才各尽其所,共同为大汉尽心尽力。刘邦不因自己才能不济而嫉贤妒能,而是正确认识到自己的才能在于招揽人心,知人善任,终使自己身边人才济济,成就大业。

宋代词人柳永,早年追求功名,然而仕途坎坷,生活潦倒,他终于认识到自己的天地不在庙堂,而在民间;自己的最佳身份不是封侯拜相,而是文人。于是他豁然开朗,自称"奉旨填词柳三变",潜心研究制词、音律,吟风弄月,流连于舞榭歌台,将宋词的温柔旖旎推向极处,成为人们所喜爱的词人。

人贵有自知之明，我们应该认清自己的弱点和短处，而不去做那些力不从心、劳而无功的事情。既不妄自菲薄，也不自吹自擂，更不能过高地估价自己的能力和水平。

人贵有自知之明，就是要看清自我，摆正位置，无论别人怎么对待你，怎么说你，你都要用理智这杆秤将自己称准，找准保持心中天平平衡的砝码。不要拿别人的评价跟自己过意不去。要保持平和的心态，乐观的精神，学会换位思考、"补偿"思考、活出个性，活出自我。

尼采曾经说过："聪明的人只要能够认识自己，便什么也不会失去。"正确认识自己，才能使自己充满自信，才能使人生的航船不迷失方向；正确认识自己，才能正确确定人生的奋斗目标。只有树立了正确的人生目标，并充满自信，为之奋斗终生，才能获得想要的成功。

人之所以不自知，正如庄子所说："目不见睫。"人的眼睛可以看见百步之外的东西，却看不清自己的睫毛。正所谓"不识庐山真面目，只缘身在此山中"，这便是人不自知的原因。

那么，我们该如何做到自知呢？

1. 孤独地面对自己

许多人总是陷于无穷无尽的日常事务和人际关系中，这使他们根本无暇去了解自己。在纷繁复杂的高速运转中，你不妨给自己放个假，让自己隐退，孤独地只有自己，让内心的真我有一个展现的时间和机会。

2. 与自己对话

要真正了解自己，必须养成与自己"对话"的良好习惯。你需要每天抽出一点时间留给自己。当你一个人独处时，你可以把自己那刻的感觉、感情、想法等在心中一一过滤，审视一下自己的心态是否平衡；了解自己真正在想些什么；怎样做才能使自己心安理得；出现问题最主要的原因是什么；知道自己为人处世的缺陷等。

3. 通过别人了解自己

设法了解自己在别人心目中的形象。你可以向亲人或较亲近的朋友询问自己在他们心中的印象，听听他们对自己各方面的看法。你可以通过身边的人对你的态度、评价，扪心自问："我做错了什么？""我做对了什么？""我什么地方做得还不够？"……但需切记，对于别人合理、善意的批评，应该冷静地予以接受。

需要提醒的是，人要知道自己、了解自己，不但要知道自己多高、多重、多胖、多瘦、多美、多丑这些外在的东西，而且要知道自己是一个什么样的人，有什么优点和缺点，自己应该走什么样的路，适合干什么等，也就是说要找准自己的社会角色定位。从某种意义上而言，后者比前者更加重要，也更难清楚地认识。

俗话说："金无足赤，人无完人。"人，只有经历暴风骤雨的洗礼，雪压霜欺的磨砺，在无数次的跌倒中爬起，然后再用镜子照清楚自己，找到真实的自我，方能达到"有自知之明"之境界，再经过不断地修补和完善，向完美的人生靠近。

反省自己，知明无过

荀子所说的反躬自省其实是一种做人的态度——做人应时常自我反省。那么，为什么要自我反省呢？

因为人不是完美的，总会有个性上的缺陷、智慧上的不足，而年轻人缺乏社会历练，常常会说错话、做错事、得罪人。反省的目的在于建立一种畅通的监督自我的内在反馈机制。通过这种机制，我们可以及时知晓自己的不足，及时改正不当的人生态度。反省是自我心灵的清洁，是磨砺良好品质的极佳方法。

荀子认为，人不可能时时反省自己，却能做到"日参省乎己"。其实，一个人有了不正当的意念或做了见不得人的事情，可能瞒得过别人，但绝对骗不了自己。人之所以会做错事情，不单是外界的诱惑太大，更多的是自己的欲念太强。一个常常自我反省的人，不仅能让理智战胜冲动，而且必然知道什么是自己该做的，什么是自己不该做的。

反省是一面心镜，通过它可以洞察自己的心垢。而反省难就难在自己愿不愿意去正视心垢，有没有勇气去洗刷它。

反省是认识自我、发展自我、完善自我和实现自我的好方法。我们不妨试着每天抽出一点时间反省一下自己：今天我到底学到了什么？我有什么需要改进的？我又有什么样的改进？我是否对所做的一切感到满意？如果我们每天都能改进自己并且过得快乐，必然能够获得意想不到的成果。

反省的内容就是对我们的言行扪心自问，这是郑重的人生问题。每天进行"心灵盘点"，有益于及时知道自己近期的得与失，思考今后改进的策略。

反省的立足点和取向主要是针对自己，省悟自身的不足。这不仅是使自身素质不断完善的方法，而且也是融洽人际关系的法宝。比如，"念自己有几分不足，则内心自然气平"；"先问自己付出多少，再问别人给了多少"；"看自己做错了什么，而不是找别人的不足"等，都是较好的反省方法。若能时常这样去反省，就能使自己心平气和，善结人缘。

反省的方式可以灵活多样，至于反省的方法，有人写日记，有人静坐冥想，在脑海中把过去的事拿出来省察一遍。

明代的著名作家张瀚在《松窗梦语》中有过这样一段记述：

张瀚担任御史的时候，有一次，他去拜见都台长官王廷相，王廷相给张瀚讲了一个乘轿见闻。大意是说他某一天乘轿进城办事时，恰巧遇上下雨。而其中有一个轿夫刚好穿了双新鞋，他开始时小心翼翼地寻着干净的路面走，但后来轿夫一不小心，踩进旁边的泥水坑里，此后他就再也不顾惜自己的鞋了。最后王廷相总结说："处世立身也是这样，只要你一不小心犯了错误，这之后你再也不会有所顾忌了。由此可见，常常检点约束自己，是一个人必修的功课。"张瀚听了这些话，十分佩服王廷相，而王廷相的这段见解他终身不敢忘记。

这个故事告诉我们，人一旦"踩进泥水坑"，心里往往就放松了对自己的戒备。认为反正"鞋已经脏了"，一次是脏，两次还是脏，于是便有了依赖性，从此便"不复顾惜"了。就像有些人，起先在工作中兢兢业业、廉洁奉公、一丝不苟，偶然一不小心踩进"泥坑"，经不住酒绿灯红糖衣炮弹的诱惑，从此便放弃了自己的节操。这都是由于不能事先防范而造成的恶果。

不慎而始，遗祸其终，这简单的道理谁都明白，但若要一直做到"不失"，似乎也不是那么简单。一些人为达到自己想要的目的，会利用种种办法设置种种陷阱，包括利用"糖衣炮弹"来百般诱惑，让你"湿鞋"。

现实生活中真的有些东西需要防范，高级干部成克杰、胡长清、李嘉廷的"失足"，可以说正是因为平时不检点不约束自己所造成的。但话又说回来，这些人并非一开始就是胆大妄为的。他们也曾犹豫过、心虚过、自责过，但终究没能战胜贪婪的心理。甚至有的还以"就干这一次"为托词迁就原谅自己。还有一些人，开始时认为事情并没什么大不了的，认为占点小便宜，捞点小外快，乃小事一桩，不足挂齿。殊不知，如此慢慢地放松了警惕，于是在错误的道路上越走越远，越陷越深，一旦醒悟，却已不能自拔。世界充满了诱惑，有时候，仅仅依靠人自身的意志做抵抗是远远不够的。由于"病毒"无孔不入，所以必须定期地给自己打"预防针"。

生活是一种惯性行为，人生活在这个大千世界中，只要没有什么大的波澜，往往会"随波逐流"，迷失自己。无论是正确的行为还是错误的行为，基本都会被一带而过转瞬即逝。但这种平庸的腐蚀后果却是异常严重的。因此，经常性地检讨自己的言行，并及时作出正确的调整和约束，是十分有必要的。从一方面说，自查自省是修德建业的根本需要；从另一方面说，是少犯和不犯错误的关键所在。一个人只要能够做到这一点，那么凡事皆可善始善终。

一个人如果不懂得自我反省，就看不到自己的问题，更不会有自救的愿望。自我反省在任何人身上都会发生大作用，因为它带来的不只是智慧，更是积极进取的境界。

反省是一种心理活动，即把当局者变为旁观者，把自己变成被审视的对象，站在另外一个人的立场、角度来观察、评判自己。荀子提倡反省，是要我们通过自我反省从思维意识、情感态度、言论行动等方面去深刻认识自己、剖析自己，从而使自己不断进步、不断进取。

学习可以改变命运

关于学习，荀子有一个形象的比喻："青，取之于蓝，而青于蓝；冰，水为之，而寒于水。"青，从蓼蓝中提取，却比蓼蓝更青；冰，由水凝结而成，却比水更冷。这一比喻说明，只要努力学习，后来者一定能居上。

荀子认为学习之所以重要，就在于学习可以"化性起伪"，可以把人变成"君子"，甚至有可能成为"圣人"，这是往大处说。往小处说，学习至少可以使一个人在社会上少犯错误，"知明而行无过"。不学习的人不知天高地厚，言行举止就不知轻重；没轻没重的言行就容易招来耻辱，乃至祸患。而一个人在社会上没有祸，岂不就是最大的福？老是惹祸，何以立身处世？

学习和教育不仅可以改变人性，同时也能改变人生。因为人跟动物不同，动物主要靠与生俱来的本能而生存，而人则主要靠后天习得的知识和技能来生存，这也就是荀子所说的"君子善假于物"。个人只有通过学习和接受教育，才能获得这个社会所积累起来的知识和技能，包括关于社会本身的知识以及社会生存的技能；而只有当个人掌握了这些知识和技能，包括这个社会的一系列办事规则和行为规范，才会被这个社会所接纳，从而从这个社会获得与自己被认可了的知识和能力相称的回报。

荀子在《儒效》篇说，一个人想要由贱变贵，由愚变智，由贫变富，办法只有一个，那就是学习。孟子说过"人皆可以为尧舜"，荀子则说"途之人可以为禹"。尽管他们两人在性善性恶问题上有分歧，但都认为在起点上所有人是平等的，只有通过学习，接受教育，才能改变自己的社会地位，改变自己的人生。中国古代发明了科举制度，尽管这个制度有许多弊端和缺陷，但它毕竟提供了一种让人们可以通过学习改变自己社会地位和人生的机制，比起通过暴力争夺或是阴谋诡计来获得社会地位和财富来，还算是一种比较公平和文明的方式。而这种社会机制的形成，与儒家重视学习和教育的传统是分不开的。

因此，荀子强调学习的道德教育和人格培养的内涵，对今人的教育和学习，也有借鉴意义。同时，尽管荀子所说的学习在内容和目标上有特定的历史含义，但他对于学习方法和态度等问题的论述也具有重要性。

荀子曰："干、越、夷、貉之子，生而同声，长而异俗，教使之然也。"吴国、越国、夷族、貉族的人，出生时他们的啼哭声是相同的，而长大以后习俗却各不相同，这是因为受教育不同而导致的。换言之，人生下来都是没有知识的，只有通过后天学习才能获得。

那么，人为什么要获得知识呢？

荀子在《劝学》中有相当精彩的回答："跂而望矣，不如登高之博见也。登高而招，臂非加长也，而见者远；顺风而呼，声非加疾也，而闻者彰。假舆马者，非利足也，而致千里；假舟楫者，非能水也，而绝江河。"没有知识，就好像仅仅踮起脚跟张望，所见所知仍然很少；有了知识，好像登高望远，视野格外开阔。有了知识，好像登上高处招手，手臂虽然没有加长，但远处的人却能看见；有了知识，就像顺风呼喊，声音没有加强，但远处的人却能听见；有了知识，就像坐车骑马的人，双脚并不一定善于走路，但却能够日行千里；有了知识，就像坐船的人，并不一定善于游泳，但却能够横渡江河。

知识的力量是无穷的。它能让愚钝的人变得聪明，让胆小的人变得勇敢，让弱小的人变得强大，让失败的人走向成功……知识不分贵贱，对任何人都一视同仁，只要你肯学，它就不会拒绝你。

东吴名将吕蒙，少贫，没有条件读书。但是他作战英勇，屡立战功。孙权继位后，就提升吕蒙为平北都尉。

建安十三年（208），孙权派吕蒙为先锋，亲自攻打黄祖，以报杀父之仇。吕蒙不负重望，他斩了黄祖，胜利回师，被封为横野中郎将。

但吕蒙有个缺陷，带兵镇守一方，每向孙权报告军情时，只能口传，不能书写，非常不方便。

一天，孙权对吕蒙与蒋钦说："你们从十五六岁开始，一年到头打仗，没有时间读书，现在做了将军，就得多读些书呀。"

吕蒙说："忙啊！"

孙权说："再忙也没有我忙！我不是要你做个寻章摘句的老夫子，只要你粗略地多看看书，多知道一些以前的事情。"说着给他列出详细的书单，包括：《孙子兵法》、《左传》、《六韬》、《史记》、《国语》、《汉书》等。

在孙权的启发与鼓励下，吕蒙开始努力学习，后来竟到了博览群书的地步。

鲁肃担任都督的时候，常以老眼光来看待吕蒙，以为吕蒙只是一个武夫。

有一次，鲁肃路过吕蒙的驻防地区与他言谈，吕蒙问鲁肃："您肩负重任，于相邻的守将关羽而言，您做了哪些防止突然袭击的部署？"

鲁肃说："这个，我还没考虑过！"吕蒙就向鲁肃说起了吴蜀的形势，提了五点建议。鲁肃听了大为赞叹，赞扬吕蒙见识非凡，认为吕蒙已是一个文武双全的帅才。鲁肃走到吕蒙跟前，拍拍吕蒙的后背说："真是聪明一世，糊涂一时，吕兄进展如斯，把我蒙在鼓里，先前总以为你只有勇武，不想，听君一席话，茅塞顿开，原来吕兄也是有学识之人，可笑愚弟走了眼。"

吕蒙一笑说："士别三日，应该另眼相看，况且你我之别，远非三日，哪里知道我的变化，今日一叙，不可同日而语了。"

打那以后，鲁肃同吕蒙成了好朋友。不久他又接替鲁肃统率东吴的军队，成为一代名将。

吕蒙转型很快，从一介武夫，脱胎换骨为将才，靠的就是读书，不断地充电。

生活中常有人说："工作太忙，没时间学习。"其实，这只是懒惰的借口而已。以"忙"为借口逃避学习的人实在令人惋惜。因为至少可以利用看电视、玩网络游戏、度假或闲聊的时间读一些有益的书。

人不可能一出生就具有超群的本领，凡取得成就者，都是后天修炼所得，都是在一点一滴的积累和学习中进步的。成功者往往有渊博的学识、独到的见解、优雅的谈吐……而这些均可以由学习而来，所以说，学习是你迈向成功的通行证，学习可以改变你的命运。

青出于蓝，而胜于蓝

荀子本是以此比喻人通过学习可以增长才干，后来延伸为比喻学生可以胜过老师或后人可以胜过前人。这两个方面至今对我们依然有着有益的借鉴意义。

每个人都要勇于超越自我，同时要善于在前人的基础上有所创新、有所进步。孔子说："后生可畏，焉知来者之不如今也？"长江后浪推前浪，后来者居上，这是历史发展的规律。

面对激烈的竞争，想成大事的人必须寻找新的突破口，独辟蹊径，才能在诸多竞争对手中脱颖而出，创造真正属于自己的世界。

科学家创立新理论，发明家制造先进机械，专家学者著书立说，文学家吟诗作赋，音乐家谱写新的乐章，美术家绘画雕刻，这些往往都是人们头脑里的思维定式。在人们看来这些为人类增添巨大物质财富和精神财富的劳动才算创造，似乎创造只是伟大的专利。

虽然科学家、发明家、文学家、艺术家的创造和创新是伟大的，令人敬仰的，但是他们毕竟是人，创新并不是他们与生俱来的专利，当你走进创造心理学就会发现，创新是人才的标志。每个神智健全的人都毫无例外地存在着创新能力。成大事的人要善于运用大脑，去开创新的世界。

其实，只要你对自己仔细审察，你就会发现自己在某一方面"独出心裁"，或者同别人的观点、看法不一致，有着自己的独到见解；或者你工作出色，出类拔萃。有些人可能在读书方面不行，但动手能力强，设计、编程顺畅自如，这些也是创造才能的表现。

荀子智慧

关于大口径牙膏的来历，有一个小故事。某牙膏厂的新产品上市后，很受消费者的欢迎，于是，销量猛增，一年一个台阶，自然带来了丰厚的利润。可是，乐观了不久，由于激烈的竞争，市场趋于饱和，几年后，销量很难再往上攀升了。为了摆脱这个局面，该厂便向员工宣布，假如谁能有办法扩展其销路，增加销售量，就给予十万元奖励。在众多的应征者中，有个青年脱颖而出，拿走了丰厚的奖金。他的办法也很简单，把牙膏口直径扩展一毫米。由于谁也不会在意那每次多挤出的一点点，但无形中加快了使用的速度，而且集腋成裘，对于厂家来说，则留出了巨大的拓展空间，成绩就这样做出了。

创新并不神秘，人人具备创新潜能，一旦你懂得创新的奥秘，善于掌握科学的方法，你那潜在的创新才能迸发出来，成就大事。

富有创造性的人在表面上与普通人没有什么两样。不过，他能在开创自己的"王国"时，能循序渐进地开拓一个适合创新生存的环境。

创新不同于创意，创意是想出新点子，创新是将这些点子运用到现实中；创意富有想象力，令人兴奋，并充满乐趣，创新则是一项艰辛的实践。

创新来源于点子，成功的创新来源于好的点子，而好点子的诞生需要在许许多多的点子中"择优"。这个过程就好像一个摄影家拍一张好照片的过程，他照得越多，越有得到一张传世之作的可能。

每个人都具有创新思维，因此都具备创意。虽然每个人的创意各不相同，但是运用你的创新思维能力开发你的创造力，会给你带来奇迹。每个人都可以有意识地应用下列技巧以想出更多的点子。运用创意产生的循环系统，即使时代变迁亦不会改变，若要想出好点子，就要练习下面五个步骤：

1. 你开始想改进某些东西，或是你开始想解决你的问题。第一项步骤就是这些意念第一次到你脑子里的时候。

2. 作一些研究，尽你所能学习有关这项问题的知识。阅读、与他人交谈，并尽可能地收集相关资料。

3. 暂时忘掉问题，或者让它进入你的潜意识。把这个问题延后处理，忘记所有跟这件事有关的事，去想别的问题，给你的潜意识时间，让它来发挥作用。

4. 欢乐的令人兴奋的时刻来临了！伟大的新视野从你的潜意识中释放出来，这个阶段也许发生在开车时、沐浴时，或者午夜梦回时。

5. 灵光闪动是很重要的一部分，但是可靠性极低。你必须在头脑清醒时，客观地审视这个新点子，判断它是否值得投注心力。征求别人的意见，找一个尽可能客观的人，试着向一位顾客推销你的点子，只有少数的点子能经得起这些判定，好的判断力来自经验，经验来自不断地判断，尽量向别人学习他们的经验。

"兵无常势，水无常形"，用兵打仗最讲究一个"奇"字。同样道理，在现代社会中，一个人如果能超越常规，反其道而行之，体现创新的策略，往往能取得好成就。

有道是"条条道路通罗马"，有成就的人决不会沿着一条道走到底，认准目标，旱路不通走水路，大路不通走小路。反常而行的结果往往产生全新的创意、全新的结果。

为什么我们看得远，因为我们站在巨人的肩膀上。历史的车轮永远是向前的。古人留下的智慧我们有需要汲取的，但我们更要在前人的基础上有所创新。

不积跬步，无以至千里

这是荀子的劝学名言，说明学习没有量的积累，就没有质的飞跃。这不仅对于治学，而且对于我们的工作、我们的人生同样有借鉴意义。

"积"是长期的时间和精力的投入，是反复不断的训练与实践，也就是后人常说的"功夫"。"功夫"一词在汉语中既指时间，同时也指长时间积累的结果。冰冻三尺非一日之寒，那些武术大师的"功夫"是夏练三伏、冬练三九，长年累月"积"出来的。如果"功夫不到家"那就是因为时间花得不够。荀子认为不管学什么，要想学好，都得长期积累。《儒效》篇说"人积耨耕而为农夫，积断削而为工匠，积反货而为商贾"，农、工、商各行各业，要干得好，都得"积"。同样"君子"、"圣人"也是靠学习"积"出来的："积礼义而为君子"；"积善而全尽，谓之圣人……故圣人也者，人之所积也。"

人的天生材质并无多大差别，即便智商略有高低，后天的积累功夫也可以弥补其不足。这就是荀子所谓"驽马十驾，功在不舍"，俗语"笨鸟先飞"的含义。这对于激励人们树立自信、努力学习，无疑具有积极的启发意义。后世佛家修道，有所谓"渐"、"顿"二法。

"渐"是"渐修"，就是讲长期修炼积累的功夫；"顿"是"顿悟"，是说一旦灵感爆发，突然开窍，朝彻旦通。这种顿悟的现象有时是会出现，但其实也是建立在长期积累基础上的，是积少成多，量变导致质变的反应。如果平时没有学习积累的功夫，只等着有一天早上醒来会突然大彻大悟，那恐怕只能是一种幻想。

成功之路都是一步一个脚印走出来的，目标的实现不是一蹴而就的。只有拥有一丝不苟地做小事的态度和精神，拥有踏踏实实做小事的决心和恒心，才能做成大事。眼高手低者最终只能一事无成。愚公移山的方法在今天也许显得有些迂腐，但愚公移山的精神在任何时代都是不过时的。

荀子这样告诫韩非："不从半步一步的路程开始积累，就不能到达千里以外的地方；不汇聚小河流，就没有办法形成江河及大海。千里马跳跃一次，也不能到十步那么远。劣马连走十天能走很远的路程，功绩在于它不放弃。刻一件东西如果半途而废，就连腐朽的木头也不能折断，刻一件东西如果持之以恒，就连坚硬的金属和石头也能雕刻出花纹来。"

荀子曰："蹞步而不休，跛鳖千里；累土而不辍，丘山崇成。"意思是说半步半步地走而不停止，跛了脚的鳖也能走到千里之外；堆积泥土而不中断，丘山终能堆成。

"跛鳖千里"、"丘山崇成"，都是坚持不懈，从量变到质变的结果。所以，有志之人应该懂得从低处做起，只有这样，才能踏踏实实，一步一个脚印地走向成功。

维斯卡亚公司是20世纪80年代美国最为著名的机械制造公司，其产品销往全世界，代表着当今重型机械制造业的最高水平。许多人毕业后到该公司求职均遭拒绝，原因很简单：该公司的高技术人员爆满，不再需要各种高技术人才。但是令人垂涎的待遇和足以自豪、炫耀的地位仍然向那些有志的求职者闪烁着诱人的光芒。

史蒂芬是哈佛大学机械制造专业的高材生，和许多人的命运一样，在该公司每年一次的用人测试会上被拒绝。史蒂芬并没有死心，他发誓一定要进入维斯卡亚重型机械制造公司。于是，他采取了一个特殊的策略——假装自己一无所长。

他先找到公司人事部，提出为该公司无偿提供劳动力，无论公司分派给他任何工作，他都不计任何报酬来完成。公司起初觉得这简直不可思议，但考虑到不用任何花费，也用不着操心，于是便分派他去打扫车间里的废铁屑。

一年来，史蒂芬勤勤恳恳地重复着这种简单却劳累的工作。为了糊口，下班后他还要去酒吧打工。这样，虽然得到老板及工人们的好感，但是仍然没有一个人提到录用他的问题。

90年代初，公司的许多订单纷纷被退回，理由均是产品质量问题，为此公司蒙受了巨大的损失。公司董事会为了挽救颓势，紧急召开会议商议对策。会议进行了很长时间却仍未见眉目，这时史蒂芬闯入会议室，提出要见总经理。

在会上，史蒂芬对这一问题出现的原因做了令人信服的分析，并且就工程技术上的问题提出了自己的看法，随后拿出了自己对产品的改进设计图。这个设计非常先进，恰到好处地保留了原来机械的优点，同时克服了已出现的弊病。

总经理及董事会的董事见到这个编外清洁工如此精明在行，便询问他的背景及现状，而后，史蒂芬被聘为公司负责生产技术问题的副总经理。

原来，史蒂芬在做清扫工时，利用清扫工到处走动的特点，细心察看了整个公司各部门的生产情况，并一一做了详细记录，发现了所存在的技术性问题并想出了解决的办法。为此，他花了近一年的时间搞设计，获得了大量的统计数据，为最后一展雄姿奠定了基础。

年轻人需要有远大的志向，但这志向的实现并非一朝之功，没有基础的积累，就妄想一步登天是不可能的。登天需要阶梯，没有结实的梯子，就算你有孙悟空一个筋斗翻十万八千里的能耐，若没有驾驭云朵的基本功，也会从天上摔下来。

《圣经》上有这样一则故事：

耶稣带着他的门徒彼得远行，途中发现一块旧马蹄铁，耶稣让彼得捡起来，彼得却懒得弯腰，没去理它，于是，耶稣自己捡了起来，然后，在集市上用它换了 18 颗樱桃。出城后，二人继续往前走，经过茫茫荒野。耶稣猜到彼得渴得够呛，就让藏于袖中的樱桃悄悄掉出一颗，彼得一见，赶紧捡起来吃了，耶稣再掉一颗，彼得就再捡一次，就这样，彼得狼狈地弯了 18 次腰。之后，耶稣笑着对彼得说："你要是此前弯一次腰。就不会在后来没完没了地弯腰了。"

耶稣

确实，如果弯一次腰就能解决问题，当然谁都不愿意选择弯 18 次。彼得之所以会狼狈地弯 18 次腰，就在于他鼠目寸光，不善于从"小"见"大"，只想到旧马蹄铁是废物，不值得自己弯腰，却没有想到可以用它换钱，然后，用钱来买樱桃。

我们有时候恰恰需要从不被自己看重的事情做起，而且，只有老老实实地"弯下腰"将这些事情做好，才会逐步培养起对它们的兴趣，最终有所收获、有所成就。很多稍纵即逝的机遇，也往往就在弯腰的那一瞬间被拾起。

老子有言："天下难事必作于易；天下大事必作于细。"要知道，你的志向无论多么远大，要实现它，也必须从一点一滴的小事做起。所以，做人千万不能好高骛远，只知抓着那个终极目标不放。有时候，从低处着手，反而更有利于目标的实现。集近成远，集小成大。成功之路就在自己脚下，即使理想再辉煌、目标再高远，如果不脚踏实地去走，终究也会一事无成。

活到老，学到老

对于治学，人又该如何去获取知识呢？

荀子说："没有刻苦钻研精神的人，在学习时就不会有明显的智慧。"

荀子又说："学习时踏踏实实地积累，持久努力，就能钻研进去，学习一直到死才能够停止啊！"

在荀子看来，学习在于不断积累，唯有勤奋好学、持之以恒，才能学有所成。

学无止境，艺不压身。知识的海洋无比宽广，技艺的天地无比辽阔，即使你一生都在学习，也有太多学不完的东西，所以我们要秉持"活到老，学到老"的精神。

孔子总结自己的人生，说当他十五岁的时候，便立志做学问。"三十而立"，十五岁开始求学，经过十五年的学习、实践，到三十岁确立了自己的人生观、世界观，开始构筑起自己的人生坐标。"立"指思想和意志的独立，做人做事处世的道理不变了，确定了，人生非走这条路不可了。又经过十年的磨炼，"四十不惑"，到了四十岁明白了事物的发展都是有规律的，聚散分合、成败盛衰是自然结果，不会再有迷惑、看不开了。又过了十年，"五十而知天命"，进一步了解认识这些规律。再过十年，"六十而耳顺"，对人生和宇宙规律理解得更深更透，好话坏话尽凭人家去说，自己都能听得进去而毫不动心。不生气，每天都笑口常开，平平静静。又十年，"七十而从心所

荀子智慧

欲，不逾矩"，自己的人生实践就可以在规律内自在安然，随心所欲，获得生命的自由了。

孔子的人生经验，几十年的学习、实践，完成了从"有我"到"无我"的过渡，不同阶段的体会，对我们是一种激励，也是一种启发。

而澳大利亚一位94岁老太太获医学硕士学位的真实故事更加令人振奋和敬佩！这位名叫特纳的老太太90岁在大学开始硕士阶段的学习，并在94岁时最终获得医学科学硕士学位，创下了获硕士学位的最高龄世界纪录。连教授都被特纳旺盛的学习精力和勤奋好学的精神所折服。"她每天早上5点起床，然后开始思考问题。从她的想法、精力及兴趣来看，她就像是一个25岁的年轻人，她的思维很活跃。"哲人说，鸟久不飞就会有点像没有翼，兽久不走就会有点像没有足，人手足久不动就会有点像没有手足，头脑久不用就会有点像没有头脑，至少也会变迟钝，像傻子和呆子一样。所以说，预防老年痴呆症最简单有效的方法就是多学些新知识，多和外界接触，多参加运动。看来"活到老，学到老"不仅能完善知识结构，也可以达到延年益寿的功效。

人生是无限可能的艺术。人有无穷的潜能，只是每个人开发潜能的程度不同。"活到老、学到老"就是现代人提出的"终生学习"，这是一种无界限的学习。因此要打破界限，摆脱思维框架来学习。

宋代思想家朱熹说过："无一人不学，无一时不学，无一地不学，无一物不学。"这是对终生学习的最佳诠释。

有人问古希腊哲学家亚里士多德，受过教育的人与没有受过教育的人的差别在哪里？亚里士多德回答说："这就如同活着的人和死去的人之间的差别。"亚里士多德认为，没有受到教育的人如同行尸走肉，毫无意义。这样的观点有些夸张了，但是，学习的确让我们长知识、懂礼仪、明事理。如果不学习，一个人可能就会变成井底之蛙，慢慢会被社会所淘汰。所以，人不可以不学习，不学习的人生必将是空洞的人生。人不可以一日不学习，学习是一辈子的事。

明末清初的思想家李颙有几句话讲得极好，也是对当下社会的直接批评。他说，只有讲求学问，才能使人自立并通达事理；只有讲求学问，才能使社会转变风俗习惯；只有讲求学问，才能做到拨乱反正；只有讲求学问，才能改天换地。讲求学问是民众的命脉、宇宙的元气，不可一日停止不讲。

之所以提出终身学习的观点，是因为人类几千年积累下来的知识文化只用短短几十年的时间根本学不完。故先贤庄子说："吾生也有涯，而知也无涯。"更何况现代社会知识更新的速度大大加快，一个人用十几年所学到的知识，可能在很短的时间内就过时不再实用了。如果不立即去学习新的知识，就将陷入"知识半衰期"，即基础知识仍然可用，但其他的一半知识已经落伍。当前，知识半衰期正在日益缩短，由最早的100年逐渐缩短至当前的3年。知识裂变速度"一日千里"，今天的知识即使刚印到书本上就可能不再实用了。一个人如果不学习或停止学习的时间太久，则将与社会脱节。

据统计，当今世界90%的知识是近三十年内产生的，知识半衰期只有五至七年。而且，人的能力就像电池一样，会随着时间的增长而逐渐流失。因此，人们的知识需要不断"加油"和"充电"。

当今时代，世界在飞速发展，知识更新的速度也日益加快，人们要适应变化的世界，就必须努力做到"活到老，学到老"，要有终生学习的态度。以老人为例，虽然他们年事已高，无须再进行过多的劳动，但也得学会如何使用洗衣机、微波炉甚至是电脑，不然享受不到科技带来的乐趣与便捷。在终生学习这方面，鲁迅先生是个榜样，他在临死前一个小时还在写文章。还有华人首富李嘉诚，他每天晚上看书学习，这个习惯已坚持了几十年。比尔·盖茨更认为，只是"活到老，学到老"还远远不够，"在21世纪，人们比的不是学习，而是学习的速度"。

人生有涯而学无涯也。宋真宗赵恒的《劝学诗》曰："富家不用买良田，书中自有千钟粟；安居不用架高堂，书中自有黄金屋；出门莫恨无人随，书中车马多如簇；娶妻莫恨无良媒，书中自有颜如玉；男儿若遂平生志，六经勤向窗前读。"意思是说：读书考取功名是人生的一条绝佳出路，

荀子智慧

考取功名后，才能得到财富和美女。读书是否应抱有功利心暂且不提，这里却说明一个问题：读书的作用非常大。因此说，我们应该活到老，学到老。

博采众长，为我所用

山锐则不高，水狭则不深。以宽厚的胸怀包容万物，才能在兼济天下的同时完善自我，成就功业。对此，先秦李斯有言："泰山不让土壤，故能成其大；河海不择细流，故能就其深。"三国曹植赋诗："东海客且深，由卑下百川；五岳虽高大，不逆垢与尘。"孔子说："三人行，必有我师焉。"这些话说明了这样一个道理，我们做人一定要时刻向别人学习，多听别人的意见，每个人都有自己的长处、短处，只有不断学习，善于听取不同的意见，才能提高自己，完善自己。

当今社会，人们在不断地思考，什么才是创新。现在，大家已形成共识的创新有两种：第一种是从无到有的原始创新，另一种是把已有的创新成果进行整合为我所用，有人将其称之为从无序到有序的整合创新。

有这样一个故事：一次酒会上，不同国家的宾客在一起聊天，各自夸赞起自己国家的好酒。中国人把茅台酒盖一启，香气扑鼻，在座的各位说茅台了不起。俄国人拿出伏特加，英国人拿出威士忌，法国人拿出了XO，德国人拿出了黑啤酒，意大利人拿出了红葡萄酒……而美国人找了个空杯子，把茅台等几种酒都倒了一点，晃了晃，说我们国家最出名的是鸡尾酒。可见，综合就是创造，把好的东西整合起来就是创新。这更是一种博采众长的美好境界。

茅台酒

当然，一个人办事是否周全、细致、圆滑，固然与他的天生素质有一定的关系，但这不是关键的问题所在，因为有很多东西都是经过后天的学习、培养、锻炼出来的。

常言说，处处留心皆学问。生活中、工作间，我们身边能说会道，会办事的人很多，他们的一言一行都是我们所应该注意观察和学习的。看他们怎样与领导沟通，看他们怎样求同事帮忙，看领导怎样给下属安排工作，怎样批评下属，等等。然后，动动脑筋仔细分析一下他们为什么这样做，观察一下这样做所达到的效果怎样，成功方面的，我们应尽量去借鉴、吸收，失败方面的，我们尽量去避免、抛弃。

著名美籍华裔舞蹈家孟先生对上海某大酒店的一位门厅服务员，就做过细心的观察。他第一次到该酒店时，这位服务员对他微笑致意说："您好！欢迎您光临我们酒店。"第二次来店时，这位服务员认出他来，边行礼边说："孟先生，欢迎您再次来到我们酒店，我们经理对您有安排，请您跟我上楼。"随即陪同孟先生上了楼。又过了很多天之后，当孟先生第三次踏入酒店大门时，那位服务员脱口而出："欢迎您又一次光临。"孟先生十分高兴地称赞这位服务员："不呆板，不机械，很有水平！"

这位服务员应当受到这样的表扬。他并不是学舌鹦鹉，见到客人时只会说一声"欢迎光临"，而是能根据实际情境的变化使用不同的客套话，这表现出他对工作的热爱和对说话艺术的追求。

很明显，这位服务员的服务方式是值得他的同行们去观察、学习的。

香港著名富豪李嘉诚就非常注重培养儿子观察、学习说话艺术及办事的能力。每当有重要的会议、会见重要的客人、处理公司的一些问题时，他总是让他的儿子在一旁观察、倾听、领会。也正因为他对儿子的悉心培养，才使得他的两个儿子在今天从容地支撑并发展起他的经济王国。

平日里，我们观察、学习别人的机会很多，亲自锻炼的机会也不少。在家里，来了客人，怎样招待才让客人满意；在单位里，看客户是怎样与领导谈判的；在酒店里宴请客人，看服务员如何招待等等，只要处处留心，认真观察、学习，就能提高我们的办事能力。

博采众长，为我所用。这就需要我们平时做事时，要虚心向别人请教，以便提高和完善自己的办事能力，为成功办事打下良好的基础。

"智者千虑，必有一失；愚者千虑，必有一得。"五短必有一长，即使再愚钝再浅陋的人也自有其可取之处，关键在于我们是否有容人之短的度量，是否有谦恭好学的态度。荀子之所以能够成为集大成的思想家，也是他虚心学习、博采百家之长的结果："能下人，故其心虚；其心虚，故所广取；所广取，故其人愈高。"

不知则问，不能则学

荀子提出"不知则问，不能则学"，与孔子的"敏而好学，不耻下问"有异曲同工之妙。的确，虚心请教、不懂就问的良好习惯，不仅能体现出一个人良好的修养和深厚的内涵，而且还能在实际的学习和生活中，让自己受益匪浅，使自己的思想和处事水平不断地得到提升。

北朝时，孔播门下有位学生名叫李谧，学习十分用功。几年后，他的学识远远超过了老师孔播。孔播不摆老师的架子，虚心向学生李谧请教问题。一开始，李谧觉得学生教老师是不尊重老师的表现，说话总是吞吞吐吐。孔播明白李谧心里所想的，于是，诚恳地对他说："你要知道，凡是在某一方面比我懂得多的人，都可以作为我的老师。何况是你呢？"这件事传出后，其他学生也深受感动，还编了一首短歌颂扬孔播老师：青成蓝，蓝谢青，师何常，在明经。

郑谷是唐代诗人，自幼十分聪明，七岁就能写诗。郑谷有个诗友叫齐己，是个和尚，比郑谷大，常和郑谷吟诗唱和，二人感情甚好。有一次，齐己写了一首《早梅》诗，诗云：万木冻欲折，孤根暖独回。前村深雪里，昨夜数枝开。风递幽香出，禽窥素艳来。明年如应律，先发望春台。

诗写成后，齐己吟味再三，自己觉得很不错，便去找郑谷品评。郑谷看后，说需改一字才好。齐己问改哪一字？郑谷微笑着说，诗中的"昨夜数枝开"，改为"一枝开"才会见其早呀。齐己听了十分佩服，连忙下拜，致谢不已。当时的人皆称郑谷为"一字师"。

唐代大书法家柳公权，从小就认真练习书法，一次，他在村旁学书，有一个卖豆腐的从他身边经过，见了柳公权写的字便十分刻薄地说："这字写得像我担子上的豆腐，既没骨又没筋。城里有个人，用脚写的字比这还好呢！"

柳公权听了非常不服气，第二天，就进城找到了卖豆腐的人所说的那位用脚写字的人，只见他用左脚按纸，右脚挥笔，写时似行云流水、龙飞凤舞，的确很出色。柳公权心中十分佩服，立即向他请教写字秘诀。这人用脚书写道："写尽八缸水，砚染涝池里。博取众家长，始称龙凤飞。"柳公权明白了其中的道理，于是照着这个教诲，勤学苦练，终于成了著名的书法家。

宋濂字景濂，明朝初年浦江人。官居学士，参与了明初许多重大文化活动，主修《元史》，参与了制定明初典章制度的工作，颇得明太祖朱元璋的器重，被人认为是明朝开国大臣中的佼佼者。

宋濂年幼时，家境十分贫苦，但他苦学不辍。他在《送东阳马生序》中讲："我小的时候非常好学，可是家里很穷，没有什么办法可以找到书看，所以只能向有丰富藏书的人家去借来看。因为没钱买不起，借来以后，就赶快抄录下来，每天拼命地赶时间，计算着到了时间好还给人家。"正是这样他学到了丰富的学识。

有一次，天气特别寒冷，冰天雪地，北风狂呼，以至于砚台里的墨都冻成了冰，家里穷，哪里有火来取暖？宋濂手指冻得无法屈伸，但仍然苦学，不敢有所松懈，借来的书坚持抄好送回去。抄完了书，天色已晚，无奈只能冒着严寒，一路跑着把书还给人家，一点也不敢超过约定的还书日期。因为诚实守信，所以许多人都愿意把书借给他看。他也因此能够博览群书，增长见识，为他以后的成功奠定了基础。

到了20岁，宋濂成年了，就更加渴慕圣贤之道，但是也知道自己所在的穷乡僻壤缺乏名士大师，于是常常不顾疲劳跑到几百里以外的地方，找自己同乡中那些已有成就的前辈虚心学习。后来，他觉得这样学习不是长久之计，于是就到学校里拜师学习。一个人背着书箱，拖着鞋子，从家里出来，走在深山之中，寒冬的大风，吹得他东倒西歪。数尺深的大雪，把脚上的皮肤都冻裂了，鲜血直流，他也没有察觉。等到了学馆，人几乎被冻死，四肢僵硬得不能动弹，学馆中的仆人用热水把他全身慢慢地擦热，用被子盖好，很长时间以后，他才有了知觉，暖和过来。

为了求学，宋濂住旅馆，一天只吃两顿饭，什么新鲜的蔬菜、美味的鱼肉都没有，生活十分艰辛。和他一起学习的同学们一个个身穿华服，戴着有红色帽缨、镶有珠宝的帽子，腰里别着玉环，左边佩着宝刀，右侧挂着香袋，光彩夺目，但是宋濂认为那不是快乐，丝毫没有羡慕他们，照样刻苦学习，因为学习中有许多足以让他快乐的东西。他根本没有把吃的不如人、住的不如人、穿的不如人这种表面上的苦当回事。

正是因为宋濂的勤奋好学他才能成就一番事业。他的那些同学又有几人名留青史呢？

著名国画大师齐白石也非常好学，在七十岁那年，他的学生谢时尼在上课时当堂作了一幅名叫《梅鸡》的画，梅花下的公鸡画得别有一番风味，特别是那鸡尾巴极富神韵。齐白石欣赏了许久，笑着说："你画的这张太有味了，能否借我回去临一张？"过了一周后，他又来上课时，诚恳地对谢时尼说："你看我临得好不好？"谢时尼一看临摹的画上有齐白石老师的题字，大意是说：你那鸡画得很好，我要永远把它作样子，现在我拿临摹的这张和你交换，不知你肯不肯答应。谢时尼兴奋不已，因为这正是自己求之不得的。后来，谢时尼一直把这张画珍藏着。

以上这些事例中的人，没有一个不是勤学好问之人，也无一例外地都是在各自领域中取得杰出成就的人。因为他们虚心求教的心思，都是不拘于何人何时何地的。或许正因为如此，成功才如此眷顾他们。这是一种礼，更是一种成功的必然途径。

俗话说，大海之所以为大，在于不拒细流；高山之所以为高，在其不辞壤土。知识不惧多，学无止境，不懂就问，精益求精，这不仅是做人的道理，也是求学的捷径。荀子所提出的"不懂就虚心请教，不会就刻苦学习"都是一样的道理的。

如果一个人对自己不明白的问题加以隐瞒，不去向别人请教，在别人面前仍然不懂装懂，那他就太无知、太虚伪了。对有些知识，不懂并不可怕，可怕的是不懂装懂。学无止境，知识无限，谁都不可能做到"样样通，样样精"，而只有虚心向别人学习，不耻下问，才能不断进步。否则，我们若像南郭先生那样"滥竽充数"，只能是贻笑大方，最终被社会所淘汰。其实，对自己不知道的事情，坦率地说不知道，反而更容易赢得别人的尊重。

"不知则问，不能则学"是一种严谨的学习态度。学习就应该如此，只有这样才能不断进步。不懂装懂，自欺欺人，到头来害的还是自己。

信固然信，疑亦是信

相信应该相信的，这固然是信；怀疑应该怀疑的，同样也是一种信。相信，就去证实；不相信，就去证伪。怀疑不是否定，而是一种态度、一种精神，一种思维方法，是面对所谓的真理或谬误时应该持有的怀疑态度、实证精神和理性思维方法。

"于不疑处有疑，方是进。"（清·张伯行《学规类编》）"信信"容易，"疑疑"难。在权威被视为"圣人"、经典教条被视为"天经地义"的传统社会，"疑疑"甚至要付出生命的代价。

怀疑一切也许是不可取的，但一切都不怀疑，则注定只能是庸人。在崇拜权威的中国，怀疑精神显得尤为可贵。

殷商末年，周武王继位后四年，得知商纣王的商军主力远征东夷，朝歌空虚，即率兵伐商。周武王率本部及八个方国部落军队，进至牧野，这就是历史上著名的牧野之战。

商纣王惊闻周军来袭，慌忙调动少量的防卫兵士和大量奴隶，开赴牧野迎战。商军的兵力远超周军，但匆忙成军，士气低落，加上奴隶阵前倒戈，商军大败。

后来，《逸周书·世俘》上说："受（纣王）率其旅如林，会于牧野。罔有敌于我师（没有人愿意和我为敌），前徒倒戈，攻于后以北（向后边的自己人攻击），血流漂杵。"

战国时期的孟子，他阅读了《逸周书·世俘》一篇，颇有感慨。他说："尽信书，则不如无书。吾于《世俘》取二三策而已矣。仁人无敌于天下。以至仁伐至不仁，而何其血之流杵也？"孟子认为，像周武王这样讲仁道的人，讨伐商纣王这样极为不仁的人，怎么会使血流成河呢？孟子不相信《世俘》中的这个记载，才说了这段话。意思是提醒人们，读书时应该加以分析，不能盲目地迷信书本。如果读什么书时，都照搬课本上的东西，不懂得灵活变通，那么就像这句话说的，还不如不读书。然而，结合商纣的历史战功和当时的客观情况（《世俘》称共 18 万人在牧野之战中阵亡），《世俘》所记载的情况可能比较接近事实。

自汉武帝接受董仲舒"诸不在六艺之科、孔子之术者，皆绝其道，勿使并进"（董仲舒《举贤良对策》，见《汉书·董仲舒传》）的建议，实行"罢黜百家，独尊儒术"的政策以后，儒学就成为集权社会的统治思想。孔子作为儒家文化和王权社会统治思想的象征，成为统治者推行思想专制的工具，孔子以万世师表的身份被奉若神明，甚至有所谓"天不生仲尼，万古如长夜"（《朱子语类》）的说法。儒学经典以及孔子的神圣化是对是非价值判断标准的垄断，以至于后世"咸以孔子之是非为是非"（李贽《藏书·世纪列传总目前论》）。直到晚明思想家李贽挺身而出，振聋发聩地指出，千百年来人们对孔子的盲目崇拜都是"矮子观场，随人说妍，和声而已"（李贽《续焚书》卷二《圣焚小教引》），并以过人的胆识喊出了"咸以孔子之是非为是非，故未尝有是非"（《藏书·世纪列传总目后论》）的时代最强音。

在李贽看来，是与非的价值标准具有时代性，"如岁时然，昼夜更迭，不相一也。昨日是而今日非矣，今日非而后日又是矣"（《藏书·世纪列传总目后论》）；同时，每个人都有自己判断是非的自主性和能力："夫天生一人，自有一人之用，不待取给于孔子而后足也。"（《焚书》卷一《答耿中丞》）他诘问道："若必待取足于孔子，则千古以前无孔子，终不得为人乎?"（《焚书》卷一《答耿中丞》）

事实上，李贽对于身为学者的孔子是十分敬佩的，称颂其"为出类拔萃之人，为首出庶物之人，为鲁国之儒一人，天下之儒一人，万世之儒一人也"（《焚书》卷三《何心隐论》），他所抨击的，是政治偶像化和统治工具化了的孔子。李贽的叛逆思想难以为正宗儒者，尤其是当政者见容，他被视为"异端"，著作被列为禁书，最后以"敢倡乱道，惑世诬民"的罪名被诏令"严拿治罪"，自刭于狱中，走完了自己渴望挣脱思想枷锁、渴望思想自由的斗士的一生。

唐代的一行和尚是一位非常著名的天文学家。

"千里之行，始于足下。"一行和尚在天文学上能够取得卓越的成就，与他从小勤学习、勤思考是分不开的。一行和尚年幼时就读了很多古代书籍，他对天文和数学的兴趣最大，而且善于思考，遇上一些天文、历法及算术中的疑难问题，总是要寻根问底，弄个明白。

久而久之，一行和尚不但打下了扎实的科学知识的根底，而且培养起了惊人的理解力。有一次，他向当时藏书丰富的著名学者尹崇借了一本西汉大学者扬雄的哲学著作《太玄经》来读。这本著作涉及很多方面的科学知识，深奥难懂，尹崇读了很多年，读了不知多少遍，都没有完全读懂。但是没有几天，一行和尚就把它读完了，把其中的道理也搞清楚了，而且把自己思考所得写成了一篇题为《义决》的读书笔记，绘制了一张《太衍玄图》，向尹崇请教。尹崇不禁为他的惊人理解力、读书和思考密切结合的良好学习习惯而惊叹："真是后生可畏啊!"因此，一行和尚年纪轻轻，就已闻名长安城。

现代学者胡适曾说自己的思想受两个人的影响最大：赫胥黎教我怎样怀疑，教我不信任一切没有充分证据的东西；杜威教我怎样思想，教我把一切学说理论都看做待证的假设。后来胡适用"大胆地假设，小心地求证"十个字来概括杜威的思想方法，并由此而倡导"独立思考，独立判断，重怀疑，重实证"，对中国现代学术思想产生了深远的影响。

信是疑的基础，疑是学的深化，我们要疑，但不是胡乱猜疑，而要切合实际。就像故事中的一行和尚一样，不仅信书，还会疑，这同样也是一种信。若是他尽信书不加思考，就不会有后来的成就。因此我们需要正确地认识自己，既要有理想，又必须脚踏实地去奋斗。我们活着，终日都为寻找打开这些锁的钥匙而奔波忙碌。于是，我们需要信与疑的毅力、信与疑的洗礼、信与疑的考验，只有这样我们的人生才有意义。

信与疑，对陶冶人的情操，提高自身素质有着重要意义。在这个互动的过程中你会发觉：没有知识的人常常议论别人无知，有知识的人时时发现自己无知。学习，为求进取；疑问，才有发展。面对宏观与微观世界的扩展，知识和信息的爆炸，我们脑袋这架"计算机"就必须有一个很好的处理问题和信息的最优程序，不然我们就无法适应飞速发展的时代，无法更好地在社会中生存和发展。

一位名人说过："传统文化好比一捆干草，人们像驴子一样驮着它走，各人的驮法不同，聪明的人把它化为养料轻松地走向未来，愚蠢的人把它当做祖传宝贝，永远是沉重的负担。"希望我们不要把传统文化当做祖传宝贝，不要让它成为我们沉重的负担。不仅要把它消化吸收，更要把它发扬光大。相信它，更要会提出疑问，这样才会进步。

持之有据，论之成理

荀子指出，任何思想、观点、主张的提出，都必须言之有物、持之有据、论之成理，都必须能够经得起实践的检验，而不能强词夺理或信口开河。

事实上，以事实、经验为依据，以功效为标准，这也是传统认识论的特点。荀子之前的墨子就提出了"三表法"作为判断认识正确与否的标准，

"三表"即"上本之于古者圣王之事","下原察百姓耳目之实","废以为刑政,观其中国家百姓人民之利"(《墨子·非命上》),墨子已初步认识到实际效果是一个检验真理的标准。承继荀子,法家韩非子说得更透彻:"无参验而必之者,愚也;弗能必而据之者,诬也。"(《韩非子·显学》)由此他提出了"循名实而定是非,因参验而审言辞"(《韩非子·奸劫弑臣》)的著名观点。汉代扬雄、王充也都对此有进一步的发挥。扬雄说:"君子之言,幽必有验于明,远必有验于近,大必有验乎小,微必有验乎著。无验而言之谓妄。"(《法言·问神》)王充道:"事莫明于有效,论莫定于有证。"(《论衡·薄葬》)据此王充驳斥、批判了泛滥一时的天人感应、鬼神迷信思想。王充自述其作《论衡》的目的就是"疾虚妄",即以事实为依据,批驳与客观事实相违背的命题。他说:"凡论事者,违实不引效验,则虽甘义繁说,众不见信。"(《论衡·知实》)这种精神确是贯穿于《论衡》全书的。

以事实、经验为依据,也就是一种"实事求是"的精神,这种精神贯穿于中国文化当中。"实事求是"一词最早出现在汉代,与之相对立的正是"虚饰浮夸","修身齐家平天下,凡能实事求是者必兴,而虚饰浮夸者鲜有不败"(《汉书·河间献王传》)。《资治通鉴》也称赞献王"修古好学,实事求是"。

"实事求是"四个字真正引人注目,是民国时期的事情了。赵天麟任北洋大学校长时,总结了北洋大学的办学经验,概括"实事求是"四个字作为校训,并绘制在国立北洋大学的校旗上。1914年,宾步程出任湖南公立工业学校校长并将学校迁到岳麓书院,他手谕"实事求是"作为校训,旨在陶冶教育学生从客观事实出发、追求真理。至今,"实事求是"的匾额依然高高地悬挂在岳麓书院的讲堂上。

古希腊著名哲学家苏格拉底也曾说过:"我唯一知道的,就是我什么都不知道。"他以最通俗的语言告诉我们,知识是无限的,我们了解的只是很少一部分,我们要有自知之明,不能满足于已知。

学问愈深,未知愈重;越是学识渊博,越要虚怀若谷。作为专家、学者，对不知道的东西，我们不仅应当老实地承认"不知道"，而且要敢于说"不知道"。

一位外国人去旁听一位著名教授的示范课。课上他提出自己做的老鼠实验的结果。此时，一位学生突然举手发问，提出了他的看法，并问这位教授假如用另一种方法来做，实验结果将会怎样？所有的听众全都看着这位教授，等着看他如何回答这个他根本就不可能做过的实验。结果，这位教授不慌不忙、直截了当地说："我没有做过这个实验，所以我不知道。"

当教授说完"我不知道"时，台下响起了经久不息的掌声。

一般人都有不想让别人看出自己弱点的心理，因此很难开口说"不知道"。其实，有时对自己不知道的事情坦率地说不知道，反而能够赢得别人的尊重。因为直截了当地说不知道，会给人留下诚实的印象，并且敢于当众说不知道，其勇气更让人佩服。这样，对你所说的其他观点，人们会认为一定是千真万确的，因此对你也就会更加信任。反之，如果明明不知道却强说知道，自作聪明，欺人自欺，最后只会贻笑大方。

有个美术评论家总是大吹大擂，凡事不懂装懂。

有一天，他受一位知名人士邀请到家中做客。这位名人家里来了许多美术界的权威，他们畅所欲言，谈笑风生。

一会儿，主人拿来一幅画像说："这是我刚买来的毕加索的画，请各位点评一下。"

于是，那个不懂装懂的评论家马上站起来说："色彩华丽，线条鲜明，果然是毕加索的画。你刚拿来的时候，我就看出来了。"

主人听完，再仔细看了一下画说："真抱歉，我刚才介绍错了，这不是毕加索的画，而是米开朗琪罗的作品。"

"什么？米开朗琪罗的？"

顿时，在座的各位名家捧腹大笑。评论家羞得无地自容，恨不得挖条缝钻进去。

不要不懂装懂，所以孔子才告诉他的弟子子由"明白了就是明白了，不明白就是不明白，这才是明智的做法"。

求知最忌自欺欺人，不懂装懂。人们时常讽刺那种只会说"Yes"的"假洋鬼子"，这是不懂装懂的典型形象。如果只是读书求知，那不过是学不到真东西，对别人也不至于有什么害处。但如果让这种人从政治国，那可就不是害己的问题了，小则害己害人，大则亡党亡国。

所以，我们绝不能低估了不懂装懂的危害，因为它完全可能由一种个人品质而发展成为一种社会公害，贻害无穷。我们必须要坚持持之有据，论之成理这一实事求是的认识论。

坐而论道，不如起而行之

荀子认为，任何思想主张不仅要言之有理、持之有据，更要能够放到现实中去实践，要能够经得起实践的检验，即"起而可设，张而可施行"，荀子对坐而论道的空谈者嗤之以鼻。

一天，荀子的弟子毛亨问荀子：

"老师，我听说楚国有一个姓张的读书人，他讲起书本知识时滔滔不绝，头头是道，然而，若让他去处理世事，他却显得十分迂腐。

有一次，他得到一部关于水利方面的书，对书进行了一番苦读之后，认为自己能让所有土地变成良田，于是让人们按照他的想法兴修水利。结果水从四面八方的渠道流进了村子，把整个村子都淹没了。"

"老师，您说这是什么缘故呢？"

荀子微笑着说："闻之而不见，虽博必谬。见之而不知，虽识必妄。"即听到不如见到，即使表面上很渊博也一定出现谬误；看见了却不明白，即使记住了也一定错误。

很多时候我们的许多经验、知识都是似是而非的东西。

那么，我们又该如何去鉴别呢？

荀子曰："不闻不若闻之，闻之不若见之，见之不若知之，知之不若行之。学至于行之而止矣。行之，明也。"就是说不听不如听，听到了不如看见了，看见了不如知道了，知道了不如实行它。学习到了亲自实践这步才达到至高的境界。亲自去实践它，就能弄清事理。

换言之，知识只有接受实践的检验，才能成为真知灼见，否则，只能像纸上谈兵的赵括一样，贻笑大方。

荀子的话发人深省，它嘲讽了那些只会死读书的读书人，这些书呆子不能对书本知识进行变通，不会进行思考，更别提学以致用了。

学习知识的目的在于应用。如果学而不会用，那么再好的知识也是一堆废物。

学以致用，不但能够培养能力，而且还能促进成长。学以致用是学习的另一个境界，要达到这个境界，就需要平时不断地锻炼自己，使自己养成良好的学以致用的习惯。

宋代大诗人陆游曾在《冬夜读书示子》中对他的儿子进行劝勉说："古人学问无遗力，少壮功夫老始成。纸上得来终觉浅，绝知此事要躬行。"学在于致用，否则学到的知识便是无用的东西。一个人如果墨守成规地死读书，读死书，不躬身实践，不善于变通，在实际生活中是不可能成为大材的。实践出真知，只有躬身于实践，将书本知识融入实践之中，在实践中不断地总结经验，进一步完善书本知识，自己才能提高。有的家长只抓孩子的考试成绩，忽略孩子的社会实践，造就了高分低能的孩子。因为缺乏实践，书本上的知识在现实生活中根本用不上，就会觉得无所适从，这造成了很多人一生的痛苦。万事万物都处在发展变化之中，更多的时候没有成法可守，如果生搬硬套书本知识，难免会闹出笑话，甚至误国伤身。

刘羽冲，沧州人，他性情孤僻、迂腐，喜欢讲求古代的典章制度，强调按典章制度办事。他虽然勤奋，但迷信古书上的学问，而且做起来一丝不苟。

有一天，刘羽冲偶然得到了一部兵书，他如获至宝，闭门苦究，在家中伏案研读了一年。一年后，他觉得自己已经把这本书读得非常明白了，就向周围的邻居炫耀说："我已经把兵书研究得非常透彻了，里面的每字每句我都能倒背如流。如果让我统率十万大军出兵打仗，绝对一点问题也没有。"

刚巧这时发生了土寇变乱，刘羽冲便自告奋勇，训练了一队乡兵，前去平叛。但由于他没有实践经验，全部按照兵书上的兵法生搬硬套，结果整个队伍溃败，他自己也差点被生擒活捉。

刘羽冲侥幸逃回了家里，前思后想，怎么也不明白自己为什么会打败仗。同村的人都嘲笑他："还说自己能统率十万大军呢，带几个乡兵都不行，真是不自量力。"

陆游

他对乡人说："那部古代兵书我已经反复看了好多遍了，怎么打起仗来就不行了呢？一定是兵书上有错误，我才会打败仗的。"

后来，刘羽冲又得到一部古代兴修水利的书，他又是如获至宝，闭门静修，在家伏案研读了一年。

一年后，刘羽冲觉得自己已经熟练地掌握了书里的东西，对水利建设已经了如指掌了，便又对乡人说："我已经把这部水利书背得滚瓜烂熟了，按书上说的做，就一定能把千里荒土改造成肥沃的良田。"

于是，他勾画了水利图纸，列上了各种兴修措施，把图纸呈给了州长官。州长官也是个喜欢多事的人，轻信了他的话，便叫他在一个村子里做试验。刘羽冲指挥乡民大兴土木，挖渠引水。可是天有不测风云，田间的水渠刚刚修完，就下起了大雨，发起了大水。洪水顺着沟渠灌入村子，村子里的人险些被淹死。

村民对刘羽冲愤恨不已，纷纷指责他。从此，刘羽冲抑郁不得志，常独自在庭院台阶上走来走去，摇头自语道："古人难道会骗我吗？"就这样，他每天念叨千百次，都只是这一句话。不久，他便发病死了。

这个故事告诉我们，书本上的经验固然重要，但实践经验也很重要，因为它不但是产生理论知识的源泉，而且有些精深的技艺是难以从书本上得到的。当然，忽视书本知识，排斥间接经验，盲目地将书本知识一概视为糟粕的观点，也是不可取的。

为人处世，真正的诀窍就像酒，随着人的行动一同出现、一同消失，说出来的大概也只能算是糟粕了，无非是闻到一点酒精味儿，让人想象不到什么是酒。这就是书本的真正作用，它只有与实践相结合，才能发挥出应有的作用。

有着"乾隆六十年第一人"美誉的清代天才诗人黄景仁一生时乖命蹇，十七岁即有"十有九人堪白眼，百无一用是书生"之慨叹。其实，书生之误国往往就误在"坐而言之，起而不可设，张而不可施行"上，即误在空谈上。宋明理学发展到后期也陷入不务实际、空谈心性的误区，清儒颜元即以"无事袖手谈心性，临危一死报国君"尖刻地嘲讽后儒的空谈误国。

今天，坐而论道的空谈者仍随处可见，所谓"茶碗一端，说话无边，香烟一点，专说人短"。商场上的空谈会贻误商机，害了一个企业；官场上的空谈，则会误了一个地方的发展，毁了一方百姓的未来。

学习知识的目的在于应用，在于指导生活。学习知识如果不与实践相联系，即便学富五车，也只是知识的奴隶。况且，知识只有与实践相结合，才能得到检验、淘汰、补充和完善。因此，一步实际行动胜过一打纲领，与其坐而论道，不如起而行之。

持之以恒，才能取得成功

一时的激情成不了大器，水滴石穿需要持久，铁杵成针需要坚持，要想实现目标，唯有持之以恒。

荀子担任过稷下学宫的主讲，他这样教诲韩非："做一件事犹如挖一口井，挖掘到九仞深的时候，仍看不到泉水，便轻易放弃，那先前的努力便付之东流。"挖井的目的，不外乎是想挖出泉水，没有泉水，目的便没有达到，倘若就此打住，弃而不掘，只能是半途而废。荀子用掘井的比喻告诫韩非：做事要持之以恒，不可半途而废。

荀子也提醒我们，做任何事情唯有持之以恒才能取得最后的胜利。而一个没有恒心的人，往往会浅尝辄止，最终什么事情也完成不了。

唐代名相魏徵在《谏太宗十思书》中有"善始者实繁，克终者盖寡"之说，细细思量，不足为怪。原因就在于，无论做大事还是小事，难事还是易事，能够"锲而不舍"、坚持到底者终属凤毛麟角。《尚书》讲："为山九仞，功亏一篑"（《尚书·旅獒》）；孟子也说："有为者譬若掘井，掘井九仞而不及泉，犹为弃井也。"（《锰子·尽心上》）做学问、干事业，贵在目标专一、矢志不移，最忌三心二意、见异思迁；贵在持之以恒、永不懈怠，最忌浅尝辄止、一曝十寒，否则必然或是半途而废，或是功败垂成。

当遇到麻烦特别是很棘手的问题时，你一定感到万分无奈和沮丧。这时，你一定要遵循一个非常简单但做起来并不太容易的基本原则——持之以恒。

放弃意味着你甘心弃权，不再有任何奢望和梦想，这必然导致你最终走向失败。永不放弃就要一次一次地尝试，如果你使用的方法不能达到目的，那就尝试其他方法。如果新的方法仍然行不通，再尝试另外一种方法，直到你找到解决问题的方法为止。问题就像一把锁，总有一把钥匙可以将它打开。只要努力寻找，永不放弃，你终会找到解决问题的这把金钥匙。

很多人都有一个远大的理想和目标，并且为之而努力奋斗。他们每一天都用心思考，努力去做，但由于达成目标过于艰难，他们屡战屡败，越来越倦怠、气馁，终致半途而废。而过后他们才发现，如果再咬咬牙多走几步，很快就能到达成功的终点了。

重要的是怎样才能培养出这种不放弃、不气馁的精神。其中一个办法是永远不要把"失败"说出口，一旦你说出失败，你就很可能会说服自己从心理上去接受失败。

美国人海耶土·钟士，是1960年跨栏比赛的风云人物，一场又一场的比赛，一场又一场的胜利，创下了许多纪录，成为体坛上轰动一时的人物。因此，他顺理成章地参加了当年在罗马举行的奥运会。他参加110米栏比赛，全世界人都认为金牌非他莫属。

但出乎意料的是，他并没有取得冠军，而是得个第三名。这对他来说无疑是个极大的打击。他的脑海里闪过的第一个念头就是："我该从此放弃比赛吗?"要再过4年才会有奥运会，也只有那时，他才有再次表现的机会。而且，他已经拥有所有其他比赛的跨栏冠军，没有必要再受4年更艰苦的训练。退出比赛看似是最好的选择，因为刚好可以在事业上寻求发展。

很多人都以为钟士会做出这种选择，但海耶土·钟士并没有这样做。"对自己一生追求的东西，"他说，"你不能够事事讲求逻辑，轻易说放弃。"于是，他又开始了艰苦的训练，每天坚持3小时，从不间断。付出就有收获，在接下来的几年里，他在60码和70码高栏项目上再次打破了纪录。

1964年2月22日，在纽约麦迪逊广场花园，他宣布这是他最后一次参加室内比赛。钟士奔向60码的高栏，场内一片寂静，大家的情绪都很紧张，所有人的目光都聚集在他身上。突然一片欢呼声，他赢了，突破了自己以前的最快纪录。钟士走回跑道上，沉默低头站了一会儿，那是他向观众致谢。然后场上17000名观众都起立为他喝彩，钟士热泪盈眶，很多观众也落下了眼泪。一个人遭遇了失败的创伤，依然不放弃自己的梦想，继续苦苦追寻，最后终于取得了成功。那些为他落泪和叫好的人们佩服的就是他这种不服输的精神。

成功之道在于持之以恒，如果不能坚持下去如何能够有所成就。我们都知道，成功者与失败者之间的距离只有一点点。就像人们烧水一样，失败者只把水烧到99摄氏度，而成功者却比失败者多坚持了一会儿，把水烧到了

100 摄氏度。失败者摔倒后就不会再站起来，他们已经让失败占据了上风，把所有的自信都打碎了。而成功者摔倒后则会立刻站起来，把失败的原因找出来，然后想方设法地去解决这些问题。

有一个成功的企业家说过这样一段话："当你在行走了 999 步时，你可能会遇到阻碍，但成功往往躲在 1000 步之后，只要你持之以恒坚持下去，再走一步就是成功。"

1952 年，艾德蒙·希拉里攀登世界最高峰珠穆朗玛峰未获成功。他在一次团体演讲上就他的失败说道："珠穆朗玛峰！你第一次打败我，但是我将在下一次打败你，因为你不可能再变高了，而我却仍在成长中！"

第二年的 5 月，艾德蒙·希拉里成为了第一位登上珠穆朗玛峰的人。

我们的一生中会遇到许多困难，当你在遇到困难时，只要坚持下去就会找到解决困难的办法，就像艾德蒙·希拉里一样，在失败以后，他并没有因此而放弃，而是在成长中坚持着打败珠穆朗玛峰的信念，最终攀登上这座世界最高峰。

半途而废是成功者的大忌。任何事情的完成都不会一帆风顺。总会有许多困难，只有保持持之以恒的决心，坚定不移地贯彻始终，才能最终到达成功的彼岸。所以，我们要记住，只有经历过风雨及种种苦难的考验才能赢取最终的胜利，因此，我们应该拥有持之以恒、决不放弃的精神。永远相信：成功者永不言弃，放弃者永不成功。

学至于行

荀子说，没有听到不如听到了，听到了不如看见了，看见了不如知道了，知道了不如实行了。学习到了实行就到顶点了。实行，就是明白事理；明白事理就能成为圣人了。圣人以仁义为根本，判断是非中肯，言行一致，丝毫不差，没有其他的奥秘，就在于把学到的东西付诸实行。所以听而不见，虽然听到的很丰富，但其中一定谬误不少；看见了却不知道，虽然记住

了，也必定错误；知道了而不实行，虽然知识很多，也必定行不通。不听不看，即使做对了，也不是仁，这种方法做一百次就会失败一百次。

荀子把学习看做是知识的来源。十分重视在学习中积累知识。与此同时，荀子又强调把"行"看做学习的目的，他反对那种"入乎耳，出乎口"，不能身体力行、学以致用的学习，主张学习要"入乎耳，箸乎心，布乎四体，形乎动静"。（《劝学》）这就是说，要把学到的知识，牢牢地储藏在心里，并且切实地贯彻到实际行动之中去。荀子把"行"看做是学习的目的和认识的归宿。

荀子说："知道察，知道行，体道者也。"（《解蔽》）这就是说，对事物道理的认识和掌握，不能仅仅停留在思想认识上，更重要的在于去实行，在实行中更能深刻地体会到事物的道理，这一思想放射着唯物主义的光芒。在当时的历史条件下，能有这样的观点确实难能可贵。荀子还认为，"圣人"之所以成为"圣人"，并没有特别的地方，所不同的就在于他言行一致，表里如一，能够把知识付诸行动（"无它道焉，已乎行之矣"）。所以，荀子说："行之，明也；明之为圣人。"

荀子认为"知"是为"行"服务的，他说："知明而行无过。"（《劝学》）有了明确的目的，明确的方向，明白事理，"行"就不会有过错。而且，在实行中，又不断地完善"知"。荀子举例作了说明："不登高山，不知天之高也；不临深溪，不知地之厚也。"（《劝学》）一个人去做某事，事前不完全清楚，去实行之后就清楚明白了，或修正了原来的错误看法。对此，王夫之作了明确论断："行可兼知，而知不可兼行。"

荀子明确提出"知有所合"的论点，认为知识、言论要在实行中检验。他说："善言古者必有节于今，善言天者必有征于人。凡论者，贵其有辩合、有符验。故坐而言之，起而可设、张而可施行。"（《性恶》）这里的"有节"、"有征"、"有辩合"、"有符验"，都是说要有事实的检验，主要通过感觉经验来证明，所谓"起而可设"，"张而可施行"。荀子认为，凡是有价值的知识和言论，不仅要符合客观事实，而且能够在实际中"施行"，凡是切实可行的就是正确的，凡是不切实可行的就是错误的。这是荀子思想精华之所在。

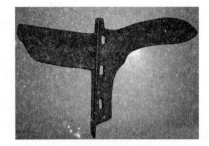

透雕龙纹雕像匕首戈斧

荀子的这一思想，并非说知就不重要。他主张"不知则问，不能则学。"（《非十二子》）要学习，就得向现实社会学习，向书本学习，向有道德、懂礼法的人学习。荀子的知行观中"行"高于"知"的谋略思想是建立在辩证统一的基础上的。

伯乐以相马闻名于世，他根据自己切身体验，写了一本《相马经》。他的儿子看过此书，乐不可支，以为自己也会相马了。于是，出门寻马，结果他相回来一个大蛤蟆。

战国时，赵国青年赵括从小就学习兵法，论战略、说战术，口齿敏捷，思路清晰，以为天下无人可比，一次，他与父亲即当时赵国名将赵奢谈布设军阵之道，赵奢层层逼迫，赵括步步设防，始终未被难倒。但赵奢仍以为他只懂得纸上谈兵，真正带兵打仗，必致惨败。后来，赵孝成王命赵括代老将军廉颇抵御秦兵，赵母上书赵王，奏明其子不宜为将，赵王不听劝阻，任用赵括。结果，秦赵苦战40余天，赵括被射死，所率数十万人溃败投降，在长平被秦兵活埋。

唐代画家戴嵩，以善画牛著名，与韩干画马并称"韩马戴牛"，即使如此，由于他观察不细致，也不免有疏忽的地方。蜀中有位姓杜的隐士，好书画，收藏有许多珍品。他特别喜爱戴嵩一幅《牛》图，锦囊玉轴，随身携带，不时品玩。一天，隐士将收藏品拿出来晾晒，一牧童见到这幅《牛》画，不觉抚掌大笑。隐士问其原因，牧童答道："此画为斗牛，牛斗时力在角、尾搐入两股之间；而这牛竟翘尾而斗，大错了。"隐士听罢觉得有理，也跟着笑了。

我们的很多经验、知识都是似是而非的，只有纳入现实中去接受检验，才能得到真知灼见。否则，就会如戴嵩一样，不说贻笑大方，也该贻笑牧童了。

春秋战国时流行一句成语："知之非艰，行之惟艰"，意思是，认识并不难，难在于付诸行动。

鲁昭公十年，晋平公死了，各诸侯国都按照礼节，派了大夫一级的大使前往晋国吊唁。

郑国大夫子皮准备带钱前往，子产告诫他说："吊唁，何必带钱呢？带钱必须派100辆车，相应也要派上千的人。这么多人去了，也办不成事，办不成事，钱也会花光。花这么多钱国家岂有不亡之理？"

子皮不听，仍带钱前往。等丧葬完毕，各国大夫想会见新君，但被婉言拒绝，因为新君正在哀痛之中，若要接见各国使臣，自应以嘉服相见，既然丧礼未毕，怎能着嘉服呢？如仍以丧服相见，那就是再次接受吊唁了。各国大夫都没有理由去见昭公。

子皮感慨地说："认识一件事情并不难，难的是把它付诸行动啊！"

孙中山在总结辛亥革命的经验教训时，曾沉痛地指出：

"我奔走国事三十多年……我党同志，对革命宗旨，革命方略也难免有信仰不笃、奉行不力的毛病。之所以这样，并非尽因功成利达而移尽，实多以思想错误而懈志。这个思想错误就是'知之非艰，行之惟艰'。此说由来几千年，深入中国人之心，已经牢不可破。所以我的建设计划——都为此说所打消。呜呼！此说是我生平最大的敌人啊！其威力当万倍于满清。满清的威力，不过只能扼杀同志的身体，而不能摧残我同志的意志。而此敌之威力，不仅能摧残我同志的意志，而且也足以迷惑亿万人之心志啊！可畏哉此敌！"

远离浮躁，万事可成

浮躁，即心浮气躁，是踏实、沉静的反面。远离浮躁，就是要心无旁骛，专心致志。事情往往就是这样，你越着急，你就越不会成功。因为着急会使你失去清醒的头脑，在你奋斗的过程中，浮躁占据着你的思维，使你不能正确地制定方针、策略，稳步前进。所以，任何一位欲成大事的人都要扼制住浮躁的心态，只有远离浮躁的人，才能够成大事。

古语云："浮躁一分，到处便遭悔恨；诱惑二字，从来误尽英雄。"可见，浮躁之气的确害人不浅。古往今来，受浮躁之气危害的人数不胜数。这些人何以会和浮躁之气纠缠不清呢？关键在于他们的意志薄弱，经不住外界的诱惑。在当今这个社会中，能诱惑人的东西太多了，名利、钱财、美色、权势……人一旦把持不住自己，浮躁就会取代冷静，冲动则取代理性，当人们急急忙忙向这些诱人的东西伸出手去的时候，却因为"无福消受"或是因为心太急，反而落得竹篮打水一场空的下场。

荀子在《劝学》中说："蚯蚓没有锐利的爪牙、强壮的筋骨，但却能钻入地里吃泥土，钻到地下很深的地方喝泉水，这是因为它用心专一的缘故；螃蟹有六只脚和两个大钳子，可是如果没有蛇、蟮的洞穴，它就没有安身之处，这是因为它浮躁而不专心的缘故。"

在荀子看来，人若心浮气躁，静不下心来做事，将一事无成。

慧能是一个小和尚，师父让他每天早上负责清扫寺庙院子里的落叶。

清晨起床扫落叶实在是一件苦差事，尤其在秋冬之际，每一次起风时，树叶总随风飘落。

每天早上都需要花费许多时间才能清扫完落叶，这让慧能头痛不已。他一直想要找个好办法让自己轻松些。

后来有一个师兄跟他说："你明天在打扫之前先用力摇树，把落叶统统摇下来，后天就可以不用扫落叶了。"

慧能觉得这是个好办法，于是隔天他起了个大早，使劲地猛摇树干，这样他就可以把今天跟明天的落叶一次扫干净了。一整天慧能都非常开心。

第二天早上，慧能到院子一看，他不禁傻眼了。院子里如往日一样是落叶满地。

师父走了过来，对慧能说："慧能，无论你今天怎么用功，明天的落叶还是会飘下来。"

慧能终于明白：凡事不能心浮气躁，唯有脚踏实地才能把事情做好，这才是正确的人生态度。

无论办什么事都不可能毫不费力地成功，急于求成，只能是害了自己。远离浮躁确实不易，需要有顽强的毅力，才能做到这一点。

一个年轻人在逛集市的时候，看见一位老人摆了一个捞鱼的摊子。他向有意者提供渔网，捞起来的鱼归捞鱼人所有。这个年轻人一时童心大发，蹲下去捞起鱼来。他一连捞破了三张网，一条小鱼也未捞到。见老人眯着眼看自己，似乎在暗自窃笑，他便不耐烦地说："老人家，你这网做得太薄了，几乎一碰到水就破了。那些鱼又怎么捞得起来呢？"老人回答说："年轻人，看你也是念过书的人，怎么也不懂呢？当你心生贪念想捞起你认为最美的鱼时，你打量过你手中所握的渔网是否真有那能耐吗？追求不是件坏事，但是要懂得、了解你自己呀！"

"可是我还是觉得你的网太薄，根本捞不起鱼。"

"年轻人，你还不懂得捞鱼的学问吧！这和众人所追求的事业、爱情、金钱都是一样的。当你沉迷于眼前目标的时候，你衡量过自己的实力吗？"

追求超出自己实力的目标，将自己定位过高，这是很多人的通病，也是人心浮躁的一种表现。再看看那些在各个领域的成功者，在他们身上很难找到浮躁之气，也很难发现他们会给自己制定不切实际的目标。他们在行动之前，总会对自己的实力做一番细心衡量，觉得有把握后，才会脚踏实地，一步一个脚印地去实现自己的目标。也正因为此，成功也往往如期光顾。

远离浮躁，则需要做到以下几点：

1. 不可好高骛远

好高骛远，指那种不切实际地追求过高或过远目标的心态。好高骛远者总是盯着很多很远的目标，大事做不来，小事又不做，最终空怀梦想，一无所成。一个人能力有大小，要根据能力大小去做事，确定目标，确立志向。如果客观条件不允许，那么自己就该实事求是，确定合适的发展方向。否则，一味追求高远，不考虑可行性，就永远也不可能成功。

2．不必心烦意乱

无论做什么事情，心烦意乱之下是难以有所作为的。为了不烦，我们还得耐烦一些，静下心来，正确地认识自己，冷静地把握时机，以长远的目光选择适合自己的目标。

3．脚踏实地

当目标确定以后，就不能性急，而要一步一个脚印地前行。唯有脚踏实地，才能做好每一件事，也才能成就自己的事业。

4．将浮躁变为渴望

如果能把浮躁的心态稍稍收敛，使它变成一种渴望，一种对成功的渴望，那么，这种渴望将非常有用，它将带你走向成功。

荀子经常弹琴，以此来修身养性、远离浮躁。毛泽东教导我们说："世界上怕就怕认真二字。"说的就是如果我们能安下心来认真做一件事情，就没有做不好的。我们做事情很多时候都是半途而废，在开始的时候是一腔热血，然后是热情消退，最后完全放弃。是什么原因让我们放弃呢？是浮躁的心理，是急于求成、不愿面对困难的浮躁心理。我们总是在想着事情的最后成果，急于看到我们所做的工作的成果，而这些却不是一天两天能看得出来的，所以我们就觉得这些工作是没有意义的，于是选择了放弃。

事实上，当你控制了浮躁，你才会吃得了成功路上的苦；才会有耐心与毅力一步一个脚印地向前迈进；才不会因为各种各样的诱惑而迷失方向；才会制定一个接一个的小目标，然后坚持着一个接一个地达到它，最终走向大目标。

因此，做事戒浮戒躁，浮躁则必然心浮，心浮就无法深入到事物的内部去仔细研究和探讨事情发展的规律，无法认清事物的本质。心浮气躁，办事不稳，差错自然就会多。千万不要像螃蟹一样，由于心浮气躁，连属于自己的洞穴都没有。要远离浮躁，坚持不懈，万事可成。

二、修身智慧

修身养性，进取人生，在荀子的谋略思想中，处于突出的位置。他追溯"礼"的起源及其服务于人群秩序的需要，从而认为人必须努力学习，所谓"枸木必将待檃栝烝矫然而后直，钝金必将待砻厉然后利"，直至自愿用礼仪道德规范约束和改造自己。其中的《劝学》、《修身》、《不苟》等篇，每多修身进学之警策。

人可以成为圣人

对我们来说，尧、舜、禹、文王、周公等圣人已经是过去式。对春秋战国时期的诸子来说，圣人同时也是过去式。他们的功业和道德为后人提供了典范。那后人有没有可能成为圣人？

先秦儒家宣称：普通人也可以成为圣人，前提是自己必须有所作为。颜渊说："舜何人也？予何人也？有为者亦若是。"（《孟子·滕文公章句》）舜和我们一样，只要我们肯努力，也能成为像他那样的人。孟子主张人性善，认为人只要保持住这份善性，再加上后天的努力，就可以成为圣人，所以"孟子道性善，言必称尧舜"。但世间已无尧舜，所以后人要成为圣人，主要还是得按照圣人的标准要求自己。曹交问孟子："人人都可以做尧舜那样的圣人，有这种说法吗？"孟子说："有。"曹交说："我听说文王身高一丈，汤身高九尺，如今我身高九尺四寸多，却只会吃饭罢了，要怎样做才行呢？"孟子说："这有什么关系呢？只要去做就行了。要是有人以为他连一只小鸡都提不起来，那他便是一个没有力气的人；如果有人说自己能够举起三千斤，那他就是一个很有力气的人。同样的道理，能举得起大力士乌获所举的重量，也就是乌获了。人怎么能够以自己不能胜任为借口呢？只是不去做罢

了。比如说，慢一点走，走在长者的后面叫作悌；快一点走，抢在长者的前面叫作不悌。那慢一点走难道不是人人可以做到的吗？大家只是不那样做而已。尧舜之道，不过就是孝和悌罢了。你穿着像尧一样的衣服，说着像尧一样的话，做着像尧一样的事，你便是尧了。你穿着像桀一样的衣服，说着像桀一样的话，做着像桀一样的事，你便是桀了。"

对荀子而言，圣人可以由普通人通过不断积累善行而达到，并不是可望而不可即的。

凡禹之所以为禹者，以其为仁义法正也。……然则涂之人也，且内不可以知父子之义，外不可以知君臣之正。今不然：涂之人者，皆内可以知父子之义，外可以知君臣之正，……然则其可以为禹明矣。今使涂之人伏术为学，专心一志，思索孰察，加日县久，积善而不息，则通于神明，参于天地矣。故圣人者，人之所积而致也。（《性恶》）

但在实际生活中，由于种种原因，不一定每个人都能成为禹，这涉及到可能性和现实性的问题：小人可以成为君子而不肯做君子，君子可以成为小人而不肯做小人。小人和君子，未尝不可以互相对调着做，但是他们没有这样做，是因为可以做到却不可强使他们做到啊。所以，路上的普通人可以成为禹，那是对的；路上的人都能成为禹，就不一定对了。虽然没有能成为禹，但并不妨碍可以成为禹。脚可以走遍天下，但是还没有能走遍天下的人。

在儒家的圣人谱中，尧和舜毫无争议地占据两席，自孔子开始他们就被尊称为圣人，受到热情讴歌："大哉尧之为君也！巍巍乎！唯天为大，唯尧则之。荡荡乎，民无能名焉。巍巍乎其有成功也，焕乎其有文章！""巍巍乎！舜、禹之有天下也，而不与焉！"然而通过自己的努力，孔子从一个没落的贵族也跻身于圣人之列，他的事迹就证明普通人也可以成为圣人。孔子是我国伟大的思想家、教育家、儒家学派的创始人，他提倡"为政以德"，以"德"教化百姓，以"礼"治国；他创办了私学，主张"有教无类"，不论社会地位高低，贫富贵贱，人人都能受教育。他所开创的儒家学派受到统治者的重视，他的理论被世人所熟知，他的思想被世人所重视，他对后世的思想文化产生了巨大的影响，他完全称得上圣人。

温和敦厚，做人之本

古人说："敦厚之人，始可托大事。"淳朴厚道是一个人宝贵的德行。淳朴厚道的人会得到别人的信任，淳朴厚道的人少有灾难，即使遇到了不可抗拒的灾害，他也会因为自己的淳朴厚道而遇难呈祥。一个人如果虚伪奸诈，会在政治上成为两面派，在社会上成为因利弃友的市侩人，遭世人厌恶。这样的人是没有朋友的，有也只是利用关系来达到自己的目的，把朋友当做工具。

早在《诗经》、《尚书》、《论语》等先秦典籍中，就有关于君子温柔敦厚品德的论述。

荀子继承了这一思想，认为温柔敦厚是君子人格的主要特征。荀子在说明君子的品格和作为时，就曾引用《诗经·大雅·抑》中的话："《诗》曰：'温温恭人，维德之基。'"认为温柔敦厚，是道德的根本和基础。

在荀子看来，作为道德和理想人格的一个重要标准，君子应该将温柔敦厚作为自己的内在品质。

那么，温柔敦厚的品德又是怎样的呢？

荀子在《不苟》中说："君子宽而不慢，廉而不刿，辩而不争，察而不激，直立而不胜，坚强而不暴，柔从而不流，恭敬谨慎而容。"

意思是说，君子宽和却不怠慢，有棱角却不刺伤人，善于论辩却不强辞夺理，明察却不偏激，正直却不盛气凌人，坚强却不残暴，温顺却不随波逐流，恭敬谨慎却大度。

荀子在《不苟》中又说："君子大心则敬天而道，小心则畏义而节；知则明通而类，愚则端悫而法；见由则恭而止，见闭则敬而齐；喜则和而理，忧则静而违；通则文而明，穷则约而详。"

也就是说，君子志向远大时就要顺应天地的自然规律，志向小的时候就要谨慎地遵守礼义的约束；聪明就能处事精明而且触类旁通，愚笨就能端正忠厚而且守法；受到重用就能做到谨慎地进退，不被重用就会遵守礼义而且自爱；高兴时能和顺而且守礼义，忧愁时能默默地回避；显达时谈吐高雅而且精明，穷困时能语言简约而详尽。

　　荀子认为，在顺境时，君子能恭恭敬敬而不轻举妄动；在逆境中，君子能警惕庄重，恬静守理。

　　荀子还指出，君子应该爱憎分明，即"隆师而亲友，以致恶其贼"，应该光明磊落，铮铮铁骨，即"君子崇人之德，扬人之美，非诣谀也；正义直指，举人之过，非毁疵也……刚强猛毅，靡所不信，非骄暴也。"

　　下面的两个小故事可以证明这一点。

　　北宋大词人晏殊还没有成年时参加殿试。他看过试题，说："我十天前已经做过这个题目，而且文章草稿还保存着，请皇上换别的题目吧。"宋真宗非常喜欢晏殊的这种诚实。

　　有一年，宋真宗允许臣僚们挑选旅游胜地举行宴会。各级官员都踊跃参加，连歌楼酒店也都设置帷帐以供宴会和旅行住宿需要。晏殊这时手头拮据，没钱出游，便留居家中与兄弟读书论理。这天，宋真宗挑选辅佐太子的官员，出人意料地在百官中选任晏殊。宰相问真宗用意，真宗解释说："我听说各级官员，无不游山玩水，大吃大喝，通宵达旦，歌舞不绝，唯有晏殊闭门与兄弟读书，如此谦厚，正可担当辅佐太子的重任。"晏殊听说后，便老老实实地向真宗说："我并不是不喜欢游乐吃喝，只是因为我现在没钱。如果有钱，这些旅游宴会我也会参加的。"宋真宗越发赞赏晏殊的诚实，又因为晏殊懂得为臣之道，便越来越受到真宗的重用，到宋仁宗时，晏殊被任命为宰相。

　　三国时，孙策任用吕范主管东吴财经大权。孙策的弟弟孙权此时年少，总是偷偷地向吕范要钱，吕范则一定要请示孙策，从来没有擅自答应孙权。因这事孙权对吕范很有意见。后来孙权任阳羡县令，建立了自己的小金库以备私用。

孙策有时来查账，周谷便为孙权涂改账目，造假单据，使孙策没有理由责怪孙权。孙权这时很感谢周谷。

后来，孙权接替孙策统管东吴大事，因为吕范忠诚，受到孙权的信任，而周谷却因为善于欺骗和更改账目，而始终没有得到孙权的重用。

其实，只有温和敦厚，才会使你获得真正的朋友，在复杂的人际交往中立于不败之地。倘想获得知己，必先以真诚待人。你如能先给人一点点温暖，就可在茫茫人海中找到知己，把交友当经商般地经营，确有其人，但路遥知马力，日久见人心。诚能动人，至诚可以感天，虽说是老话，但其效力的宏大，古今中外，颇少例外。诸葛亮曾高卧隆中，自比管乐，无意于当世，与刘备素昧平生。刘备深知其才华，"三顾茅庐"才得相见，此举表现了他的诚挚。于是诸葛亮便以身相许，虽几经挫折，终不灰心，做到"鞠躬尽瘁，死而后已"，由此可见温和敦厚之伟力。

总之，做人必须培养自己温和敦厚的品德。具备了这一品德，才能在顺境、逆境之中没有忧愁；才能凡事顺利没有阻碍；才能一生幸福没有灾祸。

君子善于诚

诚实是一种智慧，是一种美德，是开启人们心灵的钥匙。唯有诚实待人，才能得到别人的信任。荀子认为，诚实是人最重要的品行之一，是为人的根本。

诚实是指在自己在别人面前问心无愧。诚实也是一个人对于自己行为和恰当的人际交往的一种意识。诚实的人，就不会虚伪和做作，不会使别人产生疑惑和不信任感。诚实有助于形成完整统一的生活，因为诚实的人内在与外在是完全一致的。诚实就是说你所想，做你所想。也就是言行一致，心口如一。

荀子说："天地是至大的了，不诚实就不能化育万物；圣人是睿智的了，不诚实就不能感化万民；父子是最亲的了，不诚实就会相互疏远；国君是至高无上的了，不诚实就显得卑下。所以，诚实是君子的操守，是政事的根本。"

诚实是最好的策略。诚实的人也许无法让所有的人都喜欢他，但至少可以让大多数人都信任他。诚实的人日久天长会逐渐具有宽容博大的胸怀，周围充满微笑和友爱；心地纯洁的人会渐渐养成自律的习惯，周围充满宁静和平的氛围。

荀子说："保持诚实，就会得到。"其实，诚实本身就是一种奖励。诚实的人，从不担心向谁撒了什么谎，无需忧虑会被揭穿，所以，他们可以集中心力，做一些有意义的事情。

荀子还说："舍弃诚实，就会失去。"与诚实相对的是欺骗。撒个小谎原本是毫无恶意的，但久而久之会成为一种习惯，成为理所当然。小的谎言需要在的谎言来掩饰。然后，谎言就会愈扯愈大。一个不诚实、喜欢撒谎的人，会失去高贵的品质，也会失去别人对他的信任。

诚实是一把衡量人品的尺子。这把尺子，适用于古今中外所有的人。当然，所有的老板也会把诚实作为衡量员工的重要标准。

雅利安公司是美国环球广告代理公司中国办事处，因为业务需要，正准备招聘4名中国高级职员，担任业务部、发展部主任助理，待遇自不必言。竞争是激烈的，凭着良好的资历和优秀的考试成绩，童先生荣幸地成为10名复试者中的一员。

雅利安公司的人事部主任戴维先生告诉童先生复试主要是由贝克先生主持。贝克先生是全球闻名的大企业家，从一个报童到美国最大的广告代理公司董事长、总经理，他的经历充满了传奇色彩。并且，他年龄并不很大，据说只有40岁上下。听到这个消息，童先生非常紧张，一连几天，从英语口语、广告业务及穿戴方面都做了精心准备，以便顺利过关。

考试是单独面试。童先生一走进小会客厅，坐在正中沙发上的一个老外便站起来，童先生认出来：正是贝克先生。

荀子诠解

荀子智慧

"是你?！你是……"贝克先生用流利的中文说是了童先生的名字，并且快步走到童先生面前，紧紧握住了童先生的双手。

"原来是你！我找你找了很长时间。"贝克先生一脸的惊喜，激动地转过身对在座的另几位老外嚷道："先生们，向你们介绍一下，这位就是救我女儿的那位年轻人。"

童先生的心狂跳起来，还没容童先生说话，贝克先生把他一把拉到他旁边的沙发上坐下，说道："我划船技术太差了，让女儿掉进昆明湖中，要不是这位年轻人就麻烦了。真抱歉，当时我只顾照看女儿，也没来得及向你道谢。"

童先生竭力抑制住心跳，抿抿发干的双唇，说道："很抱歉，贝克先生，我以前从未见过您，更没有救过您女儿。"

贝克先生又一把拉住童先生："你忘记了 4 月 2 日，昆明湖公园……肯定是你！我记得你脸上有块痣。年轻人，你骗不了我的。"贝克先生一脸的得意。

童先生站起来："贝先生，我想您肯定弄错了。我没有救过您女儿。"

他说得很坚决，贝克先生一时愣住了。忽然，又笑了："年轻人，我很欣赏你的诚实。你不用再参加面试，明天来上班吧。"

童先生幸运地成了雅利安公司职员。有一次，他和戴维先生闲聊，童先生问戴维："救贝克先生女儿的那位年轻人找到了吗？"

"贝克先生的女儿？"戴维先生一时没有反应过来，接着他大笑起来。"其实，贝克先生根本没有女儿。"

这个故事表明如果你不诚实，他人自然不会对你产生信任。试想，有哪一个老板愿意自己的下属不诚实呢？不受老板重用的员工又怎能成功呢？

诚实不仅仅是一种美德，它更是你走向成功的一种资本。诚实的员工，不仅让老板信任你，也让你的客户相信你，愿意和你做生意，也让你的同事愿意帮助你，它还能帮助你的工作业绩突飞猛进。试问，一个既有能力，又非常诚实的员工还会得不到老板的重用吗？

在自认为自己很聪明的人看来，诚实似乎有点"傻帽"，其实，诚实是长期投资，只有坚持这个原则，才能给人诚实的好印象。平时没有树立诚实的好品格，到关键时刻你的话就引不起足够的重视。诚实可能会一时吃点亏，但最终会因为这种品质而受益匪浅。所以，正如荀子曰："君子养心莫善于诚。"

身正心平，流言自破

荀子曰："流言灭之。"流言飞语要扑灭它。

流言，顾名思义，是一种轻佻的语言形式，飘忽不定且不负责任，利用人们的好奇心、窥探欲而生存。它在人的嘴巴、耳朵间游弋、变幻、生长、腐溃。

荀子憎恨流言，他主张不轻信流言。

荀子曰："流言止于智者。"流言飞语在明白人那里就会平息。

人们之所以轻信流言，是因为不了解实际情况，从而为流言所蒙蔽。

荀子说："对是非有疑问，就用过去的事情来衡量它，就用眼前的事情来检验它，就用公正的心来考察它，流言飞语就会平息，恶毒的攻击就会消失。"

用事实来检验，用心去思考，再恶毒的流言也会不攻自破。

生活中，我们难免会听到流言，这就要求我们不轻信、不传播流言，让流言飞语在我们这里停息。

梵音禅师一向受到邻居的称颂，说他是位纯洁的圣者。

有一对夫妇，在寺院附近开了一家布店，家里有个漂亮的女儿。不经意间，两夫妇发现女儿的肚子无缘无故地大了起来。

这使得她的父母颇为震怒，免不得要追问来由。她起初不肯招认那人是谁，但经过一再苦逼之后，她终于说出了"梵音"二字。

她的父母怒不可遏地去找梵音理论，但这位大师只有一句答话："就是

荀子诠解

荀子智慧

这样吗?"

孩子生下来就被送给了梵音,此时,大师名誉扫地,但他并不介意,他向邻居乞求婴儿所需的奶水和其他一切用品,非常细心地照顾孩子。

时隔一年之后,这位没有结婚的妈妈再也忍不下去了。她终于向她的父母吐露了真情:孩子的亲生之父是在鱼市工作的一名青年。

她的父母立即将她带到梵音那里,向他道歉,请他原谅,并请求将孩子带回。

梵音无话可说,他只在交回孩子的时候轻声说道:"就是这样吗?"

与禅师心如止水的超然风度相比,那些时刻不忘保护自己,稍有伤害便暴跳如雷的世人应该警醒。谣言止于智者,对于别人的空穴来风,诽谤责难,如果忍不住去辩解,有时可能会越描越黑。

看一下互联网上的新闻,全世界几乎每天都有关于各界名人谣言和辟谣的报道在传播。并非所有无中生有、无处不在的谣言都能影响到名人的生活和心情。有的人一笑了之,觉得既是谣言,迟早会不攻自破,时间能说明一切。鲁迅曾说过一句话:"最高的轻蔑是无言,有时连眼珠也不转一转。"很多事都是口说无凭的,你通常不知道编造谣言的人是谁,与其着急辩解不如一笑了之,这样造谣言者找不到门,也就不攻自破了。

有些人说,忍让是软弱,你越忍让,他便会蹬鼻子上脸地越欺负你。但事实并非如此,忍不是软弱而是力量,这是一种感化别人的力量。所谓的"量小非君子,无毒不丈夫",其实是"无度不丈夫",没有度量的人就不能称之为丈夫。

也有人说,你侮辱我,就是侮辱了我的人格。人格是最重要的,忍受别人的侮辱,对自己的人格没有任何负面影响,反倒显示了我们人格的高尚。所以,一切冤家对头都不要恨他,他是来成就我们的忍辱度的。如果一个人在遭受侮辱时,可以淡然处之,这个人才是真正的难得;人家若瞧不起我,而我能一点都不在意,这才是真正了不起的人。但是,世间能找到几位这样的人物?

大人物与普通人的区别就在于，即使有天大的事情，到大人物这里就没有事情。天大的纷争、动乱、攻击、不满，到他这里就化为乌有。而普通人则闻风便是雨，还不知道事情原委，就已经唧唧喳喳个不停，开始咬牙切齿了。他希望得到别人的尊敬，希望保持自己的好名声。如果一个人仅靠尊敬赞美和鼓励才能生活，那么他实在是一个脆弱的人。

　　事实上，与我们关系最为密切的是直接针对我们的流言，这往往让我们烦恼，甚至使我们不知所措，那么，又该如何对待这种流言飞语呢？

　　1. 要消除畏惧心理

　　人活在世上，总免不了被他人议论。重要的是，自己不被气势汹汹的流言吓倒。在流言面前不知所措，甚至败下阵来，那是懦夫的行径。要不为流言所动，无论面对多大的压力，都不畏惧，更不会对生活失去积极进取的勇气。

　　2. 要学会独立思考

　　想在流言飞语面前站稳脚跟，坚定自己的信念，就需要有独立思考的能力，有自己的主见。因此，你应该对流言进行一番分析，看看其中是否确有一点合理的东西，但是，如果完全被流言所左右，就会被搞得晕头转向。

　　同时，多想想自己应该成为一个什么样的人，而不是总去想自己在别人眼中是什么形象。只有这样，你才能勇往直前朝着自己的目标前进。

　　3. 要有宽广的胸怀

　　受到流言飞语的袭击，自尊心受到伤害，当然是一件很痛苦的事情。在这种处境中，非常容易产生报复的心理。对此，你必须用理智支配自己的情绪，学会用宽容的态度去对待别人，以德报怨，这样，不仅自己提高了修养，而且大多数旁观者会理解你，流言的制造者也会为自己的行为而感到羞愧。

　　弹丸止于洼坎，谣言止于智者。面对谣言与侮辱要做到不生气，尽管坏话说得很厉害，也不过是像拿火去烧天空，虚空中无物可烧，而火却是终归要熄灭的。人的烦恼，都是从心上造出来的，我们的心不动，那么烦恼还会

荀子智慧

富而不骄，灾祸可免

人富贵了，就容易产生骄横之心，富而不骄的人，真的很少，主要是因为人不能隐藏富贵，总想着显富，而得到一种心理上的满足。殊不知，因富而骄，不可一世，恃财欺人，往往会引发怨恨，招致祸端。再者，也易引起他人的妒嫉，或是坏人的觊觎，产生劫富之心。

其实，富贵本身并没有错，错就错在富贵而不能谦恭有礼。富贵者要克制自己的骄横、贪欲，做到富而好礼、富而仁义。这样，就不会有什么过错了。

沈万三是明朝初年一个著名的大富翁，他原名沈富。

沈万三竭力向刚刚建立的明王朝表示自己的忠诚，拼命向新政权输银纳粮，讨好朱元璋，想给他留个好印象。朱元璋不知是想捉弄捉弄沈万三呢，还是真想利用这个巨富的财力，曾经下令要沈万三出钱修筑金陵的城墙。沈万三负责的是从洪武门到水西门一段，占金陵城墙总工程量的三分之一。可沈万三不仅按质按量提前完了工，而且还提出由他出钱犒劳士兵。

沈万三这样做，本来也是想讨好朱元璋，但没想到弄巧成拙。朱元璋一听，当下火了，他说："朕有雄师百万，你能犒劳得了吗？"

沈万三没听出来朱元璋的话外之音，面对如此诘难，他居然毫无难色，表示："即使如此，我依然可以犒赏每位将士银子一两。"

朱元璋听了大吃一惊。在与张士诚、陈友谅、方国珍等武装割据集团争夺天下时，朱元璋就曾经由于江南豪富支持敌对势力而吃尽苦头。现在虽已立国，但国强不如民富，这使朱元璋不能容忍。如今沈万三竟敢僭越，想替天子犒军，但他没将怒意马上表露出来，只是沉默了一会儿，冷冷地说："军队朕自会犒赏，这事儿你就不必操心了。"

朱元璋决定治治这沈万三的骄横之气。

一天，沈万三又来大献殷勤，朱元璋给了他一文钱。朱元璋说："这一文钱是朕的本钱，你给我去放债。只以1个月为期限，初二日起至三十日止，每天取一对合。"所谓"对合"是指利息与本钱相等。也就是说，朱元璋要求每天的利息为百分之百，而且是利上滚利。

朱元璋

沈万三虽然满身珠光宝气，但腹内空空，财力有余，智慧不足。他心想这有何难！第二天本利2文，第三天4文，第四天才8文嘛。区区小数，何足挂齿！于是沈万三非常高兴地接受了任务。可是，回到家里再一细算，沈万三不由得傻眼了：虽然到第十天本利总共也不过512文，可到第二十天就成了524288文，而第三十天也就是最后一天，总数竟高达536870912文，要交出5亿多文钱，沈万三只有倾家荡产了。

后来，沈万三果然倾家荡产，朱元璋下令将沈家庞大的财产全数抄没后，又下旨将沈万三全家流放到云南边地。

有钱，所以气壮；有钱，所以自以为有夸耀的资本，这是富而骄横的一种表现。沈万三意欲讨皇上欢心，自夸豪富，结果适得其反。

在瑞士，年收入超过百万瑞士法郎的人数高达18.3万，即全国人口的2.6%都是百万富翁。据世界银行公布的各国富裕程度排行榜显示，瑞士多次蝉联全球最富裕的国家。在瑞士有许多人是富翁，有些人甚至身价过亿，但他们给人们留下的整体印象是，生活富而不奢。

在一次国际会议上，人们见到"世界经济论坛"创始人兼执行主席克劳斯·施瓦布。他多次被记者采访，每次见他都是穿着一套款式老旧但非常整洁的双排扣黑色西服。施瓦布聊起他的生活，自称不爱打扮，也不稀罕用名牌服饰或昂贵的高档手表来"炫富"。无论是在达沃斯年会上与数百位各国首脑聚会，还是奔波于世界各地，他穿的都是一套西服。施瓦布的办公室陈设也简单，没有宽敞的空间和贵重的办公设施，只有普通的沙发、茶几和几个书柜。平时施瓦布自己驾驶一辆客货两用车，午餐是与其他员工一样的自助餐。

在瑞士，有很多富翁都像施瓦布一样过着节俭的生活。在吃的方面，瑞士人也绝不摆阔。那里的餐馆不允许顾客浪费，甚至会对浪费者罚款；在穿戴方面，瑞士是"手表王国"，但大多数富翁手上戴的并不是"劳力士"、"欧米茄"等豪华名牌手表，而只是普通手表，有的甚至戴着普通老百姓都不愿戴的塑料电子表；在交通方面，瑞士富翁和大多普通百姓完全有条件买"宝马"、"奔驰"，然而瑞士公路上行驶的大多是"大众"、"雪铁龙"等普及型汽车；在日常用品方面，由于瑞士物价相对较高，每逢节假日，节俭的瑞士人大多会开着车到邻国买东西。

零售业巨头宜家的老板英瓦尔·坎普拉德，经常开着一辆老掉牙的"沃尔沃"汽车，日常买菜也总是选择在下午，因为下午蔬菜价格会比上午便宜得多。

瑞士富翁为何不像很多其他国家的富翁那样喜欢奢侈和招摇呢？他们说："瑞士没有资源，也很少有那种一夜暴富的人，瑞士人致富靠的只是两只手。"靠自己双手创造出来的财富，理所当然会好好珍惜，所以养成了不讲奢华的习惯。

瑞士的整体氛围也使富翁不愿拿自己的财富炫耀。在瑞士，无论是平民还是富翁，大家都会平等地对待，不会因为你的贫穷而瞧不起你，也不会仅仅因为你的财富而对你阿谀奉承。人们最看不起的就是那种炫耀财富的"暴发户"。瑞士银行家巴尔在他的自传中，对瑞士富人的心态做了最好的注解："如果他们需要两辆车时，他们会刻意买两辆完全一样的普通车，让人认为只拥有一辆车，因为他们不希望邻居认为他们在炫耀财富。"

正因为如此，在瑞士，大家对关于别人的财富的话题不感兴趣，所以居住在瑞士的富豪一般不会受到外界的干扰。宜家老板坎普拉德对媒体说，他选择隐居瑞士，更重要的原因是，在瑞士可以尽情享受宁静低调的普通人生活。

在瑞士，没有人会只因为财富而对富翁们表示尊敬，人们尊敬的是对社会作出贡献的人。有记者采访瑞士"罗氏制药集团"时，员工都向记者提起刚去世不久的该集团第一大股东维拉一奥埃利·霍夫曼夫人。

霍夫曼夫人拥有罗氏集团一半以上的股份，资产约200亿瑞郎，但她生活十分节俭，数十年来家里没有雇过清洁工，自己动手料理家务。可这位节俭的老人在公益事业上却出手大方，为世界众多慈善机构、文化和环保组织捐了大笔善款。她靠勤劳和智慧创造财富贡献社会，赢得了人们的敬仰。

成功由勤劳节俭开始，失败因奢侈浪费所致，即使到了很富裕、很有钱的时候，这个朴素的真理也不会过时。

虚荣心和炫耀感是人在一种不平衡的状态下的心理，原来最原始的交通工具，最有利于我们的身体，奢华并不利于我们的生活和健康。即使在我们真的非常富裕的时候，最应该珍惜的也应该是健康普通的生活。因此，我们必须明白：富不能显，富不能夸，为富要自持，为富有谦恭，这才是长久保持富贵的真理。

可贵可贱，可富可贫

荀子说，保护尊宠，安居官职，一辈子不让人家厌弃的方法是：君主尊重你，你就要恭敬而谦让；君主信任喜爱你，你就要谨慎谦虚；君主把一件事完全委托给你去办，你就要小心供职，熟悉各方面的情况；君主亲近你，你就要小心地顺从而不谄媚；君主疏远你，你就要保持一心一意忠于君主而不背叛；君主贬损罢免你，你就应该恐惧而不埋怨。地位高贵而不自高自大；得到信任时不做受人嫌疑的事；担负重任而不独断专行；得到财利奖赏，就应当认为自己的功绩远远比不上所受的奖赏，必须行了辞让之后才接受；有福的事到了就应该适当地对待它，有害的事你就应该冷静地对待它，富裕了就广泛施行恩惠，贫穷时就节省费用；要做到可尊贵可卑贱，可富裕可贫穷，宁可杀身也不能使自己去做奸邪的事。这些就是保持尊宠，安居官职，一辈子不被人家厌弃的方法。即使处在贫穷孤立的地位，也能按照这个方法去做，这就可以称为吉祥的人。

名利、权势、宠辱常人谁能不动心，一旦成功，一旦得意，便会欣喜若狂、喜极而泣，也是人之常情。但一个极具修养的人，却只会把它作为生命的片刻欢愉。生活的现实世界，单纯的出世固然不完全可取，但置身权力角逐的宦海，没有心性的清净和修养，也会导致人格的不健全。摆脱人世纷争、权谋倾轧，最好的方法是以一种淡然至极的态度，尽可能地摆脱功名利禄的侵扰，视功名如薄雾，看高贵如浮云。在朝也好，为民也罢，抛去外在的界定，都是一样的个体生命。求得人生的价值，生命的完美，应该说，这才是真正的世界。

汉初，战乱之后的政治是黄老之学与儒学并举，其休养生息的无为之治，不仅影响了当时的政治，也对许多为政的将相影响匪浅。

帮助汉高祖夺下了天下的张良，他没有如萧何那样谨慎地收其锋芒，勤勉为政；亦没有像韩信那样太重功名而送掉性命；但他却以平静淡泊度过余生。

公元前201年刘邦大封功臣。因为张良是主要谋臣，刘邦让他从齐地选3万户作为封邑。

张良说："当初在邳起事，在留城与陛下相遇，这是天意成全我，把我交给陛下。把留地封给我就行了，哪敢要3万户！"

及至晚年，体弱多病、举止如妇人的张良索性"视功名于物外，置劳利于不显"，杜门谢客，深居简出，成天在家修养身心，修仙学道。

他说道："我家世相韩，韩国被灭掉后，我不惜花费万金家产，为韩国复仇。刺杀秦始皇之举，使天下惊骇。现在以三寸不烂之舌辅佐皇帝，被封万户侯，对一个普通人来说，这已是登峰造极了。我生性淡泊，对于政治颇感厌倦，现在情愿弃别人间之事，跟着仙人赤松子去游历天下。"张良最终功成身退，可谓是深得智慧之道。

张良推却封爵，随赤松子游。另一有名功臣陈平则是把"无为清净"之术运用到了为政处世的实践上。在汉初的政治仕途上，陈平此举不独是智谋无人能及，而且其作为，确实也保证了汉初政局的稳定。

当时，刘邦、萧何已逝，吕后专权，培植吕氏势力，排斥异己，王陵与陈平分任左右丞相。

王陵不满吕后专横，在朝堂屡次强谏，陈平却不附和，他认为机会不够成熟，触动吕后反而不好。

果然，王陵不久即被贬。陈平对此不闻不问，疏于政事，只顾饮醇酒，戏妇女，吕氏果然放心，陈平亦得以躲过此次政治纷争之狂潮。

待吕后死，他联合将军周勃，一举诛灭吕氏一族，还政于刘氏，无为的陈平高明之处于此可见一斑。

在政治斗争中，避其锋芒，以清净之心境审察时势，进而猎取胜利，应该说，这不仅是处世之道，也体现了高明的智慧。对于为政者，总是争于一己小利，为琐事而怒发冲冠，不计后果地冒险，往往是识见浅薄，妄为而动的表现。

陈平和周勃扶持汉文帝即位后，陈平见文帝偏爱周勃，便主动退让，待周勃显示出不愿做丞相，自动辞请退职时，陈平便顺利成为专一丞相。正因为无争，汉文帝才有了陈平这位名播四海的贤相。

陈平虽然没有出世脱尘，摆脱为政之繁，但其出入进退的处世态度，可谓是处处充满智慧与玄机。

陈平少习黄老之术。所谓黄老之术即是在清静自然的境界中以智管理天下的政治哲学。年轻时，他以智效忠刘邦幕下，曾"六出奇计"，使刘邦度过了危机。到了晚年，又以深藏不露的智慧，再立奇功。

"无为"的从政态度，包括一切以事业为重，有所取舍的领导姿态。如果事事争抢在先，陷入无谓的得失之争、权力倾轧之中，则于智慧就相距甚远了。

穷而不失，倦而不苟

荀子说，君子为贫穷所困时不失去志向，劳累疲倦时不苟且偷安，患难临头时不忘却平常说过的话。不到岁寒，就无从了解松柏欺霜傲雪的品格；事情不艰难，就无从知道君子没有一天不在坚持自己的正确信念。

与雄心或抱负相密切联系的，是坚毅的品质。坚毅的品质是意志付之行动的重要环节，也就是说，雄心或抱负的实现要靠坚韧不拔的精神来贯彻。

人类所制定的所有生活目标，在实现过程中都会遇到各种各样的困难和挫折，既有外部的也有内部的。外部困难包括社会环境、自然环境等方面，诸如贫穷、社会条件限制、别人的陷害、反对、打击，或自然环境的不利等。内部困难可因外部困难引起，诸如动摇、气愤、胆怯、信心不足、情绪冲动、灰心泄气等。立志愈高，所遇到的困难就愈大，也就愈需要弘毅的精神。

中国二十五史中，第一部正史《史记》的作者司马迁就是一位具有弘毅精神的典范。

司马迁生于公元前 145 年，大约卒于公元前 90 年，字子长，出生于左冯诩夏阳（今陕西韩城）。其父司马谈于汉武帝时做太史令。司马迁受父亲的影响，也立志从事历史著述。他的生活本来很顺利，读了很多书，吸收了丰富的知识，游历过很多的地方，初任郎中官，后继其父为太史令，职位虽不高，但能读到石室金匮藏书，符合自己的志趣。所以，他"绝宾客之知，忘室家之业"，一心尽职，一定要写出一部超越前代的伟大历史著作。然而就在《史记》草创未就的时候，他遇到了莫大的不幸。

当时，汉武帝派李陵率 5000 人出塞与匈奴作战，因寡不敌众，后援不继，李陵尽最大努力浴血奋战，终于被俘。汉武帝不问情由，降罪李陵，杀害了他的家属。司马迁同情李陵，为他作了些辩护，不想竟触怒武帝，将他下狱治罪，并被处以宫刑。

司马迁在狱中受尽折磨。按汉朝的法律，可以出钱赎罪，但他家贫穷不能自赎。平日交游密切的人，竟纷纷远避，没有一人肯帮助他。世态炎凉，人情冷酷，震撼了司马迁。司马迁身心所遭受的创痛，是别人难以理解的。他说："悲莫痛于伤心，行莫丑于辱先，诟莫大于宫刑。"这就是他的感受。肉体的痛苦尚可忍耐，但精神上的屈辱和悲伤则无以形容。

外界和心理的压力也使他难以支持。但是，司马迁并没有垮掉，为了实现他的人生理想，他以超人的意志力战胜了外界的打击和内心的痛苦，忍受一切屈辱，要把《史记》完成。

或许，命运的不幸反而成就一件好事，如果没有经过那次惨祸，我们现在看到的《史记》也许远不会这样精彩绝伦，这样生动形象，这样洗练传神，这样具有高度的概括性、典型性而且充满激情。

对于从事任何事业来说，都需要有坚强的意志力，越是宏伟的事业，则越需要弘毅的精神，司马迁以自己的经历，联想到前代的圣贤，在《报任安书》中说：

古者宝贵而名摩灭，不可胜记，唯倜傥非常之人称焉。盖文王拘而演《周易》，仲尼厄而作《春秋》；屈原放逐，乃赋《离骚》；左丘失明，厥有《国语》；孙子膑脚，兵法修列；不韦迁蜀，世传《吕揽》；韩非囚秦，《说难》、《孤愤》；《诗》300篇，大抵圣贤发愤之所为作也。

对于建功立业者而言，宝贵生活、顺利环境未见得有什么好处，反而容易使人意志消沉，功名不立，湮没无闻。而失败与挫折、艰难与困苦，倒是意志的磨刀石，它能激发人们奋力进取，也能锤炼人们弘毅的意志。

战国时苏秦为了博取功名，先去秦国和赵国游说，处处遭到冷遇，连回乡的盘缠都没有，自己挑着行李担子，面黄肌瘦，灰头土脸，一瘸一拐地回到家里，家里人都瞧不起他，兄嫂弟妹，甚至妻子都嘲笑他，说他活该。但他没有灰心，反而立志将来一定要大展宏图。他在贫贱穷困、冷嘲热讽的环境中，刻苦读书，研究帝王之术。读书困了，就用锥子刺一下大腿，克服困倦，继续苦读。学成之后，又去燕国游说，终于成功。后来他成了纵约长，佩六国相印，纵横捭阖，名震天下。

战国时司马喜，曾在宋国受膑刑，被割去膝盖骨，他发愤自强，后以残废之躯三次佩中山国相印。

战国时范雎，无辜受魏相猜疑，被毒打得肋断齿脱。魏相以为他不能再活了，命令下属用席卷起他扔到厕所里。范雎忍受着异常的痛苦和屈辱，以超人的意志活下来，并且想办法逃脱。最后，他逃到秦国，做了国相，封为应侯。

诸如此类的事例不可胜数。其中最广为人知，最被人称道的就是韩信的事迹。韩信是淮阴人，年轻时很贫困，他虽满腹经纶，一脑子的文韬武略，但表面看来，他一无所长，家乡的人都很瞧不起他。他既不愿做小吏，又不愿种地，也不会经商。身强力壮的一个年轻人，自己不能谋生，老是腆着脸东家出、西家入地混饭吃，好似乞丐。他曾长期在一个亭长家里寄食，亭长的妻子后来很反感，就设法赶他走。于是每天全家都提前吃饭，等到韩信按一般时间赶来时，人家早已吃完。他碰了几次钉子，心中很恼火，从此就不去了。后来他去城边的河里钓鱼，但不会钓，又不肯用心去学，所以还是不免饿肚子。有一位在同一条河漂洗棉絮的老太太，看他很可怜，就把他带回家中，给他饭吃。并对他说："看你还像个读书人，才给你饭吃，像你这样没出息的人，谁指望报答，你还是自己快找谋生之道吧。"韩信听了这样的话，心中痛苦极了，他知道这好心的老太太不可能理解自己，于是没有解释，但在心中呼喊："我会报答你的，我会的！"

韩信还有一件很著名的故事。

起因是由于他身材高大，而且总是随身佩带刀剑，虽然贫贱，但显得仪表不凡，威风凛凛。他好佩刀剑的习惯和出众的仪表，与其志向、才能和气质有关。太史公就说他年少时，"其志与众异"，因内符外，使他与众不同。这种社会地位和精神气质的反差最易引起小人的注意和嫉妒。

于是有一天，一群无赖小人拦住韩信，其中一人说："如果你有胆量，不怕死，你就把我杀了；如果你怕死，不敢杀我，就从我裤裆下钻过去，否则绝不和你干休。"韩信狠狠盯着他，手不自觉地紧握着剑柄，过了许久，他松开手，趴在地下，居然从那人胯下爬了过去。为此，家乡的人更看不起他了，认为他不但无能，而且是个懦夫。

韩信并不是个懦夫，他忍受那样大的屈辱，是因为他的人生抱负太大了，没有必要因小不忍而乱大谋。后来终于有萧何发现他这匹"千里马"，推荐给刘邦，被拜为大将军。将印在手之后，他逐鹿中原，风云际会，先后做过齐王和楚王。后来他与部下谈起这事时说："难道那时我没有胆量和力量杀他吗？只是杀了他，我的一生也就完了。因为那时能够忍耐，所以我才能得到今天的地位和成就。"

韩信

韩信猝然临之而不惊，无故加之而不怒，是弘毅的品质达到极致的表现。

孟子说："舜发于畎亩之中，傅说举于版筑之间，胶鬲举于鱼盐之中，管夷吾举于士，孙叔敖举于海，百里奚举于市。故天将降大任于斯人也，必先苦其心志，劳其筋骨，饿其体肤，空乏其身，行拂乱其所为，所以动心忍性，曾益其所不能。"这里所举的舜、傅说、胶鬲、管仲、孙叔敖、百里奚等圣贤将相，都是从种种不同的苦难中脱颖而出的，有的从事筑墙、贩卖鱼盐等古代所谓"贱业"，有的做了奴隶，有的沦为囚犯，经受过许多磨难。他们的脱颖而出，固然有乘时借势的机遇，但主观的坚韧不拔也是重要原因。孟子认为艰难的境遇可以振奋精神（"动心"），坚定意志（"忍"），增加人的能力。他把人生苦难说成是上天要委以重任的前兆，真是太精彩了！

苦难既是一种前兆，也是一种考验，它选择意志弘毅者，淘汰意志薄弱者。

贪图安逸，自毁前程

人生能有多久？多则不过百年时光。天地是暂居的旅店，光阴是永远的过客。如果没有警觉，一味纵情享乐，就会乐极生悲，像秋风过后草木凋零一般凄凉。

贪图安逸，等于自毁前程。人一旦处于安稳快乐的环境中，就会忘记忧患的存在，消磨了自己的意志，不求上进，得过且过，哪里还谈得上什么发奋图强？所以，古人把贪图安逸纵情享乐比作是饮用毒酒，味道虽然甘美，喝下去却是要死人的。

荀子借用《诗经》中的一句话提醒我们："嗟尔君子，无恒安息。"君子啊！没有永恒的安逸。

荀子是言行一致的君子，他这样说，也是这样做的。荀子自 15 岁起，怀抱治国宏愿，文韬武略，周游列国，渴望得到君王的赏识，以施展自己的才华和抱负。然而事与愿违，他的政治理想始终未能实现。但他在学术上的成就却得到了肯定，在列大夫中"最为老师"，被尊称为卿，曾在齐国三次担任稷下学宫主讲。到了晚年，他仍然不贪图安逸，从事教学。其一生学生颇多，其中最著名的当数杰出的思想家韩非和政治家李斯。他著书立说，即我们看到的《荀子》。

其实，无论是谁，只要贪图安逸，都会毁掉自己的进取之心，进而毁掉自己的人生。

不贪图安逸，首先要珍惜时光，在有限的人生之中做更多有意义的事情。人生短暂，只顾贪图享乐，终将一事无成！

不贪图安逸，还要积极进取，否则就会像《论语》中孔子说的那样："吃饱穿暖，安逸地住着高屋却没有受教育，就与禽兽相差无几了。"饱食终日，无所事事，自然会意志消沉，甚至有可能蜕化成社会的害虫，为人们所不齿。

秦朝宰相李斯可以说是声名赫赫、不可一世，后来他成了阶下囚。临到行刑的时候，他对他的小儿子说："我跟你还能够牵着咱们那条卷尾巴的黄狗，穿过上蔡县城的东门，到山上去追猎野兔吗？"这是一个"持之盈之"者渴望重新过平静恬淡的生活的真实写照，然而为时已晚矣！

"千古一帝"秦始皇，横扫六国，统一江山，天下财富皆归于己。如果按照老子的观点，他应当"功成名遂身退"了。然而，这位始皇帝却偏偏不满足，为了满足自己的奢欲，他在首都附近大兴土木，建造骊山墓，所耗民夫竟达 70 万人以上。除此以外，秦始皇修建大量的宫殿和行宫，仅在咸阳周围就有 270 多座，在关外有 400 多座，在关内有 300 多座。

修建这样庞大的工程耗费大量的人力、物力、财力。据估算，当时服兵役劳役的人数远远超过 200 万，占当时壮年男子人数的三分之一以上。

庞大的工程开支加上庞大的军费开支，造成了秦王朝"男子力耕，不足粮饱，女子纺织，不足衣服，竭天下之资财以奉其政"，民不聊生的悲惨局面，百姓们过着"衣牛马之衣，食犬口之食"的痛苦生活。最终，秦始皇的万世皇帝梦只维持了短短 15 年。

人的自私本性决定了人的行为，大多数人的所作所为都是从自己的利益出发。但是一部分人因为权势或际遇而觉得自己可以没有任何顾忌地去追逐私利，从而走向骄横奢华，以致最后因为私心无度而引火烧身。但有一些不愧是君子的人，任何时候都能自律有度。他们不光一生平安顺达，而且还能够创建功业，留下美名。春秋时的庆封和晏子，就是一对典型的例子。

齐襄公二十八年，齐国的权臣庆封到吴国，集合他的家族居住下来，聚敛的财物比原来更加丰盈。当时的子服惠伯对叔孙穆子说："上天大概是让淫邪的人发财，这回庆封是又富了。"穆子说："善人发财叫做赏赐，淫邪的人发财叫做祸患，上天会让他遭殃。"昭公四年，庆封被楚国人杀死了。以前他的父亲庆克曾经诬陷鲍庄，当时庆封正在策划攻打子雅、子尾，事情被发现，姓崔的人叛变了，庆封的儿子舍庆封逃蛰吴国（这里说的子雅、子尾是齐国的公子）。

荀子诠解

同一年，齐国崔姓叛乱，子雅等公子们都失散了，等到庆氏灭亡后，齐王又拉回了这些公子们，于是他们就都各自回到了原来的领地。叛乱的事件结束后，齐王赏给晏子邶殿的 60 个乡邑，他没有接受。

子尾说："富有是人人都想得到的，可是你为什么偏偏不要呢？"晏子回答说："庆氏的城池多得能够满足他的欲望，可他还贪而不忍，所以灭亡了；我的城池不能以满足自己过分的欲望，不要邶殿并不是拒绝富有，而是害怕失去富贵。因为富贵就像布帛那样有边幅，应该有所控制，让它不至于落失人手。"这是说富人不能随意增加财富，否则将会自取灭亡。

人富了，就容易产生骄横之心，富有而不骄横的人，天下是很少有的，富者要忍富，不能因为别人不富有，去欺压别人。

对于贫寒清苦的生活，有些人以为很苦，而不少名士、隐士则有他们不一样的见解，从中也可以看到他们把忍受清贫的生活当成了一种修身养性、战胜人性中贪欲的一种方法。他们不以这样为苦，反以这样为快乐。

而与之相反，对自己人性中最阴暗的一面不加任何抑制地放纵的人，结果往往都像庆封一样，最后都会身败名裂。

人不能贪图安逸。贪图安逸，人就没有雄心壮志，害怕艰苦的生活，惧怕艰难，遭遇挫折时容易放弃自己的志向，整天沉溺于安逸的生活，陶醉于快乐的享受，根本不可能磨炼出坚强的意志，而且还可能因为贪图享乐而招致灾祸。

先义而后利者荣耀

"义"是指中国传统文化中的一种道德规范，是约束人们行为的规范和原则。孟子曾说"义，人之正路也"，意思是遵从道义，是一个人应当走的正路。荀子在本文中的观点并不是否定利益，只是反对以不正当的手段来谋取金钱和财富，认为先义后利者荣耀，先利后义者耻辱。

义利合一说随着墨学的中绝而成为末流，而孔、孟虽然也说"富与贵，是人之所欲也"（《论语·里仁》），甚至"富而可求也，虽执鞭之士，吾亦为之"（《论语·述而》），但他们更强调的是"君子喻于义，小人喻于利"（《论语·里仁》）、"君子义以为上"（《论语·阳货》）、"何必曰利，亦有仁义而已矣"（《孟子·梁惠王上》）。这就是孔子所谓的"见利思义"（《论语·宪问》）、"见得思义"（《论语·季氏》）、"志士仁人，无求生以害仁，有杀身以成仁"（《论语·卫灵公》），也就是孟子所谓的"生，亦我所欲也，义，亦我所欲也。二者不可得兼，舍生而取义者也"（《孟子·告子上》）。

与孔、孟相比，荀子更强调义与利的兼得并重。荀子反复强调，求利与求义一样，也具有合理性和正当性："义与利者，人之所两有也。虽尧舜不能去民之欲利"（《荀子·大略》），这一点也为后儒所继承。例如，董仲舒说："天之生人也，使人生义与利。义者，心之养也；利者，体之养也。"（《春秋繁露·身之养重于义》）程颐说："人无利，真是生不得。"（《河南程氏遗书》卷十八）朱熹说："圣人岂不言利？……若说全不言利，又不成特地去利而就害。"（《朱子语类》卷三十六）但与此同时，在义与利相冲突时，荀子毫不含糊地主张弃利而就义，"先义而后利"（《荀子·荣辱》）、"无以利害义"（《荀子·法行》），即使为此而牺牲生命也在所不惜，绝不苟且偷生、胡作非为，这就是荀子所谓的"畏患而不避义死，欲利而不为所非"。在这一点上，儒家的立场始终是鲜明的，由此而养就了传统社会杀身成仁、舍生取义的浩然正气，见利忘义则为人所鞭笞、鄙夷。如古人对见风使舵、唯利是图的吕布就嗤之以鼻："吕布有航虎之勇，而无英奇之略，轻狡反复，唯利是视。自古及今，未有若此不夷灭也。"（《三国志·吕布臧洪传》）

义利关系在传统伦理思想史上始终占据着至关重要的地位，诚如朱熹所言："义利之说，乃儒家第一意。"（《朱子文集》卷二十四）

概括地说，古代关于义利关系的思想可分为三种：一是孔子、孟子的重义利之辨且突出表现为重义而轻利的倾向；二是墨家的以公义为利，崇义利合一；三是荀子等尚义而不轻利、兼重义利。

孔子认为"君子喻于义，小人喻于利"，可见，他把"义"和"利"作为区别君子和小人的标准。在孔子的眼里，道德高尚的人重义而轻利，势利小人重利而忘义。前者受人尊敬，后者惹人生怨。

"金钱不是万能的，但是没有金钱是万万不能的"，金钱在人们的现实生活中占有重要地位。但是，我们也不能一味地追逐利益，义和利应该是统一的，义中有利，利中有义，经商的人更应重视义，不挣不义之财，更不能见利忘义。

李嘉诚拥有的第一幢工业大厦、地产大业的基石，让他赢得"塑胶花大王"盛誉的老根据地是北角的长江大厦。20 世纪 70 年代后期，香江才女林燕妮为她的广告公司租场地，跑到长江大厦看楼，发现长江厂仍在生产塑胶花。此时，塑胶花早过了黄金时代，根本无钱可赚。当时长江地产业已创出自己的名号，赢利已十分可观，就算塑胶花有微薄小利，对长江实业的利润实在是九牛一毛。为什么仍在维持小额的塑胶花生产呢？林燕妮甚感惊奇，李嘉诚说是为了给以前的老员工留下一些生计，为了让他们衣食丰足。

曾经有一位在李嘉诚公司工作了 10 年的会计，因为不幸患上青光眼，无法继续在公司上班，而且他早已花完了额度之内的医疗费，生活面临着极大的困难。李嘉诚关心地询问会计太太是否具有稳定的工作可以维持家庭生活，他支持他去看病，而且说，如果他的生活不够稳定，他可以担保他的太太在他的公司工作，使这家人不必再为生活担忧。

这位患病的会计经过医生的诊治，退休后定居在新西兰。本来这件事就应该这样结束了，但值得一提的是，每次李嘉诚从媒体上获知治疗青光眼的方法，都会叫人把文章寄给那位会计，希望对他有所帮助。他的行为使会计的全家都十分感动，那个会计的孩子尚处幼年，大概还没到 10 岁，为了表达全家对李嘉诚的感激之情，孩子自己动手画了一张薄薄的卡片，寄给李嘉诚，礼轻情谊重。由此可见李嘉诚优秀的人品和对员工的关爱之情。

有人看到李嘉诚如此善待员工，不由得感叹道："终于明白老员工对你感恩戴德的原因了。"李嘉诚认为：一家企业就像一个家庭，他们是企业的功臣，理应得到这样的待遇。现在他们老了，作为晚辈，就该担负起照顾他们的义务。别人夸奖李嘉诚的精神难能可贵，不少老板等员工老了一脚踢开，他却没有。这批员工过去靠他的厂养活，现在厂没有了，他仍把员工包下来。李嘉诚急忙否定别人的称赞，解释说："老板养活员工，是旧式老板的观点，应该是员工养活老板、养活公司。"相比较而言，日本的企业，在新员工报到的第一天，通常要做"埋骨公司"的宣誓。李嘉诚却从不强求员工做终身效力的保证，他总是通过一些小事，让员工认为值得效力终身。他自豪地说，他的公司不是没有人跳槽，但是公司行政人员流失率极低，可说是微乎其微。

在商战中，利益高于一切，商人不会从事没有收获的事业，毕竟企业不是慈善机构。所以当塑胶花厂没有效益，关闭也无可厚非，李嘉诚却继续生产，坚持"员工养活企业，企业应该回报他们"的朴素观点，他是把冷漠商场化无情为有情，把"义"作为经商的道德基础。"君子爱财，取之有道"，对于个人是这样，对于企业更是如此，否则，你的所得便是不义之财，不能长久，甚至还会带来长远的伤害。

追逐财富，期盼发家，这是人之常情。在一个成熟的商业社会里，个人对创造积累财富的努力，也是有益于社会发展进步的。利益是个好东西，谁不喜欢利益呢？"天下熙熙，皆为利来；天下攘攘，皆为利往"，求财可以，但要始终遵循一个原则。面对财富的诱惑，不能动摇，不能利欲熏心，唯利是图必定会招来怨恨。

所以，不管是经商，还是为人处世，都应该遵循一个原则：先义而后利者荣耀。

钝金砻厉而利

弯曲的木料须待檃栝加热了去矫正它，然后才能变直；钝了的金属工具须待石头的磨砺然后才能锋利。

荀子的这一思想，源于荀子的人性论。

荀子是一位人性改造论者。在他生活的年代，对于人的问题的探讨除去孔子的"性相近、习相远"说之外，比较著名的还有以下各家：周人世硕的善恶兼有论，道家的人性真朴论，墨子的人性的自利、自爱论，孟子的性善论等等。

荀子性恶论的中心命题，就是在《性恶》篇中说的"人之性恶，其善者伪也"。所谓"人之性恶"是破孟子性善论的。所谓"其善者伪也"是立自己的观点，阐明人的善良德行是后天人为之功的。这既反驳了孟子，也是对庄子"此皆自勉以役其德"的否定。可见，他的性恶论在于强调人应当以主观的努力去改造自己的自然本性，是人性改造论。

荀子认为，人性改造，弃恶从善，关键的一点就是"磨砺"。梅花香自苦寒来，宝剑锋从磨砺出。人生路上之挫折、痛苦、坎坷、失败，实乃是一剂"磨砺"你的良方，忍辱负重，顽强坚持，闯过了这一关，必将获得成功，成为栋梁。

玉不琢不成器。成人不自在，自在不成人。从一种广义的贯穿人生始终的教与育的眼光看，从古以今，凡成事者，成大事者，莫不受尽磨难并在磨难中完成自我教育，如此也就水到渠成地成就事业。

然而，知道这道理不新鲜，做起来就难为人了。因而荀子的话千古以来唤起的不仅是人们的理智，更是感情与意志。

张仪是魏国人，战国时代"连横"策略的代表人物。他出身贫贱，是一名普通的说客，后来成为秦、魏的宰相，以无疑之辩才，纵横捭阖，成为影响当时政局的赫赫有名的人物。所以有人说，张仪是真正的大丈夫，只要他一游说各国，就使得天下战云密布，诸侯恐惧万分；当他闲居在家时，天下才得以太平。

就是这样一位杰出的游说之士，年轻时却备遭挫折和打击。

据说，张仪年轻时，曾和苏秦一起向鬼谷子学习游说术，学成之后就出来从事游说。这时他还没有什么名气，一开始来到楚国，在宰相门下做一名普通食客。

有一次，在张仪参加的一个宴会上，宰相所珍藏的良玉遗失了，大家怀疑的眼光，都落在衣冠不整的张仪身上："那个人最可疑，他身无分文，一上来就给人一种不可靠的印象。"

众人马上抓住张仪，拷打逼供，但他始终都否认是他偷的。最后，他被释放了。

张仪死里逃生，回到故乡，把一切经历告诉了妻子。

妻子泪流满面，说："谁叫你学什么游说术，不是自讨苦吃吗？"这时，张仪向妻说了"视吾舌尚在否"这句有名的话，意思就是说："你看我的舌头还在不在？"

他的妻子说："当然在了。"

于是张仪说："好，那我还是大有可为的！"

这是张仪对自己的辩才充满信心的趣谈。

后来，张仪到秦国游说，获得秦王的赏识，从高级顾问跃上宰相地位，就写了一份挑战书，向与他有旧怨的楚国宰相说："我曾经在府上做过食客。在一次宴席中，你们怀疑我偷玉，竟不分青红皂白，将我拷打逼供。现在，我可要抢夺你的领土了，你最好小心点。"

在成功的时候，张仪念念不忘年轻时的艰苦日子，不忘年轻时心灵的创伤。君子报仇，十年不晚，后来，张仪果然以实际行动加紧了对楚国的报复。

另一位说客出身的范雎，也是靠游说和谋略才能，获居秦国宰相职位达十年之久。但在他年轻时，也曾有一段不堪回首的痛苦经历。

范雎年少时，游历各国，游说四方，想借此出人头地，结果到处碰壁，壮志难酬。不得已，只好投靠魏国的须贾，当了他的食客。须贾当时在魏国任"中大夫"，这个官位，在卿大夫阶层中属中等，地位并不算太高。

范雎的用意是想靠须贾的帮助，进见魏王，但是由于他所投靠的人地位不高，所以无法如愿。

后来，须贾被任命为魏王的使臣，出使齐国，范雎也一起陪同前往。在齐国，他们的外交活动不很顺利，一行人滞留齐国达五六个月之久。在这期间，齐王听说范雎很有辩才，就派人送给他牛肉、酒以及黄金十两。范雎想婉转拒绝却不敢说，结果须贾看到齐王送礼给范雎，愤怒异常，心想："好一个范雎！这家伙一定心怀不轨，可能是出卖了魏国的秘密。"

于是，他命范雎收下牛肉和酒，退还黄金。

这件事这样就算过去了，可是须贾回去后，却又旧事重提。

当时的魏国宰相是魏齐，魏齐听了须贾的报告之后，非常生气，就下令拷打范雎。范雎被打得死去活来，奄奄一息。魏齐命家人把范雎用草席捆卷着抛进厕所。那些喝醉了酒的众家臣，一个个来到范雎面前撒尿，故意羞辱他，并借以警告旁人，不可再出卖国家秘密，以免重蹈覆辙。

范雎在草席里，恳求监守他的差役说："求求你，救我一命，以后我一定会重重地报答你。"差役应允了，就向魏齐谎报范雎已死的消息，魏齐当时也喝醉了酒，糊里糊涂地答应了差役将范雎拖出去的要求，这样范雎才死里逃生，并在郑安平的帮助下，逃离了魏国。

范雎逃离魏国后，辗转到了秦国，获得了秦昭襄王的信任，登上了丞相的高位。但他念念不忘自己在魏国受到的羞辱，他对须贾和魏齐进行了严厉的报复；对曾经帮他脱险的王稽和郑安平进行了赞誉和褒奖，王稽被拜为河东太守，郑安平被封为将军。

夫妻循礼，百年好合

幸福的婚姻是用心经营的。拥有幸福的婚姻是一件很美满的事情，因为你找到了一个一生的伴侣，这表明你的一生将不会孤独。但是我们应该如何经营婚姻呢？俗话说"百年修得同船渡，千年修得共枕眠"，其实每个人都想珍惜婚姻，每个人走向婚姻殿堂的时候，想的都是幸福美满地度过一生。但是现实的生活，却是我们难以预料的，有很多夫妻在半路就分道扬镳了。

其实他们不是不爱对方，而是不懂夫妻应该怎么相处、怎么经营，最终才走到了那个令人不悦的结局。

《圣经》中说：上帝见亚当在吃喝不愁的伊甸园里，闷闷不乐。上帝就明白了他的心思。于是就从亚当身上抽了一根肋骨，造成了夏娃。亚当说："这是我的肉中肉，骨中骨。可以称她为'女人'，因为她是从男人身上取的。"人从而就离开父母，与妻子结合，二人合为一体。这是多么美丽的神话！女人是男人的肉中肉，骨中骨，二人合为一体。丈夫若对妻子不好，就是对自己不好；妻子对丈夫不好，更是对自己不好。因此说，夫妻应当互相敬爱。

"相敬如宾"这个成语，出自《左传》，专用于夫妻关系。说的正是春秋时期，晋国大臣郤芮因罪被杀，儿子郤缺也被废为平民，务农为生。郤缺不因生活环境和个人际遇的巨大变化而怨天尤人，而是一面勤恳耕作以谋生，一面以古今圣贤为师刻苦修身，德行与日俱增，不仅妻子甚为仰慕，就连初次结识的人也无不赞叹。

一次郤缺在田间除草，午饭时间妻子将饭送到地头，十分恭敬地跪献在丈夫面前，郤缺连忙接住，频致谢意。夫妻俩相互尊重，饭虽粗陋，倒也吃得有滋有味。此情此景，感动了路过此地的晋国大夫臼季，一番攀谈，认为郤缺是治国之才，极力举荐他为下军大夫，后来郤缺立大功，升为卿大夫。

这正是夫妻遵循礼仪所带来的好处。这里并不是带有功利性的，而是说夫妻本就应该这样的，家和万事兴。

"西阁画眉张京兆，东床袒腹王右军。"这一句话大家也都不陌生。

汉宣帝的年代，有个人叫张敞，关于他的才华、著述、政绩，人们知之甚少，广为流传的却是"画眉"之事。他每日清晨都为妻子画眉，皇上知道了，认为他失礼，要拿他是问。他说，夫妇房中之事，更有甚于画眉耳！皇上无言以对，也便罢了。张敞夫妇成了"相敬如宾"的楷模。张敞之后又出了多少楷模，是很难统计的。时至今日，"相敬如宾"仍然是国人信奉的夫妻关系的最佳境界。

古人尚且懂得恩爱如此，生活在现代的我们应该如何经营婚姻呢？

首先，夫妻之间最重要的是信任，不要无端地猜疑对方，那是在自掘婚姻的坟墓。如果你真的那么不信任他，那为什么还要跟他结婚呢？所以你是信任他的，只是有时你的安全感在作祟。但当你了解到这种心态的时候，你要及时调整自己，而不是给对方添加不必要的麻烦。因为，你要明白，安全感是只有你自己才能够给予的，而不是他能够给予的。夫妻之间有些事是要共同解决的，但即使是夫妻，每个人每天都有自己要做的事，所以切忌让对方太疲劳，让夫妻之间的新鲜感很快被不必要的劳累所替代。

其次，不要以自我为中心，别以为他爱你就是你的资本，要时刻记得，你一定要珍惜你所拥有和得到的。有些妻子，总是爱挑剔丈夫的毛病，从挤牙膏的小事到交友、工作、事业等，对这些样样都不满意，总是觉得离自己想要的还差那么一点。即使丈夫因为疼爱她，而不辞辛苦地做到了，她还是在说"如果再好点就更好了"。你是否了解到此时他的心里是什么感受呢？要明白人的能力是有限的，你不可能得到一切，如果你不懂得珍惜你现在所拥有的，那么你将会失去更多。

第三，不要试图改变对方。其实你明白世界上没有十全十美的人，但是却还是会犯糊涂。总是在抱怨自己的丈夫为什么就不能再温柔点，为什么就不会像别人的丈夫一样会赚钱，为什么就喜欢在外交友而不是在家里多陪陪自己。但当他真的在家天天陪你的时候，你却又说"你就不能对我说个'不'吗？""你一天天的连个应酬都没有，还算个男人吗？""你连个能够帮忙的朋友都没有，真没用。"在这时，你是否想过，你真正想要的是什么？他身上的那些缺点，是你真的无法忍受的吗？还是错的那个人是你自己呢？

第四，要给对方最好的。真诚固然是最可贵的，但是有时它却不一定可爱。当你在他的面前把自己所有的缺点都毫无保留地暴露出来的时候，你是否想到他是不是能够承受。爱你，但并不代表他能够满足你所需要的一切。也许他能够做的就只有尽自己最大的努力去做好，这时你就应该满足了。要求太多，可能到最后只会一无所有。自己能够解决的问题，自己去完成，不要以为给了你誓言就一定会做到，人的能力毕竟是有限的。珍惜对方给予你的所有的美好，懂得把自己最好的给予对方，要学会用心相待。

第五，要给对方面子，不论是在他的朋友或家人的面前。要知道，你对他身边的人好就是在对他好。不要总对他身边的人挑剔，这样有时会让对方很为难，要知道虽然你是他心中最重要的人，但是别人在他的心中也是存在着分量的，学会与他们相处就是在为对方减少麻烦。

珍惜是婚姻中最宝贵的，也是最重要的，只有懂得珍惜的人，才会在婚姻中享受到它的幸福。我们要学会珍惜，这样在我们的婚姻中才不会产生任何遗憾。

爱情是一个千年不老的话题。夫妻循礼，才能百年好合。

谦逊有礼，强于戈矛之利

谦逊，是一个优点，是一种高尚的品质，是一个人一生受用不尽的财富。能否做到谦逊是衡量一个人品质是否高尚的标准之一。以谦逊的态度待人，能获得较好的人缘。

具有谦逊品德的人恪守的是一种平衡，使周围的人在对自己的认同上达到一种心理上的平衡，让别人不感到卑下和失落。不仅如此。谦逊有时还能让人感到高贵，感到比其他人强，产生任何人都希望能获得的所谓优越感。所以，不让别人感到失落而使人产生优越感的秘诀之一，便是在他面前恰当地表现自己的谦逊。

谦逊的人不易受到别人排斥，容易被社会和群体接纳和认同。一个功成名就而又谦逊的人，身价定会倍增。

关于谦逊，荀子非常推崇春秋时楚国宰相孙叔敖。

一次，有一疆界的执掌官见到了孙叔敖，问："我听说，做官久了的人，士人嫉妒他；俸禄多了的人，百姓怨恨他；官位高的人，君主憎恨他。如今您，居官久、俸禄厚和职位尊三者都具备，却没有得罪楚国的士人和民众，这是什么原因呢?"

孙叔敖回答说:"我三次做楚国的相国,思想上更加谦卑,每当俸禄增加时,施舍就更加广泛,地位越高,待人就越恭敬。因此,才未得罪楚国士人和民众。"

满招损,谦受益。荀子在《荀子·宥坐》中记载了一段孔子与子路的对话。

子路问:"请问有保持'满'的状况的办法吗?"

孔子说:"聪明有智慧的,就以愚拙的样子来保持;功盖天下的,就用谦让的态度来保持;勇力盖世的,就用怯懦的样子来保持;天下最富有的,就用谦逊的态度来保持,这就是谦让再谦让的办法。"

谦逊是为人处世的金科玉律。谦逊的人从不自高自大、自鸣得意,自以为是。

荀子说:"傲慢轻侮,是人的灾祸;恭谨谦逊,能排除战争的危胁。"

谦逊,连战争的威胁都能排除,又何况是人与人之间的矛盾呢?

然而,对于谦逊,有一点需要指明:谦逊并不是卑躬屈膝,更不是趋炎附势。过度的谦逊不仅是在欺骗别人,也是对自己能力的诋毁。所以,谦逊必须与适时的自我肯定相结合。

有功者往往居功自傲,盛气凌人,贪权恋势,殊不知杀身之祸多由此而起。十分功绩,若夸耀吹嘘,则仅剩七分,如果凭着功劳而骄傲自大,目中无人,甚至仗势欺人,那么功绩自然又减三分。自明者不管功劳如何卓著,都懂得谦虚谨慎,面对人生荣辱得失,以平常心态视之,当抽身时须抽身。功成而身退,则可垂名万世,若争功夺名,贪爵恋财,忘乎所以,居功自傲,必将招致祸害,最终身败名裂。

清朝名将年羹尧,自幼读书,颇有才识,他康熙三十九年中进士,不久授职翰林院,但是他后来却建功沙场,以武功著称。这位显赫一时的大将军多次参与平定西北地区武装叛乱,曾经屡立战功、威震西陲。1723年青海叛乱,他官拜抚远大将军,领兵征剿,只用一个冬天,就迫使叛军10万人投降，叛军首领罗卜藏丹津逃往柴达木。

因为他的卓越才干和英勇气概，年羹尧备受康熙和雍正的赏识，成为清代两朝重臣。康熙在位时，就经常对他破格提拔，到了雍正即位之后，年羹尧更是备受倚重，和隆科多并称雍正的左膀右臂，成为雍正在外省的主要心腹大臣，被晋升为一等公。年羹尧不仅在涉及西部的一切问题上大权独揽，而且还一直奉命直接参与朝政。雍正对年羹尧的宠信到了无以复加的地步。此时的年羹尧，真是志得意满，完全处于一种被恩宠的自我陶醉中。

年羹尧自恃功高，做出了许多超越本分的事情，骄横跋扈日甚一日。他在官场往来中趾高气扬、气势凌人。他赠送给属下官员物件的时候，令他们向着北边叩头谢恩，在古代，只有皇帝能这样；发给总督、将军的文书，本来是属于平级之间的公文，而他却擅称"令谕"，把同官视为下属；甚至蒙古扎萨克郡王额驸阿宝见他，也要行跪拜礼。这些都是不合于朝廷礼仪的越位举动。

对于朝廷派来的御前侍卫，理应尊敬优待，但年羹尧却把他们留在身边当做一般的奴仆使用。按照清代的制度，凡上谕到达的地方，地方官员必须行三跪九叩大礼迎诏，跪请圣安，但雍正的恩诏两次到西宁，年羹尧竟然不行礼而宣读圣谕。

有一次打仗归来，年羹尧进京觐见雍正，在赴京途中，他令都统范时捷、直隶总督李维钧等跪道迎送。到京时，黄缰紫骝，郊迎的王公以下官员跪接，年羹尧却安然坐在马上，连看都不看一眼。王公大臣下马问候，他也只是点点头而已。更有甚者，在雍正面前，他的态度竟也十分骄横，不遵循大臣应守的礼仪，让雍正非常不高兴。

年羹尧陪同雍正皇帝在京城郊外阅兵，雍正对士兵们说："大家辛苦了，可以席地而坐。"连下了三道圣谕都没有一个人动，直到年羹尧说："皇上让大家席地休息。"这时全体士兵才整齐地坐下，盔甲着地声震动山野。雍正觉得很奇怪，年羹尧解释说，将士们长期在外打仗，只知道有将军，哪知道有皇帝？这本身虽然说明年羹尧治军有方，但年羹尧本来就功高震主，飞扬跋扈，雍正当时早已产生疑惧。

年羹尧不仅凭着雍正的恩宠而擅作威福，还结党营私，培植私人势力，每有肥缺美差必定安插他的亲信。此外，他还借用兵之机，虚冒军功，使其未出籍的家奴桑成鼎、魏之耀分别当上了直隶道员和署理副将的官职。

年羹尧的所作所为引起了雍正的警觉和极度不满。年羹尧职高权重，又妄自尊大、违法乱纪、不守臣道，招来群臣的忌恨和皇帝的猜疑是不可避免的。雍正是自尊心很强的人，又很喜欢表现自己。年羹尧功高震主，居功擅权，使皇帝落个受人支配的恶名，这是雍正所不能容忍的。于是几次暗示年羹尧收敛锋芒，遵守臣道，但年羹尧似乎并没放在心上，依旧我行我素。

不久之后，风云骤变，弹劾年羹尧的奏章连篇累牍，最后被雍正帝削官夺爵，列大罪92条，赐自尽。一个曾经叱咤风云的大将军最终命赴黄泉，家破人亡，如此下场实在是令人叹惋。

"福兮祸之所伏"，世间万事万物都处在一个矛盾的统一体中，荣耀或许就是祸害的开始。无论何时都应该保持谦虚谨慎、低调行事的作风，不飞扬跋扈，不居功自傲，以一颗平常心态看待人生荣誉，才能以不变应万变。

谦虚谨慎是成功人士必备的品格，它能使一个人面对成功、荣誉时不骄傲，把它视为一种激励自己继续前进的力量，而不会陷在荣誉和成功的喜悦中不能自拔，把荣誉当成包袱背起来，沾沾自喜于一得之功，故步自封，更不会因为功绩而妄自尊大，高高在上，盛气凌人。

荀子认为与人交往应谦逊有礼，飞扬跋扈会使自己遭受损害，是无知的表现；谦逊有礼会使自己得到益处，是一种美好的品质，一种崇尚的精神境界。

温温恭人

君子心胸宽广却不怠慢他人，有原则却不伤害他人，善于雄辩却不与人争吵，明察事理而不偏激，品德正直却不盛气凌人，坚定刚强却不凶暴，柔顺温和却不随波逐流，恭敬谨慎并能宽容大度，这样就叫德行完备。《诗经》里说，"多么宽厚柔顺的好人啊，这是道德的基础"，说的就是这个道理。

荀子认为，人的德行包含了内外关系、知行关系、完善主体与征服客观世界的关系。德行虽是内在的修养，但必须有其外在表现，即在己为德行，及物为功业、为待人。培养内在的美德和从事外在的功业、正确的待人处事，是互相统一、不可分割的。正如《周易》中说："美在其中，而畅于四肢，发于事业，美之至也。"（《坤卦·文言》）美德是存于内心，而表现于行动，这样的美德才是至善至美的。

既然德行主体是内在本质与外在表现的统一，那么哪些表现、行为能体现德呢？荀子较详尽且又抓纲举要地指出：必须是心胸宽广却不怠慢他人，有原则却不伤害他人，善于雄辩却不与人争吵，明察事理而不偏激，品德正直却不盛气凌人，坚定刚强却不凶暴，柔顺温和却不随波逐流，恭敬谨慎并能宽容大度，一口气列出了八种体现。并说具备了这八种素质，才算德行完备，可见荀子对人的德行的内涵和外延把握得十分深刻和丰富。

荀子不是一个遁世者，他主张以修身为本，达到治国平天下的目的，在这方面，他基本与儒家思想一致。他把个人的德行推而广之，强调在处理政务、治理国家中，也要贯彻重德的原则，在《荀子·强国》篇中说："威有三：有道德之威者，有暴察之威者，有狂妄之威者。""道德之威成乎安强，暴察之威成乎危弱，狂妄之威成乎灭亡也。"其意思是说，道德的威力能够治国安邦，使国家强盛。何谓"道德之威"呢？他说："礼乐则修，分义则明，举错则时，爱利则形，如是，百姓贵之如帝，高之如天，亲之如父母，畏之如神明。故赏不用而民劝，罚不用而威行，夫是之谓道德之威。"（《强国》）这就是说，礼乐制度要完善，长幼上下要分明，各种措施要合时宜，对人处事要遵循一定的道德规范，这样百姓就会像对待上帝那样尊重他，像对待父母一样亲近他，像对待神明那样敬畏他。这样不用赏赐，百姓就能勤勉上进；不用刑罚，权威就能树立起来。

古人把德行与事业看做人生追求不可分割的两个方面的，不止荀子一人。《左传》中讲君子有三立：立德、立功、立言；孔子讲修己以安人，修己以安百姓，都是把德行和事业结合在一起的。

在漫漫的历史长河中，不少明君贤相，不仅在思想上重视一种道德伦理型的政治，而且在处理政务、人格修养和人际关系中，也十分注重道德的感召力，以自己的德行去吸引人、感化人，获得别人的尊敬，并对他人产生潜移默化的影响。唐代李世民就是一例。

有人说，李世民能够在灭隋建唐中取得无与伦比的辉煌战功，开创"贞观之治"的开明政治局面，一半靠的是太原起兵时的宿臣旧将，另一半靠的是一大批降将。无论是对于哪一类将领李世民都能坚持"温温恭人，惟德之基"的原则，宽容容人。

尉迟恭，字敬德，是隋唐时期最有名的战将之一。他原为宋金刚的部下。公元620年4月，宋金刚被李世民打得落荒而逃，丢下尉迟恭等驻守孤城。李世民便遣使诏谕，尉迟恭和寻相等将领带着守卒投降了唐朝。李世民的心腹大将屈突通等人担心：尉迟恭勇武异常，如果降而复叛，危害之大不可估量，劝李世民尽快将其除去。李世民却说："我正为得到猛将而高兴，诸君幸勿多言。"

公元620年7月，李世民带兵进攻王世充，尉迟恭也随军而行。李世民每天晚上都检查将士，有一天突然找不到与尉迟恭一同投降来的寻相将军，其他宋金刚的部下士卒也多半逃跑了。这样一来，唐营里都指着尉迟恭窃窃私语。屈突通、殷开山等人，竟干脆乘其不备把尉迟恭捆了起来，然后跑去对李世民说："尉迟敬德骁勇绝伦，无人能敌，怕他成为后患，必须及早把他杀了。现在我们好不容易把他捆了起来，听候发落。"

李世民大惊失色，说："你们可知道，敬德如果要叛变，他怎么可能落后于寻相将军？怎么可能对你们毫无防备？现在寻相叛而敬德留，足见敬德毫无叛意呀！"说着，赶忙走到尉迟恭面前，亲手为他解开了绳索，并把他引到了自己的卧室，拿出一箱金子相赐，说："大丈夫只以意气相待，请不要为小事介怀。如果将军想要离去，这箱金子可作为路费，略表我的心意。

当然，我是怎么也不会因谗害正，也不会强留下不愿与我交朋友的人的。"尉迟恭听说后，带泪下拜说："大王如此相待，恭非木石，宁不知感？誓为大王效死，厚赠则实不敢受。"

李世民扶起他说："将军果肯屈留，金不妨受。"尉迟敬德继续推辞，李世民便说："先收下，作为以后有功时的赏赐吧。"

第二天，李世民带了 500 骑兵巡视战场，突然遭到王世充过万骑兵的包围掩杀。王军带队的大将单雄信，也是隋唐时的名将，惯用长槊，紧紧地缠住李世民不放。李世民正在性命垂危的关头，突然有员猛将飞驰而至，冲开层层包围，把李世民从刀枪丛中救了出来。

此救命大将正是众人皆欲杀之而李世民偏偏十分信任、敬重和恩礼有加的尉迟敬德。李世民回营后对敬德说："众将疑公必叛，我谓公无他意，相报竟这般快速么？"再把昨夜那箱金子相赐，尉迟恭这才收下。

打这以后，尉迟恭几乎成了李世民的贴身侍卫，每次征战，都寸步不离。李世民好冒险，总喜欢把最勇猛的将领组成一支突击队，在敌军阵中左冲右突，以挫敌气或打乱敌人阵脚，其中总也少不了尉迟恭。尉迟恭也以此为荣，为感激李世民对他的宽容信任，对李世民更加忠诚，作战更加勇猛。

战争时期的李世民对部下以诚相待，取信于民；当上皇帝以后，更是诚信有加，以德治民。贞观元年（公元 627 年），有人给唐太宗李世民上书，要求清除朝中佞臣。唐太宗见信后十分重视，把上书之人叫来亲自求教清除佞臣的办法。太宗问："请问谁是佞臣？"那人回答说："我一直在民间，不了解朝中官员，因此无从知道谁是佞臣。"

太宗又问："你既不知道谁是佞臣，那么我怎么去清除呢？"

那人神秘而自信地说："陛下可以假装与群臣商量大事，然后见机佯装发怒的样子，不肯屈服陛下的，乃是忠直之臣；相反，畏惧主怒，便是佞臣。佞臣一经查出，陛下要清除自然也就不难了。"

太宗一听，悚然动容，为照顾那人的面子，才尽量和颜悦色地说："你说的办法虽然很好，但那是诡诈之术。君是源，臣是流。源头混浊而要求支

流清澈，那是不可能的。君主自己用诈术，就无法要求臣下正直诚心。朕现在所需要的是以诚待臣，以礼使臣，以宽容至诚治理天下。对于前代帝王用诡谲小计对待臣下的做法，深以为耻。所以你所献之策即使有效，朕也不可能采用。"

人子当敬爱父母

古语有云："百善孝为先。"孝，就是孝顺、孝敬父母。《说文》中说："孝，善事父母者。"简单地说，就是子女尊敬、赡养父母，尽子女应尽的义务。鸦雀反哺，羔羊跪乳，禽兽都知道孝敬父母，报答父母如海深、似山重的恩情，何况是作为万物之灵的人呢？尽孝道是做子女的天职，孝是人的一种天性。人们都说父母的爱是一种天性，父母的爱是无私的，在我们享受这份爱的滋润之时，可曾想过要回报呢？

"丝丝白发儿女债，历历深纹岁月痕。"父母是生养、教育我们的人，他们看着我们从襁褓里到慢慢地会走路，从小学到中学，他们看着我们一天一天地成长，父母不知道要经历多少艰辛，花费多少心血，在喜悦、忧虑、烦恼中看着我们一天天长大。而他们从悄然落下的丝丝白发中感到满足，渐渐老去的父母，他们的生命在孩子身上得到延续。父母子女之间的这一笔账是无从算起的。父母的养育之恩，子女想报也报不完。正因为父母之爱万分珍贵，父母之恩难以报答。

俗话说，天大地大不如父母的恩情大，子女有什么理由不尊重、关爱、孝敬自己的父母呢？但是这个世界上，也有人对老人不孝，特别是有些还在成长中的青少年，不但不孝，而且还谩骂老人，甚至拳脚相加，这样的人，真是连畜生都不如。在他们眼里，完全没有亲情可言，有的只是利益和金钱。

相信很多人都听过这样一个故事：

在一座山里住着母子俩，儿子每天上山以打柴为生，母亲则在家做饭，他们过着幸福而安宁的生活。然而，有一天这种生活被打破了。

这天，儿子像往常一样上山打柴途经一条小河。突然看到一位美若天仙的姑娘在河边洗衣服，那动作，那神情深深地把他迷住了！好美！他暗想要是她能做我的妻子该多好啊！可惜我穷小子一个！第一天也就是想想罢了。但在接下来的几天里小伙子每天都能看见那位洗衣西施，终于有一天小伙子按捺不住心中那份爱，壮起胆子走向那位姑娘，他红着脸对她说："姑娘你太美了！你能做我的妻子吗？虽然我穷，但不管你要什么我都尽力满足你！"那姑娘先是一愣后说："我什么也不要，只要你母亲的心。因为我父亲病了神医说需要一颗老妇人的心才能医好，天啊，太不可思议了，世上居然有如此之事，拿到你母亲的心后，再来找我。"姑娘说完便消失了，留下那小伙子傻傻地待在那里。他也不知道是怎样回到家的，母亲还像往常一样，把热好的饭菜端给他吃，要在平时，他会狼吞虎咽起来，可今天，他却没胃口。当夜幕降临，母亲躺下准备睡觉时，他举起砍刀迈着沉重的步子，逼近了母亲，就在他准备砍下去时，他想到了，她是生我养我的亲生母亲啊，我不但不报恩，还想杀她，我简直连畜生都不如，于是他丢掉砍刀，跑了出去。第二天，天亮了，可他的心却没亮，他想我到底要母亲还是要妻子？对，母亲再好也不能陪伴我一辈子，而伴我一生的只有妻子啊！所以当夜幕再次降临时，他又举起了砍刀走向母亲，这次他没多想，砍刀直下，随着一声还未清醒过来的惨叫"啊！"血溅得四处都是，他趁机掏出了母亲的心，走出家门。这时，也许天公发怒，下起了倾盆大雨，因为路滑，他一下子跌倒在地，那颗心，也摔出好远好远，当他爬起来捡起那颗心捧在手里时，热呼呼的，仿佛还一动一动的，好像在说："孩子你摔疼了吗？"

黑陶彩绘三足鼎（春秋战国）

这虽然是一个传说，但是，我们却能强烈地感受到母亲对我们的爱！

在中国历史中，流传了许多关于孝子的感人故事，但是不难发现，史书的记载中很少有爱护子女的楷模，这是为什么呢？事实就是如此，因为父母的爱总是默默无闻的，他们的爱不张扬，他们的爱融入到平时生活中的点点滴滴里，这是他们的一种天性。而孝敬父母却不是一件平常的事情，它要求我们克服私心，学会知恩图报，是一种人性。舐犊之情和反哺之情，这是动物都有的天性，如果为人儿女却不懂孝道，那就连低等动物都不如了。人比动物高级，不只是因为人可以倚仗自己的智力支配这个世界，还应该是因为人有比动物更复杂、更高级又更纯洁、更纯粹的情感。人类只有具备了这种"人性"，才能算得上真正意义上的人！

听说，在香港曾搞过一次问卷测试："你最喜欢哪一首唐诗？"结果，不是李白、杜甫的诗，而是孟郊的《游子吟》。这首吟诵母爱、脍炙人口的名篇，千古传诵，诗短情长。

《游子吟》诵道："慈母手中线，游子身上衣。临行密密缝，意恐迟迟归。谁言寸草心，报得三春晖？"

在这首诗中，慈母的爱子之情、儿女的孝敬之心，表达得朴素自然，亲切感人。"寸草"比喻儿女，"春晖"象征母爱。对春天阳光般的、厚博的母爱，区区小草怎能报答于万一呢？

一位在工作上十分敬业的教师，阐述她的孝道观："我一直认为，真正的孝顺，是儿女要把父母放在心里。不让父母生气，不让父母操心，把父母可能面临的问题提前安排好，并在他们需要的时候，在他们的身边，满足他们的需求。"这段话质朴而又精辟。她强调了儿女尽孝的三个要素：一是"精神赡养"，二是"关爱提前"，三是"需求到位"。

感念父母恩，回报三春晖，作为儿女应懂得：行孝，不仅是"付出"，更重要的是"获得"。在尽孝心、行孝道的过程中，你懂得了感恩，懂得了责任，懂得了主动关心别人，懂得了做人的道理。子曰："夫孝，德之本也，教之所由生也。"告诉我们：孝道是道德的根本，孝道是一切教育的源头。

儿女行孝就是人生最基础的自我教育。这种自我教育，使人以孝修身、以孝齐家、以孝治国，从而达到自我完善，为社会作出有益的贡献。

著名作家毕淑敏曾经在《孝的天平》一文中这样说："孝"是稍纵即逝的眷恋，"孝"是无法重复的幸福，"孝"是一失足成千古恨的往事，"孝"是生命与生命交接处的链条，一旦断裂，永无连接。赶快为你的父母尽一份孝心，也许是一处豪宅，也许是一片砖瓦；也许是大洋彼岸的一只鸿雁，也许是近在咫尺的一个口信；也许是一顶纯黑的博士帽，也许是作业簿上的一个红五分；也许是一桌山珍海味，也许是一只野果一朵小花；也许是花团锦簇的盛世华衣，也许是一双洁净的旧鞋；也许是数以万计的金钱，也许只是含着体温的一枚硬币……在"孝"的天平上，它们等值。只是，天下的儿女们，一定要抓紧啊！趁你父母健在的光阴。

的确，我们的爱是河流，父母的爱是海洋。无论我们多孝顺，都不及父母对我们的爱的百分之一。孝敬父母不仅是一种礼仪，更是我们做人的准则与本分，一个人如果连父母都不爱，那还指望他去爱谁呢？

良言入耳三冬暖

古人云："良言入耳三冬暖，恶语伤人六月寒。"善言良语令人如沐春风，恶语相向令人寒彻入骨。特别是当人有了过失或是处于困境的时候，一句善意的话，会使人倍感温暖，而一句讽刺、挖苦、打击的话，则是对人自尊心、自信心的极大伤害。

从前，有一个脾气很坏的男孩。他的爸爸给了他一袋钉子，告诉他，每次发脾气或者跟人吵架的时候，就在院子的篱笆上钉一根。第一天，男孩钉了 37 根钉子。后来的日子里他学会了控制自己的脾气，每天钉的钉子也逐渐减少了。他发现，控制自己的脾气，实际上比钉钉子要容易得多。终于有一天，他一根钉子都没有钉，他高兴地把这件事告诉了爸爸。

爸爸说："从今以后，如果你一天都没有发脾气，就可以在这天拔掉一

根钉子。"日子一天一天过去，最后，钉子全被拔光了。爸爸带他来到篱笆边上，对他说："儿子，你做得很好，可是看看篱笆上的钉子洞，这些洞永远也不可能恢复了。就像你和一个人吵架，说了些难听的话，你就在他心里留下了一个伤口，像这个钉子洞一样。插一把刀子在一个人的身体里，再拔出来，伤口就难以愈合了。无论你怎么道歉，伤口总是在那儿。要知道，身体上的伤口和心灵上的伤口一样都难以恢复。你的朋友是你宝贵的财富，他们让你开怀，让你更勇敢。他们总是随时倾听你的忧伤，你需要他们的时候，他们会支持你。告诉你的朋友你多么爱他们，告诉所有你认为是朋友的人，你的行动可以从邮寄这个小小的故事开始。有一天，当这封信回到你的信箱里时，你会发现你有一个很大的朋友圈。最后，我要说：'友谊的幸福之一，是知道了可以向谁倾吐秘密。'如果你收到了这封信，是因为有人在默默地祝福你，因为你也爱你身边的一些人。如果你总说太忙，不能将这封信转寄出去，老是说，'改天再寄'，你将永远都不会去做这件事的。所以，不要找借口，静心地看看这个古老的故事，然后决定为你的朋友们做一些事，从传寄这封信开始。当你说：'你是我的好朋友'时，请认真地说出来。当你道歉时请看着对方的眼睛。"

不得不说这位父亲为了教育儿子，真是费了不少心思。这是一位教子有方的父亲。他不是言传，也不是身教，而是让儿子自己去反省。当儿子认清一句不经意的伤害话竟然会有那么大的影响时，将会使他终身受益。

唐代有一个检校刑部郎中，名叫程皓，为人谨慎，人情练达，从不谈论人之短长，每当同事之中有人非议别人，他都缄默不语。直到那人议论完后，他才慢慢地替被伤害的人辩解："这都是众人妄传，其实不然。"甚至，还列举出这个人的某些长处。有时，他自己在大庭广众中被人辱骂，连在座的人都惊愕不已。程皓却不动声色，起身避开，说："彼人醉矣，何可与言尔？"

事实上人与人之间的关系大半都是如此复杂，你若不知真相，就不要信口开河。现实生活中有一种人，专好推波助澜，把别人的是非编得有声有色，夸大其词地逢人就说。不知道世间有多少悲剧由此而生。虽然你不是这种人，而一旦谈论别人的短处时，也许你在无意之中就种下祸患的幼苗，而它要滋长到怎样的位置，并不是你所能想象的那样。

想要有一副好的口才，最好是自己定下一条戒律：除了颂扬别人的美德，永远不要用议论别人的短处来玷污你的口、玷污你的人格，否则的话你将永远找不到一个愿意和你交往的朋友。

当别人向你说某人的短处时，你唯一的办法是听了就忘掉，像保守你自己的秘密一样，谨缄其口，不可做传声筒，并且不要深信这些片面之词，更不必记在心上。

和议论别人的短处一样，不可就表面的观察便在背后批评人家，除非是确当的批评。说一个坏人的好处，旁人听了最多认为你是无知。把一个好人说坏了，人们就会觉得你存心不良了。

人们好说女人最爱谈论别人是非，其实男人当中也不乏这种人。如果你茶余饭后在找谈资时，天上的星星，地上的花草，无一不是谈话的好题目，并非一定要说东家长、西家短，才能消遣时间。

殊不知，议论别人的短处，说不定就是自己的短处。

孔子曰："非礼勿视，非礼勿听，非礼勿言，非礼勿动。"意思说，不符合礼仪的话不能说，不符合礼仪的东西不能看，不符合礼仪的事不能做。是的，让我们"静坐常思己过，闲谈莫论人非"。切记荀子的话：用好言善语称颂人，比送人寒衣还温暖；用恶语秽言伤害人，比矛戟刺得更深更痛。

贵有师法，身正为范

"贵有师法，身正为范。"看来，老师的作用是不可或缺的。但是，从另一方面来说，老师又是任重而道远的。

荀子讲学习，还有一点特别引人注意，就是他特别重视"师法"。所谓"师"就是老师、师长，所谓"法"就是礼所要求的那些规矩、路数、程式。学问重视"师法"，就是说你一定要拜那些已经有学问、有德行的人为老师，跟着他们遵循着礼，规规矩矩按照一定的路数来学。否则，就算独自摸索出点儿什么，也可能是"野狐禅"，说不定还会走火入魔，误入邪门。好比今天有人要学驾驶，既没有去正规驾校跟着师傅一招一式地学，也不看驾驶指南之类的书，就这么无师自通瞎摆弄，把车开起来了，那操作就难免有不规范之处，说不定还有安全隐患。

在这个问题上，荀子跟孟子是很不一样的。孟子讲学习，强调的是"返身而诚"、"欲其自得"，重视内向的自我反思，培养内在的浩然之气；而荀子则重视向外的学习，"学莫便乎近其人"，强调要找到合适的人做老师，并且强调要老老实实读书，诵经读礼。这跟他们在人性论问题上所持的不同立场是相呼应的。在荀子看来，既然"性不足以独立而治"，那就必须依靠外在的"师法"来矫治；既然人性中并没有什么"善"的萌芽，光靠个人独自反省，是反省不出什么名堂来的。

在"师"的问题上，荀子跟孔子也有区别。孔子说："三人行，必有我师焉。"子贡说："夫子焉不学？亦何常师之有？"对孔子来说，好像无论任何人，只要有些长处，就都可以向他学习，以他为师。而荀子所谓的"师"却要严格得多。这也许跟两人所处时代的学术环境有关。孔子的时候，儒学初创，还没有什么学术上的对立面；而到了荀子的时候，诸子学派林立，儒家内部也是"儒分为八"，有不同的派别，荀子就曾批评其他儒家派别是"俗儒"、"陋儒"、"散儒"。为坚守他自己所理解到的儒家思想的纯正性，他要求学生遵守"师法"，也是可以理解的。但这不等于说为学只能死守一家之法，拒绝借鉴其他学派的成果。其实荀子本人就不是这样，荀子虽然自称是以仲尼、子贡为"法"的，但他的学说其实也广泛借鉴吸收了其他各家学派的思想成果。

《荀子·礼论》篇说：天地是"性之本"，祖宗是"类之本"，而"师"和"君"并列，是"治之本"。后世人们将"天、地、君、亲、师"并提，盖源于此。"师"的地位之所以如此重要，倒不在于他有一肚子知识，博闻强记，随时可以回答学生的问题。荀子说："师术有四，而博习不与焉。"《礼记·学记》也说："记问之学，不足以为人师。"可见光是有一肚子知识还不足以使一个人成为儒家所谓的"师"。

那么怎样才配做一个"师"呢？荀子在《致士》篇提出四条标准："尊严而惮"，"耆艾而信"，"诵说而不陵不犯"，"知微而论"。这就是说，要庄重有威严，要年长有信誉，讲学要有条理不乱来，见解深辟要表述清楚。在《修身》篇荀子还说："礼者，所以正身也；师者，所以正礼也……夫师，以身为正仪，而贵自安者也。"这就是说，"师"不仅是确立规范的人，而且必须是以身作则的人。

可见，荀子特别强调的是"师"作为道德人格典范的意义，他的一言一行，一举手一投足，都要合乎法度，具有示范意义。这种礼的规范和法度，不仅是教学的一项内容，而且应当贯穿在教学的过程中，这就是"师法"的"法"。教与学、问与答，都必须遵守一定的规范和程式。比如学术讨论要平心静气，不可有"争气"。又比如不可问而不答，也不可不问而答，等等。

尽管荀子所说的"师法"的具体细节具有特定的历史背景，有的不一定适合于今天，但任何时候，一定的学术规范和职业操守都是必要的。因为规范与程式本身也是一种价值，值得我们传承与坚守。如果我们今天的大学老师在传授知识、从事学术研究的过程中，也重视学术规范和职业操守的教育，并且以身作则、身体力行，为学生做出表率，一些学术造假丑闻也许就不会发生。教师人格魅力的力量是巨大的，对学生有强烈的感召力和凝聚力，可以给学生以震撼心灵的影响和冲击。正如乌申斯基所说："教师的人格对学生的影响是任何教科书、任何道德箴言、任何惩罚和奖励制度都不能代替的一种教育力量。"教师的一言一行无时无刻不在影响着学生的成长、成人、成才。

著名特级教师魏书生在实验中学当校长时，一次开学典礼上，座位不够，他便要求领导和教师站着。他讲话时，问学生在校学习的几年，得到的最宝贵的东西是什么，有答知识的，有答能力的。而魏书生说："最宝贵的

荀子智慧

就是尊重人、理解人、关怀人、帮助人、信任人、原谅人的品质。人心与人心之间，就像高山与高山之间一样，你对着对方心灵的大山呼唤'我尊重你'，那么对方心灵的高山的回答便是'我尊重你'……"讲话结束后看电影，电影开映不久，那些站在过道的领导和老师都被学生拉到自己的座位上，让座的同学再找身材小的同学挤着坐，问题就这样迎刃而解了。可见长期的教育熏陶，犹如春风化雨，润物无声，能够不教而教，使学生能够自觉进行自我教育、自我反省，促使学生把道德规范、行为准则内化为一种自觉地行动、一种行为习惯，促进学生健康、自由、生动活泼地发展。

教师不仅是知识的传授者，还是思想教育者和道德示范者。我国汉代哲学家扬雄说："师者，人之模范也。"孔子曰："其身正，不令而行；其身不正，虽令不从。"教师不仅要有这种做人的威望、人格的力量，令学生敬佩，还要以最佳的思想境界、精神状态和行为表现，积极地影响和教育学生，使他们健康成长。正如奥地利教育哲学家马丁·布贝尔所说："教师只能以他的整个人，以他的全部自发性才足以对学生的整个人生起真实的影响。"教师应把言传和身教完美地结合起来，以身作则，行为示范；热爱学生，关心学生，建立平等的师生关系；仪表端庄、举止文雅，以自己的言行和人格魅力来影响学生。

中国现代漫画大师、教育家丰子恺先生曾经说过："圆满的人格就像一只鼎，真、善、美好比鼎的三足。"为人师表作为一种教师职业德性的基本内涵，蕴涵着丰富而深刻的道德内容，最突出的就是体现了教师对真善美理想人格的追求。因此说，教师只有具备了好的人格修养，才能正礼。

和睦协调，团结才能强大

从本质上来说，人是社会的动物，人的社会属性是人区别于其他动物的特殊本质，是人类特有的属性，荀子"群"的概念就是对人的社会属性的肯定。荀子认为，人之所以优越、高贵于动物，就在于"人能群"，就在于人的社会属性。

所谓"群"也就是一群人在一起组成社会共同生活，荀子认为人是以一种"群"的方式生存的有社会组织的动物，这正是人跟牛马等动物不同的地方。正因为人能够"群"，能够组织在一起进行分工合作，才有力量，才能使牛马为人所用。所以荀子说："力不若牛，走不若马，而牛马为用，何也？曰：人能群，彼不能群也。"西方所谓"社会学"最初引入中国时，严复就把它翻译为"群学"，就是借用了荀子"群"的概念。在西方，亚里士多德也曾指出，人是一种"社会动物"。马克思也曾说："人是最名副其实的社会动物。"

但荀子进而指出，人的"群"不可能只是一种杂乱无序的混合体，就像有些动物也是群居的一样。人群的内部必须有组织、有秩序、有分辨，荀子把这些叫做"分"。他说人生不能无"群"，而"群"里面要是没有"分"就会出现争斗和混乱。"分"这个字在古汉语里，既有区分、分别、分辨的意思，也可以读第四声，如同现代汉语里的"份"，表示名份、职分等。按照今天的语法，前者是动词，后者是名词。但是这两个意思本身是紧密相关的：先要有这个"分"的动作，然后才能明确这是你的一份，那是我的一份，也就是确定各自的名分和职分。

结成"群"，结成社会，这首先是人类生存的需要。在远古艰苦的自然环境下，人必须群居、互助，合力与自然力进行斗争，才能抵挡豺狼之凶、蛇蝎之毒、熊罴之猛，取得维持生存的生活资料。在人类活动的不断发展中，合作与互助、权威与服从等社会性逐渐增加。对此，严复直截了当地说："能群者存，不群者灭；善群者存，不善群者灭。"梁启超精到地分析道："人所以不能不群者，以一身之所需求所欲望，非独立所能给也。以一身之所苦痛所急难非独立所能捍也。于是乎必相引相倚，然后可以自存。若是者谓之公共观念。真有公共观念者，常不惜牺牲其私益之一部分，以拥护公益。"

"群"的意识对于中华民族的群体精神、集体主义观念有催生作用，民族的凝聚、国家的统一，中华文明虽历尽外来民族和外来文化的冲击而绵延不绝，群体精神起了不可忽视的作用。近代有识之士面对中国积贫积弱的现实，积极发掘荀子"群"的思想资源，大力倡导"群"的观念，认为"西人凡事得力在一群字。我则家自为谋，人自为利，亿万人不啻亿万心也，安得不贫不弱?"梁启超指出："中国之积弱日益甚，而外国之逼迫日益急，非合群力，不能自保，不可不扩充其力量也……至于可侮不可侮之分，则全视乎能群与不能群。"他们激励、呼吁国人团结一心、众志成城为社会、为国家效力："合群明分，则足以御他族之侮。涣志离德，则帅天下而路。"（章炳麟《訄书·菌说》）"人者群物也。以群生，以群治，以群强，以群昌。"由此，"群"与"群说"成为当时积极提倡以期挽救局势的重要思想。

那么，以上所说的这个"群"字，正是我们今天所说的团队意识。

团队精神不是集体主义，不是泯灭个性、扼杀独立思考。一个好的团队，应该鼓励和正确引导员工个人能力的最大发挥。团队成员个人能力的最大发挥，其实是个人英雄主义的最好体现。个人英雄主义在工作中往往表现为个性的彰显，更包含有创造性的工作，以及勇于面对压力和敢于承担责任的勇气。团队若能给团队成员提供一个充分施展、表现自己才能的机会，那么，这将会为团队带来永不枯竭的创新源泉！诚然，团队精神的核心在于协同合作，强调团队合力，注重整体优势，远离个人英雄主义，但追求趋同的结果必然导致团队成员的个性创造和个性发挥被扭曲和湮没，而没有个性，就意味着没有创造，这样的团队只有简单复制功能，而不具备持续创新能力。

团队意识有什么作用和功能呢?

1. 团队意识表现为企业这个整体的一种集体力，即 $1+1>2$ 的结合力，或叫"系统效应"。集体活动可以增强团队意识。

2. 团队意识表现为企业全体成员的向心力、凝聚力，"心往一处想，劲往一处使"，真正把自己看成是企业的一部分。

3. 归属感。以自己作为企业的一员而自豪，并以此为自己全部生活、価值的依托和归宿。

4. 安全感。每个员工都深深体味到这个企业是我获得基本生活保障和立命安身之所时，这种团队意识便成为一种安全感意识。

看来，团队意识正是循礼，如果没有了团队意识，一个企业或是一个公司将是一盘散沙。

俗话说：众人拾柴火焰高，一根竹篙难渡汪洋大海，众人划桨才能开大船，这就是凝聚力的魅力。因此，一定要有群体意识。21世纪没有完美的个人，却有完美的团队。在团队里，一定要和睦协调，团结才能强大。

恭俭善言

荀子说，傲慢和轻佻，是人的祸患；恭敬而有节制，就可以排除刀枪的杀身之祸。虽然有戈矛这样锋利的兵器可以防身，但没有恭敬而有节制这种美德作用大。所以，说人好话，比给人布帛更使人感到温暖；用恶语伤害别人，比用矛戟刺别人更厉害。所以，在宽广的大地上不能行走，并不是因为大地不平坦，侧着脚下无地可立足，完全在于他以恶语伤人所致。大路上行人多但拥挤不堪，小路上行人少但有危险，即使想不谨慎也不行。

一位哲人曾说过："含笑谈真理，又有何妨？"此语寓意颇深。现在有的人认为，言谈论辩讲气势，一上来就正襟危坐，疾言厉色，摆出一副"拒人于千里之外"的冷面孔；一开口就居高临下，严词厉斥，俨然是真理的化身，着实让人敬而远之，讨而厌之。一句话，退三军；一句话，抵九鼎；一句话，救人命。其实，开导、进谏时能够"恶话善说"，根据不同时间，不同地点，不同对象，选择不同的技巧和方法，往往事半功倍。

公元265年，赵国惠文王去世，太后执掌朝政，秦国便发兵进犯。赵国无力抵抗秦兵，请求齐国出兵相救。可是齐国却提出一个意外的条件：赵国必须送太后的爱子长安君到齐国做人质，齐国方能出兵。

这一条件对作为母亲的赵太后来说是难以接受的，母亲对儿子的那种亲子之情、慈爱之心怎能割舍呢？可是，秦兵压境，赵国面临国破家亡之危，不满足齐国的要求就解除不了赵国的困境。在这种情况下，左右大臣反复谏诤，请求太后把长安君作为人质送到齐国，以解赵国之危。可是赵太后坚决不肯，盛怒之下，严厉警告左右大臣：

"有再言要长安君去做人质的，我老太太就啐他一脸唾沫。"当群臣劝谏赵太后失败后，左师触龙表示要拜见太后。这种情况下，有人竟敢再去劝说，群臣和太后都觉奇怪。太后猜想触龙是来劝谏的，便脸带愠色地坐在那里，准备触龙一进来就训斥他。

触龙慢慢地却又表现很急切的样子走到太后面前，这里的"慢"，显示他有病；"急切"则表示对太后尊重。触龙向太后谢罪道：

"老臣脚有病，近来行走都不方便，因此没有拜见太后已有很长时间了。虽然私下自己原谅自己，但时时担心太后玉体是否无恙，所以极愿来拜见太后。"

触龙先不说自己是来劝谏太后的，而是说来看望太后，太后听了，怒气渐消，两个人闲聊起来。

"老妇每天靠人推着车子行走，年纪大了。"

"太后的进食没有减少吧？"

"唉，心情不好，吃些粥罢了。"

"我现在也极不想吃东西，但自己勉强能走路，每天坚持走三四里，食欲稍增加了一些，身体也好些了。"

"可是老妇不能啊。"

触龙到此已达到了消除太后戒备心理的目的，但他还不忙于提出人质的事，而是说：

"我已经老了，有个没出息的儿子叫舒琪，心里时时疼爱着他，希望让他补进黑衣卫士中，来保卫王宫。"

太后答应了他的请求，并问小孩多大了，触龙说：

"15岁了，虽然还小，但希望在我还没入土之前把他托给太后。"

"唉，想不到你们男人也疼爱自己的儿子。"

"男人疼爱孩子更甚于妇人。"

太后笑着说："妇人更甚于男人吧。"

太后由怒气渐消到对触龙笑着说话，这期间已发生了很大的变化。同时，触龙又把话题转到爱子身上，为他畅谈人质一事铺平了道路。

果然，触龙随即从什么叫"爱"出发，说太后爱女儿燕后更甚于爱长安君，并对太后说：

"您老送燕后出嫁时，攀车而泣，想着她嫁到远方而伤心，也真够疼她的了。她已经走了，您也牵肠挂肚，可祭祀的时候却祈祷她千万别被送回来。这不是您不想她，而是替她做长远打算，要她子孙相继在燕国为君啊！"

"正是这样。"太后说。

触龙又从赵国建国初期直到现今三代以前，被封侯的赵国子孙没有一个继承过爵位，以及其他各国被封侯的子孙也没有一个继续在位的事实说服太后，并指出：

"并不是这些君王的子孙一定不好，而是因为他们的地位高而没有功勋，俸禄厚而没有建树！如今您让长安君居于尊贵的地位，封给肥沃的土地，却不趁现在这个时候让他为国立功，有朝一日您老去世了，长安君靠什么在赵国立足呢？我认为您替长安君打算得太不够了，所以认为您爱长安君不如爱燕后。"

一席话，并没有强谏太后，要她把长安君送到齐国做人质，而是动之以情，晓之以理，却使太后愉快地答应了把长安君送到齐国做人质。

防微杜渐

荀子说，对流言飞语应当消灭它，对货财美色要疏远它。灾祸所产生的根源，都是产生于那些细微而难以觉察的地方，所以君子要及早消除它。

荀子强调"积"是不可抗拒的规律，人们必须遵循它。办事要有"积

微"的精神，善于抓紧每日每时进行"积微"的，就可以达到成就霸业的功效。不然，"补漏者危，大荒者亡"，即谓等到出了漏洞，才去补救，国家就危险了，一个国家的政令全部荒废了，国家就会灭亡。治国如此，做人也如此。

扁鹊是战国末年一位医生，他在列国行医，药到病除，医名很大。

扁鹊

扁鹊到了齐国，齐桓侯听说名医来了，立即派人把他召到宫中说："你是闻名天下的医生，这次到了齐国，就多住些日子，给朝中文武百官看看病吧。"

谈话之间，扁鹊仔细观察了一会齐桓侯，便说道："您身上就患了一种病，应当早治。"齐桓侯大笑道："我没有病，我吃得好，睡得香，不痛不痒，能跑能跳，哪里有什么病呢？"扁鹊只好耐心地向齐桓侯解释："陛下的病还在皮肤与肌肉之间，现在还不太严重，因此您没有太大的感觉，如不早治，病会越来越重的。"

齐桓侯很不高兴。等扁鹊走后，齐桓侯便对大臣们说："天下的医生都是如此，总喜欢夸大其词。你本来没有病，或者有了一点不吃药也会好的小毛病，他却说你病得如何如何严重，你若是被吓住了，就得请他开方吃药。其实这些小病本来不治也会好的，但经他一治，功劳就归他了。结果他是名利双收。想不到连扁鹊这样的名医也离不开这一套。"

过了五天，扁鹊又去见齐桓侯，说："我看陛下的病已有所发展，原先还只在皮肤与肌肉之间，现在已转移到血脉里去了。不赶快治疗，恐怕会深入体内，那时就麻烦了。"齐桓侯还是那句老话："我没有病。"扁鹊离开以后，桓侯更不高兴。又过了五天，扁鹊再一次去见齐桓侯，非常紧张地劝齐桓侯说："陛下的病已潜伏到肠胃里了，再不抓紧治疗，就没有办法了。"这次，齐桓侯更不高兴，连话也懒得答了。

又过了五天，扁鹊又去宫里，一见到齐桓侯就赶快转身往外跑。齐桓侯便派人追问扁鹊，扁鹊说："病在皮肤之间，用汤剂、药熨就可以治好；在血脉之间，用针石可以治好；在肠胃之间，用酒醪可以治好；如果进入骨髓，就是天神也无可奈何了。现在齐桓侯的病已经到达骨髓，我已无能为力，你回去吧，齐桓侯很快就会发病。"

再过了五天，齐桓侯果然病倒。派了许多人再去找扁鹊，扁鹊已离开了齐国。齐桓侯非常后悔，请朝中御医治疗，他们都束手无策。不久，齐桓侯便病死了。

人之病患如此，其他的事也同此道理，小毛病人力可及，及时救治，可安然无恙。到毛病大了，便悔之晚矣。聪明人知道理，终日谨慎，防微杜渐，即使在厄难中也能自保无虞。太自信，太自我感觉良好，甚至讳疾忌医的人，常常误事，正像齐桓侯，不是因为不聪明，相反却是因为聪明多了一点，终于弄得不可收拾。

因此，《易经》上说："君子乾乾，夕惕若，厉无咎。"防微杜渐具体做起来也就如此。

庄子曾说过一个寓言。

列御寇穷困潦倒，住在陋巷里，常常挨饿，面带饥色。有人对郑国的执政者子阳说："列子是有道行的人，住在你的国家却遭受贫穷，莫不是你不喜欢士人吗？"

子阳就派人送给列子很多粮食，列子却坚持不受。

使者刚走，列子的妻子就捶着胸脯高声叫道："我真是没有福分的女人呀！人们说，有道行的人，他的妻女也跟着他过安逸快乐的日子。如今饥肠辘辘，人家送你吃的，你却不收，你莫非是想把我饿死不成？"

列子微笑着对妻子说："子阳不是他自己了解我的为人，而是听了别人的话，更何况，民事纷乱，他早晚会遭祸患，我们接受其恩惠，将来就必会被牵连。这就是我不接受馈赠的缘故。"

后来，子阳果然身陷祸患，受其牵连的人不计其数，列子却安然无恙。

防微杜渐实是深悟保全自我之道的智慧表现，也是现实人生最具务实精神的选择。

反躬自省

荀子说，见到好的品行，一定得认真地检查自己是否具有；见到不好的品行，一定得怀着忧虑恐惧的心情反省自己是否没有。自己有了好的品行，一定要坚定不移地珍视它；自己有了不好的品行，如同它玷污了自己一样，一定要将它抛弃掉。

当局者迷，旁观者清。

一个人不容易看清自己的过失，而旁人却容易看清他的过失。这倒不是他不愿正视自己的过失，实在是"不识庐山真面目，只缘身在此山中"。反省就是把当局者变成一个旁观者，他自己把自己变成一个审视的对象，也就是说，他跳出局限，站在另外一个人的立场、角度来观察自己，评判自己，这就叫超越。古代的志士仁人，无不将反躬自省作为加强自身修养的重要渠道，努力践行之。

孟子担任过稷下学宫的主讲教师，孟子这样教诲荀子：

如果我爱人，人却不亲近我，我就应该反省自己的仁爱有没有缺点。如果我治理人，而不能把人治理好，我就应该反省自己的智能有没有缺点。如果我礼貌待人，人却不礼貌待我，我就应该反省自己的敬意有没有缺点。所以，凡事为善而得不到应有的反应，就应该在自己身上进行反省。

荀子成为稷下学宫的主讲教师时，他也这样告诫他的学生：

反躬自省，回过头来要认真检查自己的行径，察看先前有所得，得的原因在哪里，先前有所失，失的究竟是什么，而且重点是应有勇气检查，总结"失"的究竟，并知过就改，则能化险为夷，以图再进。

春秋时，宋昭公众叛亲离，离国出逃，路上他对车夫说：

"我知道这次出逃的原因了。"

车夫问："是什么呢？"

昭公说："以前，不论我穿什么衣服，侍从无人不说我漂亮；不论我有什么言行，朝臣无有不说我圣明。这样，我内外都发现不了自己的过失，所以才落得如此下场。"

从此，昭公改行易操、安义行道。不到两年，美名传回宋国。宋人又将他迎回国，恢复了王位。他死后，谥为"昭"，昭就是明显，即能反省，有自知之明。

所以，过失并不可怕，可怕的是没有反省的习惯、反省的勇气和反省的智慧。

《资治通鉴》记载了唐德宗反躬自省、检讨个人过失的史实。唐德宗统治年间，藩镇频频作乱，国家危机四伏，直接威胁着德宗的统治，这时陆贽上书德宗，痛陈天下之弊，请求德宗下免罪诏书，向天下人谢罪，检讨自己的过失，以使朝野同心，同仇敌忾。中书省将起草的免罪文书送给陆贽看后，陆贽认为言辞还不够恳切。陆贽对德宗说："现在盗寇遍地，圣驾流亡在外，陛下应当痛心地承担过失，以感动人心。昔日成汤因加罪于自己而勃然兴起，楚昭王因讲了善言而复兴楚国。如果陛下愿意诚恳地纠正过失，用言语向天下谢罪，使诏书对朝廷过失写得没有任何闪避忌讳。尽管我愚昧浅陋，但可以写得符合圣上的心意。"德宗同意了他的意见。于是陆贽又另外起草了一份。

术士上言说："国家遭逢了厄运，应该有所变更，以应合时下的运数。"群臣请在德宗的尊号上再加一两个字。德宗询问陆贽此事如何处理。陆贽上奏，认为不可取。他说："尊号的采用，本来不是自古就有的制度。在国家太平无事的时候采用尊号，已经有碍皇上的谦虚和名声了，何况在国家丧乱之时，因袭尊号的制度，尤其有伤体统。"他又说："秦朝德行衰败，将'皇'与'帝'合二为一，由此开始连在一起称呼。此制沿及后世，在昏庸的君主中，便有'天元'的称号。由此可知，君主的伟大与渺小，并不在于名称。免去尊号会有谦退求古的美名，崇高尊号只能听到自夸才能、接受谄媚的讥讽。"他又说："假如一定要应合气数气运，必须有所变更，与其因增加美好的称号而失掉人心，还不如免除原有的尊号来敬承上天的告诫。"

德宗采纳了陆贽的建议，于第二年正月初一，大赦天下，更改年号。并且颁诏说："要想社会安定，兴起教化，就一定要推心置腹，忘掉己利，救助别人，不惜痛改前非。朕继承帝位，统领天下，却使祖宗的庙堂失守，沦落于草莽之间。这是由于没有遵循德化。现在诚然追悔莫及，但朕久久地思考着犯下的罪责，希望在将来有所改正。现在，朕毫无掩饰地把这个意思说出来，让天下之人都能看到。

"我恐怕自己的德行不能继承先人，不敢有丝毫懈怠荒唐。但是，由于长期生活在深宫之中，不熟悉治理国家政务，积久成习，容易沉溺，居安忘危，不懂得收种庄稼的艰难，不能体恤征战屯田的劳苦，恩泽不能普施于百姓，民情不能上达于朝廷，既然上下声气阻隔，人们心怀疑虑。朕却仍然不知深自反省，终于导致兵戎相见。征调全国兵马，转运粮饷，连绵千里，征用车辆马匹，致使远近骚动不安。离家当兵的人要携带衣食，留在家中的人辗转相送，大家都受尽了劳苦。有时在一天之内屡次短兵相接，有时连续几年不能解下甲胄。祭奠祖先时没有主人，家属无所依靠。生死无定，流离失所，怨恨凝聚；征发苦力没有休止，耕田大多荒芜。残暴的长官严厉索求，疲惫的百姓不再织布，人们辗转流亡，葬身沟壑，离开乡里，致使城乡化为荒丘，人烟断绝。上有苍天的谴责，但朕不省悟；下有百姓的愤怒，但朕不知道。于是逐渐酿成了战乱，致使京城发生了动乱。万事失去秩序，九庙为之震惊。朕对上连累了列祖列宗，对下辜负了黎民百姓，心中痛切，脸上惭愧，这些罪责实在完全在朕一人，为此朕久久地惭愧，如同坠入深渊。从今以后，朝廷内外所上的书表章奏，不允许再称'圣神文武'的尊号。

"李希烈、田悦、王武俊、李纳等人，原本都是有功之臣，各自守卫着藩镇。由于朕安抚驾驭无方使他们疑虑畏惧。这全是因为上面无道而使下面遭受灾殃，实在是朕丧失了为君的体统，下面有什么罪过！现在将李希烈等人连同他们所管辖的将士官吏等一切都像当初一样对待。

"朱滔虽然因为朱泚受到牵连，但二人相隔遥远，肯定不会共同谋划，考虑朱滔过去对国家所建立的功勋，务必宽大处理，如果他能够投诚，也给他自新的机会。

"朱泚改变天道常规，盗用名号与车服仪制，残暴地冒犯列祖列宗的陵园寝庙，令人不忍言状。他得罪了列祖列宗，朕不敢赦免他。那些被裹胁进来的将士、官吏、百姓，只要在官军开进京城以前，脱离叛军，向朝廷投诚，并且解散队伍而回到本道本军去的，一概按照赦免之例处理。

"各军、各道一切奔赴奉天和进军收复京城的将士，一概赐名称作'奉天定难功臣'。那些加征的除陌钱、间架、竹、木、茶、漆等税以及专营铸铁等项，应该全部免除。"

免罪文书颁布后，全国人心大快。德宗回到长安的第二年，李抱真入朝对德宗说："在山东宣布免罪文书的时候，士兵们都感动得流下眼泪，我看到众人是这般情形，便知道平定敌军轻而易举！"

君子慎独，贵在自律

慎独是一种修养方法，更是一种道德境界。君子慎独，贵在自律。

生活中有许多俗语，例如：桃李不言，下自成蹊；酒香不怕巷子深；要想人不知，除非己莫为；不做亏心事，不怕鬼敲门。荀子所谓"声无小而不闻，行无隐而不形"表达了与以上俗语同样的意思，也带给我们诸多的启示。

正因为"声无小而不闻，行无隐而不形"，所以"慎独"成为古人极为推崇的一种修养方法。幽暗之中、细微之事，虽未见诸于行但心则有所动，人虽不知而己独知之，故一个人独处时也必须谨慎不苟，这就是《大学》所谓的"君子必慎其独"。曾国藩在遗嘱中告诫家人的第一条就是慎独。他说："慎独则心安。自修之道，莫难于养心；养心之难，又在慎独。能慎独，则内省不疚，可以对天地质鬼神。人无一内愧之事，则天君泰然，此心常快足

宽平，是人生第一自强之道，第一寻乐之方，守身之先务也。"（《曾国藩诫子书》）

东汉清官杨震以实际行动阐释了"慎独"。杨震去东莱赴任太守时路过昌邑，昌邑县令王密是他以前荐举的官员。听说杨震到来，夜深人静之时王密怀揣十金前往驿馆拜访，一是对杨震过去的举荐之恩表示感谢，二是想请他以后再多加关照。

杨震拒金

杨震严辞拒绝了这份礼物，并质问道："故人知君，君不知故人，何也？"王密以为杨震佯装客气，便道："幕夜无知者。"杨震严厉地说："天知、地知、你知、我知，怎说无知？"王密羞惭难当，带着礼物狼狈而返。这就是"天知、地知、你知、我知"的由来。

慎独则心安，慎独则无疚。孟子认为"君子有三乐"，其中之一便是"仰不愧于天，俯不怍于人"（《孟子·尽心上》）。刘少奇对慎独作了更通俗的解释：一个人独立工作、无人监督时，有做各种坏事的可能，而不做坏事。

大凡真正代表人类美好人格的东西，总是能传承下来。而具备这种美好人格的人，也总是为千古所传颂，"慎独"的君子就是如此。

晚清名臣翁同龢身居高位，又任帝师，但他一生能清操自守，廉洁奉公，是位有口皆碑的清官。

翁同龢主管户部时，曾一改过去户部前任"固本银"的使用制度。"固本银"是从各省进缴的赋税中抽出来供太后用的一部分银两。他从民计出发，将这项银两撤去，老百姓拍手称快，而西太后却因为少了这笔能够肆意挥霍的银两，对翁同龢痛恨不已。

这件事过去不久，清廷向某国银行借了笔钱，主管部门的负责人私下给翁同龢进奉了一部分借款回扣，这在腐败的清王朝本已是尽人皆知的秘密，但翁同龢不为所动，当下严词拒绝接受。第二天，他将此弊端奏闻光绪帝。光绪大怒，严令密查吃这部分回扣的人的姓名，但因西太后也参与了收取回扣之事，此事终于不了了之。

戊戌变法失败后，翁同龢被罢官还乡，当时授大学士衔、慈禧重新垂帘听政后被任命为军机大臣的荣禄知道翁同龢很清贫，在翁同龢临行前特地备千两白银相赠，但翁同龢说什么也不肯要。荣禄认为他之所以不肯接受，是因为两人在戊戌变法中政见不同，一直在记恨自己，颇感悻悻。其实，他不了解翁同龢的情怀，不受金的主要原因是翁同龢非常看重操守，而决不愿意破坏自己清廉的初衷，并不仅仅是由于政见的分歧。

翁同龢被罢官回乡后，因他平时居官廉洁，宦囊不丰，所以生活比较窘迫，但他并不以为意。每日除到地方官衙去报到，以符"交地方官严加管束"的处分外，平日居家仅以作诗、写字消遣时间，并改缮自己过去的日记。后来地方官认为他年龄大了，过去地位又很高，每日来衙唱名报到使自己太尴尬，就准许他去常熟白鹤峰山中别墅居住，而不必日日前来签到。当时他家无长物，生活仅靠过去的友人、门生周济，勉强度日，有"山居甚窘"之说。在这种情况下，他仍奋力著有《瓶庐诗文稿》、《翁文恭公日记》等作品传世。

翁同龢位极人臣，且又做过帝师，犹能如此抱守清操，廉洁持正，在世风日下、官吏贪污成风的晚清时代，确实可称为"君子慎独"、"出淤泥而不染"了。

其实所谓"慎独"，就是不自欺，它表现了人们对遵守道德规范和法度要求的高度理性自觉。但是，"人生而有欲"，这是人与生俱来的天性。在"天下熙熙，皆为利来；天下攘攘，皆为利往"的当世。在缺乏有效监督和制衡的权力场上，很多人是难以控制自己，做个表里如一、人前人后都一样的正人君子的。

要做一个充满正气的"慎独"君子，首先就要学会控制自己的欲望，然后再在各个方面，时时处处严格要求自己。

一个充满正气的人，必定光明正大，胸怀坦荡，严于律己，无论是在人前还是人后，都坚守自己方正的人格。他们深通"慎独"功夫，绝不会因为无人知道、无人看见就做出一些有失原则或者不道德之事。君子贵在自律。

见贤思齐，见不贤自省

善在身就坚定地愈加自重自爱、发扬光大，不善在身就像被玷污一样自惭形秽、深恶痛绝。对此，孔子有一个很形象的比喻说："见善如不及，见不善如探汤。"（《论语·季氏》）见善迫不及待地趋之，见不善则如赴汤蹈火避之唯恐不及。

"我欲仁，斯仁至矣"（《论语·述而》），重视道德主体的能动性，强调自省、自律，这是儒家一以贯之的思想。孔子曾说："见贤思齐，见不贤而内自省也。"意即看到贤德的人，就以他为榜样，向他看齐；看到不贤的人，就自我反省，看自己有没有像他那样不善的行为。无论见善见恶，都要反省自己，"三人行，必有我师焉。择其善者而从之，其不善者而改之"。这样才能既不徒然羡慕别人而自暴自弃，也不只对别人求全责备而不自省自责。这是一种行之有效的德行修养方法。

儒家主张人格的修养要以圣贤为楷模，"见贤思齐，见不贤而内自省"（《论语·里仁》）就成为人格修养上的必然要求。由士而贤，由贤而圣，这是传统士人提升道德、完善人格之路，所以宋代大儒周敦颐有"圣希天，贤希圣，士希贤"之说。《康熙教子庭训格言》道："千古圣贤与我同类人，何为甘于自弃而不学？苟志于学，希贤希圣，孰能御之？"故宫博物馆养心殿的西暖阁，原名温室，后改为三希堂，是清高宗乾隆皇帝的书房。"三希堂"之取名蕴含着两层意义：一是此处收藏了晋代王羲之的《快雪帖》、王献之的《中秋帖》、王珣《伯远帖》，三件书法遗迹皆为稀世珍品；二是寓意"圣希天，贤希圣，士希贤"，勉励自己勤勉努力、不懈追求。

《法华经》说："人若知自爱，则应慎护自己。有心者应于三时之一，严以自我反省。"

儒者的自我反省没有佛或上帝的神秘色彩。它既不是为死后进天堂，也不是为赎人类与生俱来的原罪而反省，而是为现世的自我完善而进行人格解剖。因此，是一种现实的自我认识，具有鲜明的理性批判精神。

战国时的赵国大将廉颇，就是曾经犯过严重错误、之后又及时反省和改正的人。

赵惠文王十六年（公元前283年），赵惠文王得到一块名贵宝玉——"和氏璧"。这件事情被秦昭襄王知道后，他便给赵惠文王写封信，谎称秦国愿意用十五座城来换取赵国的那块宝玉。

赵惠文王看完信后，不知如何是好，正在他犹豫不决时，蔺相如自告奋勇地说："大王，让我带着和氏璧去见秦王吧。如果秦王不肯用十五座城来交换，我一定把和氏璧完整地带回来。"

赵惠文王知道蔺相如是个又勇敢又机智的人，就同意他带着和氏璧去见秦王。蔺相如到秦国后，果然凭借自己过人的智慧识破秦王的阴谋，并略施小计，将和氏璧完整地送回赵国，这就是历史上著名的"完璧归赵"的故事。

赵惠文王二十年（公元前279年），秦昭襄王又耍个花招，请赵惠文王到秦地渑池（今河南渑池县西）去会见。当秦昭襄王和赵惠文王在渑池相会时，秦昭襄王对赵惠文王说："听说赵王弹得一手好瑟，请赵王弹个曲助兴如何？"说完立即吩咐左右把瑟拿上来。赵惠文王不好推辞，只好勉强弹一曲。

这时，秦国的史官便当场把这事记下来，并且念道："某年某月某日，秦王和赵王在渑池相会，秦王令赵王弹瑟。"

赵惠文王一听，气得脸色发紫，却又无可奈何。这时，蔺相如拿出一个缶，并逼秦昭襄王击缶。然后让赵国的史官也把这件事记下来，并说："某年某月某日，赵王和秦王在渑池相会，秦王给赵王击缶。"

这次的秦赵渑池相会，蔺相如又凭借自己的聪明才智为赵惠文王挽回尊严。

经过"完璧归赵"和"渑池相会"之后，蔺相如功绩显赫，声名大振。赵惠文王遂拜他为上相，位在群臣之首。

蔺相如得到这样的殊荣，终于使廉颇妒火中烧。因为廉颇是赵国的一员大将。早在赵武灵王时，他就南征北战，为赵国立有汗马功劳；赵惠文王即位后，他又东挡西杀，更是为赵国屡建新功，是赵国当之无愧的功臣。

蔺相如被赵惠文王拜为上相后，廉颇逢人便说："我有攻城野战之功，他蔺相如算什么？只不过是有口舌之劳。而且，他本是宦者舍人，出身卑贱。他凭什么官位居我之上？待我见到他，非得羞辱他一番不可！"

廉颇的这些话传到蔺相如的耳朵里，蔺相如就装病不去上朝，以避开廉颇。

有一天，蔺相如带着随从坐车出门，正好瞧见廉颇的车马迎面而来，蔺相如便急忙退到小巷里去躲避，让廉颇的车马先过去。这时，蔺相如的下属纷纷埋怨他不应该这样胆小怕事。蔺相如听到下属的埋怨，非但没有责怪他们，反而微笑地问下属："你们觉得廉将军和秦王比，哪个更厉害？"

"当然是秦王厉害啦！"下属们异口同声地回答。

"是呀！天下的诸侯都怕秦王。但为了保卫赵国，我连秦王都不怕，怎么可能会怕廉将军呢？"蔺相如接着说，"现在，强大的秦国之所以不敢来侵犯赵国，就是因为有我和廉将军两人在，要是我们两人不和，秦国知道后，就会趁机来侵犯赵国了。因此，我宁愿容让廉将军呀。"

不久，蔺相如的这这些话就传到廉颇的耳朵里，廉颇顿时感到十分羞愧，并开始反省自己的所作所为。为了向蔺相如诚心地悔过，廉颇于是裸着上身，背着荆条，来到蔺相如的家里请罪。并对蔺相如说："我廉颇乃一介粗人，见识少，气量窄。这些天来，我一直冒犯您，而您却一再容忍我的罪过，实在让我无地自容！"

蔺相如连忙扶起廉颇，并对他说道："咱俩都是赵国的大臣，将军能体谅我，我已经万分感激了，您怎么还来给我赔礼呢？"

从此，蔺相如和廉颇成为莫逆之交。

蔺相如能够顾全大局，并对廉颇宽容大度，确实令人敬佩和赞叹。但廉颇的"见贤思齐"知错而改，也足见其觉悟之高。

传统文化强调自我在道德修养中的主体性作用和主导性力量，强调道德的养成、道德的践履、道德境界和道德人格的提升，主要不是靠"外烁"，而是靠"内化"，他律是辅助性的，自律才是决定性的。所以，传统道德修养的基本方法还是"见贤思齐，见不贤而而自省"。

端正自己，不为利所诱

人与物之间役使与被役使的关系包括物质和精神两个层面。从物质层面上说，荀子主张充分发挥人的主观能动性，在尊重自然的基础上，积极地利用和改造自然，"制天命而用之"（《荀子·天论》），而不是消极被动地屈服于自然的威力，这就是"役物"与"役于物"的分别。

君子、小人是古人道德意义上的称谓，因而"君子役物，小人役于物"主要是从道德意义上而言的。也就是说，君子支配外物而不为外物所支配，不受任何现实关系的规定、束缚、限制，无挂无碍、悠然自在，从而获得绝对的人格独立和精神自由。如白居易所言："闻毁勿戚戚，闻誉勿欣欣。自顾行何如，毁誉安足论？"（《白氏长庆集》小人则不然。

小人被外物所累，在五光十色、物欲横流的世界上，身陷各种贪欲烦恼的纠缠之中，为了追求功名利禄而迷失了自己的本性，失去了自我，成为权势、金钱、名声的奴隶，最终"以文徼名名必隳，以货徇身身必亡"（宋濂《潜溪邃言》）。追求遗世独立、精神逍遥的庄子也呼吁人要做自己的主人，"物物而不为物所物"（《庄子·外篇·山木》）。这些都体现出中国传统文化中抵制拜物教的人文精神。

荀子智慧

"人是自私的动物"，这句话没错！任何人都必须承认自己和他人都有自私性，也必须承认为自己谋求利益是合理合法的。但这些都应该是有限度的，在古代"度"是人性容忍的底线，在今天就是法律规定的范围。否则，一旦人的私欲决堤泛滥，就会侵害到别人，甚至严重触犯法度，那么，就会遭到怨恨和惩处。古往今来，因为私欲太重而遭到祸患的例子，多不胜数。这些教训是很值得人们在现实中引以为戒的。

荀子说："贪财好利并且希望得到财利，这是人的本性。"又说："资财缺乏的向往丰厚，丑陋的向往美丽，狭小的向往宽大，贫穷的向往富足，低贱的向往高贵，如果本身不具备，必然要追求拥有。"

追求拥有，而没有一个终点，就容易被外物所奴役。

所以，荀子借用古语中的一句话说："君子役物，小人役于物。"

之所以如此，终因一个"贪"字在作怪。贪无止境，会给自己带来灾祸。

人一旦贪心过重，就什么事情也办不好。受贪欲的影响，总是奢望自己能够多占多得、不劳而获，稍不如意，便气恨不已。只看到眼前的利益，有损人格不说，同时也会失去长远的利益。

《礼记·表记》上有与此类似的话："事君可贵可贱，可富可贫，可生可杀，而不可使为乱。"君子以求道为目标，追求精神世界的丰盈富足，所以"谋道不谋食，忧道不忧贫"（《论语·卫灵公》），甚至"朝闻道，夕死可矣"（《论语·里仁》），视功名利禄、荣华富贵为身外之物。在贵贱贫富面前，甚至在生杀予夺面前，君子坚定不移地维护的是自己的独立人格，矢志不渝地追求的是自己的独立意志："三军可夺帅也，匹夫不可夺志也。"（《论语·子罕》）这也就是孟子所描述并为君子所推崇的大丈夫："富贵不能淫，贫贱不能移，威武不能屈。"（《孟子·滕文公下》）

现代学者梁漱溟是一个"可杀而不可使为奸"的典范。梁漱溟一生光明磊落，宁折不弯，傲骨铮铮，以其道德文章而壁立千仞，以其特立独行而赢得"中国最后一位大儒"的美誉。虽然常常徘徊于"独善其身"与"兼善天下"的矛盾中，梁漱溟始终坚持"独立思考"、"表里如一"的八字箴言，"不苟同于人"，"本所思而立，从所信而行，不随俗沉浮"。在著名社会活动家费孝通看来，梁漱溟是其"一生中所见到的最认真求知的人，一个无顾虑、无畏惧、坚持说真话的人"。张中行先生如此评价梁漱溟：中敬之处不少。有非天悯人之怀，一也。忠子理想，碰钉子不退，二也。直，有一句说一句，心口如一，三也。受大而众之压力，不低头，为士林保存一点点元气，四也。不作歌颂八股，阿谀奉承，以换取虚假的享受，五也。

荀子告诫我们，人的欲望是无尽的，过分的欲望便是贪婪。人一旦贪心过重，就会心术不正，就会被贪欲所围，离开事物本来之理去行事，就会将事情做坏做绝，大祸也就随之而来。所以，我们必须摒弃贪婪之心。

1．树立正确的价值观

一个人首先要树立正确的价值观。一个有正确价值观的人，必然是一个有着自我约束力的人，同时他也就知道自己需要什么。不需要什么。其次，要培养正确的判断力。一个有正确判断力的人，懂得什么是美，什么是丑；什么是善，什么是恶。相应地，他也就懂得努力去追求美与善，而尽可能抛弃丑与恶，这样自然就避免了贪婪。

2．选择淡泊，摒弃贪念

人都有欲望，贫穷的人想变得富有，低贱的人想变得高贵，默默无闻的人想变得举世闻名，没有受过赞誉的人想得到荣誉，这本无可厚非，但问题在于不管追求什么总要适可而止。世界上，美好的东西实在太多，我们总是希望得到尽可能多的东西，其实欲望太多，反而会成为累赘，还有什么比拥有淡泊的心胸，更能让人充实满足的呢？

3．知足常乐，不为外物支配

知足，并不是指对美好的生活失去信心和追求，而是维持心理的平衡，保持心境的宁静，在物质享受上不至于过分奢侈，量体裁衣，一切量力而行。知足，能使人将有限的精力投入到事业中去；知足，才能常乐。

荀子提醒我们，摒弃贪婪，不为外物所支配，强调以自律来实现自我节制，注重内心的道德修养，杜绝并摒弃贪得无厌的欲望，从而维持自己的高洁人品，增长智慧。像这样的人，就是君子了。

荀子十分注重内在品德修养，认为只有重视品德修养，才能看轻外物，而不为外物所奴役。的确，人应该是自己需要的主人，是自己欲求之物的主人。但如果贪得无厌、欲壑难填，就会被身外之物所奴役，甚至因此招致灾祸。

君子耻于不信

君子具有许多优秀的品质，而守信亦为要素之一。"一诺千金，一言百系"、"一言既出，驷马难追"等都是强调一个"信"字。中国人历来把守信作为为人处世、齐家治国的基本原则。自古以来，人们便欢迎和赞颂讲信用的人而谴责和唾弃无信用的人。

荀子说："君子能做到使人相信，但不能使人一定相信自己。"

荀子还说："君子耻于自己没有信用，而不耻于人不信任自己。"

做人要守信。所谓守信，即"言必信"，也就是说，讲话一定要严守信用，不食言，对自己所说的话要承担责任和义务，取信于人。

所以，对根本做不到的事情，不要许诺；一旦答应别人的事情，就要千方百计、不遗余力地去兑现。当然，如果经过再三努力也办不成事情，则应诚恳地向对方说明原因，表示歉意。

除轻诺寡信之外，好耍小聪明。玩弄手腕者也大多失信于人。这样的人也许可以一时欺骗蒙哄某些无经验者，可以得利于一时，赚到一笔，捞到一把。可是第二次或第三次，他一旦被识破，别人就不会再相信他了，他必将得不偿失。

君失信于臣，必然奸臣增多，朝政混乱；官失信于民，必然民心不平，国无宁日；国家赏罚失信，必然犯罪者增多，效劳者减少；经商者失信于人，经常出售伪劣商品，门可罗雀，大概是他必然的下场；交友失信，必然陷入孤立无援的境地；父母失信于孩子，必然使孩子变成一个虚伪不诚实的人……

荀子提醒我们，失信于人，不仅显示其人格卑劣，品行不端，而且是一种只顾眼前利益不顾将来，只顾短暂不顾长远的愚蠢行为，终将百事不成。

东汉时，汝南郡的张劭和山阳郡的范式同在京城洛阳读书，学业结束，他们分别的时候，张劭站在路口，望着长空的大雁说："今日一别，不知何年才能相见……"说着，流下泪来。范式拉着张劭的手，劝解道："兄弟，不要伤悲。两年后的秋天，我一定去你家拜望老人，同你聚会。"

两年后的秋天某日，落叶萧萧，篱菊怒放，长空一声雁叫，牵动了张劭的情思，不由自言自语地说："他快来了。"说完赶紧回到屋里，对母亲说："母亲，刚才我听见长空雁叫，范式快来了，我们准备准备吧！"

"孩子，山阳郡离这里一千多里，范式怎么会来呢？"他母亲不相信，摇头叹息，"一千多里路啊！"

张劭说："范式为人正直、诚恳、极守信用，不会不来。"

老母亲只好说："好好，他会来，我去准备准备。"

其实，老人并不相信，只是怕儿子伤心，宽慰宽慰儿子而已。

等到约定的日子，范式果然风尘仆仆地从山阳赶到了汝南。老母亲激动地站在一旁直抹眼泪，感叹地说："天下真有这么讲信用的朋友！"

范式重信守诺的故事一直为后人传为佳话。

"民无信不立"、"与朋友交，言而有信"，就是强调人们必须把守信用作为人生的重要信条。"诚信者，天下之结也"，这是中国古人从帝王到百姓都信奉的修身立世之本。

当今社会，守信是一个非常重要的交际原则。人离不开交往，交往离不开信用，只有坚持诚信原则的人，才能赢得良好的声誉。他人也才愿意与其建立长期稳定的关系。

日本著名的企业家吉田忠雄说："为人处事首先要守信，才会赢得别人的信任，离开这一点，一切都成了无根之花，无本之木。"

吉田忠雄曾是一家小电器商行的推销员。开始的时候，他做得并不顺利，很长时间业务都没有什么起色，但他并不灰心，而是坚持做下去。

有一次，他推销出去了一种剃须刀，半个月内同二十几位顾客做成了生意，但是后来突然发现，他所推销的剃须刀比别家店里的同类型产品价格高，这使他深感不安。经过深思熟虑，他决定向这20家客户说明情况，并主动要求向各家客户退还价款上的差额。

他这种不惜代价，维护信用的做法深深感动了客户，他们不但没收价款差额，反而主动要求向吉田忠雄订货，并在原有的基础上增添了许多新品种。这使吉田忠雄的业务数额急剧上升，很快得到了公司的奖励，也给他以后自己创办公司打下了良好的基础。

要想建立好声誉，获得别人的好感，你必须看重诺言的价值。一旦失信，你失去的可能不仅仅是一笔巨大的财富，还有你的人缘与未来。

有一则名酒的广告是这样说的：狼来了不可怕，失去诚信才是最可怕的。的确，在人际关系越来越复杂、越来越重要的社会里，这则广告宣传的酒你可以忘记，但这句话你必须永远铭记。

守信或不守信，都是一种习惯。要改掉一种坏习惯比较难，要放弃一种好习惯却很容易，只需一次又一次迁就自己，好习惯就变成了坏习惯，就像抽烟上瘾一样。当你想放弃一种好习惯时，重要的不是别人能不能原谅你，而是你能不能原谅自己。

将守信理解为一种品德，较难坚持。将它理解为一种回报率很高的长期投资，则比较容易变成一种自觉的行动。当你获得了一个守信用的形象时，会获得越来越多人的信任，带来越来越多的机会，这好似一座金矿。反之，缺此一条，别的方面再优秀，也难成大器。

要获得守信的形象并不容易，最要紧的一条是：别答应你无法兑现的事。

古人云："轻诺必寡信。"这不仅是一个主观上愿不愿意守信的问题，也是一个有无能力兑现的问题。一个人经常承诺自己无力完成的事，当然会使别人一次又一次失望。

有的人自己觉得蛮讲信用的，不知道别人为什么老是对他投来怀疑的目光。究其原因，问题很可能出在一些不经意的小事上。平时空口许下一个诺言，以为不是大事，不放在心上。可是，生活中并没有多少大事，当你一次次在小事上失信，就给人形成一个不讲信用的牢固印象，被看成是一个不值得信赖的人。这时再想改变别人对你的成见，就难上加难了。

言不由衷，不守信用，往往是招致怨恨的原因。唯有守信，才会被人信任。言必有信是做人的起码准则之一。

韬光养晦，坚韧不懈

儒家积极入世、百折不挠的精神在其创始人孔子和孟子身上体现得最为充分。孔子称："天之未丧斯文也，匡人其如予何？"（《论语·先进》）"天生德于予，桓魋其如予何？"（《论语·述而》）孟子慨然道："夫天未欲平治天下也，如欲平治天下，当今之世，舍我其谁也？"《孟子·公孙丑下》充满着责任感、使命感，而"女庸安知吾不得之桑落之下"则洋溢着乐观与自信。

孔子"藏器于身"、"藏志于怀"，其"女庸安知吾不得之桑落之下"的豪迈最终化为了被奉为"至圣先师"的现实，其孜孜不倦、百折不挠的追求以两千年"儒术独尊"的方式得到了丰厚的回报。

确定目标，韬光养晦

想成就一番大事，必须有坚忍不拔的精神。倘若现在时机还不成熟，显露锐气反而会给自己带来灾难，那就应该收敛锐气，练好韬光养晦的功夫。

所谓"韬晦"，就是在时机不成熟时，有效地把自己的实力和意图隐藏起来，等待机会。

麦克唐纳快餐馆的董事长克罗克没读完中学就出来做工，以维持生存。后来，他在一家工厂当上了推销员，生活状况有了明显的改善。他在推销产品过程中结交了许多朋友，积累了大量有关经营管理方面的宝贵经验。后来，他决定创办自己的公司。

通过市场调查，克罗克发现当时美国的餐饮业已远远不能满足已变化了的时代要求，急需改革，以适应亿万美国人的快餐需求。但是，克罗克面临的首要问题就是资金问题，对于一贫如洗的克罗克来说，自己开办餐馆根本就不可能。最后，他终于想出了一个好办法。他在做推销员工作时，曾认识了开餐馆的麦克唐纳兄弟，自己可以到他们的餐馆中学习经验，以实现自己的理想。于是，克罗克找到麦氏兄弟，讲述自己目前的窘境，恳请麦氏兄弟帮忙，最后博得了对方的同情，答应他留在餐馆做工。

克罗克深知这两位老板的心理特点，为了尽早实现自己的目标，他又主动提出在当店员期间兼做原来的推销工作，并把推销收入的5%让利给老板。

为了取得老板的信任，克罗克工作异常勤奋，起早贪黑，任劳任怨。他曾多次建议麦氏兄弟改善营业环境，以吸引更多的顾客；并提出配制份饭、轻便包装、送饭上门等一系列经营方法，扩大业务范围，增加服务种类，获取更多的营业收入；还建议在店堂里安装音响设备，使顾客更加舒适地用餐；他还大力改善食品卫生，狠抓饮食质量，以维护服务信誉；认真挑选店堂服务员，尽量雇佣动作敏捷、服务周到的年轻美貌姑娘当前厅服务员，而那些牙齿不整洁、相貌平平的人则安排到后厨工作，做到人尽其才，确保服务质量，更好地招待顾客。克罗克为店里招徕了不少顾客，老板对他更是言听计从。餐馆名义上仍是麦氏兄弟的，但实际上餐馆的经营管理、决策权完全掌握在克罗克的手中。

不知不觉，克罗克已在店里干了六个年头。时机终于成熟了，他通过各种途径筹集到了一大笔贷款，然后跟麦氏兄弟摊牌，最终克罗克以270万美元的现金，买下麦氏餐馆，由他独自经营。克罗克入主快餐馆后，经营、管理更加出色，很快就以崭新的面貌享誉全美，经过二十多年的苦心经营，总资产已达42亿美元，成为国际十大知名餐馆之一。

永不服输，坚韧不懈

亚伯拉罕·林肯总统的成功,是一个最能说明坚持就是成功的实例了。我们先来看看亚伯拉罕·林肯总统的成功历程吧!

1816 年,他一家人不幸被赶出了居住的地方,他担起了家庭的重担。

1818 年,生活还不稳定的他承受了失去母亲的痛苦。

1831 年,林肯十多万美元的积蓄化为泡影,他经商失败了。

1832 年,在经商失败后他竞选州议员,这次他又遭受了打击。这时的他不但丢了工作,还背负了债务。

1833 年,林肯又向朋友借了一部分钱经商,这次的经商未到一年就破产了,这次的破产又使林肯背负了用 17 年才能还清的债务。

1834 年,林肯成功了一次,他竞选州议员幸运地成功了。

1835 年,林肯的爱情得到了确定,在他即将和爱人结婚时,爱人却因病而逝,爱人的离去让林肯伤透了心。一年后,他因为伤心过度精神完全崩溃,在病床上待了 6 个月才得以康复。

1838 年,身体康复的林肯竞选州议会的发言人,但由于他刚刚康复所以被拒绝了。

1840 年,通过不断的竞争,他成为州议员候选人,可是他仍遭挫败。

1843 年,他鼓起勇气参加全国大选,由于支持者太少,他落选了。

1846 年,再一次的大选,幸运女神降临到他的头上,他当选为国会会议员。

1848 年,想获取国会议员的连任,但没有得到认可。

1854 年,竞选美国参议员,他还是被无情地挡在了门外。

1856 年,他竞选美国副总统,得到了不到 100 张的选票。

1858 年,再度竞选美国参议员,已经年近 60 的他又失败了。

1860 年,已经 60 岁的他当选为美国总统。这次他获得了最大的成功,也是他一生中唯一一次美满的成功。

面对自己的多次失败,林肯总统只说了这样一句话:"我的失败只不过是滑了一跤,并不是死掉爬不起来了。"

林肯总统的成功，正是因为他永不放弃、持之以恒的精神。八次竞选次次失败，两次经商也失败，在爱人死后甚至精神崩溃的经历都没有打倒林肯。在许多对候，他本可以放弃，但是他没有放弃，正因为如此，所以他成为了美国历史上最伟大的总统之一。

林肯总统的例子给了我们这样一个启示：只有拥有永不屈服、百折不挠的精神才能获取成功，因为永不屈服、百折不挠的精神正是一个人获得成功的基础。

永不屈服、百折不挠的精神塑造了林肯总统坚韧的生命，让他取得了成功。现在的年轻人，都身怀学识，他们具备了成就事业的各方面的能力，可最后他们仍然不能有所成就，主要原因就是他们缺少了坚持的恒心。在遭遇到一些小困难与挫折时立刻退缩、停止不前，这种情况下如何能取得成功呢？取得成功需要具备两个条件：一是坚定不移的精神；二是忍耐。只有具备了这两个条件才会得到他人的信任，才会在失败以后再站起来。

"有耐心的人，无往而不利。"这是富兰克林说的。塑造坚韧的生命需要特别的勇气，需要对理想和目标的努力追求，同样需要坚持到底、永不放弃的精神。

是的，正如荀子所说："你怎么知道此时困窘的我将来不会得志于世呢？"正是告诫我们，现在的困窘并不代表以后不得志。只要我们有明确的目标，有坚持不懈的精神，困窘只不过是暂时的。

争名逐利引祸端

宠辱不惊，闲看庭前花开花落；与世无争，漫随天外云卷云舒。这是一种超然物外的境界！人的欲望像越滚越大的雪球，蛊惑着人们拼命地向前追逐。有的人确实在走一条不归路，他们为了欲望而引火自焚，最终落个身败名裂的下场。

当今社会激烈竞争，虽然可以激发人上进的意识，但毕竟也给人带来很大的压力。优胜劣汰的规律告诉我们时时刻刻都不能掉以轻心。但在努力工作的同时，也应该养成顺应自然、泰然处之的处世之道。只有这样，才不会使你在遭受挫折时心态严重失衡，甚至还可以帮助你重建人生信念，鼓起奋斗的风帆，塑造新的自我。

荀子在《礼法》中说："人生而有欲，欲而不得，则不能无求，求而无度量分界，则不能不争。争则乱，乱则穷。"

人一生下来就有欲望，有了欲望不能满足，就要去争取、追求，追求过分了而没有一定的限度和界限，就势必要发生争执。只要发生了争斗就会造成混乱，混乱就会造成穷困。

荀子十分形象地说明了纷争的由来。

人们之所以产生纷争，是由于欲望过于强烈，过于看重财利和地位。其实这些都是身外之物，争到与争不到又有多大的关系？

得到了不一定是福，失去了未必是祸，要用辩证的思想去对待名利和地位。无休止地争夺，是引起纠纷和祸害的根源。

对于纷争，古人提倡要克制这种心理和行为。

贾谊《鹏鸟赋》中说："豁达的人很达观，无所求。而贪婪的人为利而死，烈士为名而亡。"

许名奎《忍经》中说："好权的人争权于朝廷，好利的人争利于市场，争来争去永无休止，就好像杀人夺物之人逞强而不怕死。钱财能给人带来好处，同样也能坑害人。人们一直没有想明白，因此而丧失生命。权势能使人得到宠爱，也能使人备受侮辱。人们为什么对此不好好深思，而最终被诛呢？"

荀子对纷争则更加鄙视，他在《荀子·性恶》中说："一味地争夺，不怕死亡受伤，不怕对方势力强大，只要看见有利可图就贪得无厌，这是和猪狗一样的勇敢啊！"

荀子告诉我们，智者有深远的见解，不去争夺外物，把利看成污浊的粪土，把权力看得轻如鸿毛。认为污浊的东西，自然就能比较容易避开；轻视

一样东西，也能很容易地抛开它。避开了利则能使人无恨，抛开了权则能让自己轻松。其实，还有什么比知足常乐更让人快乐的呢？

要知道，在日常的生活和经营过程中，利益是创造出来的，是以诚实劳动作为基础的，不是靠争来的。争来争去，双方失和，谁也不见得能够获得更多和更大的利益，何必争呢？

荀子提醒我们，不争才能无祸，不争才是更高明的做法。

在生活中，我们并不是因为拥有的太少变得贫穷，而是因为欲望太多，总是觉得自己拥有的不够多，从而造成心理的贫穷。欲望有时也是洪水猛兽，如果利欲熏心，欲壑难填，那么它会在你糊涂之时不知不觉地淹没你，在你清醒之时明目张胆地吞食你。

从前，有两位很虔诚、很要好的朋友，决定一起到遥远的圣山朝拜。两人背上行囊、风尘仆仆地上路，誓言不达圣山朝拜，绝不返家。

两位朋友走啊走，走了两个多星期之后，遇见一位白发年长的老人；这老人看到这两位如此虔诚的教徒千里迢迢要前往圣山朝拜，就十分感动地告诉他们："从这里距离圣山还有十天的脚程，但是很遗憾，我在这十字路口就要和你们分手了。而在分手前，我要送给你们一个礼物！什么礼物呢？就是你们当中一个人先许愿，他的愿望一定会马上实现；而第二个人，就可以得到那愿望的两倍！"

此时，其中一人心里一想："这太棒了，我已经知道我想要许什么愿，但我不要先讲，因为如果我先许愿，我就吃亏了，他就可以有双倍的礼物！不行！"而另外一人也自忖："我怎么可以先讲，让我的朋友获得加倍的礼物呢？"于是，两位朋友就开始客气起来，"你先讲嘛"，"你比较年长，你先许愿吧！""不，应该你先许愿！"两位朋友彼此推来推去，"客套地"推辞一番后，两人就开始不耐烦起来，气氛也变了："你干嘛！你先讲啊！""为什么我先讲？我才不要呢！"

两人推到最后，其中一人生气了，大声说道："喂，你真是个不识相、不知好歹的人，你再不许愿的话，我就把你的狗腿打断、把你掐死！"

另外一人一听，没有想到他的朋友居然变脸，竟然来恐吓自己！于是想，你这么无情无义，我也不必对你太有情有义！我没办法得到的东西，你也休想得到！于是，这一人干脆把心一横，狠心地说道："好，我先许愿！我希望——我的一只眼睛——瞎掉！"

很快地，这位朋友的一只眼睛马上瞎掉，而与他同行的好朋友，也立刻两只眼睛都瞎掉！

原本，这是一件十分美好的礼物，可以使两位好朋友互相共享，但是人的"贪念"与"嫉妒"，左右了心中的情绪，所以使得"祝福"变成"诅咒"、使"好友"变成"仇敌"，更是让原来可以"双赢"的事，变成两人瞎眼的"双输"！

这便是为欲望纷争的结果。老子在《道德经》中说："只要不与别人相争，天下就没有人能与你争。"纷争有害而无益，因此我们必须远离纷争。

名利之心人皆有之。有名利之心也是很正常的，但关键是要把握好尺度，懂得进行自我控制，不要把名利看得太重，超出限度，如果把名利看得太重，整日提心吊胆，被名利所累，这样的人是毫无乐趣可言的。

顺应己心，淡泊名利，并不是把自己置于完全被动的地位、听天由命，而是敢于正视现实、正视矛盾，时时保持乐观的态度。当现实与理想产生矛盾时，不要一味地怨天尤人，郁郁寡欢，而应该勇敢地面对挫折、面对失败，从失败中寻找解决问题的方法。特别是遇到打击后，这个时候切忌灰心丧气和一蹶不振。千万不要把名利看得太重。否则，期望越高失望越大。因为现实毕竟是现实，既然不能超越现实，就应该勇敢地面对它，始终抱着乐观、豁达的态度，这样才不会为名利所累，才不会成为利欲熏心之徒。

如何使自己的欲望趋于平淡呢？这是一个很重要的问题，关键在于处事者本身。"仕途虽繁荣，要常思泉下的光景，则利欲之心自淡。"中国古代的许多诗人、名士皆因仕途坎坷而隐居山林，或游览大江南北，遂创作了许多脍炙人口的佳作，但你能说他们不是由于官场失意，而借文章来倾吐胸中的烦闷吗？当然，也有很多人开始参悟禅宗，在禅语、禅味中寻求自我平衡、自我解脱。

荀子所看重的也是对"道"的追求，并在这种坚持不懈的追求中获得心灵的充实与精神的快乐："虽无万物之美而可以养乐，无势利之位而可以养名"，荀子称之为"重己役物"，即重视个人的独立意志、独立人格，控制、支配物欲，不为名累，不为物役。这种以人为本、"重己役物"的人文精神陶冶了无数志向高远、品行高洁之士。

的确，人因欲望而争夺，争来争去，什么也不会争到手，争来的只能是气、是恨、是仇。只有无争才能无祸。

知足者长寿，忧惧者短命

中国有一句俗话："知足者常乐。"凡事都一分为二来看，就能淡化胸中的不平。有得就有失，有失亦有得，这是日常生活的辩证法，问题是如何看待"得"与"失"。抛弃一些尘世的烦扰，留一片开阔的天空给心灵安个家。其实快乐与金钱、权势、名声、地位都无关，真正能给我们带来快乐的是一份淡泊的心境！我们只要放下该放下的东西，就会每天拥有阳光清新的日子、一份仁厚清静的心境，就会无憾无悔地走到生命尽头。其实这就是一种超然与豁达。

荀子认为，心怀忧惧，则会寝不安眠、食不甘味，对外界一切美好的事物都失去兴趣，甚至听而不闻、视而不见。科学家的研究成果为荀子的说法提供了科学依据。研究显示，一个人的情绪会影响到其对不同味道的敏感度。在一项有关大脑化学物质平衡与味觉关系的研究中，研究者给 20 名志愿者服用两种抗抑郁药，并测试他们对不同味道的敏感性，结果发现服用能提高血液中复氨酸含量药物的志愿者对甜味和苦味更敏感，服用能提高血液中去甲肾上腺素含量药物的志愿者对苦味和酸味鉴别力提高，而那些焦虑程度高的志愿者对苦味和咸味则不太敏感。此前有研究表明，抑郁症患者等心情沮丧的人，其大脑中的复氨酸或甲肾上腺素水平相对较低。

中医讲"气"，《黄帝内经》认为："许多疾病都是由于气机失调引起的。愤怒则气上逆，欢喜则气舒缓，悲伤则气消沉，恐惧则气下陷，遇寒则气收敛，受热则气外泄，受惊则气紊乱，过劳则气耗散，思虑则气郁结。"可见，身体健康与否，与人的心情有着直接关系。而现代医学研究也一致认为，忧虑是影响人身心健康的大敌。它不但会诱发溃疡、高血压、心脏病等诸多生理疾病，还会造成抑郁症等心理疾病。

据说，古时候，残忍的将军要折磨他们的俘虏时，常常把俘虏的手脚绑起来，放在一个不停往下滴水的袋子下面。水，滴着、滴着……夜以继日，最后，这些不停滴落在头上的水，变得好像是用锤子敲击的声音，使那些人精神失常。而忧虑就像不停往下滴的水，通常会使人心神丧失而自杀。这也是每年因为忧虑而死于自杀的人，比死于种种常见传染病的人还要多的重要原因。

当然，这不是荀子的关注点。荀子所要表达的是，人若过于追求外在的物质享受，则难免沉溺于欲望与失望的交替轮换中，心怀忧惧而不得安宁，"向万物之美而不能嗛也"，这样，即使封侯称君，又与穷困潦倒的盗贼何异呢？荀子称之为"以己为物役"，即人为物所支配，失去了独立人格，成为物欲的奴隶，这在荀子看来是最可悲的。

君子循于理，故常舒泰；小人役于物，故常忧戚。庄子也认为被物所役的人生是可悲的。庄子喟然反问道："人为物役，心为形使，终身役役而不见其成功，苶然疲役而不知其所归，可不哀邪？人谓之不死，奚益？"（《庄子·齐物论》）被功名利禄束缚而奔波劳碌，不知道人生的归宿在哪里，这样的人生不可悲吗？这样生不如死，活着又有何意义呢？正是为了摆脱心灵的束缚，庄子才"乘物以游心"（《庄子·人世间》），寄情山水、遨游天地，追求人生的逍遥和精神的自由。

北宋儒学家周敦颐要求受学于他的程颢、程颐兄弟"寻孔颜乐处、所乐何事"（《宋史·道学传》）。由此，"寻孔颜乐处"也成为宋明理学家津津乐道的问题。

"孔颜乐处"何在?"所乐"又是何事呢?《论语》里有两段话可以视为对于"孔颜乐处"的经典描述:

饭疏食饮水,曲肱而枕之,乐亦在其中矣。(《论语·述而》)

一箪食,一瓢饮,在陋巷,人不堪其忧,回也不改其乐。(《论语·雍也》)

吃的是粗茶淡饭,住的是僻巷陋室,孔子、颜回却依然自得其乐。快乐不在于物质享受,而在于精神情操的追求,只要心中有对道的追求,则虽处在贫穷的环境中,也照样可以悠然自在,保持快乐的心境。这是一种安贫乐道、达观自信的处世态度与人生境界。《论语》又载孔子对自己的描述:"其为人也,发愤忘食,乐以忘忧,不知老之将至云尔。"(《论语·述而》)可见,所谓"孔颜乐处",不是乐其贫,而是乐其道也。

电视剧《闲人马大姐》中的刘奶奶几乎无人不晓,她的扮演者金雅琴,如今已是八十高龄的老人了,可是,那旺盛的精力、敏捷的思维,谁见了都会赞叹不已。

谈到养生的话题,金老说:"开朗乐观、心情舒畅是身体健康的重要因素,而忧愁郁闷则是人体衰老的催化剂。"金老不论在什么情况下,都始终保持着开朗乐观的心境,顺利时是这样,身处逆境也是如此。她认为,人生不如意十常八九,不要去计较,随遇而安,淡泊名利,这样就会发现生活的美好,才能知足常乐,怡然自得。

英国大文豪狄更斯曾劝导世人说:"莫把烦恼放心上,免得白了少年头;莫把烦恼放心上,免得未老先丧生。"诺贝尔医学奖获得者卡瑞尔博士也曾说:"不知如何克服忧虑的人,往往英年早逝。"人无泰然之习惯,必无健康之身体。这就注定了忧郁的林黛玉不能命久,也注定了被称为"千古伤心"之人的纳兰性德会英年早逝。

当今社会,人人都对身心健康无比重视。但落实到实际中,人们往往只注意到了饮食、医药的效用,却忽略了心态对健康的影响。殊不知,豁达乐观、避免忧愁才是保养身心之道。一个人如果每天在惶恐、忧虑中度过,那么无论对饮食多么讲究，都难逃精力耗尽、生气全无的命运。

所以，知足的含义并不在于我们拥有多少财富，而是在于我们的心境。我们的一生有很多的幸福，只要具备宽容、知足的态度，不要总是担心自己得到的太少，能够索求有度，让自己丢掉那些不值得带上的包袱轻装上路，人生的旅途就会变得轻松、快乐。

"一念之欲不能制，而祸流于滔天"，这是《圣经》上的一句箴言。知足与贪婪凶残、阴险卑鄙、阿谀奉承高度绝缘。知足者包容万象，谦谦为怀，遇喜怒哀乐皆泰然处之，尝酸甜苦辣均受之如饴。相反，不懂知足，成天为自己的得、失、名、利计较的人，只会被各种各样、没完没了的焦躁和烦恼困扰，内心岂能宁静安详！

当做君子，勿做小人

千百年来，正义、善良因君子之为而生，和平、美好、正义缘君子风范凛然伫立于世。所以，做人应言行一致，要不屑于名和利；为官不听谗言媚语，不让利益迷惑了心智，始终保持着一双明亮的眼睛，一颗坚贞的心。

"君子"这个词，本义是"君之子"。在春秋以前，"君子"基本上都是指上流社会有身份的人。而与之相对的"小人"，也就是指不属于上流社会的平民百姓。在贵族等级社会里，君子、小人的身份基本上是生下来就注定了的，而且基本上没有改变的可能。出生于上流贵族家庭就是君子，出生于下层社会家庭就是小人。君子基本上是衣食不愁的阶层，享有一定的政治经济特权，因而"礼"对君子的衣食住行、言行举止，要比对小人有更严格的要求。小人大多从事体力劳动，或者其他服务性行当，如做买卖等。小人在政治上没有什么权利，"礼"对小人的要求，也比较低一点，这就是所谓的"礼不下庶人"。

有的时候，如果一个君子不太遵守礼仪，举止粗鲁，说话做事跟他的身份不相称，别人就会说："你看他，哪像个君子，简直是个小人！"有的时候，一个小人也会表现出杰出的才干和高尚的品德，令那些君子感到自愧不如。

到了春秋时期，礼崩乐坏，社会阶层发生了"高岸为谷，深谷为陵"的巨大变动，贵族地位衰落，平民力量上升，作为固定的社会地位和身份的"君子"、"小人"的界限就变得不是很清楚了。《左传》里面说当时出现了"君子称其功以加小人，小人伐其技以凭君子"的局面，也就是说，君子们不得不一改谦虚礼让的君子风度，厚着脸皮为自己评功摆好，以证明自己有资格处于高于小人的社会地位；而小人们也不再老老实实甘居社会底层，而是纷纷炫耀自己的技能，表明凭自己的本事完全应该享有比君子更高的社会地位。于是"君子"和"小人"这两个概念的内涵也渐渐发生变化，逐渐从区分两个固定的不同社会阶层的含义，转变到评价个人内在道德素质的意义上去了。也就是说，是"君子"还是"小人"，渐渐跟家庭背景、社会阶层、身份职业等等没有关系了，而主要是看个人的道德素质了。

一天，荀子为韩非、李斯等弟子讲解"君子与小人的区别"。

韩非问："先生，君子是一种什么样的人呢？"

荀子回答说："概括而言，君子就是明了礼义，并能亲身实践的人。

"君子学习渊博的知识，且每天检查和反省自己。

"君子尊重别人，但不奢求被别人尊重。

"君子讲究诚信，不以不被人相信为耻。

"君子不会被金钱名誉诱惑。

"君子不诽谤别人，也不怕被人诽谤。

"君子拒绝贿赂，小到小禽小犊不要，大到连整个国家给他都不要。

"君子道德高尚，很容易交许多朋友。君子在朋友之间施行仁义。

"君子为了'礼'、'义'，可以牺牲自己。

"君子称赞别人的美德，但绝不阿谀奉迎，溜须拍马。

"君子指出别人的过失，但绝不挑剔别人。

"君子啊！他的言行犹如日月，人皆仰视。"

李斯问："先生，那小人是一种什么样的人呢？"

荀子回答说："概括而言，小人就是好名利、好嫉妒、好声色，不学礼义，不修养身心，任其本性发展下去的人。"

"小人从来不说真话，不讲诚信，到处搞欺骗。

"小人唯利是图，大发不义之财。

"小人嫉恨别人，栽赃陷害别人，好私斗。

"小人一旦掌握了权力，便会耀武扬威，不可一世。

"小人独断专行，听不进别人的劝告。

"小人排挤贤良有功的人，陷害不与他们同流合污的人。

"小人只想独享荣华富贵，从不懂得与人分享。

"小人甚至会公然犯法，成为强盗。

"小人在国家混乱时，会杀父弑君，卖国投敌。"

毫无疑问，荀子赞赏君子，而鄙视小人。荀子教导他的弟子们，做君子，而不做小人。

在现实生活中，究竟是选择做一个君子，还是做一个小人，有智慧的人会毫不犹豫地做出正确的选择。

"君子"、"小人"的概念内涵发生上述变化，跟孔子也有很大关系。孔子经常跟他的弟子们谈论什么是君子，什么是小人，要求弟子们要做"君子儒"，不要做"小人儒"。孔子所说的君子、小人，虽然有时还是跟身份和社会地位有点关系，但他更强调的是二者在内在道德素质方面的差别。自孔子之后，"君子"、"小人"概念就基本上用来区分个人道德素质，跟身份、地位没什么关系。也就是说，不管你的官做到多大，如果你缺德，你仍然是个"小人"；而平头百姓，道德素质高，也就是"君子"了。因此，不管是谁，只要努力修养道德，完善自我人格，都可以成为"君子"。儒家学说的一个重要方面，就是想叫人人都成为道德完善的君子。

荀子所说的"君子"、"小人"，主要还是从道德素质的意义上来说的。

他认为君子、小人在天生的人性上，在先天的素质、智力、能力方面，是没有什么区别的。之所以成为君子或小人，完全是后天所受到的不同影响及所形成的不同习惯的结果。荀子把个人在不同的处境和环境中接受到不同的影响叫做"注错习俗"。另外，荀子认为，君子和小人作为人，基本的欲望也没有什么不同，只不过他们用来满足自己欲望的途径和手段是不一样的。正因为如此，成为君子还是小人，个人是可以选择的，任何人都可以通过学习、接受教育、道德修养，使自己成为君子。

另一方面，一个人一旦成了"君子"，他就应当承担起与天地参、治理天下，乃至为民做主的责任。因为在荀子的理想社会图景中，君子是社会的管理者和领导者。所以在《荀子》书中，"君子"有时也指理想社会中德位相称的在位者。他说："君子者，天地之参也，万物之总也，民之父母也。无君子，则天地不理，礼义无统，上无君师，下无父子，夫是之谓至乱。"换句话也就是说，君子理应获得跟他的才干和道德水准相应的社会地位和身份，并承担相应的社会责任。只不过这个社会地位和身份不再是一种可以继承的家族遗产，而是后天靠个人的努力"为之，贯之，积重之，致好之"的结果。

君子只管修炼培养自己内在的品德和才能，却不去推销、炫耀自己，更不要说去变着法儿炒作自己。君子耿直、忠良、光明磊落、胸襟坦荡，小人奸邪、卑鄙、污浊、偏激、狡诈。为什么有的人情愿当小人，而不愿当君子呢？其实，有个人原本的意愿是当君子，之所以选择当小人，归根结底是受利益的驱使。

身外无一物，万事皆平常

"熙熙攘攘为名利，时时刻刻忙算计。"所求愈多，所患也就愈多：太在乎事情能否成功，太在乎成败会给自己带来什么，太在乎别人怎么评价自己，这样却恰恰忽略了事情本身。在这样的重荷之下，结果往往事与愿违，越想得到，却往往越易失去。

美国斯坦福大学的一项研究表明，人大脑里的某一图像会像实际情况那样刺激人的神经系统。比如，当一个高尔夫球手击球前一再告诫自己"不要把球打进水里"时，他的大脑里就会出现"球掉进水里"的情景，这时候球大多真会掉进水里。

与斯坦福大学的研究成果相呼应，心理学上有一个著名的"瓦伦达心态"。瓦伦达是美国一个著名的高空走钢索的表演者，他在一次重大的表演中不幸失足身亡。他的妻子事后说，我知道这一次会出事的，因为他上场前不停地念叨："这次太重要了，不能失败。"而以前每次成功的表演，他总是专注于走钢丝这件事本身，而不去管这件事可能带来的后果。

中国古代也有一个类似的故事。我们都知道"后羿射日"的传说，据说后羿练就了百步穿杨的本领，箭箭射中靶心，几乎从未失手。人们争相传颂他高超精湛的射技，夏王闻听后也欲一睹为快。一天，夏王把后羿召入宫中，他指着一块一尺见方、靶心直径大约一寸的兽皮箭靶对后羿说："今天请你来展示一下你的本领，这个箭靶就是你的目标。如果射中，赏赐你黄金万两；如果射不中，削减你一千户的封地。"听了夏王的话，后羿面色凝重地走到离箭靶百步的地方，取箭搭弓，开始瞄准。想到自己这一箭射出去可能发生的结果，一向镇定的后羿呼吸变得急促起来，拉弓的手也开始微微发抖，瞄准再三终于松开了弦，箭应声而出，钉在离靶心足有几寸远的地方。后羿脸色

后羿射日

苍白，再次挽弓搭箭，射出的箭偏得更加离谱。夏王掩饰不住心头的疑惑，问左右道："这个神箭手平时百发百中，为什么今天表现会如此失常呢?"左右解释说："后羿平日射箭，不过是一般练习，在一颗平常心之下，水平自

荀子智慧

然可以正常发挥。可是今天他射出的成绩直接关系到他的切身利益，叫他怎能静下心来充分施展技艺呢？看来，一个人只有真正把赏罚名利置之度外，才能成为当之无愧的神箭手啊！"

人世间最难得的就是拥有一颗平常心，不为虚荣所诱、不为权势所惑、不为金钱所动、不为美色所迷、不为一切的浮华沉沦。

有一个人曾经问慧海禅师："禅师，你可有什么与众不同的地方呀？"

慧海禅师答道："有！"

"那是什么？"这个人问道。

慧海禅师回答："我感觉饿的时候就吃饭，感觉疲倦的时候就睡觉。"

"这算什么与众不同的地方，每个人都是这样的呀，有什么区别呢？"这个人不解地问。

慧海禅师答道："当然是不一样的了！他们吃饭的时候总是想着别的事情，不专心吃饭。他们睡觉的时候也总是做梦，睡不安稳。而我吃饭就是吃饭，什么也不想，我睡觉的时候从来不做梦，所以睡得安稳。这就是我与众不同的地方。"

慧海禅师继续说道："世人很难做到一心一用，他们总是在利害得失中穿梭，囿于浮华宠辱，产生了'种种思量'和'千般妄想'。他们在生命的表层停留不前，这成为他们最大的障碍，他们因此而迷失了自己，丧失了'平常心'。要知道，生命的意义并不是这样，只有将心融入世界，用平常心去感受生命，才能找到生命的真谛。"

所以在禅宗看来，一个人能明心见性，抛开杂念，将功名利禄看穿，将胜负、成败看透，将毁誉得失看破，就能达到时时无碍，处处自在的境界，从而进入平常的世界。

在今天处处充满诱惑的社会中，能保持一颗平常心并非易事。在平常心的世界里，一切都被看得平平常常，即"身外无一物，万事皆平常"。

我国著名的乒乓球运动员王楠就有着这样一颗平常心。她认为，在乒乓球比赛中，输赢都是很正常的，谁也不可能只赢不输，重要的是保持一颗平常心，保持一份良好的心态，这对于像乒乓球这样的对抗性比赛尤为重要。在第 45 届世界乒乓球赛女子单打决赛中，王楠在先输两局的情况下，凭借自己过人的心理素质，在最后三局比赛中出色地发挥了自己的水平，连胜三局，最终取得了女子单打的世界冠军。

拥有一颗平常心，就拥有了一种豁达、一种超然。失败了，转过身揩干痛苦的泪水；成功了，向所有的支持者和反对者报以喜悦的微笑。

其实，无论是比赛还是生活都如同弹琴，弦太紧会断，弦太松弹不出声音，保持平常心才是悟道之本。

现在的人们为了追求所谓幸福的日子，不惜透支健康、丧失尊严、出卖人格以换取票子、车子、房子、权力等。到垂暮老矣之时，才发觉年轻时孜孜以求的东西是那么虚无缥缈，而对生命产生新的感悟，终于明白平常心是真谛、是福气。

拥有一颗平常心，就不会浮躁，不会焦灼，不会被欲望占满，更不会让灵魂搁浅在无氧的空间里。拥有一颗平常心就拥有一种正确的处世原则，一份自我解脱、自我肯定的信心与勇气，不会高估自己，也不会自甘堕落。拥有一颗平常心就不会只追求物质的奢华，而把自己的灵魂淹没在如潮的尘海中。因为更多的时候，生活不是让我们追求外在的繁华，而是求得内心的平静与安宁。

用一颗平常心去对待、解析生活，就能领悟生活的真谛，才会体悟平平淡淡才是真谛！保持平常心，少一分虑患，即多一分安宁、多一分幸福。

穷则必有名，达则必有功

荀子说，君子处境穷困时就一定享有名望，显达时就一定能建立功勋。仁爱宽厚遍及整个天下而没有止境，明白通达、能利用自然界处理万变而不迷惑，心平气和，胸怀宽阔，实行礼义使之充满天地之间，仁爱、智慧都达到了顶点，这就叫做圣人，透彻地了解了礼义。

在我国古代，正直的知识分子崇尚"达则兼济天下，穷则独善其身"的处事原则。据《论语》中记载，有一天孔子对他的得意高足颜渊说："用之则行，舍之则藏。唯我与尔有是夫！"（《论语·述而》）意思是说：时代、国家如果用得到我，就出来为国家、天下做事；如时代、国家不需要我，就退隐，自己藏起来。这样的情形，恐后只有我和你颜渊能做到。藏到哪里呢，或隐藏到山林中去，或是"万人如海一身藏"，默默无闻地过着隐逸的生活。孔子在这里宣述着一种主张随缘顺事而又超脱世俗之见的人生观。世事沉浮，人道苍茫，老天未必总能随人意愿。孔子的态度是，人应顺应种种因缘条件而处世，也就是随缘随时而安，顺应时代潮流去参与现实生活，适应现实，既得以免除了心理的负担，也排除了因过去的困缘琐事而引来的那些理不清的缠缚，使人生成为真正而又自然的人生。

荀子关于"穷则必有名，达则必有功"的主张与孔子"用之则行，舍之则藏"的思想本质是相同的，也是主张做人要脱俗，应世要随时。但在某种意义上讲，他又要比孔子的思想更积极一些，更主动一些。孔子主张"用之则行，舍之则藏"，藏下来干什么，没有说明。荀子的"穷则必有名，达则必有功"，尽管也是一种随缘顺事的主张，即时代促我进则进，时代舍之则不必强求，可他又鲜明地指出这不是随波逐流，不是安于现状，而是要善于补救时弊，要修养人生，保持脱俗的品性与人格，即"穷则必有名"。正如他在《儒效》篇中说的："儒者在本朝则美政，在下位则美俗。""彼大儒者，虽隐于穷阎漏屋，无置锥之地，而王公不能与之争名。"

荀子这种积极入世而又随缘顺事的人生智慧，鞭策着古代不少士人，在他们的人生旅途中本着"穷则必有名，达则必有功"的原则，并确实收到了"在本朝则美政，在下位则美俗"的效果，从而在历史上永留青名。苏东坡就是典型一例。

苏东坡的一生有过坦途顺境、荣耀和显赫，但更多的时间则是坎坎坷坷，风风雨雨，荆棘远多于鲜花。但无论是"达"还是"穷"，他始终保持一种旷达的人生态度，遵循着"穷则必有名，达则必有功"的原则。

先说他显达为官之时。苏东坡为官时，对君主忠心耿耿，对国家的贫弱忧心如焚，对百姓的疾苦深切关注，志在为官一任，造福一方。从《宋史》记载中摘取苏东坡的一件事，就可见一斑。

苏东坡调至杭州任职时，恰逢大旱、饥荒和瘟疫等几种大灾疫同时并作。苏东坡便立即向朝廷提出请求，免除本路上贡大米三分之一，又争取到了朝廷赐予的度僧牒，把它换了粮食以赈济灾民。第二年的春天，他又降低价格出售常平仓的粮食，还煮了很多粥和药剂，派人带着医生分别到各个街坊，为灾民治病，被救治的人很多。苏东坡说："杭州，是水陆的交会处，因此遭疫病而死的也常常要比其他各处多。"为此收集钱款，

苏东坡

一共得到了 2000 缗，又打开口袋取出 50 两黄金，专门造了一个病房，稍稍蓄积了些钱粮，准备给饥民治病之用。

燃眉之急解除之后，为消除后患，苏东坡又筹划着疏通西湖水域的工程了。

杭州本来近海，地下水既咸又苦，居民很少。唐代时刺史李泌开始汲引西湖的水，开掘了六口井，人民的用水才比较丰足。后来，白居易又疏通西湖，使湖水流入漕河，再从漕河引入农田，被灌溉的农田有千顷，人民因此富足。但是，湖水中多葵白根，自唐朝到五代钱氏，每年都要疏浚整治，但宋代开国以后，却不再对它整治疏浚了，因此杂草丛生，湖水干涸形成葑田。漕河没有了湖水，就取浙江的潮水，潮水中又多淤泥，因此每三年要淘掘一次漕河水道，成为人民的一大祸害。李泌造的六口大井，这时也几乎成了废井。苏东坡看到茅山有条河专门承受浙江的潮水，而盐桥的一条河却专门容纳西湖的湖水，于是就开通了这两条河道以通漕运。又建造了堰闸，作

为蓄积和疏泄湖水的闸门，使浙江的潮水不再经漕河进入市中心。还用剩余的款项修复了那六口废井。又把积在湖中的葑田，前后贯通起来，修筑了南北长达30里的堤岸，方便市民的通行。吴地人民种菱，春天总是统统除去，不留寸草。苏东坡就招募人在西湖种菱，这样茭白根就生长不起来了。长堤修成后，在湖中种荷花，在堤上种杨柳，远远望去就像一幅美妙的图画，杭州人命名它为苏公堤。

从这些事例可以看出，苏东坡一旦为官，是极力坚持造福民众，追求"达则必有功"的。

苏东坡有抱负，有主见，绝不肯随意附和别人。他认为是对的，就一定坚持；认为不对的，必然反对，而且从不隐瞒自己的观点，仗义执言，很有点撞倒南墙不回头的味道。正是这种不随波逐流的人格个性，使苏东坡多次得罪权贵而遭贬，在人生的道路上饱经忧患和磨难。

东坡一生三次遭贬。

第一次是发落在黄州，即今天的湖北黄州市。

第二次贬到了岭南的惠州。

最后一次是他62岁时，由惠州贬所再远贬到海南岛的儋州。海南那时远不是今天的黄金宝地，当时被看做是蛮荒瘴炎之地，死囚流放之所。东坡说这里的生活是"食无肉，病无药，居无室，出无友，冬无炭，夏无寒泉"。在这蛮荒艰苦的地方，苏东坡整整生活了三年之久。

在这遭贬受斥的时候，苏东坡又是如何对待的呢？尽管内心不无痛苦，但他没有颓废、沮丧，而是恪守"穷则必有名"的信条，一头扎进艺术的殿堂。国家不幸诗家幸，生活不幸文章幸。这大概是人世间的一种独特的二律背反：生活的坎坷往往造就文章，政坛生涯的暗淡又常常伴随着艺术生涯的辉煌。

苏东坡正是如此。

在中国古代的艺术王国中，苏东坡是一位非常少见的、杰出的全能文艺家。他多才多艺，在文学艺术的好几个领域都有杰出的建树。

到杭州西湖游玩，我们会记起东坡把美丽的西湖比作西施姑娘的绝妙佳句："欲把西湖比西子，浓妆淡抹总相宜。"

上过庐山的人或没上过庐山的人，差不多都记得东坡先生的两句诗："不识庐山真面目，只缘身在此山中。"庐山是这样，大自然是这样，人生、世事何尝不是难识"真面目"呢？从这些淡而有味的诗句中，我们总可以品出一些生活的哲理。

每逢中秋佳节，总有人吟咏"明月几时有，把酒问青天"。在东坡的这首中秋词中，包含着多么深的人生感慨和企盼："但愿人长久，千里共蝉娟！"

说到词，东坡是一个开拓者、改革家。在他之前，词作为一种文学形式，固定地被人们用来吟诵风花雪月，男欢女怨。词的范围局限在深闺和词人内心的狭小天地。苏东坡大大扩展了词的表现范围，开豪放词的先河。咏诵他那首《念奴娇·赤壁怀古》能使人豪情顿生。"大江东去，浪淘尽，千古风流人物。"在这气势豪迈的高歌中，包含了诗人无限兴亡之感和宇宙永恒、人生短暂的慨叹。

在散文创作方面，他是唐宋散文八大家之一，文风平易、自然、流畅，就像行云流水。

不仅如此，东坡还是一位画家、大书法家。

西方人讲："愤怒出诗人。"

中国古人讲："不平则鸣"，"穷而后工"。

东坡去世那年，在一首诗中像是给自己一生作了一个总结。诗中写道：

心似已灰之木，身如不系之舟。问汝平生功业，黄州、惠州、儋州。

这三"州"，都是东坡被贬的地方。东坡把这几处人生的苦难之地，作为自己的"平生功业"，这是为什么呢？

中国古人讲"三不朽"，就是立德、立功、立言。文学艺术可算在立言中间。而东坡的一些不朽之作，大都写在被贬之地。他不正是实践着荀子"穷则必有名"的格言吗！

与时屈伸，以义变应

荀子说，君子推崇别人的德行，称颂别人的美好之处，不是为了阿谀奉承；公正坦率地指出别人的过错，不是为了诽谤挑剔；说出自己正大光明的美德，并与舜、禹相比拟，和天相匹配，不叫狂妄虚夸；随着时势的变迁而能屈能伸，柔弱顺从就如同蒲席可卷可张一样，这不是胆小害怕；刚强勇猛坚毅，从不向人屈服，这不是骄傲凶暴。这都是因为君子知道以礼义的原则去应对变化，知道什么时候应该委曲什么时候应该不委曲的缘故。

你见过这样的人吗？

热情而又冷静，粗犷而又细腻，既能走遍世界又能灯下独处，出可为相，退可为民，感受幸福而不自得，遭逢苦痛而不自弃，深沉、睿智、放达而深刻。这样的人无论在何处都会像清风一样袭人。

荀子说，大丈夫根据时势，需要屈就屈，需要伸就伸，可以屈就屈，可以伸就伸。屈于当屈之时，是智慧；伸于可伸之机，亦是智慧。屈是保存力量，伸是光大力量。屈是隐匿自我，伸是高扬自我。屈是生之低谷，伸是生之峰巅。有低谷，有峰巅，犬牙交错，波浪行进，这才构成完满而丰富的人生。

作为领导者，所需要的正是这种能进能退、能屈能伸的态度。当情形有利时，应立刻前进；当情形不利，见败迹之时，能够马上撤退，如是，依据理智的判断正确地做出决断，方可称之"勇"。

春秋末年，吴王夫差在一次战争中，大败越国兵马，越王勾践被迫求和。勾践派大夫文种去见夫差，说：

"亡国之君勾践派臣子文种来请示大王：勾践请求为大王之臣，将越国宝器统统献给大王，请大王赦免勾践之罪。"

夫差见文种态度诚恳，言辞卑屈，便不顾伍子胥的竭力反对，答应了他的请求。

按照夫差的要求，勾践须在夫差手下做仆人，为夫差养马。夫差每次坐车出去，总是让勾践给他拉马，夫差以此来考验勾践是否真心臣服于他。

这对曾经身居君位的勾践来说，无疑是莫大的屈辱。也正是此事，表现出了勾践作为政治家的勇气和耐心。

勾践携妻子在吴国过了三年。在这三年中，勾践总是很小心地侍候夫差，做到百依百顺，显得比其他仆人还要驯服。

有一次，勾践听说夫差病了，便去探望。他走进夫差卧房，正赶上夫差要大便，勾践便赶忙过去搀扶他。夫差叫勾践出去，勾践说：

"父亲有病，做儿子的应当服侍。大王有病，做臣下的也应当服侍。再说我还略懂些医道，看看大王的粪便，可知病之轻重。"

夫差听了很高兴，就不再拒绝。勾践在夫差便后，亲自尝了尝夫差的粪便，然后用一种唯恐别人听不到的惊喜的声音喊道：

"恭喜大王！大王的病已没什么危险了，再过几天，就完全好了。"

"你怎么知道？"夫差不解地问。

"病人的粪便如果是香的，性命就有危险，如果是臭的，表示生理已正常。大王的粪便是臭的，一定会马上痊愈！"

夫差大为感动，对勾践说："你待我不错。等我病好了，就放你回去。"

夫差病好之后，果然放勾践回国。他相信勾践已完全臣服于他，不会再有反叛之心。

但是，事实完全相反。勾践之所以如此忍受屈辱，不过是为了迷惑夫差而已。归国之后，他一方面卧薪尝胆，发愤图强，十年生聚，十年教训；另一方面，又给吴王奉献无数财宝，进贡西施这样的美女，使夫差沉湎于声色之中。后来又用离间计使夫差逼贤臣伍子胥自杀，除去了战胜夫差的最大障碍。最后，在勾践归国之后十八年，越国大军一举击败吴军，夫差被围困在姑苏山上，被逼自杀。

越王勾践的行为，的确过于阴险，但政治斗争的你死我活，容不得勾践不如此。

荀子智慧

"勇于敢则杀，勇于不敢则活。"勇于敢并不是真正的勇敢，勇于不敢才是真正的勇敢。

《老子》曾经说过："有勇无谋的人，可用赴死之勇气自取灭亡；反之亦可以用相同的勇气，来宣布撤退以全其身，再度应战。"能理智地权衡事态，做出正确的决断，既有前进之勇，又有撤退之勇，如此能屈能伸，才是英雄本色。

汉更始元年（23年），刘秀指挥昆阳之战，震动了王莽朝廷。然而，刘秀兄弟的才干也引起了更始皇帝刘玄的嫉妒。刘玄本是破落户子弟，投机参加了农民起义军，没有什么战功，自当上更始皇帝后，又整日饮酒作乐，不事朝政。刘玄怕刘秀兄弟夺取了他的皇位，便以"大司徒刘演久有异心"的莫须有罪名，将立有战功的刘演杀害了。刘秀接到兄长刘演被杀害的消息，几乎昏厥，但当着信使的面仍极力克制自己，说道："陛下圣明。刘秀建功甚微，受奖有愧。刘演罪有应得，诛之甚当。请奏陛下，如蒙不弃，刘秀愿尽犬马之劳。"转而，刘秀又对手下众将说："家兄不知天高地厚，命丧宛县，自作自受。我等当一心匡复汉室，拥戴更始皇帝，不得稍有二心。皇帝如此英明，汉室复兴有望了。"刘秀的这种"虔诚"态度，感动了使者。刘秀突然遭此打击，自然难以忍受。然而他心里清楚，刘玄既然可以杀我兄长，对我刘秀也难以容得下。此后，刘秀对刘玄更加恭谨，绝口不提自己的战功。刘秀的行动，早已有人密报给刘玄。刘玄在放心的同时，觉得有些对不起刘秀，便封刘秀为破虏大将军，行大司马事。并令刘秀持令到河北巡视州郡。刘秀借机发展自己的力量，定河北为立足之地。更始三年春，刘秀登基，是为光武帝，建国号汉，号称东汉。此时，刘秀只有32岁，正是年轻气盛、成就大业的时候。以屈求伸，"忍小愤而就大谋"，终于使刘秀化险为夷，创建了东汉王朝。

进则近尽，退则节求

荀子说，人的本性是自然生成的，人的情感是本性的实际内容，人的欲望是情感对外界事物的反应而产生的。认为自己的欲望可以达到就去追求，这是人的情感所不能避免的。认为欲望是对的就去实行它，这是人的智慧必然要这样去做的。所以即使是看门的人，他的欲望也不可能舍弃，这是人的本性所具有的。即使是做了天子，他的欲望也没有尽头。欲望虽然没有尽头，却可以接近尽头，欲望虽然不能舍弃，却可以加以节制。原有的欲望虽然没有尽头，追求满足欲望的仍然会接近尽头；欲望虽然不可能舍弃，追求的又不能得到，有智慧的人就想要节制自己的追求。按照"道"行事，在可能的情况下就尽量设法使欲望满足，在条件不允许的情况下，就节制对欲望的追求，天下没有比这更好的了。

荀子认为，人生来就有欲望，有欲望就有追求；有所追求，但没有一定的标准限度，就不能不发生争夺，争夺起来就会混乱，混乱起来就会弄得不可收拾，先王厌恶这种混乱的局面，所以制定礼义来划分等级界限，以便适当地满足人们的欲望和要求，使人们的欲望决不会由于物质缺乏而无法照顾，物质也一定不会因为满足欲望而用尽，物质和欲望，两者在互相制约之中增长，这就是礼的起源。在这里，荀子说的是"礼"的起源，实际上也是论述道德的养情化性作用。荀子的"礼者，养也"，所谓"养"，是指既满足又节制情欲。荀子反对它嚣、魏牟的纵欲说，指出："纵情性，安恣睢，禽兽行，不足以合文通治。"（《非十二子》）荀子认为纵欲派不遵守礼义，其行为如同禽兽。纵欲不行，是否可以禁欲？荀子认为禁欲也不行，他批评了陈仲、史鰌的禁欲主张，认为抑制人的情欲，以离群独居为清高，同样不符合礼义。禁欲不行，是否可以寡欲？荀子认为寡欲也不行。他批评了以墨翟、宋钘为代表的寡欲主张，指出："不知壹天下、建国家之权称，上功用、大俭约而慢差等，曾不足以容辨异、县君臣。"（《非十二子》）认为过分节俭，会带来轻视等级差别和无视上下君臣的严重结果。

荀子既反对纵欲，也反对禁欲、寡欲，认为这些都是违反人的性情，都会导致对礼义的否定。应该怎么办呢？节制。

人生的欲望可以说无穷无尽，生理的欲望，心理的欲望，爱的欲望，被尊重的欲望，成功的欲望……有了欲望，就要求实现；欲望部分实现了，又要求全部实现，永恒拥有；一个欲望实现了，新欲望又产生了。人生的过程就是一个不断产生欲望的过程。

节制将有力地调节欲望和物质的关系。节制不是纵欲，当然也不是禁欲。倘若你冷淡了欲望，节制会提醒你；假使你娇惯了欲望，节制会警告你。懂得节制的人，不仅是一个懂得感情的人，也是一个懂得理智的人，一个睿智通达的人。

东汉末年有一位修习《春秋》的学者荀悦。他感于时政之混乱，向天子呈《申鉴》五篇。其中最重要的就是做到"致政之术，先屏四患"。

何谓"四患"？即"伪"、"私"、"放"、"奢"。

所谓"伪"，指以白为黑，混淆真伪。行"伪"之人，弃正道而走旁门邪道。

所谓"私"，指私心、私利、私欲。与私相对的是公。若是身居高位却因"私"而忘"公"，那么政局必遭倾覆。

所谓"放"，指任意胡为，毫无节制，缺乏自我控制，丝毫不知道谨慎行事。

所谓"奢"，指奢侈糜烂，不仅是物质上的奢侈，也包括精神上的骄淫无度。

这种看法十分透彻深刻。中国几千年的历史发展中，历经二十几个王朝的兴衰。从王朝更替中可以看出，为后人乐道的明君无不是竭力摒弃此四患，而昏君、暴君、亡国之君，几乎都毫无例外地任此四患横行猖獗，终于使国家发展到不可收拾的地步。

造成此四患横行的最主要原因，在于君主不能控制自己的欲望，也就是说缺乏一个君主应有的自制力。

隋炀帝的父亲隋文帝是一位十分英明的皇帝。他灭了南朝的陈国，统一中国，结束了南北朝的混乱局面。即位后，休养生息，厉行节约，使隋朝呈现出了一派繁荣景象。至隋炀帝登基之时，谷物盈仓，库中有 50 年的余粮，天下安定，百姓安居乐业。

拿现代的话来说，隋炀帝所继承的是一个先天基础非常优厚的家业，如果能继续很好地治理下去，那么这个家业是大有发展前途的。

然而，隋炀帝却将这片大好的基业在 14 年间挥霍殆尽，使得锦绣江山毁于一旦。

隋炀帝绝非无能之人。他生就一副聪明的面孔，机巧智慧更在众人之上，是位才华横溢的君主。如果他能够采取敦厚、谨慎的政治态度，那么也许能够成为和他父亲一样的明君！

遗憾的是，隋炀帝是一个穷奢极欲的人。他为了满足自己的私欲，几乎不惜一切。在他即位之初，即开始建造新的宫殿、离宫、庭园。其建筑豪华雄伟，极尽奢华之能事。光是建造这些宫殿，每月就要征召 2 万民夫。

对人民而言，这无疑是一项极沉重的负担。例如，为了建造宫殿，就必须从江南运来几千万根大木，搬运的队伍长达千里之遥。搬运一根大木需花费 3000 民夫之力。在漫长而艰辛的搬运苦役中，有半数以上的民夫，由于不堪痛苦，精疲力竭而死。运河的开凿，夺去了数万人的生命。

为了满足好大喜功的欲求，隋炀帝还对高丽发动大规模的战争。他动员了百万大军，东征高丽，其中主力 30 万军队进攻高丽的首都平城。双方经过激战，隋军败退，狼狈逃回鸭绿江畔时仅存 2800 人。

尽管有了第一次失败的惨痛教训，任性的隋炀帝仍不顾一切地发动第二、第三次的远征。民众不堪忍受隋炀帝的暴虐行径，纷纷起义反抗，又遭到隋炀帝的血腥镇压。

国家倾覆在即，隋炀帝却好像毫无知觉，依然嬉戏无度，并远巡江南。结果，手下一名反叛的将领趁着他熟睡之时，割下其首级，隋朝就此灭亡了。

皇帝集天下权柄于一身，如果以至尊的显赫地位作为自己为所欲为的资本，那么天下则必然混乱不堪。同样，一个企业、一个机构的领导者，如果因为自己权居高位，而肆意妄为，那么，失败离他也就不远了。

高上尊贵不以骄人

荀子说，使天下人都心悦诚服的方法是：职位高、身份尊贵却不因此而傲视别人，聪明大智却不因此而使别人难堪，口才流利反应敏锐却不因此与别人争先，坚强勇敢却不因此而伤害别人。不知道就请教别人，没有能力就学习，虽有才能但一定要谦让，然后使自己的言行符合道德的要求。

一个卓越的领导者，应该永远保持一颗谦虚恭让之心，永不放弃警觉的态度，不骄傲自满。这一点，中国古代圣贤明君不但熟记于心，而且在实际中也是努力践行的。

《贞观政要》中曾记载了唐太宗的"卑谦恭让"之德。贞观二年（公元628年），太宗与臣下言道："人们说做天子的就可妄自尊崇，无所畏惧，朕则以为天子应自守谦恭，常怀畏惧。过去舜曾告诫说：'只要你不矜持自夸，天下就无人能与你争能，《易经》上说：'人本能上是厌恶骄傲而喜好谦逊的。'凡做天子的若自以为是，妄自尊崇，不守谦恭之道，那么犯了错误，谁肯犯颜谏奏？朕常畏惧天，不时倾听朝臣们对我的批评，对自身的一言一行，无不反躬自问，是否合乎天道？是否符合臣子的意向？务求谨言慎行。天虽高，但地上事无分巨细皆看得一清二楚；臣虽下，亦不时注意君主的一言一行，故我必须力求谦虚，并经常反省所言所行是否合乎天意民意。"

一位居于万民之上的帝王，能对仁德有如此彻底的了悟，实在难能可贵。

古代许多优秀领导者深深明白这样的道理：谦虚卑让决不会使自己损失什么，相反会赢得许多出乎意料的收获；而妄自尊崇，事事竭力争斗者，则常常会毫无收获，甚至把原已获得的东西也丧失掉。

东汉末年，徐州受到曹操大军的攻击，北海太守孔融约刘备等人率军前去救援，刘备先率精锐部队突破曹军的包围圈，进入徐州城，与徐州太守陶谦合力拒敌。

陶谦见刘备仪表堂堂，器宇轩昂，行为豁达，心中大喜，便命部下取来徐州印信，让徐州与刘备，陶谦说：

"今天下扰乱，王纲不振，公乃汉室宗亲，正宜力扶社稷。老夫年迈无能，情愿将徐州拱手相让，请你勿要推辞。"

刘备离席拜曰：

"备今为大义，故来相助。公出此言，莫非疑刘备有吞并之心耶？若举此念，皇天不佑！"

陶谦忙说："此老夫之实情也。"再三相让，刘备固辞不受。

待退了曹军以后，在庆功宴上，陶谦再次要让徐州与刘备，刘备坚辞，只答应暂时屯兵于徐州的近邑小沛，以保徐州不受骚扰。

过了一段日子，陶谦忽然染病，并日益严重，便差人请刘备到徐州议事。陶谦躺在病榻上，对刘备说："请公来，不为别事，只因老夫病已危笃，朝夕不保，万望明公可怜汉家城池，受取徐州牌印，老夫死亦瞑目矣！"

说完又对手下人等介绍："刘公乃当世人杰，你们当善事之。"刘备仍是推让，陶谦以手指心而死。刘备无奈，只得接受牌印，执掌徐州知事。

难道刘备真的不想占据徐州吗？恐怕非也！当时的刘备，不过是个小小的平原郡首领，这与他的宏大志向相距甚远，如能占据徐州，无疑为刘备日后的发展奠定了良好的基础。但刘备又本能地懂得，要获得某种东西，最好表现出对它漠不关心的样子，这样，才不会引起别人的注意和反感。所以刘备对徐州，并未表现出急不可待、跃跃欲夺的架势，而是谦虚为怀，再三卑让，结果轻而易举地使徐州唾手而得。

从这里我们也可以清楚地明白"惟有不争，则天下莫能与之争"的深刻道理。

独断专行得不到人尊敬

当政者的胸怀宽狭和重贤与否，往往是导致大业成败的重要原因，荀子"尊贤者王，贵贤者霸，敬贤者存，慢贤者亡"可以说是治国安邦的至理名言。

为人处世高高在上，俯视众人，会失去朋友，受到大家的唾弃，进而远离你，众叛亲离；平易近人，不刚愎自用，才能得人心，得人心才能干大事。在人际交往中，人们更容易喜欢那些和善、平易的人，架子太大，傲慢自恃，必定会败得很凄惨。而为人位尊而不自矜，权重而不自傲，名显不炫，功高不居，才会赢得众人的拥护，人心归向。

袁术字公路，是司空袁逢的儿子，官至折冲校尉、虎贲中郎将。董卓进京，他逃到南阳；部将长沙太守孙坚杀掉南阳太守张咨，他便占据了南阳。

公元195年冬，献帝东出潼关，其护卫队伍被李傕、郭汜打败，袁术以为时机已到，便召集手下人商议，表示要做皇帝。他对手下众人说："现在刘氏天下很虚弱，海内鼎沸。我家世代做高官，得到老百姓的归附。我想应天顺民，称皇帝，不知诸君意下如何？"大家都不愿表态，只有主簿阎象认为时机不成熟。他说："过去周文王三分天下有其二，尚且服事殷朝，将军势力虽然不小，显然不如周文王那样强盛，汉室虽然衰弱，还未像殷纣王那样残暴，就更不应该取而代之了。"袁术听了，尽管心中不高兴，但见手下人这么不热心，只好暂时作罢。

后来，袁术想取得一些人的支持，对前来投归的张承说："以我土地之广，士民之众，仿效汉高祖当皇帝不行吗？"张承说："这在于德，不在于强，如果有德，虽然开始实力不大，也可以兴霸王之功，如果凭借实力就称帝，不合时宜，就要失掉群众，想兴盛是不可能的。"

袁术心里很不高兴，心想，老部下江东孙策总该支持自己吧。不料孙策给他写信说："董卓贪婪淫逸，骄奢横暴，擅自废立，天下的人都痛恨他，你怎能步他的后尘呢？"还说，"你家五代都是朝廷名臣，辅佐汉室，荣誉恩宠，没有人能与之相比，理应效忠守节，报答王室，这是天下人所期望的。"袁术看罢，大失所望，还气得生了一场病。

由于追求皇帝般骄奢淫逸的生活，袁术把富庶的淮南地区糟蹋得残破不堪。士兵不为他卖命，老百姓也不支持他，都纷纷逃走。左右部下也是离心离德，形成混乱状态。对此，曹操问袁术那边投过来的何夔说："听说袁术军中发生变乱，实有其事吗？"何夔回答说："袁术无信人顺天之实，而望天人之助，这是不可能得志于天下的。失道之主，亲戚都背叛他，何况是左右部下！依我看，这变乱是事实。"曹操说："为国失贤则亡，像你这样的有用之材，袁术都不善用，发生变乱，不是很正常的吗！"

第二年夏天，袁术实在混不下去了，便放火将宫室烧掉，带着一帮吃闲饭的人到徽山去投靠他的部下陈简、雷薄，不料遭到了拒绝。袁术手下的人散去的就更多了，他像一只丧家之犬，忧懑不知如何是好。最后，他想了一个办法，准备把"传国玺"让给在河北的袁绍，这样仍然可以由袁家来当皇帝，自己也有个安身之处。

曹操得知这一消息后，马上派刘备和朱灵去截击袁术。袁术一到下邳，没想到被拦住了去路。

袁术只得掉头返回淮南。逃到离寿春80里的江亭时，终于一病不起。身边已无粮食可吃，询问厨子，回说只剩有麦屑30斛。将麦屑做好端来，袁术却怎么也咽不下去。其时正当六月，烈日当空，天气酷热，袁术想喝一口蜜浆，却怎么也找不到。袁术坐在床上，独自叹息了许久，突然一声惊呼："我袁术怎么落到了这个地步啊！"

喊完倒伏床下，吐血一斗多之后死去。

袁术目中无人，刚愎自用，不听忠言，最终只落得个悲郁死去的下场。孔子也说"下交不渎"，与比自己地位低的人相交往，不要高傲怠慢，放不下架子，居高临下地发号施令，盛气凌人，人们必定会对他避而远之，朋友们也会越来越远离他。对别人态度傲慢的人，往往会看不到别人的长处，更看不见自己的短处，若这样夜郎自大下去，只会连一个朋友也交不到，如此下去连必要的合作共事都会有问题。千万不要以不恰当的态度对待朋友和身边的人，因为他们是你重要的伙伴和力量，如果连他们也失去了，那就真的什么也没有了。

另一个例子是马谡。此人自命不凡，十分狂傲。

司马懿的大队人马向街亭进军，马谡自告奋勇请求领兵镇守街亭。诸葛亮对他说："街亭虽小，干系甚重。倘街亭有失，吾大军皆休矣。汝虽通谋略，此地既无城郭，又无险阻，守之极难。"马谡却自吹自擂，夸下海口曰："某自幼熟读兵书，颇知兵法。岂一街亭不能守耶？"马谡一到街亭，看了地势，就笑道："丞相何故多心也？量此山僻之处，魏兵如何敢来！"马上下令"山上屯军"。副将王平不同意他的意见，认为屯兵山上有危险。马谡大笑："汝真女子之见。兵法云：'凭高视下，势如破竹。'若魏兵到来，吾教他片甲不回！"还说，"吾素读兵书，丞相诸事尚问于我，汝奈何相阻耶？"这个徒有虚名的庸才，骄狂轻敌，结果失守街亭，一败涂地，害得诸葛亮无奈唱了一出"空城计"，而他自己也因此丧失了性命。

除了《三国演义》中的人物外，《阿Q正传》中的主人公阿Q也是个骄傲自大的家伙。阿Q很自尊，"所有未庄的居民，全不在他眼睛里，甚至对于两位'文童'也有以为不值一笑的神情"。他和别人吵架的时候，间或瞪着眼睛道："我们先前比你阔的多啦！"

一个老头说了声"阿Q真能做"，他就洋洋得意起来。进了几回城，他就"更自负"了。

马谡因为"自幼熟读兵书，颇知兵法"，因为平时"丞相诸事尚问于我"，所以才那么骄傲、自大；而阿Q骄狂的资本，不过是"先前阔"（还不知是真是假）、"真能做"和进过几回城，比起袁术和马谡来就可怜多了。

谨慎言行，以免招祸

正所谓："言多必失。"一个人总是滔滔不绝地讲话，说得多了，话里自然地会暴露出许多问题。比如你对事物的态度、你对事态发展的看法、你今后的打算等，都会从谈话中流露出来，被你的对手所了解，从而制定出相应的策略来战胜你。而且，你的话多了，其中自然会涉及到其他人。

由于所处的环境不同，人的心理感受不同，而同一句话由于地点不同、语气不同，所表达的情感也不尽相同，别人在传话的过程中也难免会加入他个人的主观理解，等到你谈话的内容被谈话对象听到时，可能已经大相径庭，势必造成误解、隔阂，进而形成仇恨。另外，人处在不同的状态下，讲话时心情不同，讲话的内容也会不同：心情愉快的时候，看事看人也许比较符合自己的心思，故而赞誉之言可能会多些；心情不愉快，讲起话来不免会愤世嫉俗，讲出许多过头的话，招来很多麻烦。"喜时之言多失信，怒时之言多失礼。"荀子很早就认识到"祸从口出"的道理。

唐代著名的诗人和词人温庭筠，从小就文采出众，才思敏捷。每次参加科举考试的时候，别人对那些试题都要苦思很久，可他却能在顷刻之间完成。据说，他只要把手交叉八次，就能做出一篇八韵的赋来，所以，当时的人都叫他"温八叉"。按说，温庭筠有这样的才华，早就应该金榜题名，青云直上了。可他屡次参加进士考试，却始终没有中第。

原来，温庭筠有一个习惯。由于他富有才华，所以在考场上早早就答完了考卷。剩下的时间他不肯闲着，就开始帮助起左邻右舍的考生来，替他们把卷子一一做完。那些考生自然对他感恩戴德，但却引起了主考官的不满，多次将他黜落。后来，他这个名声越传越远，弄得人人皆知。主考官就命令他必须坐到自己跟前，亲自看着他。温庭筠对此不满，还大闹了一场。可即使这般严防，温庭筠还是暗中帮了八个考生的忙，自然，他自己又是名落孙山了。考了十几次还没有中第的温庭筠渐渐对科举考试失去了希望。他投到

荀子诠解

荀子智慧

丞相令狐绹的门下去做幕客，替丞相代笔写些公文、诗词。令狐绹很看重他的才学，给他的待遇也十分优厚。但温庭筠却恃才自傲，对这位丞相特别看不起。有一次，皇帝赋诗，其中一句有"金步摇"，令大臣们作对。令狐绹对不出来，就去问温庭筠。温庭筠告诉他可对"玉条脱"。令狐绹不知道是什么意思。温庭筠就说"玉条脱"的典故来源于《南华经》，《南华经》并不是什么生僻的书。丞相在公务之暇，也应该多看点书才是。言下之意，

温庭筠

就是讥讽令狐绹不读书，令狐绹十分不高兴。又因为皇帝喜欢《菩萨蛮》的曲调，令狐绹就让温庭筠为自己代填了十几首词进献给皇帝，还特别嘱咐温庭筠千万不要把这件事泄露出去。可温庭筠却将此事大肆宣扬，使得尽人皆知。令狐绹对他更加不满了。

温庭筠对令狐绹的为人颇为鄙视，还经常做诗讥讽他。令狐绹做了宰相后，因为自己这个姓氏比较少见，族属不多。所以一旦有族人投奔，都悉心接待，尽力帮助，有很多人都赶来找他。甚至于有姓胡的人也冒姓令狐。温庭筠讽刺道："自从元老登庸后，天下诸胡悉带令。"他还看不起令狐绹的不学无术，说他是"中书省内坐将军"，虽为宰相却像马上的武夫一样粗鄙。令狐绹得知这些事情，就更加恨他了，后来温庭筠又想参加科举考试，令狐绹奏称他有才无行，不应该让他中举。就这样，温庭筠终身与科举及第无缘。

温庭筠喜欢表现自己，因此得罪了主考官，得罪了宰相，还不知收敛，又把皇帝也得罪了。唐宣宗喜欢微服出行，一次正好在旅馆碰到了温庭筠。温庭筠不知道他是当今天子，言语中对他很不客气。皇帝认为他才学虽优却德行有亏，把他贬到一个偏僻小县去做了县尉。

温庭筠一直当着各式各样小得不能再小的官，穷困潦倒。有一次他喝醉了酒而犯夜禁，被巡逻的兵丁抓住，打了他几个耳光，连牙齿也打落了。

那里的长官正好是令狐绹，温庭筠便将此事上诉于他，可令狐绹却记着当年的旧恨，并未处治无礼的兵丁，却因此大肆宣扬温庭筠的人品是如何糟糕，后来这些关于他人品差劲的话传到了京城长安，温庭筠不得不亲自到长安，在公卿间广为致书，申说原委，为己辩白冤屈。这个时候，他对于自己过去恃才凌人的做法感到后悔，写诗有"因知此恨人多积，悔读《南华》第二篇"之句，可是这种悔悟并没有使他吸取教训。后来，他做了国子监考试的主考官，又忍不住自我表现了一回。按照一般规矩，国子监考试的等第都是由主考官圈定，并无公示的必要。温庭筠可能是饱受科举不第之苦，又对自己的眼光特别有自信，于是别出心裁，将所选中的三十篇文章一律张榜公示，表示自己的公平。他觉得自己的眼光很高，态度公正，所以并不害怕群众监督。可他选中的文章中有很多都是指斥时政的，温庭筠还给了这些文章很高的评语，这不免让那些权贵们心中不满。后来，丞相杨牧干脆找了个理由，把他贬到外地，温庭筠郁郁不快，还没有到所贬之地就因病去世了。

像温庭筠这样才华横溢之人，本来是应该有一番大作为的。可是，他却不懂得低调做人，太喜欢表现自己的才华，甚至不分场合、不分对象。所以，他的才华不但没有成为成功的助力，反而却处处招惹是非，使他丧失了很多本来应该把握的机会，潦倒终生。可以说，他的仕途进取之路是被他自己亲手断送的。

还有一位不知谨慎言行的人是中国文学名著《三国演义》中的关羽。此人曾经"过五关斩六将"，自以为"威震华夏"，"天下无敌"，异常骄狂。

刘备自立为汉中王后，封"关（羽）、张（飞）、赵（云）、马（超）、黄（忠）"为"五虎大将"，关羽居首。关羽听说黄忠也被封为"五虎大将"之一，大为恼火，怒气冲冲地说："黄忠何等人，敢与吾同列。大丈夫终不与老卒为伍！"

关羽驻守荆州时，孙权派人到他那里，替孙权的儿子向关羽的女儿求婚，"求结两家之好"，"并力破曹"。关羽却勃然大怒，对来人道："吾虎女安肯嫁犬子乎！"孙权派陆逊镇守陆口。陆逊派人给关羽送礼，关羽竟当着来使的面说道："孙权见识短浅，用此孺子为将。"这个关羽，自称"大丈夫"，又称自己的女儿为"虎女"，把有"百步穿杨之能"的老将黄忠叫做"老卒"，把东吴首领的儿子骂做"犬子"，又把东吴的大将陆逊看做"孺子"，真是狂妄之极！关羽如此狂妄自大，结局如何呢？到头来落得个失荆州、走麦城、人头落地的下场。

那么，如何避免言语招来的祸患呢？

一是要少说话，多听听他人的意见和主张，虚心向有才能的人学习，才能以他人之长补己之短。

二是讲话要慎重，不要妄发言论，信口雌黄，让人觉得你不知天高地厚。

三是讲话要注意时间、地点、场合和讲话的对象。若不管三七二十一，炫耀自己在某一方面有学识有见解，乱发议论，这样会伤害别人的自尊心，也会影响人际交往。

四是要注意讲话内容的选择，该讲的讲，不该讲的不要到处乱讲。

《忍经》云："白珪之玷尚可磨，斯言之玷不可为。齿颊一动，千驷莫追。噫，可不忍欤！"言多必失，话一旦出口，不假思索，匆忙之中妄下结论，所造成的影响，是几百句、几千句也弥补不了、修正不了的。因此说，一定要谨慎言行，这才符合礼仪！

贤而能容，有容乃大

海纳百川，有容乃大。宽容是一种气度，宽容是一种修养、一种境界。

水至清则无鱼，人至察则无徒，所以孔子说："宽则得众。"宽容则能群策群力，成就大事。例如，齐桓公以国家社稷利益为重，宽宏大度，不计较差点要了他性命的射钩之仇，重用管仲为相，最终九合诸侯，一匡天下，成就了霸业。没有宽容的气度，齐桓公不可能成为春秋历史上的第一代霸主。

君子对己必严，待人则须宽。从消极处来说，这样做可以不招人怨恨，如孔子所谓"躬自厚而薄责于人，则远怨矣"。从积极处来说，严于律己、以身作则，则可以德服人，宽以待人则可集思广益，成就宏大的功业。

关于待人须宽而责己须严，有许多格言都很值得回味，例如：与人不求备，责人须宽；检身若不及，责己要严。责己则攻短，论人则取长。

以恕己之心恕人，则全交；以责人之心责己，则寡过。自家有好处，要掩藏几分，这是涵育以养深；别人有不好处，要掩藏几分，这是浑厚以养大。

与人交往，重要的是学习他人的长处。而对他人的短处，应持宽容的态度。如果因为别人某一方面不如自己，就不与他交往，那么永远也处理不好人际关系。

面对他人的过错，耿耿于怀，睚眦必报，带来的是心灵的负累，真正的智者会选择一份包容、一份泰然。越王勾践"十年生聚，十年教训"，终于能够兴越复仇，一雪前耻。他可以忍受卧薪尝胆的苦楚，却在灭吴后下令诛尽吴国宗室。他懂得隐忍，却不懂得宽容。齐王韩信未发迹时有过"胯下之辱"，却在功成名就之后，见到当初侮辱自己的无赖，能不计前嫌任命他为巡城校尉。从这个角度而言，韩信的人格要比勾践更高尚。

学会宽容他人，就是学会了宽容自己。宽容他人对自己有意无意的伤害，是令人钦佩的气概；宽容他人对自己的敌视、仇恨，是人格至高的袒露。总之，我们应学会宽容。对一般人也好，对亲戚朋友也罢，每个人都应善待他、包容他，这样，人与人之间就会呈现出一派和谐美好的景象。

荀子曰："荡荡乎，其有以殊于世也。"君子的胸怀多么宽广啊！这就有了与世人的不同之处。是否做到宽容，是君子与普通人最大的区别之一。

当然，荀子所说的宽容，不是无是非、无原则，不是姑息、纵容，而是使人摆脱斤斤计较的心态，开阔凡事耿耿于怀的心胸。

《第六只耳环》中有一个故事，就能体现宽容的魅力。这个故事，发生

荀子智慧

在经济大萧条时的美国。

在经济不景气的环境下，珍妮小姐费了九牛二虎之力，才找到了一份在一家高级珠宝店当售货员的工作，就当时的情况而言，这已经是一份不错的工作了，因此，她非常珍惜这份工作，将所有事物都处理得井井有条。在圣诞节的前一天，店里走进一位 30 岁左右的男顾客，虽然他的穿着干净整洁，看上去也很有修养，但很明显，他也是一个遭受失业打击的不幸者。

此时正值中午，店里只有珍妮一个人，其他几个职员都出去吃饭了。

看见有顾客到来，珍妮热情地跟男子打招呼，但他却不自然地笑了一下，并将目光从她脸上慌忙地躲开，仿佛在说：你不用理我，我只是随便看一看。

这时，电话铃响了，珍妮赶忙去接电话，不小心打翻了摆在柜台上的盘子，盘中有六枚精美绝伦的金耳环，瞬间都掉在了地上。慌忙的珍妮连忙弯腰去捡，但在她捡回了五枚以后，却怎么也找不到第六只金耳环。当她抬起头时，突然看见那位男顾客正匆忙地向门口走去，顿时，她明白了那第六只耳环在哪里。

当男子的手即将触到门把手时，珍妮柔声叫道："等一下，先生。"

男子闻声转过身来，两个人四目相接，都静默无言。此时，珍妮的心在狂跳不止，心想：我该怎么办？伙伴们都不在，他会不会动粗呢？我要不要大叫有贼，或者干脆直接报警？但他可能只是一时糊涂，这会害了他一生，可这份工作是我好不容易才找到的。我究竟该怎么做呢？……

正当珍妮思考之际，男子却开口说话了，他说道："什么事？"

珍妮极力控制住自己的紧张，并鼓足了勇气，说道："先生，这是我的第一份工作，你知道的，现在找份工作多么不容易，你能不能……"

听完这段话，男子用极不自然的眼光，审视了珍妮很久，终于，一丝微笑浮现在了他的脸上。此时，珍妮那颗悬着的心，也平静了下来，她也微笑着看他，就这样，这两人变得像老朋友见面那样亲切而自然。

"是的，的确如此。"男子脸上的肌肉抽搐了一下，回答，"但是我能肯定，你在这里会干下去，而且会很出色，因为你是一个好人！"说到这里，男子停顿了一下，转身向珍妮走去，并将自己的手伸向她，问道："我可以为你祝福吗？"

紧紧地握完手后，男子再次转身，缓缓地走出了店门。

此时，珍妮小姐目送着男子的身影在门外消失，随后，便转身走回柜台，将自己手中的第六只耳环放回原处。做完这一切，她的眼睛有些潮湿，心想：幸好我选择了宽容他，而不是向警察告发他，否则，我这份工作就没了。上帝呀，让这些日子赶快过去，让大家都好起来吧！

宽容别人，是对对方的一种尊重、一种接受、一种爱心，但有时，宽容更是一种人生智慧，因为宽容和理解，最能打动人心，聪明善良的珍妮小姐，正是利用这一点，找到了解决问题的最好方法。宽容他人的过失，也就给了他一次改过自新的机会。这个故事告诉我们，宽容有化干戈为玉帛的奇妙效用。

相反，如果珍妮小姐当时惊惶失措报警，或者大吵大嚷，结果就肯定没有这么完美了，即使她没有丢掉这份工作，也会时刻担心那位男子的报复。由此可见，我们必须懂得宽容这种智慧！

古人云："惟宽可以容人，惟厚可以载物。"这是告诉我们，做人要学会宽容。宽容，就是要做到宽宏而有气度，不计较、不追究。包容是一种发自心灵深处的内在修养，是一种良好习惯的自然表露。我们只有真正敞开胸襟，做到包容待人，才能够获得更多真情，拥有更多快乐。

有这样一句流行语："当你伸出两个手指，去谴责别人时，余下的三只手指，恰恰是对着自己的。"不可否认，在我们的人生旅途中，宽容是最能体现善念的举动，它是深含爱心的体谅，既是对别人的释怀，又是对自己的善待，更是对生命的洞悉。总之，它是一种人生的境界，是一种智慧与力量。在很多时候，宽容别人就等于宽容了自己，不仅如此，它还能创造生命的美丽！

三、谋事智慧

荀子的学问博大精深，凡哲学、伦理、政治、军事、经济、教育，乃至语言学、文学，皆有涉猎，且多精论。而荀子的思想之所以千百年来为人们所津津乐道，一个很重要的原因，便是其思想具有很强的实用性，他的思想可以用于治国、修身，亦可用之于谋事、处事。如"当时则动，物至而应"，"疑则不决"，"贵其所贵"，等等，足以让人们受到良多启迪。

失败是成功之母

诸葛亮的《诫子书》可作为本句最好的诠释，兹录《诫子书》全文如下：夫君子之行，静以修身，俭以养德。非淡泊无以明志，非宁静无以致远。夫学须静也，才须学也，非学无以广才，非志无以成学。淫慢则不能励精，险躁则不能治性。年与时驰，意与日去，遂成枯落，多不接世，悲守穷庐，将复何及！

有成功就有失败，有失败同样也会有成功。成功与失败是相辅相成的。一个没经历过失败的成功者，是很难守得住现有的成就的。

我们常常说：失败是成功之母。但是这句话的真正含义也只有那些具有积极心态、意志坚强、自信主动的人才能真正地领悟。

每个人都会遭遇不同的挫折，我们不可能避免这些挫折的缠绕，因为我们始终有自己追求的目标、前进的方向。追求的目标越高，受到的挫折压力也就越大，这是成功者们都经历过的，也是我们所要面对的。

挫折对于那些意志消沉的人来说是灭顶之灾，而对于那些领悟了失败是成功之母所包含的意义的人来说，挫折只会把他们锻炼得更加成熟而坚强。

一位成功者充满自信地说过："失败意味着三种情况，一是我们选择的路不通；二是某种原因的阻碍，只是我们还没找到；三是差一点儿坚持。"是啊，失败并不是死亡，失败与成功只是相隔一线。即使当前失败了，只要有再来一次的勇气，获得成功并不是难事。

没有经历过痛苦与磨难的人，他的人生是不完整的。世上没有任何一个幸福之人不曾经历过挫折与困难，也没有任何一个成功者的伟大成就没经历过失败与磨难。翻开那些伟大成功者的历史，就可以见证他们经过了多少风吹雨打，吃过了多少酸、苦、辣。

未曾有过失败的成功不是真正的成功，因为只有经过一次次的失败才能积累起获取成功的经验。所以失败是通往成功路上必须经历的一道坎，跨过这道坎成功就会到来。丘吉尔说过一句至理名言："被克服的困难就是胜利的契机。"的确，伟大的成功都是在无数次的失败以后才得到的。

这是个成功者的故事，也是一个失败过 18 次的故事。莎莉·拉菲尔是美国著名的广播员，在她 30 年的广播职业生涯中，她被辞退过 18 次，可是18 次的失败换来了她更大的成就。

每一次的失败都会使莎莉鼓起勇气，再一次让自己放眼于更高处，确立比上次更大的目标。正因为她这种折不断、压不弯的意志，让她获得了两次重要主持人奖项。莎莉这样讲述自己的失败经历："我曾经被辞退过 18 次，在这 18 次辞退中，我曾想过退出，但我坚持走了过来，我反而让它们成为鞭策我勇往直前的一种动力。"

天下哪有不劳而获的成功？如果能利用种种挫折与失败，来促使你更上一层楼，那么一定可以实现你的理想。看过世上那些伟人传记的人一定会知道，他们的功业彪炳史册，但都经受过一连串的无情打击。只是因为他们坚持到底，才终于取得辉煌成果。

"失败是为了下一个成功。"这是拿破仑说的话。成功固然重要，但是失败的经历也同样重要。只有在失败之中才能找到获取成功的经验。每个经历过失败的人都把失败的经验总结再总结。失败的经验，给我们提供了许多宝贵的东西，让我们知道了如何让未来的生活过得更有意义。

有一部分失败者，他们对自己的失败总是怀痛在心，看到相似的人或事时，他们会想起那段不快乐的事；有人提起时，总是会令他们无法克制自己的情绪，让自己又一次掉入深渊，让那些失败的痛苦一直消磨着自己的意志。

失败往往有唤醒睡狮、激发人潜能的力量，引导人走上成功的道路。爱迪生说过："我喜欢成功的感觉，但是失败也是我需要的，对于我来说成功与失败都具有同样的价值，只是它们的取向不一样。只有在我失败以后，我才能找到成功的方法。"这是他在许多次失败以后总结出的一条宝贵经验。从他的话中，我们应该得到这样的启示：只有不害怕失败，深知失败意味着什么，才有可能获取成功。成功之路有千万条，而勤奋、思考、钻研是一把打开成功之门的金钥匙。

医学家李时珍，不仅救死扶伤，还花了一生的心血写了一本流传千古的《本草纲目》。但在这成功的喜悦下，有谁能想到李时珍为了写《本草纲目》付出了怎样的艰辛？他不畏严寒酷暑，走遍了祖国的名山大川，采集了许多从未使用过的稀有药材。有一次，李时珍从古书上读到：大豆可以解毒。于是，为了实际验证，他先给小狗吃了毒药，再给它吃大豆解毒，可结果小狗还是死了。李时珍决定亲身试验，以便做出正确的判断。家人都十分为他担心，劝他不要冒险，可李时珍毫不畏惧，毅然吞毒，待毒性发作后，让家人给他吃大豆解毒。经过多次试验和反复的钻研，他终于验证了，大豆确实可以解毒，但是必须加上甘草，解毒功效才能发挥出来。

每个人的成功之路都不可能一帆风顺，都会走一些弯路，都要为成功付出一定的代价，这个代价就是失败。成功的人也会失败，但他们之所以是成功者，就在于他们失败后不是为失败而哭泣流泪，而是从失败中总结教训，并从失败中站起来，发愤上进，终究取得成功。

失败，是人生路上的障碍，是人生的一门深奥科学。它可以把弱者的精神摧垮，把弱者的脊梁压弯；但也可使强者的灵魂再生，使强者的事业走向顶峰。

荀子曰："居不隐者思不远，身不佚者志不广。"当我们遭受失败后，一味地自责、抱怨或者偃旗息鼓甚至自暴自弃，都是不可取的。其实，没有谁可以随随便便成功，不经历风雨是不可能见到彩虹的。所以说，失败应该是成功的母亲，只有积累了一块一块的失败砖石，才能垒成成功之塔。

贵其所贵

谈话的方法是：以严肃庄重的态度对待他，以正直诚恳和别人相处，以坚强的信心帮助别人，用比喻的方法启发别人，用区分差别的方法使别人明白，热情、和气地把自己的话语传递给别人，使别人一定要宝贵、珍惜、重视、崇信自己所说的话，如果这样做了，那么你的谈话就没有不被接受的。说服别人的话虽然不一定讨人喜欢，但没有人不重视的，这就叫做能够使自己所重视的东西也得到别人的重视。古书上说："只有君子能够使自己重视的东西也得到别人的重视。"说的就是这个。

任何一个谈判者都要使用语言，但不等于都会在谈判中运用语言技巧，讲究谈话的方法，语言用精、用活。在商务谈判中，灵活地运用语言，有时会产生逢凶化吉、出奇制胜的效果，而不懂得语言的艺术及其作用的人，则往往会使谈判陷于困境。

数十年前，当某公司第一次制造电灯泡时，他们的董事长就到各地做旅行推销，他希望各地的代理商仍能本着以前友善的态度尽力帮忙，使公司这项新产品尽快占领市场。

董事长召集各地的代理商，在向他们介绍完这项新产品之后，说了一段举座皆惊的大实话："经过多年来的苦心研究和创造，本公司终于完成了这项对人类有大用途的产品。虽然它还称不上第一流产品，只能说是二流的，但是，我仍然要拜托各位，以第一流产品的价格，向本公司购买。"

"一石激起千层浪"，在场的代理都不禁哗然："咦！董事长怎么说出这样的话？我们又不是傻瓜，怎么会以第一流产品的价格去购买第二流产品？

荀子智慧

董事长糊涂了吧？"大家均对董事长投以充满疑惑的目光。

"各位，我知道你们一定会觉得很奇怪，不过我仍然要再三拜托各位。"

"那么，请你陈述你的理由吧！"

"大家都知道，目前制造的电灯泡可以称为一流的，全国只有一家而已。因此，他们算是垄断了整个市场，即使他们任意抬高价格，大家也仍然要去购买，是不是？如果这时有了同样优良的产品，但价格便宜一些的话，对大家不是一个福音吗？否则大家只能永远置于垄断价格的阴影之下。"

董事长继续侃侃而谈，而且打了一个生动的比方："就拿拳击赛来说吧，毫无疑问，拳王的实力谁也不能忽视！但是，如果没有人和他对擂的话，拳击赛就无法进行了。因此，必须有一个实力相当的对手来和拳王打擂，这样的拳击才精彩。不是吗？"

董事长顿了顿，留给大家一段思考的时间，又接着说："现在，灯泡制造业就好比只有拳王一个人。因此，他们对灯泡业是不会产生任何兴趣的，同时，也赚不了多少钱。如果，这个时候出现一位对手的话，就有了互相竞争的机会。换句话说，把优良的产品以低廉的价格提供给各位，大家一定能得到更多的利润。"

"董事长，话说得不错。可是，目前并没有另外一位拳王呀？"

"我想，另一位拳王就由我来充当好了。为什么目前本公司只能制造第二流的电灯泡呢？这是因为本公司资金不足，无法在技术上有所突破。如果各位肯帮忙，以一流产品的价格来购买本公司二流的产品，这样我就会得到较丰厚的利润。把这笔资金用在改良技术上，我相信不久的将来，本公司一定可以制造出一流的产品。这样一来，灯泡制造业就等于出现了两个拳王，在彼此大力竞争之下，品质必须会提高，毫无疑问，价格也会降低。到了那个时候，对大家均有利。此刻，我只希望你们能帮助我扮演好拳王的对手这个角色。但愿你们能不断地支持我，帮助本公司度过难关。因此，我希望各位能以一流产品的价格，来购买这些二流产品！"

一阵热烈的掌声响起来了，经久不息，董事长的说服产生了极大的回响。谈判在愉快而感人的气氛中结束，董事长获得了大家的支持。果然，公司不负众望，一年后，这家公司所制造的电灯泡终于以第一流的品质出现，那些代理商也得到了满意的报酬。

国外有句谚语叫做："出自肺腑的语言，才能触动别人的心弦。"这位董事长抓住了谈判对手的利益要害，以出自肺腑的直言，晓之以理，动之以情，很有说服力。在这次谈判中，如果董事长不是直言，而是采用封闭消息等欺瞒的办法让大家用一流产品的价格去购买，这样就失去了信誉，实则是砸了自己的饭碗。

在谈判中，当你确认你的话语对双方均有利、有说服力，即使是一时逆耳之言，亦不妨以诚恳的态度直言，同样能收到奇妙的效果。

美国一家电器公司的推销员阿里森一次到一家不久前才发展的新客户那里去，企图再推销一批新型的电机。

一到这家公司，总工程师劈头就说："阿里森，你还指望我们要多买你的电机吗？"

一了解，原来该公司认为刚刚从阿里森那里购买的电机发热超过正常标准。

阿里森知道强行争辩于事无补，决定采用苏格拉底问答法来和对方论理并说服对方，即决意取得对方作"是"的回答。

他了解情况后，明知故问："好吧，史密斯先生！我的意见和您的相同，假如那电机发热过高，别说再买，就是买了的也要退货，是吗？"

"是的。"总工程师自然做出了阿里森所预料的反应。

"自然，电机是会发热的，但你当然不希望它的热度超过全国电工协会规定的标准，是吗？"

而后，阿里森开始讨论具体问题了，他又问："按标准，电机的温度可比室温高 72 华氏度，是吗？"

"是的。"总工程师说，"但你们的产品却比这高得多，简直叫人无法触摸，难道这不是事实吗？"

阿里森仍不与他争辩，只是反问道："你们车间的温度是多少？"

总工程师略为思索，答道："大约 75 华氏度。"

阿里森兴奋起来，拍着对方肩膀说："是啦！车间是 75 华氏度，加上正常超过室温的 72 华氏度，一共是 150 华氏度左右。如果你把手放在 150 华氏度的热水里，是否会把手烫伤呢。"

总工程师虽然极不情愿，但也不得不点头称是。

阿里森接着说："那么，以后你就不要用手去摸电机了，那完全是正常的。"

谈判结果是，阿里森不但说服了对方，消除了偏见，而且又做成了一笔生意。

阿里森开始所问的问题，都是反对者所赞同的。在他机智而巧妙的发问中，获得无数"是"的反应，使对方不知不觉中，被诱导到他所希望的结论中。这就是著名的苏格拉底问答法的妙用。他创立的问答法至今还被世界公认为"最聪明的劝诱法"。其原则是：与人论辩时，开始不要讨论分歧的观点，而着重强调彼此共同的观点，取得完全一致后，自然地转向自己的主张。具体的做法和特点是：开头提出一系列的问题让对方连连说"是"，与此同时，一定要避免让他说"不"。

苏格拉底问答法之所以有如此的魅力，在于委婉的表达策略。现代谈判学的研究表明，谈判者的认识和情感有时并非完全一致。因此，在谈判中有些话虽然完全正确，但对方往往却因为碍于情感而觉得难以接受。这时，如果你把话语中的棱角磨去，变得软化一些，也许谈判对手就能既从理智上又从感情上接受你的意见。

苏格拉底问答法采用设问的形式，由远渐近地步入主题，语气和缓、不生硬，当然易于为对方所接受。

善假于物

　　荀子说，我曾经整天苦思冥想，结果却没有片刻时间的学习所获得的东西多，我曾经踮起脚向远眺望，结果却不如登上高山看得宽广。登上高山招手，手臂并没有增加长度，却可以被远处的人看见。顺风呼喊，声音并没有增大，听的人却能够听得清清楚楚。利用车马远行的人，虽然自己的双脚并不比别人善走，却能够到达千里之外；凭借船和桨渡河的人，虽然自己并没有好水性却能够横渡江河。君子并不是生性与别人有什么不同，不过在于善于利用客观事物而已。

　　人非神，故不能神通广大。有所能，亦有所不能；有所精，亦有所不精。但人是生活在斑斓的世界里，是生活在万千的人群里。行动不便，有马车、汽车、飞机、宇宙飞船，足以上九天揽月，下五洋捉鳖。人是相互依存的，也是相互帮助的，"一个篱笆三个桩，一个好汉三个帮"。善假于物，善假于人，往往"山重水复疑无路，柳暗花明又一村"。不能的能了，不可以的可以了。

　　从前，齐国攻打廪丘。赵国派孔青率领敢死的勇士去救援，把齐国人打得大败。齐国的将帅被打死，孔青俘获战车2000辆，尸体30000具，他把这些尸体封土堆成两个高丘。宁越却对孔青说："你这样做太可惜了，不如把尸体归还给齐国而从内部攻击它。我听说过，古代作战的人，该坚守就坚守，该进退就进退。我军后退30里，给敌军以收尸的机会。敌人的战车铠甲在战争中丧失尽了，府库里的钱财都在安葬死者时用光了，这就叫做从内部攻击他。"孔青说："齐人如果不出来收尸，那该怎么办呢？"宁越说："战场作战却不能取胜，这是他们的第一条罪状；率兵出来作战而不能使他们回来，这是第二条罪状；给他们尸体却不收，这是他们的第三条罪状。敌国的人民必将这三条怨恨都发泄在他们国家处于上位的人身上。这样，敌上下之间必不能同心同德，反而会众叛亲离，而他们在上位的人没有办法役使下位的，在下位的人又无从侍奉上位的，这就叫做双重攻击他，还能有不失败的吗！我们名义上让敌方来收将士的尸体，看来是道义之举，其实是借敌人的尸体来打击敌人自己啊！"孔青依计行事。果然，齐国不但未能攻下廪丘，而且与赵国订立了城下之盟。在这里宁越劝说孔青停止用单纯的暴力手段制伏齐兵，兼之以怀柔宽大政策，使得齐国内部上下有隔，人心不一，从而不费过多的人力物力和太大的代价，就取得大的胜利。孔青运用"善假于物"的策略，假借敌人之手制伏敌人自己，收到了事半功倍的效果。

要说"善假于物"，三国时的诸葛亮巧借情报，智激周瑜的故事，更是令人拍案叫绝。

那是曹操战败刘表、尽夺荆襄之地，赶得刘备无处落脚之时，曹操亲率80万大军，乘胜南下，企图吞并东吴，一统天下。在这关键时刻，刘备派诸葛亮前往东吴做说客，以图联合共同抗曹。

东吴面临曹军入侵之险，是战是和，臣属中意见纷纷，孙权又拿不定主意，只有兵权在握的三军都督周瑜坚决主战，但他打心眼里不把刘备的几千残兵放在眼里，故对孙刘联合抗曹并不热心，因而当着诸葛亮的面，对于抗曹一事不露底牌，更是不谈孙刘联合之事。可是在诸葛亮道出一段曹操修铜雀台的情由之后，周瑜竟暴跳如雷，不但表明誓死抗曹，而且反过来迫不及待地左一个请诸葛军师帮他的忙，右一个请诸葛军师助他一臂之力，以便同心抗曹。为什么能收到这种奇效？那正是诸葛亮"善假于物"的结果。请看《三国演义》中的一段描写：

一天晚上，鲁肃引诸葛亮会见周瑜，鲁肃问周瑜："今曹操驱兵南侵，是战是和，将军欲如何？"周瑜说道："曹操挟天子以令诸侯，师不可拒。而且，兵力强大，不可轻敌。战则必败，和则安。我的意见和为上策。"鲁肃大惊道："将军之言错了，江东三世基业，岂可一朝白白送给他人？"周瑜说："江东六郡，千百万生命财产，如果遭到战祸之毁，大家都会责怪我，因此，我决心讲和。"诸葛亮听完东吴两大臣的对话，觉得周瑜若不是抗曹的决心未定，就是一种试探。此时如果不另辟蹊径，只是讲一通孙刘联合抗曹的意义，或是夸耀周瑜盖世英雄，东吴地形险要，战则必胜的道理，肯定难以奏效。于是，他巧用周瑜执意"求和"的"机缘"，巧借一段"情报"编出一段故事，激怒周瑜。他说："我有一条妙计，只需差一名特使，驾一叶扁舟，送两个人过江，曹操得到那两个人，百万大军就会卷旗而撤。"周瑜忙问是哪两个人，诸葛亮说："曹操本是好色之徒，打听到江东乔公有两位千金小姐，大乔和二乔，长得美丽动人，曹操曾经发誓说过：'我有两个志向，一是要扫平四海，创立帝业，流芳百世；二是要得到江东二乔，以娱晚年。'目前虽然领兵百万，进逼江南，其实就是为乔家的两位千金小姐而来的。将军何不找到乔公，花上千两黄金买到那两个女子，差人送给曹操？江东失去这两个人，就像大树飘落一两片黄叶，如同大海减少一两滴水珠，丝毫无损大局；而曹操得到这两个人必然心满意足，欢欢喜喜班师回朝。"周瑜问："曹操想得到大乔和二乔，有什么证据能说明这一点呢？"诸葛亮说道："有诗为证。曹操的小儿子曹植，十分会写文章，曹操曾在漳河岸上建造了一座铜雀台，雕梁画栋，十分壮丽，并挑选了许多美女置于其中，又令曹植作了一篇《铜雀台赋》，文中之意就是说他会做天子，立誓要娶'二乔'。"周瑜问："那篇赋怎么写的，你可记得？"诸葛亮说道："因为我十分喜爱赋的文笔华丽，曾偷偷背熟了。"周瑜请诸葛亮背诵。诸葛亮即时背诵道："从明后以嬉游兮，登层台以娱情……临漳水之长流兮，望园果之滋荣。立双台于左右兮，有玉龙与金凤。揽'二乔'于东南兮，乐朝夕之与共……"

周瑜听罢，见赋中果有"揽'二乔'于东南兮，乐朝夕之与共"的句子，不觉勃然大怒，霍地站起来指着北方大骂道："曹操老贼欺我太甚！"此时诸葛亮表面上急忙阻止，其实更是火上浇油，说道："都督忘了，古时候单于多次侵犯边境，汉天子许配公主和亲，你又何必可惜这两个民间女子呢？"周瑜说："你有所不知，大乔是孙策将军的夫人，小乔就是我的爱妻！"诸葛亮佯装失言，请罪道："真没想到是这么回事，我真是胡说八道了，该死该死！"周瑜说"不知者不为罪"，他不计较诸葛亮的"冒失"，只是对曹操怒火中烧，大声喊道："我与曹操老贼誓不两立！"诸葛亮不慌不忙，故作姿态地劝说："请都督不要意气用事，望三思而行，世上绝无后悔药好吃。"周瑜说道："我承蒙伯符重托（指孙策，他是孙权的哥哥，临死之前嘱咐孙权，内事不决问张昭，外事不决问周瑜，即把国家大事和孙氏政权的安危托付给他），岂有屈服曹操之理？我早就有北伐之心，就是刀子架在我脖子上，也不会变卦的。劳驾先生助我一臂之力，同心合力共破曹操。"于是孙刘结成抗曹联盟终于得以实现。

诸葛亮这次在周瑜面前的游说为什么会如此成功呢？固然诸葛亮事先得到了曹操的儿子确有《铜雀台赋》为一情报，而不是随意杜撰或臆造，但情报仅仅是客观事实，关键看当事人是否善于借。诸葛亮出奇制胜地刺激周瑜，就在他假借这个情报，以这份情报为依托，巧妙地演出一段奇异的说辞来。

第一，"乔"古时本就写为"桥"，后来才改写作"乔"。把原赋中两条桥的简称"二桥"曲解为大乔和小乔的"二乔"，是十分容易收到诸葛亮的有意"牵强"与周瑜的无意"附会"的效果的；第二，诸葛亮十分了解人对爱情的极端自私性，夺妻之恨往往胜于灭国之耻，况且周瑜本来就是一个气量小的人。因此，当诸葛亮瞅准机会，假借情报编造出这段故事刺激周瑜时，果然产生了巨大的效应。

公生明，偏生暗

荀子说，公正产生明察，偏见产生暗昧，诚实忠厚产生通达，欺诈虚伪产生障碍，真诚可信产生神明，虚夸荒诞产生惑乱。这六种情况产生的结果，君子必须谨慎地对待，这就是禹之所以成为圣王，桀之所以成为暴君的原因。

衡量轻重的秤杆和秤砣，是为了显示平正，古代验证符节，辨认契券（均为信约的凭据），是为了讲求信用。领导者的职能是对面上的工作组织、协调、指挥。在有独立思想的芸芸众生面前，有效的组织、协调、指挥，必须以公正为前提，一旦偏袒，就无法驾驭。荀子可谓是抓住了为政者的要害。不仅如此，他的"公生明，偏生暗"的思想还大大丰富了前人的"仁政"思想。

孟子说："仁义"，以"义"同"仁"并举，这是对孔子仁学的补充和发展。他说："恻隐之心仁也，羞恶之心义也。"（《孟子·告子上》）又说："仁，人心也；义，人路也。"（《孟子·告子上》）所谓"恻隐"是一种同情心理，而"羞恶"是对自己或别人的不善以为耻，也就是对于恶事持恶的态度。因此，"义"对于"仁"有节制作用，即为"恻隐"规定出一个可行的界限："义，人路也。"

荀子在"积伪"论的基础上对"仁义"进行新的加工，并注入新的政治内容，把它作为地主阶级人伦关系通用的道德准则。他认为："天子"是社会的核心人物，应该在社会政治生活中起表率作用，处事公正，不偏不袒，只有"仁眇天下，义眇天下，威眇天下"（《王制》），才能统一天下。在他看来，有仁义的人，就是要公正地把政治处理好："彼仁义者，所以修政者也。"（《议兵》）这表现在尊重贤人，鄙视不贤的人："贵贤，仁也；贱不肖，亦仁也。"对于亲戚大臣施给恩惠而不合道义，就不能算做"仁"："推恩而不理，不成仁。"（《大略》）

读者可能都看过古装戏，如果留意的话，在衙门的大堂上，每每高悬着"公正廉明"的大匾。可见，务求公正、廉洁、明察、明断，是历代当政者的信条。当然，说是一回事，做又是一回事。不过，反观历代当政者的得失存亡，又十分清楚明了地印证着荀子"公生明，偏生暗"的正确性，提示我们"公生明，偏生暗"不失为处理政务、治理国家的重要谋略。

齐威王的属下，有两个地方官，一个是即墨的大夫，另一个是阿地的大夫。在阿地的那位大夫，自己不务政事，整日花天酒地，勒索百姓，弄得地方鸡犬不宁，政事荒废。可这位老兄有巴结朝中权贵的本事，正事不干，专门以厚礼贿赂齐威王周围的人，结果灌到齐威王耳朵里的，尽是对阿地大夫的赞扬声。那位即墨大夫，却是一个不喜欢也不善于阿谀奉承权贵的人，他只知道在自己任所里勤勤恳恳地务政，体恤百姓疾苦，关心农时，节用爱民。在他那里，是政务井井有条，百姓安居乐业，可齐威王听到的评价却是即墨大夫无德无能，所辖之地百姓穷不聊生，政事乱七八糟。齐威王没有轻信左右人的传言，更没有轻下结论实施褒贬，而是不动声色，暗地里派人前去视察，得到的结论是恰恰相反。于是，齐威王先后召见两位地方官。

齐威王先召见了即墨大夫，对他说："自从你到即墨任官，每天都有指责你的话传来。然而我派人去即墨看，却是田土开辟整齐，百姓安居乐业，官府平安无事，东方十分安定。所以我知道这是你不巴结我的左右内臣谋求内援的缘故。"于是便封赐即墨大夫享用1万户的俸禄。齐威王又召见阿地大夫，对他说："自从你到阿地镇守，每天都有称赞你的好话传来。但我派人前去察看，只见田地荒芜，百姓贫困饥饿。当初赵国攻打鄄地，你坐视不救；卫国夺取薛陵，你不闻不问。所以我知道你是专门用重金来买通我的左右近臣替你说好话！"当天，齐威王下令烹死阿地大夫及替他说好话的左右近臣。

这样一来，臣僚们毛骨悚然，不敢再弄虚作假，都尽力做实事，齐国因此大治，成为天下最强盛的国家。齐威王之所以能正确实施赏罚，他治下的齐国之所以能成为强盛的国家，其臣僚之所以不敢弄虚作假，不正是"公生明"的结果吗？

"公生明，偏生暗"是事物的正反两个方面，能主持公道，处事正派，则能明察明断，也就能政通人和，权威确立。相反，若是有偏见，有私心，只爱听自己喜欢的话，不爱听不中听的话，则必然会听不到真言，得不到真情，其结果可想而知。

也是发生在战国时期的事，宋国国君是喜欢听喜不听忧的人，有一次，齐国进攻宋国，宋王派人去侦察齐国军队到了什么地方。派去的人回来报告说："齐国的军队已经临近了，国人已经恐慌了。"左右近臣都对宋王说："这完全是俗话说的'肉自己生出蛆虫'来啊！凭着宋国的强大，齐兵的虚弱，怎么可能这样呢？"于是宋王大怒，把派出侦察的人屈杀了。

接着又派人去察看，派去的人回报仍如前一个人一样，宋王又大怒，把他也屈杀了。这样的事接连发生了3次，之后又派人去察看。其实，那时齐军确实已经逼近，国人确实已经恐慌了。

最后派去的人在路上遇见他的哥哥。他的哥哥说："国家已经十分危险了，你还要到哪儿去？"弟弟说："去替国王察看齐寇，没想到齐寇已经离得这么近，国人已经这么恐慌。现在我担心的是，先前察看齐军动静的人，都是因为回报齐军逼近被屈杀了。如今我回报真情是死，不回报真情也是死，这该怎么办呢？"

他的哥哥说："你索性回报个假情况，或许得以活命。"于是他回报宋王说："根本没有看到齐寇在哪里，国人也非常安定。"宋王听后十分高兴，左右近臣都说："可见先前被杀的人是该杀！"宋王赏赐给这个人大量的钱财。

结果齐军队一到，宋王自己只好赶着车逃命去了。

宋王的愚蠢在于不听也不愿了解真实情况，而在狂乱状态下又滥施惩罚，这就是宋国灭亡的原因。

还是在战国时期，惠子给魏惠王制定法令。法令制定完了，拿来让人们看，大家都随声附和着说制定得很好，于是就把法令拿来让魏人翟翦看，翟翦说："好啊。"惠王说："可以实行吗？"翟翦说："不能实行。"

惠王说："好却不能实行，这是为什么？"翟翦认为这个法令虽然表面看上去很好，但却不符合实际，所以不能实行。魏王却不相信翟翦的意见，还是把国家交给惠子管理。

在魏惠王一再强求下，惠子凭着侥幸之心去替魏王管理国家。由于惠子本事不大，所以他治理得很不好。在惠王的时代，作战50次，其中有20次迅速失败了，被杀死的人不计其数，惠王的大将、爱子也被俘虏。惠子治国之术的愚惑，使兵士和人民很疲惫，国家弄得很空虚，天下人都指责他的过错，百姓们也都指责魏王，诸侯们更不赞誉他。魏王这时才向翟翦道歉，重新听取翟翦的计谋，但是，名贵的宝物已失散到国外，土地被四邻割去，魏国从此衰弱了。

魏王的失策，失就失在偏听。如果听到翟翦的意见后，慎重地考虑一下，或再找人讨论讨论，修订一下已成文的法令，再委派一位得力的属下去实施，情况或许不会是那个样子。

虚壹而静

人怎样才能认识道呢？答：靠心。那么心怎样才能认识道呢？答：要能"虚壹而静"。心里不是没有记忆，然而要有所谓虚心，即不要先入为主；心不是不能同时认识不同的事物，然而还要有所谓专一；心不是不活动，然而还要有所谓平静。

荀子学识渊博，善于汇通各家之说。他的关于"虚壹而静"的思想，既吸收了各家学说的精华，又分析批判其缺点，构成了他自己独树一帜的接近科学的谋略体系。

荀子对"专一"的分析是相当深刻的，他说："目不能两视而明，耳不能两听而聪。"（《劝学》）"心枝则无知，倾则不精，贰则疑惑"、"心不使焉，则黑白在前而目不见，雷鼓在侧而耳不闻。"（《解蔽》）这就是说，做任何事都要专心致志，否则就不能有所成就。人的心如果分散了，注意力不集中，就不能认识事物；如果心别有倾向，就不能专一，认识就不会精确，一心两用，就会导致困惑。用今日的眼光来衡量，荀子对"心"的认识，其科学含量还是很高的。那么怎样才算"虚壹而静"呢，荀子在其他地方又有什么论述呢，概括起来主要表现是：

其一为恒心，即"锲而不舍"的精神。所说："骐骥一跃，不能十步；驽马十驾，功在不舍。锲而舍之，朽木不折；锲而不舍，金石可镂……是故无冥冥之志者，无昭昭之明；无昏昏之事者，无赫赫之功。"（《劝学》）这就是说，良马一跃也不能超过十步，劣马走十天也能赶上良马，因为它从不间断。雕刻东西，刻了一会儿就放下，朽木也不能刻断；不停地刻下去，即使是金石也能刻透。所以没有潜心钻研的精神，就不会有洞察一切的聪明；没有默默无闻的工作，就不会有显赫卓著的功绩。这里有龟兔赛跑的味道。荀子认为，如果执着一个问题一个劲儿钻下去，锲而不舍，就会有所收获。反之，三心二意，这山望见那山高，锲而舍之，半途而废，那就肯定徒劳无功了。

荀子倡导的这种持之以恒、锲而不舍的思想，也是在激发人的自强不息的精神。

人生活其间的世界，本身不是机械的、僵死的，而是不断创造发展、充满生命的。宇宙化育万物，生生不已，显现出浩荡无涯、大化流行的生命景色。宇宙是刚健生动、充满生机的活宇宙。日月星辰，东升西落；风雨雷电，奔腾激荡；潺潺细流，汇为江河；草木花卉，枯而复荣。天道的创造力化育万物，于是自然界便弥漫生命的洪流，生机盎然，创进不已。

生于天地间的人类，面对创进不已的自然界，自然也应该秉此精神，不断创造，不断奋进。荀子在其"虚壹而静"思想的指导下，要求人们"立冥冥之志，求昭昭之明；务昏昏之事，获赫赫之功"，他正是倡导和高扬人的生命价值和创造力，颂扬人与天地并立的自强不息、刚健有力的精神。这种精神也正是中华民族的宝贵传统和美德。

其二，仔细回味荀子"虚壹而静"的思想，他内含的另一层意思，是告诫人们办事必须"专注"、"执一"，即"专心一致"的精神。正如他在其《性恶》一篇中所说的：

"今使涂之人伏术为学，专心一致，思索孰察，加日县久，积善而不息，则通于神明，参于天地矣。故圣人者，人之所积而致也。"这就是说，圣人没有天生的，普通人也可以成为圣人，这里主要靠踏踏实实，勤奋不辍。即使是普通老百姓，只要学习专一，力求上进，不断地积累，也能够达到圣人的地步。荀子还说："并一而不二，所以成积也。习俗移志，安久移质。"（《儒效》）他还引《诗经·尸鸠》中的诗并加以解释说："诗曰：'尸鸠在桑，其子七兮。淑人君子，其仪一兮，必如结兮。'故君子结于一也。"

荀子诠解

荀子智慧

（《劝学》）这里的"结于一"，就是用心专一，像结扎起来那样坚定。

要专注、专一，必须有一定的意志。意志在这里具有极大的作用，它能使人按照自己的目的、理想行动，并能支持人们克服困难，坚持不懈。荀子自己也说过："志意修，德行厚，知虑明，是荣之从外至者也。"（《正论》）他还说："志意修，而骄富贵；道义重，则轻王公，内省而外物轻矣……故良农不为水旱不耕，良贾不为折阅不市，士君子不为贫穷怠乎道？"（《修身》）这里强调的是，如果一个人有坚定的意志，即使身体劳顿，也会去干。有意志的农民，不因有天旱就不去耕种；有意志的商贾，不因有亏本的可能，就不进行贸易，有意志的士君子不因身居贫困，就不循道义而胡作乱为。

荀子关于在意志的调节、控制作用下，坚持专注、专一的精神，确实不失为一个人立身、处世、谋事的良策，它不仅能激发人的奋进追求，而且告诫人们只要能精神专注，不是急于求成、浮躁不专，肯定能积久生神。

《庄子》中记述的楚国的一位驼背人的故事，可以说与荀子"虚壹而静"的专注思想，有异曲同工之妙。故事的梗概是：

有一天，孔子到楚国去，路经一片树林，看见一个驼背人正拿着一根竹竿在粘蝉。那驼背人的动作显出非同一般的老到、自如，他用竹竿粘蝉就像在地上拾东西一样简单、容易。

孔子看得奇怪，问那驼背人："你的动作这样熟练、轻松，是有什么窍门，还是得了什么道？"

驼背人答道："我是得了道：练这手艺练到五六个月后，把两个黏丸放在竿顶上掉不下去，蝉就很少能跑掉；再放上三个黏丸，练得掉不下来，那么十只蝉不过跑掉只把；再放上五个丸子，练得掉不下来，那么取蝉就像在地上捡东西一样稳当。我安稳身心，就像椿树立在那儿；我用手臂执竿，就像枯枝一样纹丝不动。我虽面对广大的天地万物，心却只用在蝉翅上。我心无二念，取蝉之时不为身边五光十色的万物所动。这样，我怎么会捉不住它们呢？"

孔子听后，十分感慨地对他的学生说："用心专一，凝神会精，不就是说的这种人吗？"

的确，驼背人之所以捕蝉技艺高超到犹如在地上捡东西一样稳妥、方便，靠的是平时专心致志地苦练基本功——"安稳身心"，就像椿树立在那儿；手臂执竿，就像枯枝一样纹丝不动。靠的是粘蝉之时凝神会精——虽面对广大天地万物，却不为五光十色的万物所动，心却只用在蝉翅上。驼背人的故事不正昭示着荀子说的"虚壹而静"的哲理吗？它告诉人们，精诚专一，则万事可成。

世上没有绝对聪明的天才，所谓"天才"，还是来自勤奋；世上也很少有学不会的东西，关键在于是否用心专一。

心猿意马，三天打鱼两天晒网，即使天资再好，也是学不成什么的，最后只能像掰一个包谷丢一个包谷的猴子，一无所获，一事无成。

弈秋在春秋战国时期，是全国棋艺最高的棋手。

这位下棋高手有两个弟子跟他学艺。其中一个专心致志，弈秋讲什么他都认真听；另外一个则有些三心二意，一心惦记着有只大雁要飞来，并想着拉弓去射它。

同样跟着名师学下棋，但两人的结果却迥然不同：一个学得好，另一个则还是"毕不了业"。

六博棋（春秋战国）

由此说来，学习、办事，不愿静心以求，即使环境再好，环境再优越，也只能是瞎子点灯——白费蜡！

出身不由己，后天亦可改

"死生有命，富贵在天"，这是宿命论。在人类社会早期，生产力落后，

认识水平低下，对自然及其规律所知甚少，因此，对"天"、"命运"诚惶诚恐。

在强权统治的社会，这种宿命论甚至起到了精神鸦片的作用，统治者竭力宣传它，如周武王伐纣，宣扬"商罪贯盈，天命诛之"；伐纣成功，又宣扬"天体震动，用附我大邑国"。这种宿命论历代传承，统治者把自己装扮成"天子"，天生具有富贵享福的命运，以此来麻痹被统治阶级。

除此之外，生活中那些懒惰不思进取者、奋斗失败不愿振作者，也以此来安慰自己。

荀子所处的时代，社会上天命鬼神思想流行，认为天有意志能够主宰人类的吉凶祸福；天道和人事相互感应，天象的变化是由人的善恶引起的，也是人间福祸的预兆，天是人类道德的范本，天道是人类效法的对象。对此，荀子针锋相对、旗帜鲜明地指出："天行有常，不为尧存，不为桀亡。"

战国时期的大思想家荀子，则是批判和颠覆这种宿命论的先行者。

荀子分别论述了日月四季的变化、水旱等自然现象，批判了"治乱在天"的思想，提出日月、星辰、时序的气象变化在夏禹、夏桀的时代是相同的，可见安定、混乱并不在天，而是人为的结果。

荀子曰："强本而节用，则天不能贫；养备而动时，则天不能病；循道而不贰，则天不能祸。"意思是如果人勤奋耕作、省俭节约，那么天也不能使其贫穷；如果人注意营养、锻炼身体，那么天也不能使其患疾；如果人按照一定的规律和程序办事而不出差错，那么天也不能使其遭祸。所以说，人的吉凶福祸，并不取决于天，而取决于人做什么以及如何做。

在2000多年前的战国时期，荀子对自然、对人生能有如此深刻的认识，实在难能可贵。

自从传言有人在萨文河畔散步时无意间发现金子后，这里便常有来自四面八方的淘金者。他们都想成为富翁，于是寻遍了整个河床，还在河床上挖出很多大坑，希望借助它们找到更多的金子。的确，有一些人找到了，但另外一些人因为一无所得只好扫兴归去。

也有不甘心落空的，便驻扎在这里，继续寻找。彼得·弗雷特就是其中的一员。他在河床附近买了一块没人要的土地，一个人默默地工作。他为了找金子，已把所有的钱都押在了这块土地上。他埋头苦干了几个月，直到土地全变成坑坑洼洼，他失望了——他翻遍了整块土地，但连一丁点儿金子都没看见。

6个月以后，他连买面包的钱都快没有了，于是他准备离开这儿到别处去谋生。

就在他即将离去的前一个晚上，天下起了倾盆大雨，并且一下就是三天三夜，雨终于停了，彼得走出小木屋，他发现眼前的土地看上去好像和以前不一样了：坑坑洼洼已被大水冲刷平整，松软的土地上长出一层绿茸茸的小草。

"这里没找到金子，"彼得忽有所悟地说，"但这土地很肥沃，我可以用来种花，然后拿到镇上去卖给那些富人。他们一定会买些花装扮他们华丽的客堂。如果真这样的话，我一定会赚许多钱，有朝一日我也会成为富人……"

彼得仿佛看到了光明的未来，他美美地撇了一下嘴说："对，不走了，我就种花！"

于是，他留了下来。彼得花了不少精力培育花苗，不久田地里长满了美丽娇艳的各色鲜花。

他拿到镇上去卖，那些富人们一个劲地称赞："噢，多美的花，我们从来没见过这么美丽鲜艳的花！"他们很乐意付少量的钱来买彼得的花，以便使他们的家庭变得更漂亮。

5年后，彼得终于实现了他的梦想——成了一个富翁。

"我是唯一的一个找到真金的人！"他时常不无骄傲地告诉别人，"别人在这儿找到黄金之后便远远地离开了，而我的'金子'也是在这块土地里，只等诚实的人用勤劳去采集。"

由此可以看出，天不能主宰人，但人可以驾驭自己。人生在世，出身不由己。要想实现自己的理想，必须勇于奋斗，不为宿命论所蒙蔽。

怨天尤人，乃无知者所为

在荀子看来，怨天尤人不可取。怨天尤人就像精神的烈性毒药，只会带来更大的痛苦，并且使前进的动力逐渐消耗殆尽，最终形成恶性循环。

整天心怀怨气的人，总感觉生活对他不公平，而又希望一些神奇的力量改变那些使他产生怨恨的事情，使他得到补偿。从这个意义上来说，怨天尤人是对已发生之事的一种心理反抗或排斥。

怨天尤人的结果是自毁形象，得不偿失。就算抱怨的是真正的不公正与错误，它也不是解决问题的好方法，因为它很快就会转变成一种习惯情绪。一个人习惯地觉得自己是不公平的受害者，就会定位于受害者的角色上，并可能随时寻找外在的借口，想方设法去为自己辩护。

习惯性地怨天尤人一定会带来自怜，而自怜又是最坏的习惯。有人说这类人只有在苦恼中才会感到适应，在这种埋怨和自怜的习惯作用下，他们会把自己想象成一个不快乐的可怜虫或者牺牲者。

一个人如果总是愤愤不平，他就不可能把自己看成自立、自强的人。怨天尤人的人把自己的命运交给别人，把自己的感受和行动交给别人支配。怨天尤人几乎是无道理可言的，就像毒蛇缠身，很难摆脱出来。若是有人给他快乐他也会怨天尤人，因为对方不是照他希望的方式给的；若是有人感激他，而且这种感激是出于欣赏他或承认他的价值，他还会怨天尤人，因为别人欠他的这些感激的债并没有完全偿还；若是生活不如意，他更会怨天尤人，因为他更会觉得生活欠他的太多。

其实，产生怨愤的真正原因是自己的情绪反应。因此，只有自己才有力量克服它，如果你能理解并且深信：怨天尤人与自怜不是取得成功与幸福的方法，你便可以控制并改变这种习惯。

荀子说，错误是自己造成的，你反而责怪别人，难道不是太不着边际了吗?

如果你想抱怨,生活中一切都会成为你抱怨的对象;如果你不抱怨,生活中的一切都不会让你抱怨。要知道,一味地抱怨不但于事无补,有时还会使事情变得更糟。所以,不管现状怎样,我们都不应该抱怨,而要靠自己的努力来改变现状并获得快乐与幸福。

有一头驴子掉到了一个陷阱里,怎么也爬不上来。主人看它已经是一头老驴子了,懒得去救它了,就自顾自地走了。驴子一开始还试图爬上去,后来看到主人放弃了自己,也放弃了求生的欲望。后来,驴子发现有人往陷阱里面倒垃圾,驴子很生气,一个劲地抱怨自己倒霉:先是掉到了陷阱里,然后被主人扔掉,现在就是死也不能死得舒服点——每天有那么多垃圾扔进井里,臭气熏天。可抱怨归抱怨,每天仍有人不断地往陷阱里倒垃圾。

有一天,驴子决定改变自己的人生态度,它闭上了抱怨的嘴巴,每天都把垃圾踩到自己的脚下,并且从垃圾中寻找残羹来维持自己的生命,而不是任由自己被垃圾埋掉。终于有一天,垃圾堆积到一定高度时,驴子重新回到了地面上。

其实,现实中也有一些和驴子一样的人,在困难面前总是选择抱怨,从而使困难越来越多,压得自己喘不过气来。最后被逼上绝路时,才猛然惊醒:抱怨是没有用的,抱怨只会让自己更加无助;与其在不如意时一味地抱怨,不如尝试着去改变自己,改变现状,将生活变得如意起来。没有一种生活是完美的,也没有一种生活会让人完全满意,虽然我们做不到从不抱怨,但我们却可以让自己少一些抱怨,多一些积极的心态去努力进取。因为如果抱怨成了一个人的习惯,就像搬起石头砸自己的脚,于人无益,于己不利。那样,生活就成了牢笼一般,没有了自由,处处不顺,处处不满,人生就会很累。与其抱怨,不如自由地生活。自由地生活着,本身就是最大的幸福。

是的,在人生的旅途中,最糟糕的境遇往往不是贫困,也不是厄运,而是精神和心境处于一种无知无觉的疲惫状态。本来活得好好的,各方面的环境都不错,然而你却常常心存不满。工作着的时候,你渴望着过一种自由自

荀子智慧

在、肆意放松的生活。真正无所事事时，你又企盼着工作时的那份充实和忙碌。有些人慢慢地在这样的心态中，开始习惯了抱怨。这些都是不可取的，怨天尤人，是无知者的行为。

有智慧的人从不怨天尤人，因为他们知道，任何事情，除了受客观条件制约外，都是自己的所作所为造成的。所以，切莫怨天尤人，要改变现状，相信事在人为。

君子贫穷要志广

生活中，常会听到"人穷志短"，说"人穷志短"的人，是因为他们没有战胜困难的意志和精神，也没有改变现状的勇气和决心。于是他们在贫穷中抱怨着、自卑着，日复一日地重复着繁重却不能摆脱贫穷的工作。殊不知，贫穷不是命里注定的，只要你有志气，只要你有改变它的勇气和决心，就一定能如你所愿。

是的，人一贫穷，自觉底气不足，见了有钱有势的人，往往觉得低人一等。但是，荀子却说："君子贫穷而志广。"君子即使穷困潦倒但志向远大。换言之，真正有远大志向的人，是不会因为贫穷而气馁的。

关于"贫而志广"，荀子非常赞赏原宪，他曾不止一次为他的弟子讲原宪的故事，以激励他们。

春秋时，原宪住在鲁国，一丈见方的房子，盖着茅草；用桑枝做门框，用蓬草做门；用破瓮做窗户，用破布隔成两间；屋顶漏雨，地面潮湿，他却端坐在那里弹琴。

子贡驾着马车，穿着白大褂，紫红的里子；小巷子容不得高大的马车驶进，他便走着去见原宪。

原宪戴顶破帽子，穿着破鞋，倚着藜杖在门口与子贡交谈。

子贡见原宪落魄的样子，便笑着问："呵！先生生了什么病吗？"

原宪回答说："我听说，没有钱叫做贫，有学识而无用武之地叫作病，现在我是贫，不是病。"

子贡听后，脸上露出羞愧的表情。

荀子告诫韩非、李斯等弟子，子贡自以为了不起，听了原宪对于贫穷的看法，使他羞愧不已。因为他自己实际上有病——心病，不能从高层次看待贫穷的问题，也忍受不了贫穷的生活，更不理解原宪处于穷困之中却胸怀大志。

荀子认为，贫穷并不可怕，可怕的是"贫而无志"，也就是没有远大志向，精神上的贫穷才是真正的贫穷。

事实也的确如此，对一个人来说，可怕的不是贫穷，而是自己对贫穷的妥协，志向的丧失。一个人如果没有志向这个"擎天柱"的支撑，其灵魂大厦必将会面临倒塌，他也就会随之胡思乱想，更可怕的是因此而走上邪路，那么，他将永无翻身之日，永远处于贫穷之中。

在荀子看来，"贫穷而志广"很可贵，但"宝贵而体恭"也不失为君子的风范。

法国富翁巴拉昂去世后，《科西嘉人报》刊登了他的一份特别遗嘱：

"我曾是穷人，但当我去世走进天堂时，我却是一个大富翁。在跨入天堂之门前，我不想把我的致富秘诀带走。在法兰西中央银行，有我一个私人保险箱，那里面藏有我的致富秘诀，保险箱的三把钥匙在我的律师和两位代理人手中。

谁若能通过回答"穷人最缺少的是什么"而猜中我的秘诀，他将得到我的祝贺。当然，那时我已不可能从墓穴中伸出双手为其睿智欢呼，但他可以从那只保险箱里荣幸地拿走100万法郎，那是我给予他的掌声。"

遗嘱刊出后，《科西嘉人报》收到大量信件。绝大部分的人认为，穷人最缺少的是金钱。穷人还能缺少什么？当然是钱了。还有一部分人认为，穷人最缺少的是机会、穷人最缺少的是技能、穷人最缺少的是帮助和关爱。总之，答案五花八门。

一年后，也就是巴拉昂逝世周年纪念日，律师和代理人按巴拉昂生前的交代，在公证部门的监督下打开了那只保险箱。

在 48561 封来信中，一位叫蒂勒的小姑娘猜对了巴拉昂的秘诀。蒂勒和巴拉昂都认为，穷人最缺少的是野心，即成为富人的野心。

颁奖之日，主持人问 9 岁的蒂勒，为什么想到是野心，而不是其他。她说："每次，我姐把她 11 岁的男友带回家时，总是警告我：'不要有野心！不要有野心！'我想，也许野心可让人得到自己想得到的东西。"

从这个例子可以看出，富人也并不是生来就是富人，他们也是通过自己的努力一步步走向富裕的。

"非淡泊无以明志，非宁静无以致远。"是诸葛亮 54 岁时写给他 8 岁儿子诸葛瞻的《诫子书》。这既是诸葛亮一生经历的总结，更是他对儿子的要求。在这里用现代话来说："不把眼前的名利看得轻淡就不会有明确的志向，不能全神贯注地学习，就不能实现远大的目标。"

"淡泊以明志，宁静而志远"，这是一句富含哲理的话。这同"要想取之，必先予之"，"欲达目的，需先迂回曲折"的道理一样，现在的"淡泊"、"宁静"求清净，不想有什么作为，是要通过学习"明志"，树立远大的志向，待时机成熟就可以"致远"，轰轰烈烈干一番事业。

看来，换言之，可以说成是"君子非贫穷无以致远"。当然，这样说，未免有些偏激。但我们必须明白：在物质上的贫穷并不可怕，可怕的是精神上的贫穷。只要敢于面对贫穷、挑战贫穷，就一定能战胜贫穷。

临渊羡鱼，不如退而结网

由"天人之分"这一理念出发，荀子肯定人的主观能动作用，认为君子更注重自己的主观努力，竭尽所能承担起自己的职责，而不是徒然羡慕、消极等待上天的恩赐，所以能够不断进步。

宋代理学家程颢说："病学者厌卑近而骛高远，卒无成焉。"（《宋史·道学传一·程颢传》）其实，好高骛远、眼高手低不仅是学者的毛病，也是所有人的通病。

汉代王符在《潜夫论》中说："大人不华，君子务实。"临渊羡鱼，不如退而结网。与其不度德、不量力地好高骛远、好大喜功，不如把理想放得低一些却孜孜不倦地追求，把目标定得近一些却一步一步地去接近。"终日抄药方而不能疗一疾，终日写路程而不能行一步"（清·申涵光《荆园小语》），连篇累牍地抄写药方而不用药，什么病也治不好；挖空心思地设计行程而不上路，一步也不能前进。

有一个古老的说法是这样的："没有任何想法比这个念头更有力量，那就是时候到了！"就我的看法而言，创造出天地万物的全能上帝不会毫无缘故地赋予你希望、梦想或创意，除非你行动的时刻已到！

大多数人不成功或是只能庸庸碌碌，并不是因为他们懒惰、愚蠢，而是因为他们没有做对事：他们不晓得成功和失败的分别何在。要达到成功的第一条守则就是：开始行动，向目标前进！而第二条守则是：每天持续行动，不断地向前进！

从长期对体重过重的人做咨询的经验中，我们还可学到另一项原理：许多肥胖的人会以肥胖为理由，拒绝做某些事。例如，他们会说："当我瘦下来时，我就可以搭游艇"，或"我就可以得到另一份工作"，或"我将可以搬家"，或"我就会寻得一份亲密关系"等。他们像是住在一个神秘的地方，丹尼斯·维特利把这个地方叫做"未来幻像岛"。在"未来幻像岛"上，每件事似乎都可能发生，但实际上却没有任何事情会真的实现，因为你永远都到不了这个地方。

不要等待奇迹发生，要开始实践你的梦想。今天就开始行动！对肥胖的人来说，每天散散步也不是件大不了的事，但是一旦付诸实行后，这就是一件大事。何况，散步的确会让你的体重明显下降。

有一位名叫丽莎的美国女孩，她的父亲是波士顿有名的外科整形医生，母亲在一家声誉很好的大学担任教授。她的家庭对她有很大的帮助和支持，她完全有机会实现自己的理想。她从念中学起，就一直梦想当电视节目的主

荀子智慧

持人。她觉得自己具有这方面的才能，因为每当她和别人相处时，即使是陌生人也愿意亲近她并和她长谈。她知道怎样从人家嘴里"掏出心里话"。她的朋友们称她是他们的"亲密的随身精神医生"。她自己常说："只要有人愿给我一次上电视的机会，我相信自己一定能成功。"

但是，她为实现这个理想而做了些什么呢？其实什么也没有做！她在等待奇迹出现，希望一下子就当上电视节目的主持人。

丽莎不切实际地期待着，结果什么奇迹也没有出现。

谁也不会请一个毫无经验的人去担任电视节目主持人，而且节目的主管也没有兴趣跑到外面去搜寻天才，都是别人去找他们。

另一个名叫乔锐的女孩却实现了自己和丽莎同样的理想，成了著名的电视节目主持人。乔锐之所以会成功，就是因为她知道"天下没有免费的午餐"，一切成功都要靠自己的努力去争取。她不像丽莎那样有可靠的经济来源，所以没有傻傻地等待机会出现。她白天去做工，晚上在大学的舞台艺术系上夜校。毕业之后，她开始谋职，跑遍了洛杉矶每一家广播电台和电视台。但是，每个地方的经理对她的答复都差不多："不是已经有几年工作经验的人，我们不会雇用的。"

但是，她不愿意退缩，也没有消极地等待机会，而是走出去寻找机会。她一连几个月仔细阅读广播电视方面的杂志，最后终于看到一则招聘广告：北达科他州有一家很小的电视台招聘一名预报天气的女孩子。

乔锐是加州人，不喜欢北方。但是，有没有阳光、是不是下雨都没有关系，她希望找到一份和电视有关的职业，干什么都行！她抓住这个工作机会，动身到北达科他州。

乔锐在那里工作了两年，之后在洛杉矶的电视台找到了一个工作。又过了五年，她终于得到提升，成为她梦想已久的电视节目主持人。

为什么丽莎失败了，而乔锐却如愿以偿呢？

因为丽莎在10年当中，一直停留在幻想上，坐等机会；而乔锐则是采取行动，最后，终于实现了理想。

幻想只会使任何轻松的事情变得困难重重，唯有把握现在，立刻行动，任何困难都可化为轻松。

行动的步骤应该有哪些？把它们一一列出来。然后，开始逐项实行。今天马上行动！明天也不能懈怠！每天都要持续行动，起步向前走！

如果你要扩展销售业绩，你的行动项目就应该包括增加打电话的次数。如果你只打了几个电话，应该再多打几个，设定每天的目标，并且实现它。

如果你想换工作，需要接受特殊的职业教育训练，马上报名参加，缴学费、买书、上课，并且认真做功课。

如果你想学油画，先找到适合你的老师，购买需要的画具，然后开始练习作画。

正如英国一位国教教主所说："我年少时意气风发，踌躇满志，当时曾梦想要改变世界，但当我年事渐长，阅历增多，我发觉自己无力改变世界，于是我缩小了范围，决定先改变我的国家。但这个目标还是太大，我发觉自己还是没有这个能力。接着我步入了中年，无奈之下，我将试图改变的对象锁定在最亲密的家人身上，但上天还是不从人愿，他们个个还是维持原样。当我垂垂老矣，我终于顿悟了一些事：我应该先改变自己，用以身作则的方式影响家人。若我能先当家人的榜样，也许下一步就能改善我的国家，将来我甚至可以改造整个世界，谁知道呢？"

行动是敲开成功之门的有力手段，或者说，只坐在那儿想打开人生局面，无异于痴人说梦，只有靠自己的双手行动起来，才能有成功的可能性。"临渊羡鱼，不如退而结网"。

不行不至，不为不成

人有两种能力，思维能力和行动能力，没有达到自己的目标，往往不是因为思维能力差，而是因为行动能力弱。

这个看似人人皆知的道理，许多人并没有给予足够的重视。他们常常把

失败归于外部因素，而不是从自身找原因。其中很重要的一条是：这些人常常是幻想大师，面对那些看不见、摸不着的东西心动不已，总以为光凭自己的意愿就能实现人生理想，就能过上自己想过的生活，就能成为一个被人羡慕的人。归根结底，他们之所以没有成功，就在于他们都是"心动专家"，而不是"行动大师"。

有这样一个有趣的故事：

古时候，在四川的偏远地区有两个和尚，一个贫穷，一个富裕。

有一天，穷和尚对富和尚说："我想到南海去，你看怎么样？"

富和尚说："你凭什么去呢？"

穷和尚说："我有一个水瓶、一个饭钵就足够了。"

富和尚说："我多年来就想租条船沿着长江而下，现在还没做到呢，你怎么能做到？！"

第二年，穷和尚从南海归来，把到过南海的事告诉富和尚，富和尚深感惭愧。

穷和尚和富和尚的故事，说明了一个简单的道理：说一尺不如行一寸。

其实，心动并没有错，错的是许多人只有心动而没有行动，因此常常是竹篮打水一场空。当然，也有些人是想得多干得少，这些人只比那些纯粹的"心动专家"强一点而已。

在荀子看来，一百次心动，不如一次行动。行动才会产生结果，行动才有可能成功。任何目标、计划，唯有付诸行动才有意义。

拿破仑说："想得好是聪明，计划得好更聪明。做得好是最聪明又最好。"成功要有明确的目标，这没有错，但这只相当于给你的汽车加满了油，弄清了前进的方向和线路。要想抵达目的地，还得把车开动起来，并保持足够的动力。

成功者不是一个只有梦想、只做计划、只善空谈的人，他是行动者，是一个会把梦想和计划付诸行动的人。我们目睹了无数有天赋的人的失败，他们不能有效利用自己的能力，其中的原因就在于，他们回避变化，害怕变化，他们随遇而安，不思进取，对于未来不能确定的事情不肯投入，害怕自己受伤害，害怕面对不确定。

所以，不要害怕变化，而是要张开双臂欢迎它。变化并非一定就是负面的，全看你是否能主动采取行动，掌握它、支配它。不会行动的人，只有等待变化来把他吞没。

心动不如行动。很多人有一些前景非常看好的构想，有的在生意上有一些非常有创意的想法，然而，他们总是迟迟不肯行动，以致最终都被别人抢了先机。不要为自己寻找借口，我们要从今天开始，从现在开始。不要总是等待时机，外界的条件永远不可能尽善尽美。如果有了目标，需要的就是马上行动。

找出你内心真正的渴望，找准你的目标，而后，义无反顾地完成它。不要逃避，不要放弃，要始终如一，坚守目标，要把一切艰难挫折当做使自己更强大、更坚决的机会。

要随时准备做出艰难的决定，要从日常生活中最细小的事情做起。重要的不在于行动有多浩大，而在于是否去行动，是否能够坚持，直到目标完成。

事实上，成功的最大阻碍来自一个人的惰性。如果我们希望控制环境，而不是让环境控制我们，那么，就必须克服惰性，必须立即行动。只有行动才能帮助你实现自己的目标。

但是，在所谓的风平浪静的生活中，你也许经常听到一些人这样的话："我要等等看，情况会好转的。"成功的最大敌人就是凡事等待明天。对于有些人来讲，这似乎已经成为他们习以为常的生活方式。他们明日复明日，因而总是碌碌无为。

蒙田曾指出："那些真正的哲人、圣者，在探求真理方面很伟大，他们在行动上也一定很伟大……无论举出什么样的证据和例子，我们都可以看出，他们的精神是那样崇高，他们的心灵是那样充实，他们的灵魂是那样高洁，他们就像知识的海洋……这些哲人、智者高高地在太空中遨游。"可见，行动对一个人的重要性已是不言而喻。

德谟斯特斯是古希腊的雄辩家，有人问他雄辩之术的要领是什么？

他说："行动。"

第二点呢？"行动。"

第三点呢？"仍然是行动。"

对成功者而言，拖延是最具破坏性也是最危险的恶习。那些成功人士奉行这样的格言："拖延、迟缓无异于死亡。"一旦开始拖延，你就很容易再次拖延，直到它们变成根深蒂固的恶习。可悲的是，拖延的恶习也有累积性，唯一的解决良方，就是行动。当真的放手去做时，你会发现，你正迅速改变自身的状况。正如英国前首相及小说家本杰明·狄斯雷利所说："行动未必总能带来幸福，但没有行动一定没有幸福。"

成功总是青睐意志坚定、行动迅速的人。这种人不但善于作出决定，而且善于执行决定。只有行动了，才知道自己的方向对不对。

成功者也不是完人，也会有各种各样的缺点，但他了解自己的思想。然而如果你瞻前顾后，习惯犹豫不决，不知道自己真正需要什么，那么你将永远不可能成功。成功者知道自己需要什么，并且努力追求。他会犯错误，会遇到挫折，但他总能迅速地站起来，继续前行。

拖延，是恐惧的产物，成功的克星。要想克服恐惧，就必须毫不犹豫地起而行动，心里的烦躁才会一扫而光。

"马上行动起来，现在必须行动"，你要一遍又一遍，每一小时、每一天都要重复这句话，一直重复到这句话如同你自己呼吸的次数一样多；而跟在它后面的行动，要像你眨眼睛一样迅速。任何时刻，当感到推拖的恶习正悄悄地向你靠近，甚或已缠上你，使你动弹不得，你都需要用这句话提醒自己。

生命中真正的财富往往属于那些能以积极行动寻求的人。成功不会由捧着锦旗徽章、伴着敲锣打鼓的队伍送来的，它只属于长期艰苦努力埋头苦干的人。采取主动，就能创造自己的机会，缜密思考策划的行动，是没有任何东西可以取代的。

立即行动！在人生每一个阶段的各个方面都要积极地立即行动。它可以帮助你做应该做却不想做的事情，对不愉快的工作不再拖延，抓住稍纵即逝的宝贵时机，从而实现梦想，完善你的人生。"明日复明日，明日何其多"。在一个人的生命中，拥有的只有今天和现在的行动，而不是明日复明日的等待。

梦想是成大事者的起跑线，决心是起跑时的号角，行动才是竞赛者到达终点的过程，唯有坚持到最后一秒，才是成功。一次行动胜于千百个念头，成大事的关键在于行动。不要等待时来运转，也不要由于等不到而恼火和委屈，要从小事做起，要用行动争取胜利。

心动不如行动。虽然行动不一定成功，但不行动必定失败。所以，要养成立即行动的好习惯，只有马上行动，才能站在时代潮流的前列；而习惯一直拖沓的人，必然要落在后面。

大巧在所不为，大智在所不虑

荀子认为，最能干的人在于不做不能做且不应做的事，最聪明的人在于不考虑不能考虑又不应考虑的事；对天的认识，是根据已显现出来的现象预测未来的变化；对地的认识，是根据已显示出来的适合万物生长的条件安排万物合理繁殖；对春、夏、秋、冬的认识，是根据已显现出来的变化次序安排农业生产；对阴阳的认识，是根据已经显现出来的和谐变化现象进行调理。君主任用专门的官吏观察天象，自己掌握利用自然规律的根本原则。

孔孟论事，过于偏重动机。比如当父亲和儿子偷了人家的东西，互不告发，"父为子隐，子为父隐"。孔子认为这是正直的，因为他们的动机是出自父子之情，至于所造成的社会后果，孔子不问。孟子亦是如此，宋轻劝止秦楚交兵，孟子不先关注两国能否罢兵，只问劝说中带不带个利字。荀子则不然，不但讲动机，还注意办事的客观条件与可能，更注意的是效果。什么事能做，什么事不能做，什么事可以考虑，什么事不可以考虑，都必须从实际出发，按规律办事，讲究实效。否则，你再能干，再聪明，结果也多是事与愿违。正因为荀子"有所不为"、"有所不虑"的思想，是对复杂多变世界一种正确的把握和选择，所以古今之聪慧之人，自觉不自觉地都是按此行事的。

春秋时，鲁相公孙仪特别喜欢吃鱼，国内很多人争相献鱼邀宠，公孙仪拒不接受，有些送到家里，也都一一退还。他的弟弟问道："您那么喜欢鱼，却为何不接受呢？"公孙仪回答说："正因为我好吃鱼，所以才不能接受，受人之鱼，食之口软，必然会枉法而满足对方的请求。贪鱼而枉法就可能遭罢免，罢免之后谁还给你送鱼吃？不受鱼而保住相位，虽不受鱼，却能经常买鱼而自食。"

我们说公孙仪"大巧"、"大智"，既能干而又聪明，所以他既能长保相位，又能常吃自己最喜欢的"鱼"。为什么？因为他并没有为了吃鱼而为所欲为——不该得到的鱼不得；自己分外的鱼不想。他的做法正好是荀子"大巧在所不为，大智在所不虑"的思想的具体表现。

为官谋职要"有所不为"，"有所不虑"，同样，领兵打仗而要不断取得胜利，永远成为"大巧"、"大智"者，也应该有所不为，有所不虑。

请看下例。

1796年，拿破仑率领法军来到意大利北部打击奥地利军队。法军捷报频传，并把奥地利元帅维尔姆泽围困在曼图要塞达半年之久。最后，奥军弹尽粮绝，乞援无望，不得不率领数10名将军、2万多官兵缴械投降。

接受敌军统帅投降，是一种无上的光荣。当欧洲享有盛名的将军维尔姆泽率领其全部将士走过受降者面前，恭恭敬敬地放下自己的宝剑和其他武器时，作为胜利者来说是多么骄傲和自豪啊！然而，拿破仑对于这样一种最高的荣誉，却抱着非常冷淡的态度。他派出下属的一位师长代替他去受降，他自己却筹划着新的战斗。

荣誉属于过去，重任还在前头，聪明的指挥官不该陶醉于已得的胜利。

为了继续扩大战果，不给敌人以喘息之机，拿破仑把受降的荣誉让给负责围攻要塞的塞律里埃将军后，立即率领一支军队急渡波河，直向波伦亚和罗曼尼亚进发，去攻打罗马教皇的军队。塞律里埃将军受降之日，拿破仑已经到达罗曼尼亚，并夺得了新的胜利。

将军应多在指挥上下功夫而少干些哗众取宠的事，应该多考虑如伺取胜，而少去图谋额外的荣誉。

帝王呢？恐怕最应做的是为民造福，而少去炫耀权力，最应考虑的是国富民强，而少去算计以权整人或以权图乐。我们说在英明的帝王中唐太宗可谓既"巧"又"智"，他是怎么做、怎么想的呢？贞观二年（公元 628 年），众臣上奏：

"今夏暑未退，秋霖方始，宫中卑湿，请营一阁以居之。"

太宗李世民年少时即罹患神经痛，还兼有哮喘病，每为其所苦，此疾最忌潮湿，故群臣建议造一座宫殿供太宗居住，但太宗断然拒绝："联有气疾，岂宜下湿，若遂来请，靡费良多。若汉文帝起露台，而惜十家之产，朕德不逮于汉帝，而所费过之，岂为人父母之道也？"

众臣再三恳请，太宗只是不允，营造新宫的事只好作罢。

太宗唯一的嗜好，只有打猎一事，因为有段时期打猎的次数太多了，众臣便开始上谏。

谷那律为谏议大夫，曾随太宗出游打猎，在途中遇到大雨，太宗回头问谷那律说："油衣若为得不漏？"谷那律对曰："能以瓦为之必不漏矣。"

谷那律的谏言十分委婉，恐怒君听。但魏征则为直谏之士，他向太宗进言："臣伏闻车驾近出，亲格猛兽，晨往夜还，以万乘之尊，阖行荒野，践深林，涉丰草，甚非万全之计，愿陛下割私情之娱，罢格兽之望，上为宗庙社稷，下慰群僚兆庶（百官万民）。"

魏征之意，万乘的君主，若亲身狩猎则十分危险，应当以国家、百姓为念，稍抑个人的享乐欲望，全心投入政治之中。太宗坦然接受了他的谏言。

就太宗而言，居住豪华些的楼台，以打猎消解烦闷，本不是什么大不了的事情，但是太宗可贵之处正在于他认识到习惯于权力的危险性，因而严厉控制自己不去触及无限权力的毒牙。

领导者自然有权力，但不可多用，更不可滥用，因为每一次权力的行使总会带来一些想象不到的后果。最好的办法是不轻易使用权力，并且要给部下这样的印象："我确实有这种权力，但是相信大家都不希望我多用它，因为多用会产生不良后果，但是也希望大家不要逼我动用我的权力。"

有权力而不轻易使用——不为；可享受而不贪图——不虑。做到这些，唐太宗能开创"贞观之治"就不难理解了。

事必先虑，慎终如始

荀子说，在战事发生之前一定要周密地考虑并且慎之又慎。慎重地对待战事的终结如同慎重地对待事情的开始，始终如一，这叫做"大吉"。凡是一切战事的成功必然在于谨慎行事，一切战事的失败必然在于掉以轻心。所以，谨慎胜过懈怠就吉利，懈怠胜过谨慎就失败；计谋措施高于想要达到的目标，战事就顺利；想要达到的目标高于计谋措施，战事就凶险。征战如同防守一样谨慎，行军转移如同作战一样高度警惕，有了战功如同侥幸得到一样，不居功自傲。谋略战事要谨慎而不松懈疏忽，进行战事要谨慎而不松懈疏忽，对待下属官吏要谨慎而不松懈疏忽，对待士兵要谨慎而不松懈疏忽，对待敌人要谨慎而不松懈疏忽，这叫做"五无圹"（松懈疏忽）。在战争中慎重地行使上述"六术"（制号政令，欲严以威；庆赏刑罚，欲必以信；处舍水减，欲周以固；徙举进退，欲安以重，欲疾以速；窥敌观变，欲潜以深，欲伍以参；遇敌决战，必道吾所明，无道吾所疑）、"五权"（无欲将而恶废，无急胜而忘败，无威内而轻外，无见其利而不顾其害，凡虑事欲孰而用财欲泰）、"三至"（可杀而不可使处不完，可杀而不可使击不胜，可杀而不可使欺百姓），而又用恭敬谨慎不松懈的态度对待战争，这就可被称做天下无敌的将领，他就能用兵如神了。

"事必先虑"，做事情必先考虑，这很重要，但更重要的是，要"申之以敬"，即处理事情时，心里有一个"敬"。这里的"敬"并不是讲礼貌的"敬"，而是指办事的态度，要严肃认真拿出全部心思去办。"戒慎恐惧"，认认真真，拿一个事情就当做一个事情办。我们今天讲"敬业"就是从这个"敬"字来的。再就是要"慎终如始"，做事情像走100里路，走到99里路时，跟你走第一里路时是一样的，不可轻忽，不能以为快走完了，可以松口气了，"终始如一"才是正确的态度。

荀子"事必先虑，慎终如始"的谋略思想，无论于战事还是于政事，都是不可不须臾牢记的告诫。假设战事中的攻与守、胜与败，政事中的存与亡的区别像高山与深谷，像白土与黑漆那样分明，那就无须运用智慧，即使蠢人也能知道了。然而，攻与守、胜与败、治与乱、存与亡的区别并非如此。它们之间好像可知，又好像不可知；好像可见，又好像不可见。所以有才智的人、贤明的人都在于千思百虑，用尽心思去探寻攻守胜败、治乱存亡的征兆，然后谨慎决策，并且在决策过程中，亦是以一种如临深渊、如履薄冰的谨慎态度行动着，才有可能一步一步地达到预期目的，收到预期效果。三国时期曹袁的"官渡之战"曹操之所以能以少胜多，以弱胜强，与他在开战之前的"虑"和战斗开始后的"慎"，都有着密切的关系。

建安五年春，袁绍兴兵进击曹操，一面令审配、逢纪为统军，田丰、苟湛、许攸为谋事，颜良、文丑为将军，起马军15万，步兵15万，共计精兵30万，望黎阳进发；一面令书记陈琳草拟"讨曹檄文"，布告天下。曹操看到"讨曹檄文"中列举自己的罪状，又闻报袁绍几十万大军起动，惊得头风病也好了，连忙召集文臣武将，商讨对策。于是，在当时的京都许昌开展了一场是否抗袁的大辩论。

名士孔融认为"袁绍势大，不可与战，只可与和"，苟或则表示了对袁绍的轻蔑："袁绍无用之人，何必议和？"主张议和的孔融提出有力的证据："袁绍土广民强，其部下许攸、郭图、审配、逢纪皆智谋之士；田丰、沮授皆忠臣也；颜良、文丑勇冠三军；其余高览、张郃、淳于琼等皆世之名将，何谓无用之人乎？"他的意思是：袁绍不但土广民强，特别重要的是人才很集中，文武都有，不可小视。可是主战的荀彧又就袁绍的"人才集中"的所谓优势作了进一步的本质的分析，他指出："绍兵多而不整。田丰刚而犯上，许攸贪而不智，审配专而无谋，逢纪果而无用。此数人者，势不相容，必生内变。颜良、文丑匹夫之勇，一战可擒。其余碌碌之辈，纵有百万，何足道哉？"

紧接着，多谋善断的郭嘉又具体分析指出："绍有十败，公（指曹操）有十胜，绍兵虽盛，不足惧也：绍繁礼多仪，公体任自然，此道胜也；绍以逆动，公以顺率，此义胜也；桓、灵以来，政失于宽，绍以宽济，公以猛纠，此治胜也；绍外宽内忌，所任多亲戚，公外间内明，用人惟才，此度胜也；绍多谋少决，公得策辄行，此谋胜也；绍专收名誉，公以诚待人，此德胜也；绍恤近忽远，公虑无不公周，此仁胜也；绍听谗惑乱，公浸润不行，此明胜也；绍是非混淆，公法度严明，此文胜也；绍好为虚势，不知兵要，公以少克众，用兵如神，此武胜也。"这10个方面，包括了政治、路线、法制、气量、谋断、道德、仁爱、明察、用兵等，几乎涉及了决定战争胜负的一切方面。这一场大辩论对敌我双方详尽的对比分析，澄清了对形势的错误认识，消除了曹操的一些疑虑，才使曹操作出了正确决策。

也正是纵横比较，深思熟虑之后，曹操才进一步对众将说："我对袁绍的为人深为了解。此人野心极大，缺少智谋；表面上气壮如牛，骨子里胆小如鼠。他嫉妒别人包括自己的部下的才能，缺少为帅的威严和作风。兵多而散，分划不明，将多而骄，政令不一，这又是袁军一个致命的弱点。由此看来，袁绍地虽广，粮虽丰，不过是给我预备的罢了！"一席话，说得铿锵有力，令人心服，成为曹营内这场大辩论的总结。这一场论争，这个先识后断的过程，就是最典型的"事必先虑"，也正是这个"事必先虑"，使得曹操阵营上下一心，团结对敌，必求全胜。

战争开始后，曹操打心眼里想速战。可是在官渡和袁军接触了一两仗后，曹操感觉到对袁军的估计虽然总体上没有错，但也不是如想象的那样容易"啃"得动。如果只凭一时之意气，战术上同样藐视袁军，势必要吃亏。于是果断地决定避其锐气，撤兵回营，避而不战，等待时机。

时机终于来了。徐晃的部将打探到袁绍的大将韩猛，从冀州运来军粮数千车，即将到达。曹操就派徐晃率骑兵奔袭，韩猛无准备，战败而逃，几千车粮食全部被曹军烧光。袁绍又从冀州送来1万车军粮，主要屯集在官渡东北方的乌巢，并派大将淳于琼率1万精兵严加守护。曹操得知这个情报之后，派兵暗地接近乌巢。曹军偷袭乌巢又获成功，袁军的1万车军粮化为灰烬。

袁军后方粮草两次被烧，前线张郃、高览又战败投降，军心不稳，不战自乱，决战的时机终于成熟了。于是曹操命令全军迅速出击。袁绍不及披甲戴盔，只得穿着便衣，扎着头巾，带着800骑兵，逃过黄河，其余主力不是降了，就是死了或逃了。曹军官渡取胜的过程，可以清楚地印证荀子"事必先虑，慎终如始"谋略的正确性和实用性。

积微速成

积微，月不胜日，时不胜月，岁不胜时。凡人好敖慢小事，大事至，然后兴之务之，如是，则常不胜夫敦比于小事者矣。是何也？则小事之至也数，其县日也博，其为积也大；大事之至也希，其县日也浅，其为积也小。故善日者王，善时者霸，补漏者危，大荒者亡。故王者敬日，霸者敬时，仅存之国危而后戚之，亡国至亡而后知亡，至死而后知死，亡国之祸败，不可胜悔也。霸者之善箸焉，可以时记也；王者之功名，不可胜日志也。财物货宝以大为重，政教功名反是，能积微者速成。《诗》曰："德輶如毛，民鲜克举之。"此之谓也。

《荀子·强国》

荀子对事物的发展过程作了一番探讨，他认为事物总是从低级阶段一级一级地发展到较高阶段，自然变化是如此，社会变化也是如此。在荀子著作中有一个叫做"积"的概念，有"积微"、"积靡"、"积物财"等。"积"的概念具体反映了事物变化过程中量的积累过程，当量积累到一定程度，事物性质就会发生根本的变化，荀子这一思想已初步具有"量变"引起"质变"的思想萌芽。

不仅如此，在这里，荀子还具体阐述了事物"积微"、"渐变"，即那种"积水成渊"的过程。他指出，积累微小的事情的成效，每月积累不如每日积累，每季积累不如每月积累，每岁积累不如每季积累。一个人凡是轻视小事，只在大事来到之后才开始努力实行，如果这样，那就常常不如那些努力去治理小事的人。这是为什么呢？因为小事来得频繁，办理小事的时间就多，积累起来数量也就大了。大事来得稀少，办理大事的时间就少，积累起来数量也就小了。所以爱惜每天时间的君主就能称王天下，爱惜每季时间的君主就能称霸天下，平时不努力，等出了漏洞才去补救就很危险，事事荒废就会亡国。所以称王天下的人重视每一天的时间，称霸天下的人重视每一季度的时间，勉强存在的国家有了危险才开始忧虑，将要灭亡的国家等到国家已经灭亡才知道亡国了，等到死亡临近才知道会死亡。亡国的灾祸真是悔不胜悔。称霸天下的人所做的好事是明显可见的，可以用季度来记录；称王天下的人的功名，就是每天记录都记不完。财物货宝以大为贵重，政事教化的功名则与之相反。能够积累微小的事情的人会很成功。《诗经》里说："德行似乎轻如鸿毛，可是很少有人能够举起它。"说的就是这个意思。

荀子是告诫人们，只有善于日积月累做好小事的，才能很快地成就大事。如果一个人总是轻视做细小的事情，等大事来了以后，才致力去处理，荀子认为这种人是办不好事情的。

在荀子之前，许多思想家对事物的变化过程也作过不同程度的探索，如《易传》在解释《渐卦》的含义时说："渐者，进也。"（《易·序卦传》）这里明显地表明，当时的思想家对量变到质变的过程有了一定程度的认识。但他们的论述，远不如荀子丰富和深刻。

正因为"积微速成"揭示了事物变化的内部规律性，所以古之开明之士，无论是在治国，还是在修身中，都注重以此指导自己的行动。开创"贞观之治"的唐太宗李世民，就有一个"遇物诲谕太子"的故事。

据《贞观政要》记载：

贞观十八年，李世民对侍臣说："古代有胎教世子的传说，我却没有时间顾及。但是自从立了太子，遇事必定教诲使他懂得道理。见他吃饭，问他说：'你知道饭是从何来的吗?'他回答说：'不知道。'我说：'凡是耕种、收获这些辛苦的农事，要付出劳力，不占用农事季节，就没有这饭吃。'看见他骑马，又问他说：'你知道骑马的道理吗?'他回答说：'不知道。'我说：'马是能够代替人劳苦的，按时让它休息，不要耗尽它的体力，就可以常有马骑。'看见他乘船，就问他说：'你知道乘船的道理吗?'他回答说：'不知道。'我说：'船好比是国君，水好比是百姓，水能载舟，亦能覆舟。你刚做太子，能不畏惧吗?'看见他靠在弯树下，又问他说：'你知道这弯树的道理吗?'他回答说：'不知道。'我说：'这树虽然弯曲，经过墨线就可以加工成直材；做国君的即使没有德行，能接受规劝就可以成为圣君。这是傅说所说的话，可以作为自己的鉴戒'"。

李世民

李世民之所以对自己的接班人抓紧随机教育，不能不说是他重视"防微杜渐"的道理。

李世民不仅自己亲自对太子进行随机教育，而且以"善不积不足以成名，恶不积不足以灭身"为警戒，从社稷、霸业流传考虑，特意命令魏征采录自古以来帝王子弟成败的事实，取名为《自古诸侯王善恶录》，赐给宗室诸王人手一份。在这本《自古诸侯王善恶录》的序言中，更是大讲了一篇

"积善"和"防微杜渐"的道理，以点明此书的宗旨，及时对诸王侯进行警戒。序言说：

"观察那些身当其期，承受天命，掌握版图治理天下的帝王，都建置至亲诸侯来保障王室，事情记在典籍上，可以拿来讨论研究。从黄帝分封25个儿女，舜任命16个部族首领，经过周代、汉代，到陈代、隋代，分裂国家，大动国家根基的人多了，诸侯王有的安定王族，随着时代沉浮；有的失去封国，忽然灭亡，不能祭祀祖先。然而考察他们盛衰兴亡的情况，功名成就的，都依靠最初分封的君王；丧国亡身的，多属后继袭封的子孙。这是为什么呢？始封的君王，遇上国家草创时期，看到帝王事业的艰难险阻，知道父兄的忧劳勤苦，因此，处上位不骄奢，早晚不懈怠。有的设甜酒招待贤人，有的一饭三吐哺接见贤士。所以喜欢听逆耳的忠言，得到百姓的欢心。生前建立最高尚的德行，将恩泽遗留到身死之后。到了承袭封爵的子孙一代，多遇太平盛世，在深宫之中出生，在妇人手里长大，不因在高位的危险而忧慎，哪里知道耕种收获的艰难？亲近小人，疏远君子，宠爱美妇，轻视美德。违背礼义，贪恋酒色，没有节制，不遵守法令制度，超过本分等级。仗恃国君一时宠爱，就怀有与嫡子匹敌的企图，自夸某一件事情的小功劳，就产生不可满足的愿望。抛弃忠贞的正道，踏上犯法作乱的邪路。任性不听规谏而违背天意，坚持错误而不知改正。即使有梁惠王、齐威王的功绩，有淮南王、陈思王的才能，也摧折了疾飞于云霄的翅膀，成涸泽之鱼；丢掉了齐桓公、晋文公那样的大功，落得梁冀、董卓那样被杀头示众的下场。留作后世的明鉴，能不可惜吗？太宗皇帝用圣贤的姿态，拯救倾危的国运。显耀七德，扫清六方；统一天下，使百姓朝拜。安抚四方边远之国，对九族亲善和睦。咏《棠棣》乐章，顾念兄弟之情，以连城封赐宗子，辅佐王室。心中充满恩爱，无日不在思念。于是命令下臣，考察辑录典籍所载，广泛寻求借鉴，为子孙后代打算。臣特此竭尽忠诚，考查前代的训诫。凡是藩镇诸侯、屏翰重臣，有封国有家族的人，他的兴盛必然由于积累善行，他的衰亡必然都是恶行积聚。由此可知，不积累善行，不能够成就功名；不积聚恶行，不会毁灭自身。那么福祸不定，吉凶在于自己，由人招致，这岂是空话！如今录取古代诸王行事得失，分别其善行、恶行各为一篇，称为《诸王善恶录》。希望能使诸王见贤思齐，能够扬名不朽；知恶能改，能够避免大的过失，接受别人的好意见就会得到赞誉，能改过就没有灾祸。这关系到国家兴亡，能不自勉吗？"

唐王朝能够有几代兴盛，应该说与李世民这位开明皇帝能用"积微速成"的道理告诫后代勤于守成，有着一定的联系。

泰山崩于前而不惊

人的一生，很多时候都风平浪静并不会有太大的变故，但也会不可避免地遇到危险和紧急的情况。往往这个时候，一个人如何行事，就能反映出他修养的高低。

生活中，我们不可避免地会遇到一些突发事件，当你遇到紧急的事情时，是否能像荀子所说的那样，做到临危不乱，随机应变呢？事实上，我们大多数人都做不到这一点，即使是芝麻大的小事，也慌慌张张、冒冒失失，就像天要塌下来似的。

完全没有必要这样，任何时候都不能够乱了阵脚，你越紧张就越想不出办法，反而会让问题变得更加复杂，甚至衍生出更多不必要的麻烦。

在荀子看来，面对突如其来的事情，我们要做的第一件事，便是将情绪稳定下来，这样才能镇定地想出解决的方法。

云居禅师每天晚上都要去荒岛上的洞穴坐禅。有几个爱捣乱的年轻人便藏在他的必经路上，等到禅师过来的时候，一个人从树上把手垂下来，扣在禅师的头上。

年轻人原以为禅师必定吓得魂飞魄散，哪知禅师任年轻人扣住自己的头，静静地站立不动。年轻人反而吓了一跳，急忙将手缩回，此时，禅师又若无其事地离去了。

第二天，他们几个一起到云居禅师那儿去，他们向禅师问道："大师，听说附近经常闹鬼，有这回事吗？"

云居禅师说："没有的事！"

"是吗？我们听说有人在晚上走路的时候被魔鬼按住了头。"

"那不是什么魔鬼，而是村里的年轻人！"

"为什么这样说呢？"

禅师答道："因为魔鬼没有那么宽厚暖和的手呀！"

他紧接着说："临阵不惧生死，是将军之勇；进山不惧虎狼，是猎人之勇；入水不惧蛟龙，是渔人之勇；和尚的勇是什么？就是一个字：'悟'。连生死都已经超脱，怎样还会有恐惧感呢？"

毋庸置疑，临危不乱，处变不惊，是一种能力的表现，是一种智慧与博学的体现，是一种儒雅的大将风度。在任何时候，我们都应该以一种平和的心态来面对各种紧急情况，只有这样，我们才能够把事情处理得妥当圆满。

能在意外变故的惊吓和美好事物的诱惑面前面不改色、毫不动心，那么这样的人即使不能有一番非常大的作为，也必将能干大事。没有这种心理素质，就会心神不宁，患得患失，这样怎么能在混乱中抓住先机，寻找正确的出路呢？

如果你真想学本事，那么就尝试着让自己高兴时不要得意忘形，碰到难题时也不要急得跺脚，不管别人说什么做什么，都不要急于表达自己的意见，冷静应对，给自己充分的思考时间，那么自然能理智地应对事物，自然不会把喜怒挂在脸上了。

与人交往，伤害别人总是那么短暂的一瞬间；做事决策，错误的总是细微的失误。一个人难的不是偶尔做事谨慎，而是一贯如常。我们的喜怒情愫能影响周围的人，甚喜时炫耀自我，甚怒时迁怒于人，恐怕世人皆有吧！所以说不形于色是要做到常态，而不能仅凭一时之兴。

北宋苏洵在其作《心术》中说："泰山崩于前而不变色，麋鹿兴于左而目不瞬，然后可以制利害，可以待敌。"世界上很少有人能保持天塌下来也不惊慌的心态，所以成功的人总是少数。

一个临危不乱、处变不惊的人，在遇到变乱之时会勇敢地面对现实，从容不迫地接受一切，而不是丧失斗志，听天由命。

荀子反对"天命论"，主张"人定胜天"。他认为，人那种悠闲镇定的心态和行为，并不是天生就有的，而是后天修养的结晶。缺少了这种修养，遇变乱之事，就会一败涂地；拥有了这种修养，则会镇定自若地处事应变。

荀子还具有长远的眼光，他认为，在无变乱时，就要有提防之心，居安思危，如此，才能防止意外变故的发生。

遇到突发事件，千万不能慌乱，要冷静机智地去处理，在短时间内分清利害，找准最正确的路径，从而化危机于未萌。生活中，许多人在遇到危急的情况时，总是以激烈的情绪来应对，但事实上，这样不仅不能解决问题，反而会使问题变得更加复杂。所以，面对突如其来的事情，我们首先要做的是镇定。

能屈能伸方为智者

人应根据时势，需要屈时就屈，需要伸时就伸。屈于应当屈的时候，是智慧；伸于应当伸的时候，也是智慧。屈是保存力量，伸是光大力量；屈是隐匿自我，伸是高扬自我。屈伸之道是一种智者的处世智慧，没有一定的修养是难以做到的。

荀子十分赞赏宁武子，认为他那种聪明的表现别人还能做到，而他在乱世中为人处世的那种包藏心机的愚笨表现则是别人难以做到的。

宁武子是春秋时卫国有名的大夫，姓宁，名俞，武是他的谥号。

宁武子经历了卫国两代君王的变动，由卫文公到卫成公，两个朝代国家局势完全不同，他却安然做了两朝元老。

卫文公时，国家安定，政治清明，他把自己的才智能力全都发挥了出来，是个智者。

卫成公时，政治黑暗，社会动乱，他仍然在朝中做官，却表现得十分愚蠢鲁钝，好像什么都不懂。但就在这愚笨外表的掩饰下，他为国家做了不少事情。

当然，荀子提醒我们在恶劣的环境里要柔顺得像蒲苇一样，不是向环境屈服，不是真的浑浑噩噩，更不是改变自己的信念和操守，而是以退为进，以愚守智，不去做无谓的牺牲，不去授人以柄，而是麻痹对方，养精蓄锐，等待时机。

管仲，生于世风日下的东周末期，他不得志时，曾三次上战场都败北而逃，和朋友鲍叔牙一同经商，常多取一分利益，他的朋友鲍叔牙并未因此看轻他，知他家贫，要留下性命做大事。后他见齐桓公，齐桓公问他富国强兵之道，他开口就说："礼义廉耻，国之四维，四维不张，国乃灭亡。"

其实管仲心中藏有很大的原则、很高的见识。后来他辅佐桓公九合诸侯一匡天下，多用权术。领兵伐楚之时，仅责其未贡包茅给周朝廷，因为他知道，责楚以一件小事，大家才好退兵。否则真正打起来，齐也赢不了楚。再后来，齐桓公生活越来越奢侈，他也跟着越来越奢侈，意思是要为主公"分谤"，不能让老百姓都只责备桓公。

齐桓公亲近易牙、竖刁、开方三个小人，每日沉溺女乐，管仲也不谏阻。他说，人君大权在握，难免要图些享受，势难阻止，只要在施政方面还能照顾人民，也能信任臣下去做，其个人的沉溺不必太去干涉，免得君臣之间闹僵了，反而坏了事情。

直到临死之时，才劝桓公远离那三个小人。桓公问他为何从前没说。管仲说，我知主公喜欢他们，只要我在，那三个人大概也不会作乱，所以我也不必阻止主公亲近他们。但我快要死了，主公宜自己小心。

在现实生活中，大的政治环境、社会环境是正常的、清明的，但也难免遇到小环境不好的情况。比如，有的单位人际关系很复杂。在这种情况下，你不妨"愚钝"一些，不去说三道四，不锋芒毕露，不四处树敌，不卷入人际关系的是非之中。如果实在不行，三十六计，走为上。再如，生活中发现了坏人坏事，不要鲁莽地硬碰硬，而是要冷静以对，通过有利于保护自己的渠道与坏人坏事作斗争。

事实上，荀子并不是教我们耍诈，而是教我们在恶劣的环境中如何既坚持正义，又保护自己。

有一位图书情报专业毕业的硕士研究生小陈，被分到上海的一家研究所工作，从事标准化文献的分类编目工作。他认为自己是学这个专业的，自然比那些原班人马懂得多，刚上班时，领导也摆出一副"请提意见"的派头，这种气度让他受宠若惊，于是工作伊始，他便提出了不少意见，上至单位领导的工作作风与方法，下至单位的工作程序、机制与发展规划，都一一综列了现存的问题与弊端，提出了周详的改进意见，领导点头称是，同事也不反驳。

可结果呢，不但没有一点儿改变，他反倒成了一个处处惹人嫌的人，被单位掌握实权的某个领导视为狂妄、骄傲乃至神经病，一年多竟没有安排他具体做什么事。

后来，一位同情他的老太太悄悄对他说："小陈哇，我当初也同你一样，使我一辈子抬不起头，你还是换个单位吧，在这儿你把所有的人都得罪了，别想有出息。"

这位研究生只好炒领导的鱿鱼，跳槽了。

临走时，领导拍着他的肩膀说："太可惜了！我真不想让你走，还准备培养你当我的接班人哩！"那位研究生一边玩味着"太可惜"三个字，一边苦笑着离开了。

大巧若拙，大勇若怯，为人处世善于隐藏者，比之锋芒毕露者，不知高明多少倍。故事中的青年，正是由于不懂得屈伸之道，才忘记了谦逊和隐藏锋芒，最终自己害了自己。

荀子借用《诗经》中的话总结说："左之左之，君子宜之；右之右之，君子有之。"该向左就向左，君子能适应它；该向右就向右，君子也能适应它。荀子说，为人处世达到这样的境界，也就掌握了与时屈伸的处世之道了。

的确，假若你聪明能干，在环境好的情况下，可以尽情发挥；可在环境恶劣时，如果聪明过分显露，就可能招致灾祸。环境恶劣时，应该将聪明隐藏起来，从而有效地保护自己，减小外界的阻力，不露声色地做些踏踏实实的事情。因此说，想成大事，能屈能伸助你顺利获得成功。

避己之短，扬己之长

能够利用自己的长处，避免自己的短处，善于变化，充分发挥自己的聪明才智，使自己处于有利地位，就容易获得成功。

有一天，齐王要田忌和他赛马，规定每个人从自己的上、中、下三等马中各选一匹来比赛，并约定，每有一匹马取胜可获千两黄金，每有一匹马落后要付千两黄金。当时，齐王的每一等次的马比田忌同等次的马都要强，因此，如果田忌用自己的马与齐王同等次的马比赛，则田忌必败无疑。

但是结果田忌并没有输，反而赢了一千两黄金。这是怎么回事呢？原来，在赛马之前，田忌的谋士孙膑给他出了一个主意，让田忌用自己的下等马与齐王的上等马比，用自己的上等马与齐王的中等马比，用自己的中等马与齐王的下等马比。田忌的下等马当然会输，但是上等马和中等马都赢了。

还是同样的马匹，由于调换了一下比赛的出场顺序，就取得了转败为胜的结果。之所以如此，正是因为田忌运用了扬长避短的策略。

我们每个人都有自己的短处，也都有别人不具备的长处。充分发挥自己的长处，就容易取得成功。即使是能力不强，或者智力、体力上有缺陷的人，也有他人所不及的长处，一样可以通过努力取得成就。

然而令人惋惜的是，生活中有这样一种人，他们往往没有将自己的才干发挥在他们能做得最好的工作上，而是将他们的才干用错了地方。这也就是为什么许多人本应获取成功，而实际上却碌碌无为的原因。

如果撇开了自己最擅长的工作不干，便等于抛弃了自己所拥有的最重要的竞争优势。在别的工作上，即使自己努力克服弱点，至多也不过使自己得到一个"业余专家"的美称。

荀子并不赞成这样做，他主张在自己擅长的领域中力求专精。由此就要求我们注意以下几点：认清自己真正的才能；以自己最擅长的方面为基础，去谋求最佳的发展；不断学习，不断吸收新的知识，与时俱进，充实和提高自己。

从前，西西里有位国王叫里昂提斯，他的皇后赫米温妮既美丽又贤慧，两人相处得非常和睦。

有一次，里昂提斯邀请自己的老朋友——波希米亚国王波力克希尼斯来西西里做客。他吩咐皇后赫米温妮要殷勤地招待他的老朋友，皇后按他的意思盛情款待了客人。波力克希尼斯住了好久之后，准备回去了。赫米温妮又应丈夫的要求与他一起真心挽留客人多住一些日子。波力克希尼斯为赫米温妮的好客和温柔委婉的话所打动，便决定再多住上几个星期。于是悲剧就开始了。

尽管里昂提斯国王清楚赫米温妮对波力克希尼斯的热情和殷勤都是自己所关照的，但是，一种难以克制的嫉妒心逐渐在他心中暴露出来，竟然怀疑皇后对他不忠，与他的朋友有暧昧关系。本来是亲密忠实的朋友、最体贴入微的丈夫，现在忽然变成了野蛮的、没有人性的怪物。

他密令大臣卡密罗去毒死波力克希尼斯，卡密罗知道国王被嫉妒心冲昏了头，他悄悄地告诉了波力克希尼斯实情，并帮助他逃离了西西里，里昂提斯国王更加生气，就把全部的怒火发泄到皇后赫米温妮身上。他下令把皇后关到大牢里，给予种种折磨。

皇后身怀六甲，进了监牢不久便生下一个女儿。皇后希望娇弱可爱的新生命能够打动国王，但国王不但没有任何怜悯之意，反而命人把孩子扔到荒僻的海岸抛弃掉。不仅如此，残忍的国王还当着全体大臣的面公审皇后，决定判她死罪，这时，由于对母亲受辱一直闷闷不乐的王子终因忧虑过度而死去，皇后也受刺激昏迷倒地，但国王仍无动于衷，叫臣下暂时把皇后带下。

在此情况下，皇后知道自己不死，国王不会放过她，于是与一直帮助她的好心人宝丽娜商议避难之策。宝丽娜出了一个主意，叫皇后装作死去，然后她去把这个消息告诉国王。

国王听说皇后死了，这才有点醒悟，开始后悔自己对皇后太残忍了。现在他想一定是他的虐待使赫米温妮感到世无明日，于是他相信她是清白无辜的了，从此，国王陷于深深的悔恨之中凄凉地苦度着岁月。

皇后的女儿被一位牧羊人救走抚养成一个美丽的姑娘。牧羊人根据她身上所带的宝石，送她到西西里去与父亲里昂提斯相识，女儿长得与她的母亲几乎一模一样，因此，里昂提斯一见自己的女儿，既高兴又伤心，他伤心自己错怪妻子，悔恨自己将妻子虐待致死，里昂提斯高兴的是，女儿终于没有被自己害死，现在父女团圆之际，不由得更加思念起善良的妻子来。

目睹了这一切的宝丽娜也不禁被这个情景所感动，她觉得国王已经真正后悔，他也受到了足够的惩罚，应该把真情公开出来了。于是，她把隐居多年的皇后赫米温妮叫出来，说出了真相，让他们夫妻、母女相见。国王激动万分，真诚地请皇后原谅他的过失，从此诚心改正，一家人又像从前那样和睦、欢乐。赫米温妮虽然受了许多年苦，但终于得到了补偿。

赫米温妮皇后为了保全自己的性命，避免进一步的迫害，不得不暂时装死，直到国王醒悟，情况不再危及自己的性命，再露出真相，从而达到夫妻破镜重圆的目的。

在无法赢取竞争对手的情况下，不妨故意先输他一把，在对手消停下来之后，迅速出击，战胜他。这就是人们常说的扬长避短的行事谋略，也是自我保护的应变韬略之术。

毫无疑问，人的先天条件是有差别的，有的人天资聪颖，有的人天生反应迟缓；有的人用一小时就能学会的知识。而另一些人也许花一天也学不会。要承认这种先天的差别。一个人越早发现和正确判断自己能力的水平，就越能找到自己所处的最佳位置，及早做出正确判断，把精力用于自己擅长的方面，也许能成为这个领域的佼佼者。

未雨绸缪，有备无患

所谓"未雨绸缪"，即趁着天还没有下雨，先把窝巢缠绑牢固。比喻事先做好准备，防患于未然。人宜远虑，历来为儒家所重视。

武王灭纣后，封管叔、蔡叔及霍叔于商都近郊，以监视殷遗民，号三监。武王薨，成王年幼继位，由叔父周公辅政，致三监不满。管叔等散布流言，谓周公将不利于成王。周公为避嫌疑，远离京城，迁居洛邑。不久，管叔等人与殷纣王之子武庚勾结行叛。周公乃奉成王命，兴师东伐，诛管叔、杀武庚、放蔡叔、收殷余民。周公平乱后，遂写一首《鸱鸮》诗与成王。其诗曰："趁天未下雨，急剥桑皮，拌以泥灰，以缚门窗。汝居下者，敢欺我哉？"周公诗有讽谏之意，望成王及时制定措施，以制止叛乱阴谋。成王虽心中不满，然未敢责之。

后来，大家把这几句诗引申为"未雨绸缪"，意思是说做任何事情都应该事先准备好，以免临时手忙脚乱。

孔子云："人无远虑，必有近忧。"人如果不考虑长远，那么忧患一定会在近期出现。

概括而言，荀子的话中，包含了两层含义。

（1）先事虑事

荀子曰："先事虑事谓之接，接则事优成。"在事情发生之前有所考虑的叫做迅速，迅速则事情就能圆满完成。

正如《礼记·中庸》中所说："凡事预则立，不预则废。"无论做什么事，事先要有所准备才能成功，否则就会失败。

凡事应未雨绸缪。否则，平时不做充分的准备，当事情发生之后才去想应对之策，显然太晚。"平时不烧香，临时抱佛脚"，临渴掘井，往往事与愿违。

做学问，书到用时方恨少，是由于平时读书太少所致；干事业，到手的机遇抓不住，往往是因为平时没有做充分准备。

荀子说："事情来了之后才考虑的叫做落后，落后事情就办不成。"

所以，凡事做好充分准备，才能有备无患。

除此之外，"先事虑事"还包含着一种"事先筹划"的意思。做事情要周全，事先预定一个完整的计划，事情就容易办成。

（2）先患虑患

荀子曰："先患虑患谓之豫，豫而祸不生。"在祸患发生之前对祸患有所考虑的叫做预见，有预见祸患就不会发生。

其实，荀子这里所说的是一种"居安思危"的忧患意识。所谓"居安思危"，即在安定的环境里，要考虑到有可能出现的危难。

生活中，许多因素并不是人可以完全把握的，祸患、灾难随时都有可能发生。所以，人们在安定的时候，应保持谨慎，对此应有所预见，有所警惕并有所防备，以免在灾祸来临之时，因自己毫无防备而措手不及，轻则摔跤跌倒，重则招致灭顶之灾。

荀子举例说："修、钵这两种鱼，喜欢浮出水面晒太阳。在沙滩上搁浅后又想回到水中，那么就来不及了。遭遇祸患后才想谨慎，也就没有什么可补益的了。"

荀子又说："祸患来了才考虑的叫做穷困，穷困则祸患就无法抵挡。"

人不能居安思危，往往就会麻木地陶醉在一种舒适的生活中，幻想自己的生活永远风平浪静。显然，我们不能坐等危机的到来，而应先患虑患。

狡兔三窟本来是指兔子在生存过程中为了对付天敌而自然形成的一种本能之术。说的是狡猾的兔子往往有好几个藏身的洞穴，以便于逃避灾祸。将狡兔三窟之术运用于社会生活的，当首推冯骥。

冯骥，又称作冯谖，战国时齐国贵族孟尝君门下的食客，此人虽无显赫功名，但见识深远，谋事有方，是位智慧过人的奇才。冯骥衣食无着，投靠于权门之下时，本来胸有奇才，但并不自夸自诩，相反，却自称"无好"、"无能"。结果，孟尝君家的管家将他列入最低等的门客，给他粗劣的饮食。

冯谖不服气，几次发牢骚，于是，孟尝君把他从下等门客升到中等门客，又从中等门客升到上等门客，受到器重后，冯谖决计报效孟尝君。一次，冯谖自告奋勇要求到孟尝君的封地薛城为其收债。到了薛城，冯谖不但没有催逼百姓们还债，还以孟尝君的名义把带去的债券当着债户的面全部烧了，老百姓欢呼雀跃。冯谖空手而归，一大早求见孟尝君。孟尝君见他如此快就回来了，很是奇怪，问冯谖收到债后买些什么回来了。冯谖回答道："你说让'买你家缺少的'，我考虑后觉得你家什么都不缺，唯独缺的是'义'，我就为你买了'义'。"

孟尝君听后心里很不高兴，但为了顾全面子，没有说什么。一年后，齐闵王听信谗言，免去了孟尝君的相国职务。孟尝君只好回到自己的封邑薛城。没想到，薛城的老百姓扶老携幼，到半道来迎接他。望着欢迎的人群，孟尝君才恍然大悟，对冯谖说："先生为我买的'义'，今天才真正看到了。"这时冯谖又进言："狡兔有三窟，才能幸免于死。如今公子仅有一窟，还不能高枕而卧，请让我为您再营两窟。"孟尝君听后一阵惊诧。冯谖接着说："请公子借我高车使用数日，我要让齐王在不远的将来，重新任公子为相。"

当时，孟尝君在各国中的声望较高，各国为了争雄天下，都渴望人才归附。冯谖就带车五十乘、金五百斤，去魏都大梁（今河南开封）游说梁惠王，说齐国放逐大臣孟尝君到各诸侯国去，谁先得到他，谁就能富国强兵霸天下。梁惠王立即把原来的宰相调去任大将军，派使者带黄金千斤，车百乘，前往聘请孟尝君到魏任宰相。冯谖又先行一步赶回来告诉孟尝君，要他含蓄推辞，以便让齐闵王知道此事。

孟尝君依计，梁惠王的使者跑了几趟，也未应允。齐闵王果然得知了梁惠王重金聘请孟尝君的事，大臣们也很惊恐，害怕孟尝君为他人所用对齐国不利，于是，齐闵王再次起用孟尝君。这时，冯谖又给孟尝君出主意，要他让齐闵王用先王传下的祭器，在薛城建立宗庙，这样可以进一步巩固孟尝君的政治地位。宗庙修成后，冯谖告诉孟尝君，三个窟都建好了，你可以高枕无忧了。本来罢相遭逐的孟尝君，因冯谖的狡兔三窟之术，复掌相国大权，声威更加显赫。

从冯谖为孟尝君智营三窟可以看出，狡兔三窟主要是为了应付多变的政治风云而采用的权术。它启发了人们，事不可做绝，多留条后路。从这个意义上说，该应变术带有较大的贬义性质。然而，狡兔三窟也包含着做多手准备，有备无患，留有余地，以防意外等义，这在政治、经济乃至整个社会生活中，是有积极意义的。

应变就是要在事情发生之前就有所考虑，事情才能圆满完成；在祸患发生之前有所考虑，祸患就不会发生。未雨绸缪，有备才无患。

与世并行，接物随世

"君子时诎则诎，时伸则伸"，融原则性与灵活性于一身，通权达变、与时偕行、进退自如，这是君子人格的表现，孟子就盛赞"伯夷，圣之清者也；伊尹，圣之任者也；柳下惠，圣之和者也；孔子，圣之时者也"。（《孟子·万章下》）

已成为流行语的"与时俱进"一词有着深厚的传统文化底蕴。传统文化既主张坚持原则、坚守道义，也强调与时屈伸、待机而动。比如充满辩证智慧的《周易》一书就反复强调要"与时偕行"：

《乾·文言》："终日乾乾，与时偕行"；"亢龙有悔，与时偕极。"

《逐·彖辞》："刚当位而应，与时偕也。"

《损·彖辞》："损刚益柔有时，损益盈时，与时偕行。"

《益·彖辞》："凡益之道，与时偕行。"

《丰·彖辞》："日中则昃，月益则食，天地盈虚，与时消息，而况于人乎？况于鬼神乎？"

《小过·彖辞》："过以利贞，与时行也。"

荀子主张与世并行，接物随世。除本篇外，在《非相》、《效儒》两篇中均有"与时迁徙，与世偃仰"之语，"迁徙"意为变化，"偃仰"意为俯仰。所谓"与时"，就是要善于适应时势变化，审时度势，时可废则废，时可兴则兴，即《周易》所谓"君子藏器于身，待时而动"（《周易·系辞下》）。与时偕行、待时而动展现出中国文化自强不息的创新精神。

在《不苟》篇中，荀子指出"君子以义屈信变应"，这里荀子又强调"与时迁徙，与世偃仰"，认为随世而迁、与时俱进是圣人的特点。

当然，"与时迁徙，与世偃仰"不是说要像墙头草一样随风倒，更不意味着人就可以自暴自弃，甚至同流合污、为虎作伥，"迁徙"、"偃仰"是以"义"为原则的，是以坚持原则为前提的。

例如，春秋战国时期贤士奔走列国，"良禽择木而栖，良臣择主而事"，"用之则行，合之则藏"（《论语·述而》），但与此同时，"道"却是士人进退仕隐的原则和标准：

《论语·泰伯》："危邦不入，乱邦不居。天下有道则见，无道则隐。"

《论语·宪问》："邦有道，谷。邦无道，谷，耻也。"

《论语·卫灵公》："邦有道则仕，邦无道则卷而怀之。"

因而，对君子而言，最重要的莫过于修身养性、"守死善道"（《论语·泰伯》），养精蓄锐，待时而动，如孟子所谓"穷则独善其身，达则兼济天下"（《孟子·尽心上》）。白居易在给友人的信中也语重心长地写道：大丈夫所守者道，所待者时。时之来也，为云龙，为风鹏，勃然突然，陈力以出；时之不来也，为雾豹，为冥鸿，寂兮寥兮，奉身而退。进退出处，何往而不自得哉？故仆志在兼济，行在独善（《白居易与元九书》）。由此可见，"与时迁徙，与世偃仰"、"以义屈信变应"已成为古人的行为准则。

面对日益激烈的竞争现状和社会的快速发展，我们更应该与时俱进，顺应时代，这样才能立于不败之地。

社会生活的发展变化，不断要求企业适应社会的发展。如果一个企业始终生产一种产品，即使这种产品是一种王牌，也会逐渐失去自己的市场。这就要求经营者要懂得与时俱进。

英国 GKN 公司始创于工业革命开始时期，到 19 世纪末，发展成为世界最大的钢铁企业之一。但是，随着钢铁工业的国有化，GKN 公司失去了主要支柱产业，只剩下一个空壳。

GKN 何去何从？围绕着 GKN 的前途问题，公司的高层管理人员争论不休。霍尔兹沃恩当时在 GKN 公司内任会计师，有幸参与了这场争论。在经过缜密的调查后，霍尔兹沃恩谨慎地向 GKN 公司董事会呈交了一份有关公司发展前途的战略报告。

按照霍尔兹沃恩的报告得出的结论：GKN 公司将不再是一个钢铁集团公司，因此，公司应立即转向开发新产品。但是，GKN 公司刚刚投建了一家年产 600 万吨钢管的钢管厂，如果采纳霍尔兹沃恩的建议，钢管厂将被关闭，所有投资都将化为乌有；再者，霍尔兹沃恩不过是一名微不足道的会计师。在权衡"利弊"之后，GKN 公司的决策层放弃了霍尔兹沃恩的建议，仍按既定方针推进钢管厂的生产。

历史的进程完全证实了霍尔兹沃恩的战略预测。仅仅过了两年，GKN 公司的钢管厂陷于困境，不得不停产。董事会的董事们在焦头烂额之际才想起了霍尔兹沃恩，于是破格把他提升为公司的副总裁兼常务经理，霍尔兹沃恩上任后就着手公司转向的工作。他买下比尔菲尔德公司，将该公司生产的一种新型产品投入欧洲和北美市场，又开发出一种廉价的运输机，使产品畅销全世界。GKN 公司顿时面貌全新。不久，KCN 又研制出新型战斗机"勇士"号，一举占领了英国军用机生产市场，为 GKN 公司带来了巨大的利润。

1980 年，霍尔兹沃恩因业绩非凡而被公司任命为董事长。这时，英国的钢铁工业陷入一团糟的窘境，GKN 公司也因此受到冲击，面临新的严峻考验。

在新形势之下，霍尔兹沃恩的同行们都认为这是工人罢工造成的，霍尔兹沃恩在调集了各方面的资料进行研究后提出了一个完全不同的观点：这是英国工业衰退的先兆，更大的衰败即将来临。

霍尔兹沃恩毫不犹豫地采取措施改变公司的产业结构。他先后卖掉了公司在澳大利亚的钢铁业股权和英国的传统机械公司，同时在法国、美国和英国本土创办了五家新公司。

对霍尔兹沃恩的大胆举措，许多董事提出异议。霍尔兹沃恩不为所动，坚持"我行我素"。不久，英国工业的全面衰败果然来临，GKN公司因早有准备，使损失降到了最低，而其他公司则纷纷倒闭。人们无不为霍尔兹沃恩的高瞻远瞩和果断举措而赞叹。

如今，GKN公司已成为全世界开发复杂新型机械产品和应用最新技术的领头羊，霍尔兹沃恩也成为一位举世公认的企业战略家，成为英国工业界的骄傲。

《左传·隐公十一年》云："度德而处之，量力而行之。"衡量自己的德行如何，以决定自己所处的地位；估量自己的力量大小，以选择自己采取的行动。在日常生活中，我们通过与形形色色的各种人交往，来衡量自己的品德操行能不能从善拒恶，从而决定对人的亲疏；而在处理难易不等的各种事务时，又应先估量一下自己的力量是不是能够胜任，然后制定好进退取舍的办事计划。只有这样，才能做到进退相宜，应变自如。

进退相宜掌握分寸不仅是人们为人处事的重要方略，也是商场中的一种应急应变策略。当人们在有利条件下，则须抓紧时机，以求迅速发展，而遇到难处，则又须审时度势，宜退则退。

事有两面，权衡利弊

事物都有两面性，"有荣则必有辱，有得则必有失，有进则必有退，有亲则必有疏"。在看到事物有利一面的同时，还要考虑到它可能带来的危害，权衡利弊、深思得失，而后再决定进退取舍。若只是盯着利这一个方面，势必动辄得咎，做则取辱。故有格言道："论人，当节取其长，曲谅其短；做事，必先审其害，后计其利。"

《淮南子·人间训》中有这样一个故事：

战国时，有位老人住在与胡人相邻的边塞地区，来来往往的过客都尊称他为"塞翁"。

有一天，塞翁家的马在放牧时走失了一匹。邻居们得知这一消息后，纷纷表示惋惜。可是，塞翁却不以为然，他反而释怀地劝慰大伙儿："丢了马，当然是件坏事，但谁知道它会不会带来好的结果呢？"

几个月后，那匹迷途的老马竟从塞外跑了回来，并且还带回了一匹胡人的骏马。于是，邻居们又一起来向塞翁道贺，并夸他在丢马时有远见。然而，这时的塞翁却忧心忡忡地说："唉！谁知道这件事会不会给我带来灾祸呢？"

塞翁家平添了一匹胡人的骏马，使他的儿子喜不自禁，于是便天天骑马兜风，乐此不疲。有一天，塞翁的儿子因得意忘形，竟从飞驰的马背上摔了下来，摔伤了一条腿，造成了终生残疾。善良的邻居们闻讯后，赶紧前来慰问，而塞翁却还是那句老话："谁知道它会不会带来好的结果呢？"

一年以后，胡人大举入侵中原，边塞战况紧急，身强力壮的青年都被征去当兵了，结果十之八九都在战场上送了命。而塞翁的儿子却因为跛腿，得以免服兵役，所以保全了性命。

这个故事在世代相传的过程中，渐渐地浓缩成了一句成语：塞翁失马，焉知非福。它说明好事与坏事都不是绝对的，在一定的条件下，坏事可以造成好的结果，好事也可能会造成坏的结果。

有一只木车轮因为被砍下了一角而伤心郁闷，它下决心要寻找一块合适的木片使自己重新完整起来，于是，离开家开始了长途跋涉。不完整的车轮走得很慢，一路上，阳光柔和，它认识了各种美丽的花朵，并与草叶间的小虫攀谈，当然也看到了许许多多的木片，但都不太合适。终于有一天，车轮发现了一块大小形状都非常合适的木片。于是，马上将自己修补得完好如初。可是欣喜若狂的轮子忽然发现，眼前的世界变了，自己跑得那么快，根本看不清花儿美丽的笑脸，也听不到小虫善意的鸣叫。

可见，有时失也是得，得即是失。当我们有所失的时候，生活才更加完整。从这个故事我们也可以渐渐体会到，许多苦恼的根源来自人们心中的一个误解，即完善自己的性格必须做到尽善尽美，才能获得别人的好感。然而，当人们踏上追寻完美的不归之路时，生活便渐渐变成了专门为他们捕捉过失的陷阱。所以，我们总是因怀疑自己做得不够好而愧疚与担心，担心爱我们的人会因此对我们感到失望，结果却适得其反。

人们当然要为其既定的目标积极努力，但无论怎样的生活都不会是一块无瑕的玉。环境的变化往往出乎你的意料，谁又能时时刻刻应付自如呢？精神分析学家戴维·柏恩斯在他的书中提到过一位著名律师的故事。这名大律师非常担心在办案时犯错误，因为，他害怕会因此失去同事们对他的尊敬。当他无法摆脱和控制这种情绪而向同事们讲出来后，令他惊异的是，无论他是否做错过什么，同事们都和他更亲近了，因为他们能够将他当做普通人看待。

只有不断完善自己的性格，努力塑造平常心，才能达到精神世界的完整。这样我们才能勇敢地面对自我能力的局限，勇敢地去实现梦想，不因失败而气馁。由此，我们便可触摸到平日所无法感知的那种完整了。生活不像游戏里的拼字小蜜蜂，无论已经拼对了多少个，只要错了一个就要被取消游戏资格。生活更像一个 NBA 赛季，即使最优秀的球队也要输掉一些场次，而实力最弱的球队也会打出自己绝妙的高潮，大家的目标就是争取赢的场次多于输的场次。

有失必有得。失去并不是永远的，只要我们把握好自己，失去以后定会有所收获。看看那些成功者们，他们善于放弃，也善于从失去中找到真正的价值。

有一个小和尚，他每天早晨都要到山下挑水，当他从山下爬到山顶时，水桶里的水就只有半桶了。这是什么原因呢？并不是因为小和尚走得太快，而是因为他的木桶在漏水。

一开始小和尚并没有发现这个问题，过了一段时间，小和尚发现了这个问题，于是他跑到主持那儿，希望主持为他换一对水桶。

荀子智慧

小和尚对主持说："主持，我每天从山下挑水上来，可木桶一直都在漏水，我想应该换一对木桶了。"

主持对他说："我知道了，你再用它挑两个月吧！木桶漏水也不一定是坏事。"

就这样，小和尚又用这对木桶挑了两个月的水，在他想去换木桶的前一天，主持找到了这个小和尚，他带着小和尚从山上往山下走去，又走了回来。一路上主持让小和尚仔细地观察周边的环境。到了寺里，主持问道："你有什么新的发现吗？"

"路边长了许多漂亮的小花。"

"为什么小花只开在山路的两边呢？"主持又问道。

小和尚摇了摇头对主持说："我不知道。"

"花只开在山路的两边，是因为你每天都在给它们浇水，只是你不曾想过罢了。"主持说道。

听了主持的话，小和尚猛然抬起头，对主持说道："我终于知道用漏水木桶挑水的原因了。虽然木桶失去了里面的部分水，可是换来了山路两边许多美丽的小花，弟子也明白了做事如此，做人也如此，在某些时候，失去并不一定是坏事。"

有时我们会羡慕那些金领，因为他们的薪水是我们的几倍。但是在羡慕的同时还应知道，他们刚开始时，也许条件还不如我们。但是他们并没有因为当前的条件而局限自己，而是以更加积极的行动去工作。在他们的心里，始终把能力、知识、经验排在金钱的前面。

每个人心里都应该有这样一个原则：不要因为现在的失去而放弃，无论现在得到的薪水是多少，都要明白，薪水只是你从工作中所获取的一小部分，在工作中获取的知识、经验才是无价之宝。

福事则和，祸事则静

荀子曰："敬戒无忌。庆者在堂，吊者在闾。祸与福邻，莫知其门。"意思是说，要严肃谨慎毫不懈怠。有时庆贺的人还在堂上，吊丧的人已经在门前了。祸患往往与幸福相邻，人们有时甚至还不知道祸福产生的原因。

福与祸是事物的两个方面，是不可分割的。福也好，祸也罢，有时就发生在瞬间，福祸的对立和转化也往往是一念之差。人生在世如果不懂得这其中的道理，就会受到福祸的捉弄。

比如说，人生中有很多事情常会变得扑朔迷离，让人诚惶诚恐或是迷失方向，而在很多时候又会出现峰回路转；当你正踌躇满志、洋洋得意时，却突然遭遇一盆冷水，浇得你失魂落魄；当你正在低迷徘徊或是沮丧消沉时，却突然柳暗花明，意外获得成功，让你欣喜若狂。

人生处在顺境和得意时，最容易张扬。张扬是许多没有远见的人的共性，他们本来就没有大志向也没有大目标，只是在一种虚荣心的驱使下向前奔跑，目的只是想博得众人的喝彩。所以众人的掌声一响便认为达到了人生目标，便想躺在掌声中生活，他们认为自己可以不必再奔跑，可以昂头挺胸地在人群中炫耀了。

张扬也可以说是一种误解，一种把暂时的得意看成永久得意的误解，一种把暂时的失意当成永久失意的误解。低调的人明白，这个世上永远没有永恒的事物，一切都是暂时的、相对的，所以也就没有什么值得张扬的事情。

太张扬的人，没有自己的追求和目标，有了一点点的得意便以为人生的荣耀不过如此。这些人中也有许多有才华的人做事、有实力的人和有发展前途的人，如果这些人能够踏踏实实地做人，可能会成就一番事业，可他们却往往因为目光短浅而在张扬中夭折。

荀子"福祸相依"的理论，包含着深刻的人生道理。睿智的荀子是在提醒我们，在遭受祸患时，不为祸患所吓倒，要有战胜祸患的信心；在享受幸福时，也需小心谨慎，不为幸福所迷惑，始终如一地按照做人做事的准则去行事。

朱元璋一生多次面临危机，越是危机时刻越能显出他的冷静和机智。能有计谋首先要胆大心细，在突发事件面前不慌乱，在短时间内分清利害，找准最正确的路径，而不是慌不择路，勇而无谋。

这就是朱元璋云游四海时不断感悟出来的成就一番事业的经验，这里有件事足以看出朱元璋的足智多谋。

元至正十四年（1354 年）春，郭子兴、彭大、赵均用等矛盾重重，为了争权夺利，你不让我，我不让你，聪明的朱元璋准确地判断时局，认定再与这样的人纠缠在一起，不会有什么出路，更无前途可言，恐怕还可能成为牺牲品，他决定寻机独立发展，自立一片天地。这时，正好定远张家堡驴牌寨有 3000 兵马，孤立无援，想来投奔起义军，朱元璋就自告奋勇，带领一队人马去说服这个驴牌寨的寨主。刚走到定远界，忽然间，驴牌寨营中排列出军阵，杀气腾腾。见此寡不敌众之势，朱元璋的随从吓得胆战心惊，几个部卒十分恐慌，打算掉头逃跑。

朱元璋一声喝住了他们，说道："彼众我寡，你能跑到哪儿去？只要撒马过来，哪个也逃不掉。你们不要怕，都随我前去，各等命令，见机行事。"几个人才镇静下来。这时营中走出两个将领，朱元璋高坐马上，威风凛凛，毫无畏惧，也无屈从之态。将领问话，朱元璋并没有亲口应答，而是命人回答说："从濠州来，与你们主帅议事！"看罢阵势，两个将领知道这伙人非同一般，便返回去。

一会儿，便有人出来请他们进寨。朱元璋对寨帅说："郭元帅听说将军粮饷艰难，别人想趁火打劫，特派我来相告：能相从则一起到濠州同聚，不然，请暂时移兵回避一下，免得遭人暗算。"朱元璋一席话不卑不亢，既有警告又有关心，打动了寨帅的心，他本来也是想投靠起义军的，只是放不下架子罢了，这回有人给了台阶下，此时不下更待何时？他决定准备一下就前往濠州。见事已毕，朱元璋就回到濠州。但三天后，有人报告说，那寨帅反悔了，正准备向别处转移。朱元璋急率300步骑赶到，对寨帅说："郭元帅派我带来300人马助你一臂之力。"寨帅将信将疑，防备愈严。

朱元璋见此情状，想到已非言语所能打动，便决定以计袭取。

他让一个兵士向寨帅报告说，寨中有人杀伤了朱总管的人，朱总管请寨帅去验看现场。待寨帅赶到，朱元璋的兵一下将他围住。朱元璋再次要他立即下定决心，寨帅成了俘虏，也就只能顺水推舟，驴牌寨营盘被一把火烧毁。经过改编，这3000兵马就隶属于朱元璋的麾下。

福祸相依蕴涵了物极必反的哲理。物极必反是指事物发展到极致时，就会向相反方向转化。

从福到祸

人在得意忘形之际，往往看不见近身的灾难。的确，生活就是这样，当它一脸和气地对你时，你往往觉得事事都顺，一笔可观的款项揣进腰包的感觉，就像是喝了蜜一样，透心地甜。随之你可能就忘乎所以了，殊不知，张狂过后该是怎样的结局？要知道"福"的负面就是"祸"，过于张狂了，"祸"也许就会随之而至，那时，你是否能够经得起这福去祸至的压力呢？

淡化利欲是应对不测的万全之策。凡事看淡些、看轻些，别贪一时之欢。好事降临时要记住居安思危的道理，淡泊利欲的诱惑才是处世的自然之理。要做到淡泊、睿智，以平常心待之，这样，当不幸降临时，你才能应对自如，才不会被突然降临的不幸压倒。

从祸到福

常在河边走，怎会不湿鞋。每个人在生活中都会遇到意外的打击或失败。考验一个人真正的品格和能力，就是看他如何面对失意的日子。如果他放大不愉快，那么他将度日如年，举步维艰；如果他藐视困难，积极应对，则很快就会走出困境。

因此，面对祸最重要的是态度：摒弃对于造成"祸"之根源和责任的纠缠，直面祸患，积极应对，妥善处理，或许我们可以因"祸"得"福"。

遇到突发事件时，一定要保持镇定，既不能慌乱，也不能头脑过热，要

荀子智慧

有计谋还要随机应变，不能固守一点坚持到底。在成大事者眼里，长远利益比眼前利益更重要。如果固守于眼前利益不放，就有可能输得更惨。因此，成大事者要明白：福事则和，祸事则静。

祸患皆源于细微

古人说："天下难事，必做于易；天下大事，必做于细。"在一个成功者的背后，起决定作用的往往是那些小细节，完善了小细节，才能做成大事情。有时，我们常抱怨祸患为什么发生在我们身上，而从未想过为什么会如此。

一切事物都是由小到大发展而来，都有一个由量的积累到质的变化的过程。因此，不能对小事情有所疏忽，应该慎对微小的变化。

荀子在《大略》中进一步说道："祸之所由生也，生自纤纤也。是故君子蚤绝之。"灾祸产生的原由，往往是细微之处。所以，君子要及早地消除它产生的原因。

在荀子看来，要想远离灾祸，就必须做到防微杜渐。

涓涓细流可以穿透岩石，参天大树是由嫩芽小树逐渐长成。人们常因忽略微小的细节，而造成祸患。如果从小的方面着手，在祸患还在萌芽时注意防止并消除它，就能够安定，情况就会好转。

概括而言，荀子所说的"防微杜渐"表达了两层含义：其一是防止对微小细节的忽略，其二是杜绝在渐渐中演变。"微"即细小，就像蝼蚁洞穴很小，一般不引人注意。但是，蚁穴的危害却极大。在河水上涨时，因蚁穴会发生管涌，堤堰内部被淘空而发生决堤事故。"渐"即慢慢地，是一种从量变到质变的过程，这种过程慢得不易使自己感知，也不易使别人察觉。但"渐"是一种足以致命的慢性病，初始阶段并无疼痛，但等达到一定程度时，往往已病入膏肓，回天乏术！

《史记·扁鹊传》中有这样一个故事：

扁鹊，战国时勃海郡郑地人，原名秦越人。"扁鹊"一词原本为古代传说中能为人解除病痛的一种鸟，秦越人医术高超，百姓敬他为神医，便称他为"扁鹊"，渐渐地，人们就把这个名字用在秦越人的身上了。

扁鹊云游各国，为君侯看病，也为百姓除疾，名扬天下。他的医术十分全面，无所不通。在邯郸听说当地人很尊重妇女，他便做了妇科医生；在洛阳，因为那里的人很尊重老人，他就做了专治老年病的医生；秦国人最爱儿童，他又在那里做了儿科大夫。无论在哪里，他都因高超的医术深受人们的欢迎。

有一次，扁鹊来到了蔡国，蔡桓公知道他名声很大，便宴请扁鹊。

扁鹊见到蔡桓公后，说："大王有病，就在肌肤之间，不治会加重的。"蔡桓公不相信，而且很不高兴。

五天后，扁鹊再去见他，说道："大王的病已经到了血脉，不治会加重的。"蔡桓公仍不信，而且更加不悦。

又过了五天，扁鹊又见到蔡桓公时说："大王的病已到了肠胃，不治会更重。"蔡桓公十分生气，转头便走。

五天又过去了，这次扁鹊一见到蔡桓公，就赶快避开了。蔡桓公十分纳闷，便派人去问。扁鹊说："病在肌肤之间时，可用熨药治愈；在血脉，可用针刺、砭石的方法达到治疗效果；在肠胃时，借助火剂汤的力量也能达到。可病到了骨髓，就无法医治了。现在大王的病已在骨髓，我无能为力了。"

果然，五天后，蔡桓公身患重病，忙派人去找扁鹊，而扁鹊已经离开了蔡国。不久，蔡桓公便病死了。

"扁鹊见蔡桓公"的故事告诉我们：凡事都应防微杜渐，把问题消灭于萌芽之中。否则，当问题变得不可收拾的时候只能追悔莫及。

工作中任何一个细节出了差错，都会影响全局。牵一发而动全身，每一件细小的事情所产生的后果都会被不断扩大，它们就不再是微不足道的小事情。

小郭是知名大学的毕业生，以优异成绩考入一家省级机关。

他胸中豪情万丈，一心只想鹏程万里。

不料上班后才发现，每日无非是些琐碎事务，既不需太多智能，也看不出什么成果，心便渐渐地冷了下来。

扁鹊见蔡桓公

一次单位开会，部门同仁彻夜准备文件，分配给他的工作是装订和封套。

处长再三叮嘱："一定要做好准备工作，别到时弄得措手不及。"

他听了更是不快，心想：初中生也会做的事，还用得着这样嘱咐，根本没理会。

同事们忙忙碌碌，他也懒得帮忙，只在旁边看报纸。

文件终于交到他手里。他开始一件件装订，没想到只订了十几份，订书机"喀"地一响，订书订用完了。

他漫不经心地抽开装订书订的纸盒，脑中轰地一声——里面是空的。

他立刻发动所有人翻箱倒柜，不知怎的，平时满眼皆是的小东西，现在竟连一根都找不到。

那时已是深夜 11 点半，文件必须在次日 8 点大会召开之前发到代表手中。

处长咆哮道："不是叫你做好准备的吗？连这点小事也做不好，大学生有什么用啊。"

他低头无言以对。

几经周折，他在凌晨 4 点找到一家通宵服务的商务中心，终于赶在开会之前，对同事们微笑着，将文件整齐漂亮地发到代表手中。

没人知道，他已是彻夜未眠。事后，他灰头土脸地等着训斥，没想到平时严厉得不近人情的处长，却只说了一句："记住，工作面前，人人平等。"

这是小郭一生受用不尽的一句话，让他深刻地领悟到：用十分的准备迎接三分的工作并非浪费。而以三分的态度来面对十分的工作，将带来不可逆转的恶果。是的，千里马失足，往往不是在崇山峻岭，而是在柔软青草地。

面对突如其来的事情，不知如何处理。这时候我们开始抱怨自己倒霉，主要就是因为我们平时没有注意到细节问题。有时应对事情不是主要的，而是应该锻炼自己注意细节的习惯。平时养成了这样一种习惯，事情来了也就容易应对了，最起码知道问题出在哪里。

千里之堤毁于蚁穴，祸乱的根源往往就是细微之处，防微杜渐不易做到，但只要保持谨慎态度，正如《易经》所说："君子乾乾，夕惕若，厉无咎。"那么，即使在厄难中也能自保无虞。"物至而应"没有什么诀窍，有了这种意识，祸患就不会来了。做大事更是如此，如果忽视细节，就会踏入失败的深渊；如果把握住细节，成功往往就会降临。

把握时机，见机而作

"时"是中国文化中一个很独特的概念，强调把握时机，见机而作。

巧妇难为无米之炊。一个人的成功往往取决于天时、地利、人和等多种因素。善射如后羿者，离开了良弓，其射艺也无处施展，天下谁人又能识后羿呢？可见，若既无天时，又无地利，一个人纵然有百种本事、万般能耐，怕也只能徒然叹息英雄无用武之地。由此，历史上留下了无数文人喟叹"欲济无舟楫"、抒发怀才不遇情怀的诗篇，如秦韬玉的"苦恨年年压金线，为他人作嫁衣裳"；张九龄的"徒言树桃李，此木岂无阴"；岑参的"四时常作青黛色，可怜杜花不相识"，等等。其中最令人慨叹的是空怀一身武艺却只能借词抒怀的辛弃疾，他梦寐以求建功立业，"醉里挑灯看剑，梦回吹角连营"，醒来自叹"可怜白发生"。还有至死不忘报国的陆游："此生谁料，心在天山，身老沧洲！"他谆谆叮嘱儿孙"王师北定中原日，家祭无忘告乃翁"。

好的射手要有良弓，好的骑士要有良马，给有才者施展抱负的天地，给有能者创造施展才华的条件，人尽其才，物尽其用，才能既无英雄无用武之地之憾，也无用武之地无英雄之困。

机遇是一个美丽而性情古怪的天使，她来到你身边的时候总是悄然来临，以致你有时可能并未觉察到她的降临。因此，你若稍不留心她将翩然而去，不管你怎样地扼腕叹息，她却从此杳无音讯，一去不再复回。

成大事的人之所以能够抓住成功的机遇，完全是由于他们在生活中处处都很留心，当机遇来临的时候，他们就能迅速做出反应，从而把机遇牢牢地抓在自己的手中。

捕捉机遇一定要处处留心，独具慧眼。其实只要你仔细留心身边的每一件小事，当中都可能蕴藏着相当的机会。有雄心成大事的人绝不会放过每一件小事。他们对什么事情都极其敏感，能够从许多平凡的生活事件中发现成功的机遇。

有一次，日本索尼公司名誉董事长井深大到理发店去理发，他一边理发一边看电视，由于他躺在理发椅上，所以他看到的电视图像只能是反的。就在这时，他突然灵机一动，心想："如果能制造出反画面的电视机，那么，即使躺着也能从镜子里看到正常画面的电视节目。"有了这些想法，他回到公司之后就组织力量研制和生产了反画面的电视机，并把自己研制出来的电视机投放到市场上去销售。果然这种电视机受到了理发店、医院等许多特殊用户的普遍欢迎，因而取得了成功。这则事例给我们的启示就是工夫不负有心人，只要你能够处处留心，那么就有很多的机会在向你招手。

处处留心皆机遇，要做生活当中的有心人，因为机会往往来得都很突然或者很偶然。因此，只有留心、用心的人才有可能在机会来临的一瞬间捕捉到它。比如说世界上第一个防火警铃就是在实验室的一次实验中偶然发明的。第一个防火警铃的发明者杜妥·波尔索当时正在测试一个控制静电的电子仪器，忽然他注意到他身边的一个技师所抽的香烟把仪器的马表弄坏了。开始时，杜妥·波尔索的第一反应是非常懊恼，因为马表坏了必须中止实验，重新再装上一个马表。但他很快地就想到，马表对香烟的反应可能是一个非常有价值的资讯。这个只是一瞬间发生的看似很不起眼的偶然事件，就促使杜妥·波尔索发明了第一个防火报警警铃，在消防领域作出了突破性的贡献。

审时度势，相机行事，灵活应变，也是经济活动中的一种重要策略。19世纪中叶，美国加利福尼亚州发现了金矿，消息传开，掀起了一股淘金热。一个17岁的农夫亚默尔也准备去碰碰运气。找金子的地方是荒无人烟的小山谷，气候干燥，水源奇缺，人们苦于没有水喝。许多人一面找金子，一面抱怨："谁要是让我饮一顿凉水，我送给他金币也干。"找矿的人们抱怨的话，使年轻的亚默尔受到启发，他想，如果卖水给这些人喝，也许比找金子赚钱更快。于是，他毅然放弃了挖金子，开始挖水池，再把远处的河水引进来，装进桶或壶里，卖给找金矿的人们。当时有人讥笑他，亚默尔全不在意。结果，许多人因没挖到金子而饥寒交迫，而亚默尔卖水却赚了6000多美元，成为当时一个小小的富翁。

因此，我们应把握时机，灵活应变。机遇稍纵即逝，可谓"机不可失，时不再来"，往往最先发现、最先下手的人最先得益。如果鼠目寸光地盯住眼前的利益，那么，机遇也许就永不会再现。遇到所谓真正伟大的机遇是很难得的，机遇往往是化整为零地呈现在你面前，所以，如果不抓住看似微小的机遇，那丧失的可能就是一个大的机遇。

善择者制人

荀子说：善于选择的人就能制伏别人，不善于选择的人就会被别人制伏；善于选择的人就可以王天下，不善于选择的人就会被灭亡。王天下的人与被灭亡的人，制伏别人与被人制伏，它们之间的差别实在太远了。

"条条大道通罗马。"同一个目标，有诸多不同的方法和途径得以实现。用何种方法更省力、走哪条道为捷径，就看你如何选择、善于不善于选择。选择正确，就会"领先一步"制伏别人，选择不当，就会"落后一步"被别人制伏。

选择的内容颇多，其中对时势、时机选择就是重要内容，能不能审时度势，捕捉时机，敢于决断，善于决断，往往是胜者与败者的关键所在。三国时的曹操及其谋士们，应该说是一个善于审时度势，善择制胜的集团。

曹操打败袁绍，取得官渡之战的胜利之后，袁绍的河北四州已全部落入曹操手中，中国北方基本统一了。袁绍的儿子袁熙和袁尚只得率领残兵败将投靠北方边陲之地的乌桓。

为了消灭袁氏余孽袁熙、袁尚，防止乌桓入侵，曹操认为有必要在北方进行最后一次征战，但又一时下不了决心。

乌桓，也叫乌丸，是居住在我国北方的少数民族——东胡族的一支。当时乌桓的首领叫蹋顿，他独霸一方，对中原也时有骚扰。早在东汉初年，光武帝刘秀就设置了乌桓校尉，统管今天辽宁西部、河北东部的乌桓。

曹操要进攻乌桓，也不是没有一点顾虑，他最担心的就是南边紧靠自己领地的刘表趁机袭击后方。连他的战将曹洪都说："袁熙、袁尚兵败将亡，势穷力尽，远投沙漠；我今引兵北击，倘刘备、刘表乘虚袭许都，我救应不及，为祸不浅矣，请回师勿进为上。"谋士郭嘉却不这样看，他提出了北伐乌桓的紧迫需要和有利时机，他说：

"明公今日虽然威震天下，但乌桓倚恃远离中原必然不会防备；因此乘其不备，突然袭击，就可一战而胜。此外，袁氏在河北根基深厚，若不及时剿灭逃往乌桓的袁熙、袁尚，万一他们卷土重来，青、冀、幽、并四州有得而复失的危险。"

说到这儿，郭嘉看曹操只是点点头，却不发话，知道他还有顾虑，就继续分析下去：

"至于荆州刘表，不过是个坐谈立议的空谈之徒，有什么值得顾虑的呢？而那刘备，此时尚无立身之地，只是借同宗之情，寄托在刘表处，更不必担心。因为刘表自知不如刘备，对他存有戒心。委以重任嘛，怕难以驾驭；不予以重用嘛，又怕他不真心帮助自己。刘备本人也不会乐于受别人控制。二刘之间离心，断难成就大事。即使我主力北征，刘表也不会有大的举动。明公，请放心远征吧，否则，等那袁熙、袁尚在蹋顿支持下，大举反攻，那才是真正的危险哪！"

其实，曹操也早就有北征乌桓的图谋，还为此做了两项准备工作：一是物资准备，命部下先期开凿了通向辽东的平虏渠、通向渤海的泉州渠，以备运送军粮，支援远征军；二是人心准备，在建安十二年（207 年）二月，下了一道《封功臣令》，有 20 多名功臣被封为州侯，其中还指派了日后管理乌桓的官员。

曹操听了谋士郭嘉的这段分析，觉得与自己的意见不谋而合。眼下北征乌桓虽有后顾之忧等不利条件，但北征的有利条件更多，且现在不征服乌桓，日后会留下更大的隐患。于是下定北征的决心，加速北征乌桓的准备。

一切准备就绪，曹操亲率大军于这一年 5 月进抵易城（今河北省雄县西北），然后北上。郭嘉劝说道："出击千里，兵贵神速。不如丢下辎重，率轻骑兵兼程奔袭，打他个出其不意。"曹操说："有辎重虽然行军迟缓，但是可以稳扎稳打。再说，派轻兵奔袭，谁给带路呢？"郭嘉说："稳扎稳打，会被人发现而早做准备；至于带路的人，我早就想好了。"曹操急问："谁？"郭嘉说："田畴。"曹操不由得眼睛一亮："啊！是他？"

曹操久慕田畴大名，这次见到十分高兴，当即封了官。田畴不接受曹操的封赐，但愿意随军前进。曹军夏天到达无终，想沿着近海大道前进，可是雨太大，道路泥泞，无法行军，曹操只得向田畴请教办法。田畴说："这一带夏秋之季常常发水，说它浅吧，车马过不去；说它深吧，舟船不能行。但是，还有一条路，已经将近 200 年没人走了，那就是去旧北平郡治所平冈（今河北省平泉县）的路。"曹操一听，先是一惊，后又一喜，不由得问了一句："噢，还有这么一条路？"田畴摊开地图说："这条路从无终西上，穿过卢龙，向北可以直达乌桓的心脏地区柳城。这条路从光武帝时就塌陷断绝了，可是还有旧路的残痕可以寻觅。现在乌桓的大军阻挡着无终沿海的要道，以为把守住要道口，就可保证安全了。如果我们先回军，再改道从卢龙口越过白檀的崇山险水，进入乌桓无人把守的空虚之地，直捣贼巢，那就容易了！"

曹操感到，尽管大军掉头走回头路，要多费不少时日，但走的路是一条捷径，可达到出其不意、攻其不备的奇效。于是，完全采纳了田畴的建议，先令大军后撤，还在河边、路旁立下路牌，写着："目前盛夏道路不通，等到秋冬，再来北征。"乌桓的探马得知曹军后撤，又见路标大字，以为曹军真的放弃进军计划，班师回朝去了，便回报给蹋顿，蹋顿就放松了戒备。这里，曹军却以田畴和他的部众为向导，马不停蹄，人不歇鞍地越徐无山，出卢龙口，跨白檀，过平冈，艰难行军5000里，直到距离蹋顿的大本营柳城不到200里时，才被乌桓发现。蹋顿慌了手脚，急忙联合辽西单于楼班、右北平单于能臣抵抗，并让袁熙、袁尚前来堵击。

8月，曹操登上了白狼山嘹望乌桓军阵地。蹋顿纠集了好几万人，显得气势很盛，而曹军方面不仅人数少，而且由于辎重都在后面，前军甲兵又少，许多人不禁有些胆怯。曹操观察了敌情之后，对部将说："他们人数虽不少，可是队形凌乱，其实是多而无用！只要我将士齐心，一阵猛冲猛杀，不怕敌人不乱了阵脚。"便立即命令大将张辽为先锋，率队首先突向敌阵。张辽精神抖擞地冲下山去，许褚、徐晃、于禁等一班猛将也奋勇冲向敌阵。蹋顿实在没有料到曹军兵会像雷霆击顶一般压下来，竟被张辽迎头一枪刺下马来。袁熙、袁尚早在中原就领教过曹军的厉害，哪里还敢对阵，抱头逃之夭夭了。顿时，乌桓军队像墙倒山倾一般崩溃了。曹操马上下令：投降者不杀！先后投降的胡、汉军民有20多万人。

曹操之所以能继官渡之战胜利之后，又迅速攻克乌桓，平定北方，就在于其善于选择。一是进军时机的选择。官渡之胜，曹军军威大振，袁军则已成惊弓之鸟，投奔乌桓寄人篱下，而乌桓主人自恃远离中原，疏于防范，这就便于曹军进攻。另外，南边的刘表本人无能，又不敢信赖依附于自己的刘备，即使曹操率兵北进，他也不敢有什么动作。于是，曹操对自己的后方也就无大的顾虑，权衡利弊，从而选择了进军乌桓的最佳时机。二是在进攻路线上，又选择了敌方疏于防范的"空白点"，出其不意，攻其不备。三是发起攻击的火候选择上也恰到好处。敌军尽管人数占优，但是乌合之众，曹军人少，宜于突击，以泰山压顶之势突向敌阵，很容易扰乱敌人阵线。正是这一系列正确的选择，曹军取得胜利也就一点不奇怪了。

攻取乌桓后，曹操率大军抵达渤海之滨的碣石山。曹操想到，著名帝王秦始皇、汉武帝都曾来到碣石山，刻石观海；如今，自己也统领远征得胜之军来到这里，无限感慨。他虽然年过半百，还是豪情满怀，矫健地登上碣石山巅。迎着瑟瑟秋风，望着自东南滚滚而来的不尽波涛，这位伟大的军事家兼诗人禁不住诗兴大发，吟咏出千古名诗《步出夏门行》，留下了《观沧海》这篇佳作。此时的曹操，怎么能不踌躇满志、情绪振奋呢！此一役彻底平定了北方，统一了中原，剩下的只是扫平东吴，统一天下了。不久，曹操便率兵百万，南征荆襄和东吴了。

扬长避短

荀子说，不要用自己的短处去对付别人的长处，要避开自己的短处，转过来用自己的长处。

荀子"扬长避短"的谋略思想缘于他"人最为天下贵"的人性理论。荀子说："庄子蔽于天而不知人。"（《解蔽》）这不仅是对庄子哲学的最尖锐而扼要的批判，而且也道出了荀子自己哲学思想的关键。荀子认为人"天官意物，必有征知"。

所谓"天官"，指人的耳、目、鼻、口、身等感觉器官，意物，是指感觉器官对事物的感知、印象。用今天的话说："天官意物"就是感性认识。

"心"为思想器官，"征知"为对感觉印象进行分析、辨别。"心有征知"与今天常说的理性认识接近。荀子在这里粗略地摸索到了人的认识规律。荀子把这种"有征知"视为人性。他说："凡以知，人之性也，可以知，物之理也。"（《解蔽》）荀子还把人的这种认识能力称作"辨"，认为这是人与动物的根本区别。他说："人之所以为人者，何已也？曰：以其有辨也……今夫狌狌形笑亦二足而无毛也，然而君子啜其羹，食其胾。故人之所以为人者，非特以其二足而无毛也，以其有辨也。"（《非相》）这里明确指出，人所以成为人，就在于人有识别能力，这是人与动物的根本区别。

基于此，荀子强调人在生存中要充分发挥主观能动性，扬长避短。《史记》中记载了一则田忌赛马的故事。田忌参赛的马和对手参赛的马都有上、中、下三等，然而，田忌的上中下等马均比对手的上中下等马略逊一筹。如果以上对上、中对中、下对下来比，田忌没有赢的可能。这时，孙膑提出了谋略，让田忌用自己的下、上、中三等马分别和对手的上、中、下三等马比赛，结果三局两胜，田忌赢了这场比赛。

这是一个常为人们津津乐道的故事。孙膑在双方势均力敌的情况下，运用谋略，调整力量，避实击虚，扬长避短，帮了田忌的大忙。

战争当然比赛马残酷得多，但如何用兵，也存在避实击虚的问题，孙膑是个军事家，他把战争的规律用在赛马上，岂有不赢之理？

以己之长击彼之短，这是战争的一般规律。再强大的敌人，也有虚弱的地方，善于发现强敌之弱点，对于弱者来说，是以弱胜强的唯一可行的办法。

抗日战争时期，尤其是战略防御阶段，在日军进攻最猖獗的时候，八路军、新四军避其锐气，坚持敌后游击战。如果执意与日军精锐部队硬拼，无异于拿着鸡蛋往石头上撞。但是，日军豢养起来的伪军，多系乌合之众，装备差，战斗力弱，比较好打。因此，毛泽东制定的方针是：第一，集中兵力打伪军；第二，打分散孤立和运动中的日军。先打弱敌，后打强敌，伪军被一批一批地消灭了，日军也就孤立了，其战斗力也就削弱了。山东滨海地区就是用这个办法，从 1942 年到 1944 年，连续攻克郯城、赣榆、莒县诸城，消灭和争取伪军起义一共三个旅。日军那边少了三个旅，我们则新建了三个独立旅，使滨海、鲁中、鲁南、胶东四个战区连成一片。抗日战场出现了新局面。

解放战争时期的宿北战役也是先打弱敌，后打强敌的好战例。

1946 年 12 月，国民党军集中 25 个半旅，兵分 4 路，从东台、淮阴、宿迁和峰县向我进犯，企图占领苏北，消灭华东解放军主力。敌军来势汹汹，单从兵力对比来看，敌军显然是强者。但它也有弱点，其最大的弱点是进攻正面过宽，各路间隙太大，很难互相策应、支持，战役上协同配合不力。这一弱点，有利于我军在内线实行机动作战，有利于我各个歼灭敌人。

歼哪一路好呢？拣弱的先打，哪一路较弱就先打哪一路。陈毅、粟裕经过分析认为：从宿迁进攻沭阳、新安镇的这一路，由徐州绥署副主任吴奇伟指挥，辖整编师第十一师和第六十九师。和其他几路相比，这一路比较好打。而这一路中，十一师是强者，是蒋军的"五大主力"之一，而第六十九师所辖 3 个半旅是拼凑起来的"插花"班子，战斗力不强，内部矛盾亦多。该师师长戴之奇是特务出身，虽属反共死硬分子，但缺乏军事指挥才能。在战役部署上，他的三个旅东西一线展开，师部只带一个团，位于最右翼。翼侧暴露，便于我南北对进，首先从敌之左翼打开缺口，而后实行两面突击。经过战役合围和战术分割，就可使敌首尾不能相顾，无法互相支援。

所以，陈毅、粟裕决定集中兵力专打戴之奇的整编六十九师。结果在宿北全歼戴的六十九师 3 个半旅共约 2000 余人。戴之奇无路可走，自杀身亡。

在敌强我弱的条件下，拣弱的先打无异于变整体弱势为局部强势，变战略防御为战役战斗的局部反攻。我兵力从整体来说与敌相差甚远，但集中力量对付一部分弱敌，就显得绰绰有余。把弱敌消灭了，强敌必将受到威慑和削弱，就比较容易对付了。

"先打弱敌，后打强敌"，不仅适用于敌强我弱的情况，就是在敌我力量相当，甚至是敌弱我强的情况下也不能忽视这个原则。否则就会被弱敌钻空子，丧失优势。

疑则不决

荀子说，凡是观察事物时有疑惑，心中捉摸不定，那么对外界事物就认识不清；自己思考不清楚，就不能判定是非。在黑夜中行走的人，看见横卧的石头就以为是伏着的虎，看见树木就以为是站着的人，这是因为黑夜蒙蔽了他的视觉……如果有人在这样的情况下去判断事物，那他就是世上最愚蠢的人。愚蠢的人用疑惑的感觉来决断不清楚的事物，那决断必然是不准确的，而决断不准确，哪能不发生错误呢？

荀子认为，人的认识因客观条件的变化和影响，往往形成错觉，从而失去正确的判断能力，这是产生认识表面性和片面性的重要原因。"冥冥蔽其明"、"酒乱其神"、"势乱其官"等，都是人的感官功能因受到各种影响而引起的认识上的障碍和错觉；所谓"远蔽其大"、"高蔽其长"和"水势玄"等，都是因客观事物发生表面的变化所产生的错觉。如果在这种情况下以疑惑的心理来判断事物的真伪，其判断一定靠不住，按照这种判断去行动，必然会犯错误。

荀子既反对认识的表面性和片面性，也反对认识的主观性。他说："道者，古今之正权也。离道而内自择，则不知祸福之所托。"（《正名》篇）这里说的"道"，是指客观标准，它包含事物矛盾互相依存、互相渗透的关系。如果离开"道"这个客观标准而由自己主观决断一切，就会把福当成祸，由主观性变为片面性。

怎样才能获得正确的认识？荀子提出"兼陈万物而中县（同"悬"）衡焉"的办法，即把事物的各个方面全摆出来，从中建立一个标准加以判断。荀子所说的："权"、"正权"、"兼权"、"表"、"衡"等概念，都是客观标准的意思。他认为掌握了客观标准，才能把握事物的规律，获得正确的认识。

汉臣耿纪、韦晃见曹操进封王爵，出入用天子车服，奸恶日甚，将来必为篡逆之事，便同谋讨伐曹操。他们联络了世受汉禄的金韦，太医吉平之子吉邈、吉穆——其父吉平为董承衣带诏一事被曹操杀害。5人密约于正月十五日夜间，乘城中大张灯火、庆赏元宵之际，率领家童，先杀掌管御林军的长史王必，再请天子登五凤楼，召百官讨贼，待天子降诏后，便进而杀向邺郡擒拿曹操，并派使臣奉诏召刘备进京。正月十五日晚，五人率家童共约千人起事。王必闻讯后投曹休家报信。曹休便引千人在城中与五人的家童抗拒。献帝避于深宫，曹氏心腹爪牙死守宫门。奉曹操命巡警许昌的夏侯惇率领3万人马离城五里屯扎，见城中火起便率大军前来围住许都，并派一支军队入城接应曹休。耿纪、韦晃等无人相助，被夏侯惇大军活捉，金韦、二吉皆战死，耿、韦二人及五家家族老小皆被斩于市，一场声讨曹操的动乱被曹操强大的武装力量镇压下去了。

耿纪、韦晃等人忠于汉室的气节固然可嘉，然而他们不能正确地审时度势，在敌我力量对比悬殊的情况下，盲目轻率地组织武装暴动，欲以"空手扶正"，其结果只能是"恨满心胸丧九泉"。

耿纪、韦晃等组织的这场"讨汉贼"的军事行动是一次武装政变，其失败的原因是什么呢？

一、缺乏对形势的正确分析，主观愿望与客观实际相背离

《孙子兵法》第一篇《计篇》明确提出，在举行重大军事行动前，必须对敌我力量作出认真详尽的比较，只有在获胜的条件充分，我方力量占优势的情况下才能行事，否则必将遭到失败。耿、韦的对手曹操是一个重权在握、独揽朝政的奸雄。他公然带剑入朝，诛杀伏皇后和伏氏宗族，强立自己的女儿为正宫，自己则成为名正言顺的"国丈"，更便于他挟天子号令诸侯，赢得了政治斗争的主动权；曹氏宗室曹仁、曹洪、夏侯渊、夏侯惇皆重兵在握；且曹操新近平定汉中，降服张鲁，在合肥、濡须一带战败孙权，迫使孙权求和，年纳岁贡，又迫使献帝册封他为魏王，其权势达到极点。以耿、韦五人的力量与曹相抗无异于蚍蜉撼树，岂能获胜！再从发动暴乱时的具体力

量看，耿、韦等人仅有家童千人，而曹操的心腹王必掌握的御林军远不止千人，又死守宫门，耿、韦等人连宫门都打不开，又怎能对付夏侯惇统领的3万人马？可叹耿、韦五人空有杀贼报国之心，而无补天救国之力，少谋失算，虽然轰轰烈烈干了一番，却于事无补。

二、缺少内外接应，无法惩治首恶

耿、韦等人发动的是一场武装宫廷政变。宫廷政变要求在行动时必须以突然袭击或密杀或绑架的方式迅速惩治对方首要人物，使敌方在遭受突然袭击时陷入群龙无首的状态，促成敌方内部的分化和瓦解，而己方则趁乱取胜，伺机巩固和扩大战果，消灭敌方残余势力。唐代李世民发动玄武门之变，首先除掉同胞兄弟建成、元吉，成功地夺取了最高统治权力。耿、韦等人目的是剪除有篡逆之心的曹操，可他们行动打击的目标却是王必掌管的御林军，企图救出皇帝，并通过皇帝发诏号令天下，再杀向邺郡擒曹操。殊不知他们这样做既让曹操有反击的准备，又将授人以口实。曹操趁机将谋反的罪名加在五人身上。即使这五人当时攻入宫内，皇上也未必敢发诏，即使发诏也会被指责为是挟持皇上发出的"矫诏"、"伪诏"而无人敢响应。既无外援，又无内应，不能先除曹操，这是失败的重要原因。

三、谋事不密

董承、伏完二人均先后受皇帝密诏剪除曹操，但谋事不密，未及举事即为曹操所杀。耿、韦五人虽吸取了董承、伏完的教训，严守秘密，所率千名家童，无一告密者。然而他们对妻子家小疏于告诫，当王必到金韦家叩门时，金妻误以为金韦回来，便问："王必那厮杀了么？"以致王必知道金韦是同谋，便与曹休、夏侯惇共同反扑，迅速将这场政变镇压下去。在对敌斗争中，保密工作当慎之又慎，掌握核心机密的只能是极少数骨干分子，而与事无关的人员，即使是妻子儿女也不可相告，以免走漏风声。

耿、韦五人忠肝义胆实可对后土而告皇天，但举事前缺乏对形势的全面分析，缺乏正确的方略，仓促举事，终因力量对比悬殊而失败。这个教训告诫我们，仅有良好的主观愿望而不顾客观实际地盲目行动，必定要招致失败，所以，在进行重大决策时，绝不能以疑决疑，凭主观愿望和意气办事，犯"左"倾冒险的错误。

制天命而用之

推崇天（自然）而思慕它，哪里比得上把它当成物来畜养从而控制它呢？盼望有利的天时而等待它的恩赐，哪里比得上顺应季节的变化而使天时为人类服务呢？听任万物自然增多，哪里比得上施展人的才能而对万物加以改造发展呢？想要万物为自己所用，哪里比得上合理地利用万物而不造成浪费呢？慕万物是怎样产生的过程，哪里比得上去促进已经生成的万物更好地成长呢？所以放弃人的努力而指望天（自然）的恩赐，就会失去万物的真实性情。

荀子强调人只要正确利用自己的认识器官，发挥人的能动作用，就能认识和掌握自然规律，达到管理天地、役使万物，使之为人类服务的目的。他说：

"圣人清其天君，正其天官，备其天养，顺其天政，养其天情，以全其天功。如是，则知其所为，知其所不为矣，则天地官而万物役矣。"（《天论》篇）

这段话强调人有认识自然规律的能力，就是"承认自然界的客观规律和这个规律在人脑中的近似正确的反映"。荀子在唯物认识论的基础上提出"制天命而用之"的响亮口号，激励人们自觉地认识自然规律，去控制、改造自然，向自然索取财富。他批判那种放弃人的主观努力、一味祈求自然恩赐的错误态度，是丧失了万物生长发展的本性。2000多年前的古人，能鲜明地提出"人定胜天"的谋略思想，确实难能可贵。

现代化的生活，谁都企望、追求。但是，原始的、落后的生活呢？恐怕人人避之唯恐不及，人人都会诅咒、唾骂落后生活。然而，如果你不幸正好出生在一个高度现代化国家的穷山沟里，你将怎么办？唉声叹气，怨天尤人？卷起铺盖，一逃了之？耐心等待，政府救济？虔诚祷告，老天赐福？
……这些，都是消极被动的办法，不是智者之路。如果荀子恰巧在这时经过
你面前，我想他一定会对你大声说：何不用吾"制天命而用之"之思路，争
取人定胜"穷"，借"穷"胜"穷"！

在日本，还真的出现了这么一个人定胜"穷"，借"穷"胜"穷"的
故事。

当日本已成为世界上数一数二的现代强国之时，在这个岛国的一个偏僻
的小山村，却几乎与世外隔绝，十分落后，生活极为困苦。全村人虽然也想
脱贫致富，却一直苦于无计可施。这个贫穷的小山村里的人们一直过着唉声
叹气、怨天尤人的日子。年长的在苦苦哀祷上帝，希望上帝尽早赐福下来；
年轻人张着嘴巴，只知道政府又该发救济粮了。当然也有一些卷起铺盖走
了。几年、几十年过去了，贫穷的小山村依旧贫穷。

一天，村里一长者召集全村人，语重心长地说："如今，都什么年代了，
咱们村的人却还过着与原始人差不多的生活，我作为村中长者，深感内疚和
痛心！但是，咱们村有咱们村的生存理由，也有咱们村自己的生存特点。追
求现代生活，竭尽其辞对家乡加以贬斥，然后弃之而去，对不起老祖宗，也
显然不是我们的本性愿望。苦等死守也就永远改变不了现状。而实际上，我
们之所以改变不了现状，就是因为我们一直认为现状无法改变，一直就没有
去改变过现状。什么事都是人做出来的，不去做，怎么会有事？我们首先要
坚信我们一定能够改变现状，然后大家齐心协力去想办法，去努力，现状就
一定能改变！我们既要承认我们村的不足，同时也要看到自己的特长，更要
依据村里村外的特点努力发挥咱们村别具一格的地方，加快发展，争取用尽
可能短的时间做尽可能多的事，迅速赶上村外人的生活水平……"

一石激起千层浪。长者的一席谈，引来了一个个充满激情的发言。有人
说，城里人的生活也并不十全十美，一个个面黄肌瘦，风一吹都要倒。有的
人说，城里人都想吸一吸咱们小山村的新鲜空气。也有的人说，城里人难得
吃上一顿野鸡野味。还有的人说，大都市的人过着现代化生活，时间长了，

一定会感到乏味，哪有咱们这样无拘无束的过得舒畅！……

那召集开会的长者听着众人的发言，大皱眉头：这不还是安于现状、不想改变现状的那一套吗？我们一直没有改变现状不正是这一套思想在作怪吗？

然而，他眉头一皱，竟计上心来。他说："咱们不妨走点回头路，干脆过上真正的原始人的生活，充分利用咱们的'落后'，出卖这'落后'，招徕城里人，咱们借机与城里人做生意赚钱！"

老人的话立即博得了全村人的喝彩。于是，全村人开始模拟原始人的生活方式，在树上搭房，穿树叶编织的衣服……

不久，日本新闻界惊奇地发现并以醒目的版面报道了这个过着"原始人生活"的小山村。

接着，成千上万的人慕名而来，参观者络绎不绝。众多的游客为部落带来了可观的财富。有经营头脑的人也来了，造宾馆、开商店、办旅行社……这里成了奇特、别致的著名旅游点。小山村的人趁机大做特做各种各样的生意。没过几年，这里的居民白天上树成为一种出卖"落后"的职业，晚上回到地面，脱掉兽皮树叶做的衣服，穿上最时髦的服装，住进景点外围的水泥结构的宿舍。他们很快改变了现状，过上了现代化的生活。

你看，这不正是"人定胜天"的最佳注脚吗？这不正是荀子"制天命而用之"的生动写照吗？再举一例，以充分说明"制天命而用之"的普遍适用性。

某人有五个儿子，一个木呆呆，一个鬼精灵，一个瞎眼，一个驼背，一个腿瘸，老父没有唉声叹气，没有遗弃哪一个儿子，更没有非要把呆子变精，把驼背捶直，反倒认为"骏马能历险，犁田不如牛；坚车能载重，渡河不如舟"。认为"生子贵适用，人人可致功"。只要开动脑筋，老天就困不了我。经过一番深思熟虑，老父作出了决策：他让木呆呆去务农，面朝黄土背朝天，终身辛劳收成好；让精灵鬼去做买卖，只占便宜不吃亏；让瞎眼老三去算卦，无师自通不用学；让驼背老四搓麻绳，低头弯腰背不疼；让腿瘸老五纺织棉布，长坐织机不用动。

如此一来，缺陷变优长，一家各尽其能，人人安身立命，终生不愁吃穿。试想，如果老父没有"人定胜天"的信心，不用"制天命而用之"的智慧，那这个家庭还有家庭的本性、还有家庭的天伦之乐、还有家庭的富庶安宁吗？

敬其在己

荀子说，楚王出行，随从的车辆多达千辆，这并不是聪明；君子吃粗粮饮淡水，这并不愚蠢：这都是时势命运的制约造成的。至于意志端正、品德高尚、思虑精明，生于现世却懂得古代的事，这就是在于自己的努力了。所以君子敬重自己的努力，敬重自己的努力而不指望自然的恩赐，所以天天进步；小人放弃自己的努力而指望自然的恩赐，所以天天后退。所以君子天天进步与小人天天后退的道理是一样的。君子和小人之所以有差别，原因就在这里。

相信自己，不等待恩赐，以一种自强不息的精神，奋进、拼搏，有一种敢为天下先的闯劲，这正是一切成功者的奥秘所在。

"我是一个既不迷信命运，又不懂政治的人，但我生长在香港，是一个中国人，我的心紧紧地与家乡、祖国联系在一起。""人生就像中国大戏，在舞台上我们身穿皇帝或乞丐的外衣，戏完了，我们就把外衣脱下。人生是短暂的，我们必须接受命运的挑战。"这两段话出自香港著名实业家霍英东先生之口，他曾任香港中华商会会长，全国政协副主席，是在中国内地投资、捐赠最多的著名实业家。

他的财富令人垂涎，但他在内地的名望，更是远远超越了他所拥有财富的影响力。

有人请教霍英东如何搞好经营管理时，他这样回答："一个人要干成一番事业，其中放开眼界，抓紧时机，百折不挠，艰苦创业，占95%的因素。"

当代生意人的发迹或倒霉，有时仅仅是在顷刻之间。霍英东在弹指一挥间就从昔日的窘迫少年成为当今的大富豪，自强不息，敢想敢干，能为他人之不能为，想象力与敢于冒险的有机结合，再加上刻苦精神，是主要原因。

1954 年 12 月 20 日，霍英东在铜锣湾买下了他的第一幢大厦，并创办"立信建筑置业有限公司"，收购及拆卸旧楼，建筑新楼，开始了他事业的全新时代。

香港弹丸之地，人多地少，房地产走俏之势，几乎是生意人的共识，关键是看准了行动要快。霍英东转入地产业，比李嘉诚早 4 年，比包玉刚早 1 年。这对当时年仅 32 岁的小伙子来说，确实难能可贵。

敢为人之不敢为。60 年代初，香港工商界人士一般不敢问津淘沙业。因为此业需要招用大量的劳动力，投资多，风险大，弄不好还会倾家荡产，但霍英东却大胆地吃上了这只"螃蟹"。

他在 1961 年底，向泰国用 120 万港元买了一艘载重 2890 吨的大挖泥船，命名为"有荣四号"。当船驶到香港时，他的一些亲朋好友都为之捏一把汗，如此巨大的投资，如果血本泡汤怎么办？但事实证明，这些人的担心是杞人忧天，"有荣四号"成了霍英东的"掘金船"。随后，他又派人到当时世界非常出色的造船厂订购了一批淘沙机械船。仅两年多时间，他就拥有了 80 多艘船只，其中有 20 艘淘沙船。不久，他又获得了香港海沙供应的专利权，从此垄断了香港淘沙业。

香港经济在 60 年代开始起飞，高楼大厦如雨后春笋，地产业蓬勃发展，这些均离不开海沙。霍英东这位敢于最先吃螃蟹的人，自然劲头十足地大干起来。

能为人之不能为。当今世界企业间的竞争是高强度的，一味蛮干，没有头脑势必吃足苦头。所以，抓生产仅有"干劲"是不行的，同时还必须有"能"。霍英东拓展淘沙业，通过引进先进设备来取代落后的手工操作，大大提高了工作效率，一下子便把大家担心的困难解决了，这就是他的"能"。而他在房地产生意中实行"房地产业工业化"，更是大大显示了他的"能"，

他的房地产业工业化，关键在两点：一是开创售"楼花"的先河，二是率先利用宣传小册子及广告推销楼宇。

在此之前，一般只有有钱人才能购置物业，如买一幢楼，你要先交几十万元的现金，一次付清。即当面交钱，当面接屋，少不得一分一毫，拖不得一时半刻，一点通融余地也没有。因为，这种房地产生意，对买卖双方来说都不容易，一方面经营房地产者要运用个人的大量资金盖房，房建好，售出后才能见效；另一方面买房户也要一下子付出一大笔资金，一般人是吃不消的。而霍氏采用楼宇预售的办法，购房者只要先付 10% 的现金，就可购得那将破土动工兴建的可供居住或出租的楼宇，例如购买一幢 10 万港元的楼宇，只需交 1 万元就可以买到产权，以后再分期付款。这对房地产商来说是有利的，以前只能兴建一座楼宇，现在用同样的资金加上预收的款项，就可以同时兴建 10 座楼宇。而对购屋者来说，更具宣传价值，先付一小笔钱，待楼宇建成时，地价上涨，转手倒卖，白花花的银子大量地流进自己的腰包。这就是所谓的"炒楼花"。

楼花的发明，使一般平民也有机会购买楼房。霍英东说："今天，一个佣人也可以拥有一层楼，她只需要先付一笔小钱。"不需住房者还可以炒楼花，若半年或一年成交，往往能赚个对本。

率先采用小册子广告形式作为宣传，有助于霍英东的地产生意越做越活。由此可见，霍英东不但敢为，而且也能为。

他在淘沙业崛起之后，许多商界朋友劝他借势而上，用最快的速度获取巨利。但他不这样做，而是与香港当局签订了常年合同，与各建筑公司也签订了长期合同，以图长远之利。事实证明，这是富有远见的措施。60 年代中期，香港发生了动乱，地产业跌入低谷，但霍氏的淘沙业却未受到损失。

每个成功的企业家，都有其成功的经验。霍英东读书不多，英文程度更差。功成名就后，他深知要继续扩大自己的国际影响力，掌握英文这一交流工具非常重要。因此，他利用闲暇时间开始刻苦攻读英文，并且进步很快。在一次大会上，他用英语致辞，尽管拿着手稿念，发音有些生硬，但仍赢得了满场掌声，因为与会者明白他的英语是靠自修学来的。他的目标是要达到非常熟练的程度，经过不懈的努力，今天他的英语已经相当流利。其实，像他这样的大富豪，配个翻译不算一回事，何必花那样大的气力去掌握一门外语呢？凡事喜欢亲力亲为的他回答："我做得到，又何必请人呢！"这就是"敬其在己"的霍英东。

不求知其形，但求所以成

荀子说，天上星星相随旋转，太阳和月亮交替照耀，春、夏、秋、冬四季一个接着一个，阴阳二气相互作用、化育，风雨博施万物，万物各自得到这种现象的给养而成长。看不见自然化生万物的工作过程而只见到它化生万物的成果，这叫做"神妙"。人们都知道所生成的万物，而不知道生成万物的没有形迹可见的过程，这叫做"天"。只有圣人不企求知道"天"。

荀子在这里是借助天地运行有其自身规律的现象，来说明治理国家也有自身的规律。荀子认为，治理国家

龙凤纹带钩（春秋战国）

要如同日月星辰自然斗转、春夏秋冬按时交替一样，按规律办事，虽看不到它们的外在形状，但却使万物自然生成，则国家自然能治好，人民自然听从教化，收到不知其形但有其成的效果。

荀子非常强调天、地、星、辰，春、夏、秋、冬四季运转的规律性不可违抗。人们要尊重事物的自然规律，按自然规律办事。但是，人在事物的自然规律面前，是否无能为力，只能被动应付呢？不是的！他在《天论》中指出：

"天有其时，地有其财，人有其治，夫是之谓能参。舍其所以参，而愿其所参，则惑矣。"意思是说："上天有自己的时令季节，大地有自己的材料资源，人类有自己的治理方法。天、地、人之间关系是互相并列。人如果舍

弃了自身用来与天、地相并列的治理方法，而只期望于与自己相并列的天、地，那就糊涂了。"

把开头的引文和这段文字联系起来看，荀子关于人与天、地之间的这种辩证关系的论述是非常精辟、深刻的，他既充分看到了天地运行规律的不可违，又看到了人类治理国家过程中的主动性，方法的创造性，即人的主观能动性。从而启发人们不应该舍弃自身具有的，可以与天、地相并列的主动性、创造性，而只依靠上天的恩赐。应该坚决按照天地运行那样的"皆知其所以成，莫知其无形"的规律来治理国家，这才是治国之根本。

治国的规律是什么呢？荀子认为那就是仁义、礼信、爱民为本和君主修身等内容。在《君道》篇中荀子有两段话，可以鲜明地看出这一点。

"请问为人君？曰：以礼分施，均遍而不偏。"

"请问为国？曰：闻修身，未尝闻为国也。君得，仪也；民者，影也；仪正而影正。君者，槃也；民者，水也；槃圆而水圆。君者，盂也；盂方而水方。君射则臣决。楚庄王好细腰，故朝有饿人。故曰：闻修身，未尝闻为国也。"

翻译成现代的话，意思是：

请问怎样做君主？回答说：要按照礼义去施舍，公平而不偏私。请问怎样治理国家？回答说：我只听说君主要修养自己的品德，不曾听说过怎样治理国家。君主，就像测定时刻的标杆；民众，就像这标杆的影子；标杆正直，那么影子也正直。君主，就像盘；民众就像盘里的水；盘子是圆形的，那么盘里的水也成圆形。君主，就像盂；民众就像盂中的水；盂是方形的，那么盂中的水也成方形。君主射箭，那么臣子就会套上扳指。楚庄王喜欢细腰的人，所以朝廷上有饿得面黄肌瘦的臣子。所以说，我只听说君主要修养身心，不曾听说过怎样治理国家。

荀子以大自然运行有其自身规律，决定着事物的生灭这种自然哲学为出发点，引申出礼义、德政治国，以及君主自身形象等内容，按此办理就能像"列星随旋，日月递照，四时代御"规律一样，使"万物各得其和以生，各得其养以成",即收到"不赏而民劝,不罚而民畏"的效果。这确实显现出他关于治国思想的睿智。纵观历史上一些官吏其所以受到百姓的拥戴,一些君主其所以能有一时的盛世,可以说正是自觉不自觉地实践着荀子这一治国谋略的缘故。

清代康熙帝在治理人民、管理国家过程中崇尚宽仁,力避霸道,收到了良好的效果。在康熙九年(1670年)的圣谕——《康熙政要》卷一中,他强调,治理国家"不以法令为极,而以教化为主"。在《御制文集》第一集中,康熙也多次表达了重王道、倡礼义的思想。如康熙认为,圣人治国"仁以育之,所以养也;义以正之,所以教也";"惟务化民于善,闲民于义";"君德莫大于有容,治道莫尚于能宽"。正因为有王道治国的策略指导,康熙采取了一系列措施,如整顿刑狱,反对酷刑,减轻刑罚;减轻税收,注重农业生产;开办教育,以德化民;等等。总的说来,康熙除了对罪大恶极的军机罪、大贪赃案不留情外,多是以宽容为根本。康熙认为,对那些有小疵的人不应太过苛刻,应多包容。他曾劝督抚大吏当察大体,不可苛求,宽则得众。康熙还对大学士谈自己对清官的理解,他说,清官多苛刻,苛刻则下属难堪,清而宽方为尽善。康熙的这一见解非常精妙,能在人们都赞颂清官时,提出清官存在的不足,其中也可见康熙的宽治思想。因此,康熙统治期间,国家安定繁荣,为著名的"康乾盛世"做出了不可磨灭的贡献。

历史上的尧帝,之所以有国泰民安的政绩,被历代当政者视为楷模,也正是因为他能够像星辰按律斗转、四季依时交替一样,始终坚持仁政的结果。他"不以天下之病而利一人"的事例,至今读起来也是十分感人的。在尧帝86岁时,他开始考虑继承人问题。他问群臣将来谁可继承帝位,大臣放齐说:"你的儿子丹朱明达,可以为继承人。"尧却认为不可,说丹朱这孩子心太顽固,嚣张,又喜欢争论,不可做继承人。后来四岳推荐虞舜,尧就果断地把帝位让给舜。舜继位之后,果然不负尧的期望,成为传说中远古的又一贤帝。司马迁在《史记·五帝本纪》中高度评价尧的用贤不用亲,他说:"尧知道儿子丹朱不才,不能够把天下交给他,于是就传位于舜,因之,

荀子智慧

天下得到好处而丹朱不愉快；传位给丹朱，则天下遭难而丹朱得到快乐。"正因为尧帝注重自身的形象，以国家利益为重，具有"不以天下之病而利一人"的精神，使天下人都得到实惠，都感到快乐。所以尧在位时政通人和；退位后舜也竭忠尽智地治理国家，百姓也能听命朝廷，一呼百应。

天行有常，应之以治

荀子说：自然的运行变化有它固定的规律，不会因为尧是圣王就存在，也不会因为桀是暴君就不存在，用合理的措施去适应自然规律就吉利，用不合理的措施去适应自然规律就有凶险。加强农业生产而节省费用，那么天也不能使人贫穷；给养充足而活动适时，那么天也不能使人患病；遵循自然规律并坚定不移，那么天也不能使人遭受灾祸。所以水灾旱灾不能使人饥饿，寒冷暑热不能使人生病，自然灾害和变异不能使人遭遇凶险；农田荒芜而又奢侈浪费，那么天也不能使人富裕；给养不足而又活动稀少，那么天也不会使人健全；违背自然规律而胡作非为，那么天也不能使人吉利。所以水灾旱灾没有到来而饥饿已经产生，寒冷暑热没有迫近而疾病已经产生，自然灾害和变异没有到来而凶险就已产生。混乱的社会和安全的社会所接受的天时是相同的，而混乱的社会遭祸殃，安全的社会则相反，这不能埋怨天，而是它用不合理的措施去适应自然，致使它这样的。所以明白天与人的区别，就可以称做最高明的人。

荀子认为社会的混乱既不能由自然界的"天"决定，也不为自然怪异现象所左右，那么社会的混乱根源究竟在哪里呢？荀子回答说是"人妖"。

一为不修农事的"人妖"——"楛耕伤稼，耘耨失岁，政险失民，田秽稼恶，籴贵民饥，道路有死人，夫是之谓人妖"。（《天论》）这就是说耕耘粗糙，生产马虎，田园荒芜，禾苗枯瘦，粮贵民饥，路有死骨。这是人妖之一例。

二为不修政事的"人妖"——"政令不明，举错不时，本事不理，……

勉力不时，则牛马相生，六畜作妖"，"夫是之谓人妖"。(《天论》) 这就是说政治法令不明，或朝令而夕改，或与时宜相违，对农业生产不闻不问，征调劳役误了农时，那么牛马就会生怪胎，六畜也就会出现怪异现象，这就是人为的灾祸。

荀子的结论是："妖是生于乱，三者错，无安国。"(《天论》) 社会的乱源在于"人妖"，认为"人妖"交错发生，就没有社会的安定。荀子把社会的混乱归之于是否出现"人妖"，而否定"天命"的作用，虽然没有找到社会历史治乱兴亡的真正根源，但他把社会的混乱归根于是否出现"人妖"，这无疑是极大的进步，因为它批判了"治乱由天"的"天命观"。

荀子所强调的"治乱非天"，而要"应之以治"的谋略思想，其目的是要人们不要迷信"天"，而应该积极发挥人的主观能动作用，努力改造自然，使自然为人类服务。在《荀子》一书中有不少篇幅是讲生产的，特别是讲农业生产，他说："修堤梁，通沟浍，行水潦，安水藏，以时决塞；岁虽凶败水旱，使民有所耘艾"；"相高下，视肥墝，序五种，省农功，谨蓄藏，以时顺修，使农夫朴力而寡能"；"修火宪，养山林薮泽草木鱼鳖百素，以时禁发，使国足用而财物不屈"。(《王制》) 就是说，要兴修水利，督促农民根据地形的高低和土质好坏，分别栽种不同的农作物，使农民无论水旱都能够耕种收获。同时还要保护山林湖泽、草木鱼鳖和各种蔬菜，按季节采摘，以满足国家的需要。他也提出发展农业生产要注意时令，"春耕、夏耘、秋收、冬藏。四者不失时"，就能使"五谷不绝，而百姓有余食"。草木生长时，"斧斤不入山林，不夭其生，不绝其长"，"斩伐养成不失其时"就能使"山林不童（荒）而百姓有余材"；鱼虾繁殖时，"罔罟毒药不入泽"，谨其时禁，就能使"鱼鳖优多而百姓有余用"(《王制》)。在这里，荀子已经触及生态平衡问题，能够掌握发展农业生产带有规律性的问题，指出要按规律办事，这在先秦时期的思想家中是不多见的。

"天行有常，应之以治"的谋略，核心是办任何事都要顺应客观规律，按客观规律办事。治国是如此，在经商时也应如此。美国有位名叫孔菲德的人，1927 年 8 月 17 日出生在土耳其，从小随父母移居美国，到美国不久他的父亲便去世了，他跟着母亲过着艰苦的日子。第二次世界大战期间他到美国海军陆战队服役。孔菲德是位好学的青年，他退伍后坚持边工作边读书，终于以优异成绩读完了大学。

孔菲德在参加工作初期，更换工作频繁，后来一次偶然的机会，找到一份"互助基金会的推销员"工作。互助基金也叫共同基金，是一种专门从事证券投资的组织。它由参加基金股东筹集资金，为了相互的利益，将资金集中使用，一般是投资于上市股票。如果基金经营有方，基金将渐渐增大，基金的股价也会随之上升，股东从中受益。

正是有此吸引力，西方国家，特别是美国的互助基金在战后迅速发展起来，成为证券投资的一种重要形式。孔菲德在这时发现了机遇，当上了基金推销员。20 世纪 50 年代是美国战后经济发展的黄金时代，股市前景看好，股民们对股票市场非常乐观，孔菲德凭其机敏的头脑和三寸不烂之舌，鼓动了大批股民购买其互助基金。今天人们普遍清楚，股票市场上的机会和风险总是相伴而行的，这也包括互助基金，但当时美国经济处于恢复发展时期，人们看到机会多于风险，因此购买踊跃。孔菲德利用这种"天时、地利、人和"的机会，推销了许多互助基金，从中获得大量佣金，一下使他有了一些资本。

随着孔菲德羽翼渐丰，他决定自己开设公司经营。在 60 年代初，孔菲德在卢森堡开设自己的第一家互助基金，取名为"国际投资信托公司"。由于他自己是推销员出身，不但懂得怎么去发展该项业务，而且有大批的客户关系，所以，当他的公司开业后，大家纷纷买他的股票，在短短的一年时间，资金就达到近 1000 万元，三年后，他拥有资金 7 亿多美元。

孔菲德的国际投资信托公司随着业务的发展，从卢森堡延伸到瑞士、法国等欧洲国家，继而打回美国，他的公司所购买的股票范围也越来越广，几乎包罗万象。到 1962 年，孔菲德已登上了互助基金的巅峰，拥有的资金更多了。此时，他又出高招，成立"基金的基金"，这主要是以投资于其他基金为目的而设立的一家超级基金公司，在加拿大注册。目的是为了避开美国的有关法律限制。后来，他又成立了一些属于他私人的新基金，这样，"基金的基金"就可以公开购买他们的股票，从而使国际投资信托公司可以两次收回经营费和工作奖金，即一次是第一层的基金，一次是"基金的基金"。

孔菲德的国际投资信托公司随着私人拥有的基金的成立，他及其幕僚腰包更满了，这使他们得意忘形，开始进行冒险投资，甚至到了见标就投资的地步。这样，使"基金的基金"已失去开创时的初衷，由做一个投资于其他基金的超级基金，变为一个专做冒险投资的组织。这时是60年代末期，孔菲德的国际投资信托公司已名声大噪，他本人掌握的资产近千亿美元。

孔菲德在暴发鼎盛之时，事实上已暴露出他走向没落的端倪。他的国际投资信托公司到处冒险投资，机构庞大而复杂，不但孔菲德自己，连他的所有部属也没有一个能料理出一个头绪来，内部管理混乱不堪。更糟的是，该公司决定在1969年上市的股票本是孔菲德及其下属私下所有的，按美国法律的规定是禁止公开上市买卖的，股民却不知其中真相，一时踊跃购买。当国际投资信托公司的股票大量抛出不久，适逢世界股票市场开始走下坡路，孔菲德的股票也急剧惨跌。当股民们知道国际投资信托公司违规经营基金时，孔菲德便成了众所矢之，他公司的股票几乎成为一分不值的废纸，从1969年市值10美元跌到1970年底的3角8分，国际投资信托公司顷刻分崩离析了。

孔菲德从白手起家，曾创立过辉煌业绩，但又是他自己，以错误的决策和混乱的管理，摧毁了自己一手创建的投资信托公司。

孔菲德的辉煌与衰败印证了荀子之忠告：应之以治则吉，应之以乱则凶！

当时则动，物至而应

荀子说：对于那些即使做了对成功也没有什么帮助的事情，对于那些即使去追求对收效也没有什么帮助的事情，对于那些即使忧虑对危机的解决也没有什么帮助的事情，那就应当远远地将它抛掉，不能让它妨碍自己，一会儿也不能让它在内心里起干扰作用。不羡慕过去，不担忧未来，不要有忧愁或怜惜的心情，应当适时而行动，事情来了就及时应对，事情发生了就及时处理，这样做是治是乱、是应该肯定还是应该否定，就一清二楚了。

在荀子看来，思不如学（求），学不如行（做），在着眼于未来的同时，更要抓住"眼前"的机会，打好手中的每一张牌。理想宏伟，不能实现就是空想、妄想，白费心机；劳而无功、功而无益，再追求、再辛苦，结果也是竹篮打水一场空。适时而动，量力而行，是走向成功的一把金钥匙。

日本水泥大王浅野水泥公司董事长浅野一郎，年轻时因家贫而外出谋生，他拥有的只是一身破烂不堪的衣服，其余一无所有。他流浪到了东京，举目无亲，连个立足点也没有，一个多月靠捡破烂为生，夜宿车站候车室。但候车室仍不是个立足点，工作人员知道他是个无家可归的流浪汉后，恶狠狠地把他赶走。他不得已拖着疲倦的身子到处寻找过夜的地方，他的处境比乞丐还差，几乎想自杀了。

一天，他饿得走不动了，突然发现前面有个水泉，他从水泉舀水充饥。在又饿又渴的情景下，这泉水救了他一命。他觉得这些水清凉可口，使他霎时增添了力量。他想：我可用这个水泉作为生存的立足点，除了自己喝以外，可一罐一罐地拿去出卖，相信人们是需要喝水的。于是，他到处去捡拾被人废弃的玻璃瓶等容器，开始在路旁摆摊子卖泉水。结果，真的有不少人买他的泉水喝，这成为他日后当上水泥大王的起点。

浅野一郎靠卖水积蓄了一点钱后，逐步开始做些其他小买卖，最后进入水泥的经营。经过 10 多年的奋斗，他不但成为日本的水泥大王，而且成为闻名世界的大财团董事长。他深有感触地说："人生遭遇的不幸和危机就是促使你成功的前奏曲，是你成功的开始。危机越严重，痛苦越厉害，灾厄越多，你的成功也就越大。就是说，人在困厄时，他的想法就会改变，这就给他一个成功的转机，使他更加聪明，更加有耐性和勇气一往无前。这就是所谓'穷则变，变则通'的道理。因此对不幸和灾厄无须悲观，应该感谢才行！"

浅野一郎谈其发迹的道理很启迪人，这是带有普遍性的一种哲理，亦是他自己的实践的升华。

德国的一位犹太青年，叫李威·斯达斯，1850 年随着淘金热流的人群，跨洋过海到了美国西部的旧金山。当时 20 岁的李威，每天在矿山上挖土爬山，历尽艰辛，与绝大多数的淘金者一样，赚不着多少钱，仅仅维持一日三餐。

李威是个善于思考和观察的青年，他想，淘金既然不能赚钱，应该尽快另谋他路。但自己没有资金，又没有亲友和客户关系，何处才能找到自己的出路和立足点呢？一切奢望不现实，必须从实际出发。他想，矿山的成千上万的淘金者不是每天都要喝水和使用一些日用品吗？就干这个买卖。果然生意不错，很快赚了一笔钱。在买卖过程中，他每天接触很多矿工，从他们之间的言谈中获得了大量的市场需求信息。

一天，李威听到矿工抱怨地说："我们这些人整天爬山登岭，衣服极容易被磨破，要是有一种耐穿的衣服多好啊！"李威听后反复思考，要是自己能生产一种耐磨的衣服供应矿工，生意定会兴隆。于是，他将自己摆摊的帐篷割下一块，把它缝制成衣服，卖给淘金矿工。帐篷是帆布制成的，厚实坚韧，做成衣服后当然非常耐磨了，矿工穿上后十分满意，纷纷要求李威多供应。

李威立即行动，购进帆布，添置缝纫机，大批生产这种矿工用服，、从中赚了许多钱。

随着矿工服需求的增多，李威在旧金山开设了一家服装厂，并专门请缝纫专家和服装师设计，对这种服装进行不断改进。后来，他又改用法国尼姆产的哔叽布做原料，裤子缝得比较紧身，从而形成了牛仔裤这种独有的样式。

牛仔裤一出现，不但受到矿工的欢迎，美国和世界各地的年轻人也争相购买。不几年，李威的服装厂改名为"国际公司"，在世界各地设立营业机构，逐渐成为名闻全球的大企业。100多年来，牛仔服风靡全球，长盛不衰。

可见，一个人或一个企业，欲要生存和发展，必须从实际出发，抓住时机，适时而动。

四、为政智慧

和其他先秦诸子一样，荀子有着极深邃的治国思想。

荀子认为，要使国家强盛，必须行"胜人之道"，即"求仁厚明通之君子"，"与之参国政"，慎礼义、务忠信，"隆礼尊贤"，"重法爱民"，"尚贤使能，赏有功，罚有罪"，等等。一言以蔽之，就是"赏不用而民劝，罚不用而威行"。

礼是人生与社会的规范

20世纪的各种运动在许多方面颠覆了传统的价值观念，自从鲁迅在《狂人日记》中透露出礼教吃人的意思后，吴虞则以《吃人与礼教》为题，旗帜鲜明地提出"吃人的就是讲礼教的，讲礼教的就是吃人的"的口号。从此，礼与礼教等同起来，礼教又与吃人画了等号，"礼教吃（杀）人"一时成为有志之士的共识，连带礼的名声之低到了无以复加的地步。

但是，礼最初是由人制定的，人制定礼的本意不是为了束缚人，限制人，甚至杀人。把礼、礼教与杀人联系起来，不是出于误解，就是出于激愤。礼不应该是这个样子。春秋时期，孔子面对礼崩乐坏的局面，为礼寻找到新的精神支柱——仁。在孔子那里，礼不是三代相传的旧物，它与仁密不可分：仁是礼的内在根据，礼是仁的切实践行。《论语·颜渊》说："克己复礼为仁。一日克己复礼，天下归仁焉。"孟子较少提及礼在维护社会秩序方面的功能，所以荀子批评他"略法先王而不知其统"，意思是孟子不懂得礼对于人类社会和个体修身所起到的作用。但孟子对礼的态度还是非常灵活的，在"礼"（规范性）与"权"（灵活性）之间，他更倾向后者。有一天，齐国的辩士淳于髡见到孟子，故意问道："男女之间不可以有身体的接触（男女授受不亲），这是礼吗？"孟子说："对，这就是礼。"淳于髡见孟子已经落入了自己诡辩的陷阱中，于是提出了准备好的第二个问题："那么如果嫂子落入水中，是否应该出手相救呢？"孟子说："见到嫂子落入水中但不去救，是禽兽的行为。男女之间不可以

狼噬牛纹金牌饰（春秋战国）

有身体的接触，是礼；但伸手去救落水的嫂子，则是权变。"这段对话显示出，至少在孟子那里，儒家对礼在现实生活中的运用持一种灵活的态度，不能死守礼的规定。

到战国后期，人们对礼的起源存在着不同的认识，因此荀子在《礼论》的第一句不得不先阐述这个问题：

礼起于何也？曰：人生而有欲，欲而不得，则不能无求；求而无度量分界，则不能不争；争则乱，乱则穷。先王恶其乱也，故制礼义以分之，以养人之欲，给人之求，使欲必不穷乎物，物必不屈于欲，两者相持而长。是礼之所起也。（《礼论》）

在荀子眼里，礼不再是僵硬规定的外在形式，它的目的是制止人类因过度的欲望而导致的纷争。由礼衍生出许多礼仪，目的也是为了满足人类的各种需求：

礼者，养也。刍豢稻粱，五味调香，所以养口也；椒兰芬苾，所以养鼻也；雕琢、刻镂、黼黻、文章，所以养目也；钟鼓、管磬、琴瑟、竽笙，所

荀子诠解

荀子智慧

以养耳也；疏房、檖貌、越席、床笫、几筵，所以养体也。故礼者，养也。（《礼论》）

礼的作用，从大的方面说，它是人作为一个族类存在所必需的，是人成为"类"的规定性，"礼者，法之大分，类之纲纪也"。这是个了不起的见解。没有礼，人类就不能成为人类，这把礼抬到极高的高度。礼是个人修身养性的不二法门，"凡治气养心之术，莫径由礼"；礼是个体、社会和国家生存的必备条件，"人无礼则不生，事无礼则不成，国无礼则不宁"。

春秋后期，齐景公与大臣们在一起喝酒，喝得很尽兴，景公有些醉意，于是脱下衣冠，自己弹琴自娱自乐，不时回过头去问大臣："仁者也喜欢这样的娱乐吗？"左右的人说："仁者也是人，跟普通人一样，怎么会不喜欢呢？"景公一听，立刻派车去迎接晏子。晏子听说，穿上朝服赶到。景公说："今天我玩得很高兴，希望你也加入我们。"晏子说："您的话不妥。齐国身高五尺以上的人，力气都比我和您的大，他们之所以不敢冒犯您，是敬畏礼的约束。因此，如果天子不遵循礼的话就没办法守卫社稷，诸侯不遵循礼的话就没法守住国家；做君主的不遵循礼就没法控制他的大臣，做大臣的不遵循礼就没法侍奉君主；大夫不遵循礼就没法治理自己的家庭，兄弟之间不遵循礼的话就没办法住在一起。人如果不遵循礼，还不如干脆死掉算了。"景公很惭愧，起身道歉说："我做得不好，没有好的左右来劝谏我，以致做出这样的事。让我杀了他们以弥补我的过错。"晏子说："左右的人没有错。问题出在您身上：您爱好礼的话，那懂礼的人就会来；您讨厌礼，那不懂礼的人就会来。左右的人有什么罪呢？"景公说："说得好！"于是重新换上衣服，酒过三巡，晏子便起身告辞。

荀子对礼的坚持和反复论述，透露出他那个时代礼的松弛，以及他为重新确立礼的权威的努力。时至今日，古代的礼对我们基本失去了约束，但荀子论礼的意蕴还是值得我们思考的。人类对欲望的渴求是永无止境的，在某种程度上，正是这永不满足的欲望推动了社会的前进。但欲望的追求应该限制在既定的规则下，所谓"君子爱财，取之有道"。礼作为道的重要组成部分和具体体现，在古代社会中起着维系社会正常运转的功能，同时为个人修身养性提供了切实可行的规范。在这两层意思上，荀子对礼做了详尽的论证。在后来的历史中，礼上升成"法"，凝结为社会秩序，遵循礼的要求，即意味着接受现存的社会等级和既定的身份命运，个体的任何反抗都不符合礼，是"非礼"。

实际上，在繁文缛节式的礼仪背后，儒家强调的礼包含着礼以养人以及慎终追远之意，不仅是古人的、传统的，也是现代人的应有之义，是我们尊祖敬宗、尊长爱幼情感的自然体现。

义立而王，信立而霸

荀子这段话的意思是说：虽然品德还没有达到完善的程度，礼义还没有完全做到，但是天下的事理大体上掌握了，刑罚、奖赏、禁止、许诺等，在天下已取得了信用，臣民们都清楚地知道可以相信君主。政令已经颁布，虽然看到既可能成功也可能失败，仍然不失信于人民；盟约已经签订，虽然看到既有利也有害，仍不失信于盟国。如果这样，就能兵力强劲，城池坚固，敌国畏惧；国家上下一致，不失信用，盟国信赖。虽然国家所处的地方偏僻狭小，但是它的威名却震动上下，五霸就是这样的国家。

信，从人从言，反映"信"体现于人的言谈之中。"信，诚也"，"诚，信也"（《说文解字》），"信"、"诚"相通，说明"信"就是言语诚实可靠。荀子对信作过解释，他说："信信，信也；疑疑，亦信也。"（《非十二子》）认为相信可以相信的是信，怀疑可以怀疑的也是信，并提出"上下相信"的主张。这就揭示了信的实质。官的谋略意义主要是指人要"诚实不欺"，其中包括笃守信用和取信于民这样两个相互联系的方面。

信，是先秦思想家们所重视的谋略思想。孔子把"信"推为立政之本，认为"民信之"比"足兵"、"足食"更为重要，"民无信不立"（《论语·颜回》）。孟子认为"言语必信，非以正行也"（《孟子·尽心下》）。还说：

"至诚而不动者，未之有也；不诚，未有能动者也。"（《孟子·离娄上》）荀子在先秦思想家们的基础上进一步作了总结，把"诚"、"神"列为"谈话之术"。他说："谈说之术：矜庄以莅之，端诚以处之，坚强以持之，譬称以喻之，分别以明之，欣欢、芬芗以送之，宝之，珍之，贵之，神之，如是则说常无不受。"（《非相》）这就讲明了谈说之术归根到底是为了使人"神之"，即信服。

荀子认为"信"是无条件的。荀子说："耻不信，不耻不见信。"又说："能为可信，不能使人必信己。"（《非十二子》）主张每个人都要有从自己做起的精神，即耻于不讲信任，不耻于不被信任。一个人可以做到被人信任，但不能使人一定信任自己。有了这样严于律己的精神，就会做到：在被人信任时能讲信，不被人信任时也能讲信。也只有这样，才能使大家踏上"忠信"的途径。荀子把"信"看成社会每一个成员所必须履行的义务。他认为"百工莫不忠信而不苦"，也就是说"信"是各行各业从业者的职业道德，具体说来：

为商者讲信，生意才能兴隆："商贾敦悫无诈，则商旅安，货通财，而国求给矣。"（《王霸》）

为工者讲信，产品才会精巧："百工忠信而不苦，则器用巧便而财不匮矣。"（《王霸》）

为农者讲信，生产才能发展："农夫朴力而寡能，则上不失天时，下不失地利，中得人和，而百事不废。"（《王霸》）

为师者讲信，教育才有威望："耆艾而信，可以为师。"（《臣道》）

信，固然人人要遵循，但为官者率先讲信，这是至关重要的。荀子反复强调这一点。他说："上端诚则下愿悫矣"，"上幽险则下渐诈矣"（《正论》）。认为只有"上信"，才能使"下信"。不然"上诈其下，下诈其上，则是上下析（离散）也"，（《王霸》）。荀子举例说，古时候，禹、汤以义为本，以信为重，从而使天下达到大治；桀、纣背信弃义，从而导致天下大乱。为此，荀子强调说："为人上者，必将慎礼义、务忠信然后可。此君人荀子认为人人要守信，大至治国，小至交友、言谈，时时处处都要守信。荀子提出了"庸言必信"的主张，他说："庸言必信之，庸行必慎之，畏法流俗，而不敢以其所独甚，若是则可谓悫士矣。言无常信，行无常贞，唯利所在，无所不倾，若是则可谓小人矣。"(《荀子·不苟》）这里指出：即使是平常的言论也必须做到诚实可信。在顺利的环境，或在困穷的环境时都得讲礼信。荀子说："宜于时通，利以处穷，礼信是也。"(《修身》）也就是说，即使长期处在贫困之中，也不要忘记平日的诺言。

荀子伦理思想的核心本来是"仁"，认为"仁"是"至德"。为什么又反复强调"务忠信"呢？"信"或"仁"的关系怎样呢？荀子说："若夫忠信端悫而不害伤，则无接而不然，是仁人之质也。"(《臣道》）认为忠诚守信，正直而不伤害别人，无论与什么人交往都是这样去做的，这是仁人的本质。在荀子看来，"仁"是道德思想的一个总的概念，而"忠信"仅是"仁"中的一个方面。荀子认为"仁"是"士"、"君子"的最高要求，而"信"是为人的起码条件。在《臣道》篇论述忠信和端悫、礼义的关系时，荀子作了明确论述："忠信以为质，端悫以为统，礼义以为文，伦类以为理，喘而言，蠕而动，而一可以为法则。"这里"忠信以为质"以及"忠信"为"仁人之质"，讲的都是一个意思，即谓忠信是普通人做人的起码条件，也就是说，要达到"仁人"的崇高境界，必须从"忠信"做起。

诸葛亮火烧新野后，曹操勃然大怒，令大军兵分八路攻打樊城。孔明见形势十分危急，建议刘备弃樊城，取襄阳暂为驻足。刘备不忍丢弃百姓，令孙乾、简雍通报百姓："今曹兵将至，孤城不可久守，百姓愿随者便同过江。"此言一出，两县之民齐声大呼曰："我等虽死，亦愿随使君。"百姓皆号泣而行，"有未渡者，望南而哭"。当时有人提出："今拥民众数万，日行十余里……倘曹兵到，如何迎敌？不如暂弃百姓，先行为上。"刘备哭着说："举大事者必以人为本，今人归我，奈何弃之？"仍令张飞断后，赵云保护老小，且命大小官员管顾百姓徐徐而行。刘备爱民之心，跃然纸上，足可感人肺腑。难怪后人写诗称赞："临难仁心有百姓，登舟挥泪恸三军，至今凭吊襄江口，父老犹然忆使君。"有人说刘备爱民是假仁假义，摔阿斗更是近乎虚伪。我们认为判别一个人行为的道德内涵，不能仅从一时一事轻易得出结论，而要考察其一贯表现。

三国群雄中，刘备算得上是最爱民的一个。他在任安喜县尉时，与民秋毫无犯，民皆感化；治理新野时，军民皆喜，政治一新。当时老百姓称颂他："新野牧，刘皇叔，自到此，民丰足。"当陶谦三让徐州时，刘备固辞，徐州老百姓都涌至府前哭拜说："刘使君不领此郡，吾等不得安生！"可见百姓对他何等的信赖。几乎可以这样说，他无论到哪里，都会受到当地老百姓的欢迎。有人说此乃刘备用以争天下的大智谋，此论可谓一语中的。刘备虽身为皇叔，但无足够的实力，因此必须争取民心，否则他刘备在哪个地方能立足呢？而事实上，刘备势力壮大的过程，正是其不断争取民心的过程。刘备曾告诉庞统："操心急，吾心宽；操心暴，吾心仁；操心谲，吾心忠，每与操反。"刘备这种争夺天下的智谋的确非常厉害，尽管曹操胸有大志，腹有良谋，饴藏宇宙之机，吞吐天地之志，还是屡屡败在他的手下。刘备也是依靠这一点，使自己从一个贩履织席的平民百姓，在群雄中崛起，成为鼎足三分的一代枭雄。

人心向背是能否得天下的重要前提。刘备作为皇叔固然是取得民众拥戴的一个重要条件，但他在争取人心上，确实也高出其他英雄许多，可以说三国时无人堪与匹敌。

首先是刘备能够宽厚爱人，因而深得民心。《孙子兵法》云："道者，令民与上同意也。故可与之死，可与之生而不诡也。"这句话的意思是，君主之道，首先表现在与老百姓有同一的意愿，从而使人们与君主同患难、共生死。刘备深知个中道理，所以他时时处处把争取民心作为争夺天下的首要任务。他初任定州中山府安喜县尉时，宁愿得罪上司也不搜刮民脂民膏以求显达，深受群众的爱戴。这次弃樊城奔襄阳，形如逃命，可念念不忘的还是百姓。后来，刘备入蜀也是处处以百姓为重。刘备信义著于四海，以至于谁也不敢得罪他，以免落得害贤的罪名。这使刘备的生存和发展机会大大增加，常常是逢凶化吉，否则恐怕他早已身死敌手了。吕布夜袭徐州没有加害刘备的亲眷；曹操早就知道未来争天下的对手就是刘备，但在攻打樊城时也不敢贸然行事，而是听取刘晔之言，采取先劝降而后进攻的策略；袁绍获悉斩他的爱将颜良、文丑的竟是关羽——刘备的结义兄弟时都强忍怒气；蔡夫人使离间计欲害刘备，刘表始终不行。所以，刘备原来一无地盘，二无实力，就凭他"信义著于四海"这块"金字招牌"，到处受人欢迎，并逐步由被动走向主动，不断得到发展和壮大。

其次是刘备明智忠信，故能善结将心。当阳长坂坡一场规模浩大的遭遇战中，曹军掩至，势不可当，把刘备部队冲得七零八落。赵云拼命杀人百万曹军之中，七进七出，终于找到阿斗。他怀抱阿斗，杀曹营勇将50多员，终于突破重围，赶上刘备。出人意料的是，刘备竟将阿斗"掷之于地"，说："为汝这孺子，几损我一员大将。"对此，人们常常以虚伪作评，其实未必。刘备年过半百，仅得一子，陷敌营而得救，焉有不惊不喜之理？然而刘备何人？天下枭雄也！对他所欲成就的事业来说，子嗣固然重要，后继总得有人呀，但武将更重要，尤其像赵云那样难以多得的大将，对刘备的争霸雄心能否实现有举足轻重的影响。况且阿斗已安然归来，无须担心。而此时的赵云却血染战袍，身被数创，还伏地而泣，此情此景谁能不受感动！在此情况下，刘备一时激动摔阿斗并不有悖情理，而是很自然的举动。"几损我一员大将"一语，将其爱将之心表达无遗，真切自然！刘备对其结义兄弟的真挚感情更是动人，这一点毋庸赘述。刘备正是凭着他的挚诚之心博得部下对他的忠诚，威震华夏的关羽、勇冠三军的张飞、常胜将军赵云、令敌丧胆的马超，都紧紧团结在他的周围，为其竭忠效命。

再就是刘备以真挚为本，故能诚感士心。"凤凰翱翔千里兮，非梧不栖。"人主要择才，人才也要择明主。因此，要争取人才为其建功立业服务，自身必须有吸引人才的魅力，就是说要"明"。刘备待人谦虚、宽容、热诚，不仅能识才、用才，而且能使其成为知己，乐为所用，即使在刘备兵穷势孤之际，他们也能追随左右。刘备御人有术吗？有。刘备占据汝南时，听说曹操出兵河北，于是就引兵乘虚袭许昌，曹操闻风回救，刘备大败，众将拼命相救才得逃脱。当时刘备败兵不满一千，在奔逃过程中，刘备曾对众人说过这样一句话："诸君皆有王佐之才，不幸跟随刘备。备之命窘，累及诸君。今日身无立锥，诚恐有误诸君。君等何不弃备而投明主，以取功名乎？"众皆掩面而哭。刘备此时兵败势穷，正值用人之际，何出此言？难道是英雄气短，自隳其志？难道是心灰意懒，无争于世？都不是，这样做实际是"欲擒故纵"。刘备用人可谓有术。因为这样一来，众人都会觉得离开是一种遗憾，如此实心仁厚的君主毕竟难得一遇啊！士为知己者死，值得！刘备三顾茅庐请孔明更是人们广为传颂的动人故事。堂堂一皇叔，降尊纡贵恳请一介布衣出山，而且是一而再，再而三，他诸葛亮能不为其所动吗？而孔明正是感念刘备三顾之情，才为刘备鞠躬尽瘁、死而后已的。刘备凭借一片至诚，赢得众多的有识之士，从而使其事业不断得到发展壮大。最终在四川成就帝业，与强大的魏国抗衡。

尚贤使能

荀子说：王者用人的方针是：没有道德的人不能使他有显贵的地位，没有才能的不能授予官位，没有功绩的人不能给予奖赏，没有罪过的人不能给予处罚。朝廷中没有侥幸得到官职的人，百姓中没有不务正业得过且过的人，尊崇贤人，使用能人，所给的等级地位与贤能相称，而没有差错。制裁狡诈的人，禁止凶暴的人，刑罚恰当而不过分。老百姓十分清楚地知道，在家做好事会得到朝廷的奖赏，在暗地里做坏事会在大庭广众前受刑罚。这就叫做确定用人的准则。这就是王者的用人准则。

荀况提出了选拔人才的具体标准，他说："知而不仁，不可；仁而不知，不可；既知且仁，是人主之宝也，而王霸之佐也。"（《君道》）作为一个有用的人才，仅有知识，但没有好的品德，这不行；道德品行虽好，但没有知识，也不行；正确的标准应该是既有知识又有良好的品德，这才是国家要选用的合格人才。这里我们看到，荀况选拔人才的标准是德才兼备。

荀况对于德才兼备这一标准，又作了具体的论述。什么叫品德好？德的标准是什么？他指出：要忠诚老实，不阿谀奉承，对上敢于规劝谏诤而又不恭维，刚强正直而没有偏邪之心，是就说是，非就说非，这就是德的一般标准。什么叫有才能？才的标准是什么？荀况认为，对国家的方针政策、法律制度，能够深刻理解，宣传说明又能切实贯彻；对于职责范围内的事能够胜任并能愉快地完成任务，不埋没好主意，能充分发挥才智；不遗漏好事情，提倡先进；一切政事都处理得很妥善不出差错，这就是才的标准。这里，荀况提出的"德"、"才"标准，虽是从维护新兴地主阶级利益出发的，具有鲜明的阶级性，但他从德才这两方面选用德才兼备的人才，却有积极意义。

荀况非常蔑视那些既无德又无才，喜好搞歪门邪道的人。他提出：君子不要去做结党营私、栽赃陷害、嫉贤妒能、贪污行贿的事。在选拔人才时，不要把有上述劣迹的人选上，更不能委以重任，否则是会给国家和人民造成很大损失的。

任何一个有雄才大略的人，都善于发现人才，网罗人才，使用人才。美国罗斯福总统就十分注重"尚贤使能"。

路易斯·豪是罗斯福的助手和密友。

1912年，罗斯福要竞选议员，但是在这一关键时刻，他却被伤寒病击倒了。他躺在病床上，一筹莫展，这时候他想起了路易斯·豪。

豪身高不足5英尺，骨瘦如柴，满脸皱纹，其貌不扬。但是豪是一个出色的宣传家、谋略家。许多年来，豪一直在寻找一位需要自己智慧的人物。

豪当时已40岁，大多数人到这个年纪会在各自的事业上有所建树，而豪却历尽了失败之苦。他经常失业，负债累累，因而梦想获得权势、地位，出人头地。他真想自己出面参加竞选，可他的外貌和寒酸的举止，使他的梦想无法实现。

没有办法，豪只能当一个出色的新闻记者。豪得到罗斯福的召唤，就匆匆赶到罗斯福的病榻旁，迫不及待地谈了在候选人不能露面的情况下如何开展竞选活动的谋略。

豪在波基普西的一家饭店建立了竞选总部，以农业问题和"党魁专制"作为竞选的主要题目，在选区里散发了大量罗斯福的"亲笔"信，在报上登整版的广告宣传罗斯福的政绩，并许诺如再次当选将取得更大的成绩。同时还攻击了共和党的竞选对手。

豪办事细心周到，为了鼓舞士气，他给每个竞选工作人员发了5美元。豪报告说："我干得痛快极了，他们想打败我们可没有那么容易！"路易斯最得意的一手，是提出一项旨在保护农场主不受纽约市代理商们诈骗的法案。豪将这个法案的副本寄给农场主并附上罗斯福的一封信，希望他们提出意见，并保证重新当选后一定会努力通过这项法案。一同附去的还有已贴好邮票的信封，以便农场主回信使用。路易斯将这一套做法称之为"在农业问题上的一个绝招"。

在路易斯·豪的帮助下，罗斯福被任命为海军助理部长，进入海军部，开始了新的历程。

在竞选中立下大功的路易斯·豪，从此成为罗斯福的忠实助手和顾问。

路易斯·豪后来又为罗斯福竞选总统出了大力，他没命地工作，身体越来越坏。

1935年4月，豪得了支气管肺炎，从此卧床不起。他一直住在白宫，总统几乎每天都要到路易斯·豪躺着的房间去看望他。即使在豪住进海军医院之后，罗斯福也要每星期去探望老朋友一次，并且专门从那里拉一条电话线直通白宫，让路易斯便于给总统源源不断地提供各种忠告和意见。

1936年4月18日，豪在睡梦中溘然长逝。临终前数日，他讲了一句可以概括对罗斯福兄弟般的情谊的话，他说：

"富兰克林现在自立了。"

罗斯福对豪也充满深情，在豪行将谢世时，即使豪的建议不够贴切，罗斯福仍是耐心、认真地听取，决不让豪觉出这些意见不太引人入胜。

罗斯福不仅尚贤使能，其选才的方法也多种多样。美国史学家拉尔夫·德·贝茨说罗斯福在第一任总统时内阁人选是个"大杂烩"。

有按正统原则遴选出来的人；

有按试验原则遴选出来的人；

有进步的新政人士。

国务卿一职由田纳西州的科德尔·赫尔担任。此人虽是一个南方国际派，以坚决主张低关税政策闻名，但在参议院中颇有影响。赫尔时年61岁，性格倔犟，彬彬有礼，受人敬重。他供职国务卿的年限在美国历史上是最长的。

财政部长由威廉·伍丁担任。伍丁虽名义上是共和党人，实际上长期支持罗斯福，与罗斯福过从甚密。他身材瘦小，但为人颇有魄力，智慧过人，在1933年解决银行危机时出了大名，但因操劳过度，第二年就与世长辞了。

最引人注目的是任命纽约州的弗朗西斯·帕金斯女士当劳工部长，芝加哥的哈罗德·伊克斯当内政部长，衣阿华州的亨利·华莱士当农业总长。这三人由于贯彻了无数突出的新政计划，以及他们经常为新政出谋划策，因而在政论上和政策上一般都认为是新政的化身。华莱士于1940年离职，但帕金斯女士和伊克斯的任期却与4届罗斯福政府相始终。

弗朗西斯·帕金斯是美国联邦政府历史上的第一位女部长，她的入阁曾在社会上引起轰动，有一个记者问她身为女性当了部长是否感到不便时，她刻薄地回答："除非爬树。"

罗斯福使用的亨利·华莱士是个怪杰，是一个神秘的计算机似的统计家，对20世纪30年代的一些农业上的重大问题提出了新的大胆的解决办法。

哈罗德·伊克斯也是由共和党转变过来的。他是芝加哥一位具有改革精神的著名律师，办事谨慎，但脾气暴躁，对贪污受贿疾恶如仇，必欲除之而后快。

罗斯福用人的最大成功之处是对智囊团的使用，这开创了美国历史上用

荀子诠解

荀子智慧

人的先河。这些人职位比部长低，但在影响和制定政策方面作用却更大，其中有几位是最早一批的智囊团成员，他们是对新政起了重大作用的高参。

第一批智囊团的成员有哥伦比亚大学教授蒙·莫利、雷克斯福德·特格韦尔和阿道夫·伯利，以及休·约翰逊将军等，他们都在不同时期担任过政府公职。法学教授莫利在 1931 年被罗斯福正式任命负责主管竞选材料的准备工作。捷足先登的莫利随着智囊团的扩大而扮演了主要的角色，因而初期新政的许多政策和立法草案都是由他负责审定或由他指派别人负责搞的。雷克斯福德·特格韦尔是一位英俊的经济学教授，与罗斯福一样，强烈地主张保护资源。他在农业部工作了几年，还在几个委员会里担任过职务，他常以经济哲理家和排难解纷的行家身份而被其他部门召请。哥伦比亚法学院才思敏捷的阿道夫·伯利教授，在新政初期未接受政府职务，然而在财政、经济分析与国际关系等问题上却不时提出可贵的咨询意见。休·约翰逊将军，是得到法学学位的西点军校毕业生。他早期为罗斯福撰写发言稿，并帮助起草农业与企业方面的立法，还负责过全国复兴部署。

在罗斯福周围，还有一些具有不同程度的影响、担任过不同职务的总统顾问，他们任职时间长短不一。其中托马斯·科科伦与杰明·科恩，是两位典型的致力于新政的精明强悍、热情洋溢的青年律师。他们两个都是哈佛大学法学教授绅利克斯·弗兰克福特的高足。科科伦与科恩合伙草拟了 1934 年证券交易法和 1935 年控股公司法一类出色的"在法律上过得硬"的立法杰作。科科伦担任总统助理的时间比科恩长，一直干到他的职位由哈里·霍普金斯替代为止。这些人才不少出身于学术界。他们能在一般的事务中发挥他们的合理思维与分析才能，并在特定的领域里施展他们的专业才华。

罗斯福不仅善于使用人才，而且善于培养人才。他注意让属下克服缺点，发扬长处，有时他还亲自指点。

美国同英国历来有着千丝万缕的联系，罗斯福对英国政府的动向尤为注意。他派乔·肯尼迪去伦敦是期望通过一位眼光冷静的企业家，能够就英国政府的绥靖政策提出公正的报告。肯尼迪是一位爱尔兰血统的波士顿人，罗斯福考虑到，由他担任驻伦敦大使可能有助于消除爱尔兰血统的美国人对美国在发生战争时同英国合作的抵触情绪。于是在 1937 年秋季的一天，他把肯尼迪邀请到椭圆形办公室里。总统先是向他致意表示欢迎，然后又请他往后站一站，以便仔细观看他。

"乔，"过了一会儿，罗斯福说，"对不起，请你把裤子脱下来好吗？"

肯尼迪感到非常意外，问罗斯福是否讲错了，总统点头示意，一点也没有错。肯尼迪解开了吊带，裤子掉下去了，穿着裤衩傻呆呆地站在壁炉前，显得很不自在。

"有人看见你穿浴衣，他们告诉过我这件事，现在看果真如此。"罗斯福说，"乔，就看看你这两条腿吧，我还是第一次看到你这么严重的弓形腿。你知道不知道驻英国的大使必须穿着短裤和丝织筒袜出席就职仪式？你能不能想象你将是什么样子？我们新大使的照片在世界各地出现时，将成为一个笑料。乔，你根本不适合担任这项职务。"

"总统先生，"肯尼迪恳求说，"如果英国政府能允许我穿燕尾服和条纹裤出席仪式，您能同意任命我吗？"

"这个，乔，你可知道英国人多么讲究传统。你无法得到允许，我得很快任命一名新大使。"

乔要求给他两周的宽限，罗斯福同意了。肯尼迪提起裤子恢复了尊严，离开了白宫。总统自鸣得意，暗自笑了起来。过了两周，肯尼迪手持一份允许他穿条纹裤子和燕尾服出席就职仪式的公函来到白宫，结果他得到了任命。后来，有人就此事向罗斯福提过意见，但是他把头往后一仰，一笑了之。他说："选派大使不仅要从政治上考虑，而且还要注意风度，不时地纠正他们的坏毛病，因为他们出去，代表的是整个国家呀！"

得士则昌，失士则亡

士的崛起是春秋战国社会变化的一大标志，得士者昌，失士者亡，成为衡量诸侯实力的标准。荀子一生游历诸侯，为实现自己的理想而奔波；他又曾三次担任稷下学宫的祭酒，有机会接触各种来往的士人。自己的切身经历和对各国士人的了解，使他能够较好地把握士人的心态，理解士人出仕时的选择，因此在谈到君主如何笼络和任用士人时，入木三分。君主要想吸引更多的士人前来投奔自己，自身必须坐得端，行得正。荀子说：

川渊深而鱼鳖归之，山林茂而禽兽归之，刑政平而百姓归之，礼义备而君子归之。（《致士》）

君主只有具备相应的礼仪，才能吸引士人接踵而至。春秋初期，齐桓公把吸引士当作一件大事，在庭中摆设了用以照明的火炬——庭燎，目的是吸引有识之士的到来。但是，庭燎设立整整一年，还是不见有士到来。齐桓公自然很焦急。正在这个关口，有一位会乘法口诀的东野鄙人求见。齐桓公感到很诧异，对这位鄙人说："会乘法口诀难道也值得求见吗？"东野鄙人回答说："我也并不认为会一点乘法口诀就值得求见。但我听说您摆设了庭燎来招纳四方之士，整整一年过去了，而没有一个士来到。士之所以不来的原因，是因为您是天下的贤君，四方之士都认为自己的才能远不如您，所以他们不敢来。我会一点乘法口诀，这种薄能只不过是雕虫小技，但您对我这样的无能之辈如果能够以礼遇之，那么对那些高于九九之术者的礼遇，也就可想而知了。泰山不辞壤石，故能成其大；江海不逆细流，故能就其深。《诗》云：先民有言，询于刍荛，言博谋也。"齐桓公听了这一段肺腑之言，深有感触地说："真乃善言啊！"于是，齐桓公对这位东野鄙人以礼相待。消息很快传开，一个月之后，四方之士，络绎不绝地来到了。

吸引到士，如何任用也很重要。周威公曾问计于宁子，宁子告诉他："对那些贫穷的士人，要让他们显达；对那些濒临死亡的士人，要让他们生存下去；对那些荒废的士人，要任用他们。做到这三点，那么士人就会从四面八方赶来的。"但是打开尘封的历史卷册，又有多少君主在招纳来士人后能真正地任用？"魏文侯师卜子夏，友田子方，轼段干木，故群俊竞至，名过齐桓，秦人不敢窥兵于西河"，成为多少士人无法实现的梦想？又有多少士人在招而不用之后，郁郁而终？所以荀子说：

人主之患，不在乎不言用贤，而在乎诚必用贤。夫言用贤者口也，却贤者行也，口行相反而欲贤者之至，不肖者之退也，不亦难乎！（《致士》）

有一个叫田饶的士人，在鲁哀公手下做事多年，但鲁哀公并不了解他。有一天，田饶对鲁哀公说："我将要离开大王，就像鸿雁那样远走高飞了。"哀公说："这是什么意思呢？"田饶回答说："大王难道没有见过雄鸡吗？它头上戴着红冠，非常文雅；脚上有锋利的爪子，格外英武；面对敌人敢打敢拼，是勇敢的表现；看见食物就呼唤同伴一道享用，是仁慈的品德；守夜报时，从不误事，是诚信的操守。雄鸡虽然有这五种长处，可是大王还是命令手下人煮了来吃。为什么会这样呢？是因为它们就在身边啊。至于那鸿雁，一飞就是千里，有时停在大王的水池里，吃大王的鱼鳖，有时停在大王的田园里，啄大王的豆类和谷物，尽管没有雄鸡的长处，可是大王还是很器重它们。这是因为它们离得远啊。请让我也像鸿雁一样远走高飞了吧！"鲁哀公说："留下吧！我把您的话记下来。"田饶说："放着有能力的人不用，写下他的话做什么样子呢？"说完，就离开鲁国前往燕国了。燕国让田饶担任国相。三年之后，燕国的政事大有起色，国内安定，连盗贼都没有。鲁哀公听到这个消息，慨然叹息，为此，他过了三个月独居生活，衣食的标准也降低了，以表示自责。鲁哀公说："因为以前不慎重，才有后来的悔恨。哪里能够再得到田饶啊！"或许是因为彼此太熟悉了，田饶在鲁哀公身边多年，鲁哀公却不知道；他向鲁哀公提出辞职，鲁哀公只是淡淡地说了"留下吧"，却没有其他挽留的行动和措施；听说田饶在燕国政绩突出后，鲁哀公这次真的后悔了，但悔之晚矣。

中国古代向来有重视士人的传统，无论对于国家还是君主本身，士人都是重要的辅佐力量。《诗经·大雅》说："济济多士，文王以宁。"文王正是通过广招贤才，并在他们的辅佐下，使西周日益强大，最终灭掉商朝。齐桓公任用管仲，九合诸侯，一匡天下；任用竖刁和易牙，凄惨身死都不能发丧。今天常说二十一世纪的竞争是人才的竞争。小到机构，大到国家，能否吸引到更多的人才直接决定自身生存和发展的质量。对于人才，一方面应该积极地引入，而引入人才之后，采取怎样的措施留住人才，比引入人才更为重要；另一方面，要善于从已有的人力资源中发掘人才，对于可用之才，要给他们施展才华的机会，不能等到人才流失之后再去惋惜。

维护法律的尊严

我们一提到儒家，就会联想起仁义、道德、礼治等概念，意识中存有的儒家治国措施，也不外是以德治国、以礼治国等，很少有人把儒家与严格的法联系起来。

这种意识是有道理的。从总体上看，儒家是提倡以德、以礼治国，较少谈及法令和刑罚。孔子说："用法律命令来引导百姓，用刑法让百姓整齐划一，百姓可以被动地遵守而避免犯罪，但不知道廉耻是非。用道德教导百姓，用礼教来规范感化他们，百姓不但懂得廉洁是非，而且从心里归服。"孟子倡导人性本善，又认为人性中的善需要通过实施"仁政"体现出来，所以他更愿意跟君主谈论仁政，因而较少谈论法。儒家真正把法作为思想体系的重要组成部分，并展开论述的，是荀子。

战国时期，商鞅在秦国主持变法。条令已准备就绪，在公布之前，他命人在都城南门前放置一根高三丈的木头，招募能把木头搬到北门的人，给予十钱。百姓看到告示后对此感到奇怪，没有人敢去搬木头。商鞅又说："能搬木头的人赏五十钱。"有一个人搬了木头，商鞅就给了他五十钱，用来表明没有欺骗百姓。之后颁布了新法。变法令颁布了一年，秦国百姓前往国都控诉新法使民不便的人数以千计。这时太子也触犯了法律，商鞅说："新法不能顺利施行，就在于上层人士带头违犯。太子是国君的继承人，不能施以刑罚，便将他的老师公子虔处刑，将另一个老师公孙贾脸上刺字，以示惩戒。"第二天，秦国人听说此事，都遵从了法令。新法施行十年，秦国出现路不拾遗、山无盗贼的太平景象，百姓勇于为国作战，不敢逞强私斗，乡野城镇都得到了治理。

秦国通过以法治国实现了崛起，这是荀子在高唱礼义的同时无法回避的事实，也使荀子进一步认识到法制对于国家富强的作用。所以，有时荀子"礼""法"并举，有时又十分强调"法"的运用。"法之经，

商鞅变法

礼与刑"（《成相》），"至道大形，隆礼至法则国常有，尚贤使能则民知方，篡论公察则民不疑，赏克罚偷则民不怠，兼时齐明则天下归之，然后明分职，序事业，材技官能，莫不治理，则公道达而私门塞矣，公义明而私事息矣"（《君道》）。

针对当时有人提出古代没有肉刑，只有象征性的刑罚提出来，荀子反驳这种论调：

凡刑人之本，禁暴恶恶，且征其未也。杀人者不死而伤人者不刑，是谓惠暴而宽贼也，非恶恶也。故象刑殆非生于治古，并起于乱今也。治古不然。凡爵列、官职、赏庆、刑罚，皆报也，以类相从者也。一物失称，乱之端也。夫德不称位，能不称官，赏不当功，罚不当罪，不祥莫大焉。昔者武王伐有商，诛纣，断其首，县之赤旆。夫征暴诛悍，治之盛也。杀人者死，伤人者刑，是百王之所同也。（《正论》）

"重法"的作用是荀子针对当时有人提出古代没有肉刑，而只有象征性的刑罚提出来的。荀子反驳说："人果真不犯罪了，那么肉刑确实也不需要了，而'象刑'自然就不需要了。如果社会上确实存在犯罪行为，那么以轻微的刑罚处罚严重的罪恶，就会造成天下大乱。"刑罚的目的就是为了"禁暴恶恶"，如果采用"象刑"，就等于在宽恕罪犯。所以"象刑"并非产生于天下太平的上古时代，而是当今一些唯恐天下不乱、别有用心的人提出

来。对于此，荀子在《富国》中"严刑罚以戒其心"和《君道》中"法者，治之端也；君子者，法之原也"的论述都是表明其重视"重法"的作用的立场。

荀子主张法，但他说的法不同于法家。法家的韩非子说："今世皆曰'尊主安国者，必以仁义智能'，而不知卑主危国者之必以仁义智能也。故有道之主，远仁义，去智能，服之以法。是以誉广而名威，民治而国安，知用民之法也。凡术也者，主之所以执也；法也者，官之所以师也。"这是彻底的以法治国的宣言。荀子论法，更多时候与礼联系起来。荀子说："礼者，法之大分，类之纲纪也。"把三代之礼解释为法律的总纲，以及以法类推的各种条例的纲要，把"礼"视为法的基本价值和基本准则。这样，礼相当于国家的根本大法，起着规定各类具体的法律、法令的宪法的作用。这里，荀子突出的是礼的强制性，而强制性恰是法的特征之一。基于礼的法律色彩，荀子认为礼与法本质上是同一类型、同一序列的存在，违背礼、触犯礼就是违背法、触犯法，即"非礼，是无法也"。"非礼"等同于"无法"，意味着礼等同于法，礼不仅具有法律功能，而且自身就是法律；违犯法律应受到刑罚制裁，违反礼同样应受到刑罚惩罚。荀子一方面继承、发展和修正了儒家的"礼治"，另一方面又继承、发展和修正了法家的"法治"，即以"礼"为主，使礼、法统一起来，形成了"隆礼重法"的思想，从而为后来封建正统法律思想的确立奠定了基础。

大国与小国的关系

从春秋到战国，原先的一百多个诸侯国，劫后余生的已经为数不多了，当时最强大的，有齐、楚、燕、韩、赵、魏、秦七国。他们的强大当然伴随着对其他诸侯国尤其是小诸侯国领土和百姓的侵夺。公元前548年，郑国的子产曾指出大国侵吞小国的现象："从前天子领地方千里，诸侯方百里。长久以来，现在大国多半有方数千里的领地，如果不是侵略小国，怎能扩张到这种程度呢?"所以那时的诸侯国与诸侯国的关系主要有两种情况:一种是大诸侯国如何面对小诸侯国,另一种是小诸侯国如何面对大诸侯国。

对大诸侯国来说,夺取别国的领土不容易,如何将夺得的土地融入自己的统治更不容易。荀子说:

> 兼并易能也,唯坚凝之难焉。齐能并宋而不能凝也,故魏夺之。燕能并齐而不能凝也,故田单夺之。韩之上地,方数百里,完全富足而趋赵,赵不能凝也,故秦夺之。故能并之而不能凝,则必夺;不能并之又不能凝其有,则必亡。(《议兵》)

公元前286年,齐国讨伐宋国,宋偃王出逃,齐国占领了宋。但两年后,魏国与秦、赵等联合起来伐齐,魏国得到原先宋国的大部分土地。同一年,燕昭王派乐毅伐齐,攻陷齐国七十多座城池,齐国仅剩下莒和即墨二城,但不久齐国失地就被齐将田单夺了回来。公元前262年,秦伐韩,韩国的上党不愿意降秦而降赵,后来,秦昭王派白起大败赵军于长平,上党又属于秦。这些事例说明,战国时期各国之间的边界变动较大,相互蚕食邻国的领土几乎成了家常便饭。但占领其他国家的领土后,如何尽快确定自己的统治也非常重要。

除了七个大国外,还有些小国在列强兵威下苟且求生。大国对小国的压迫,最严重的是灭国,其次是苛索无度的贡赋。侵略小国的行动,小的侵夺土田,大的覆灭宗庙。因此,小国如何处理好侍奉大国的问题也很重要。公元前565年,郑国的子展说:"小国服侍大国凭的是信,小国如果无信,兵乱常起,很快就会灭亡。"荀子也说:

> 虽为之逄蒙视,诎要桡腘,君卢屋妾,由将不足以免也。故非有一人之道也,直将巧繁拜请而畏事之,则不足以为持国安身。故明君不道也,必将修礼以齐朝,正法以齐官,平政以齐民,然后节奏齐于朝,百事齐于官,众庶齐于下。如是,则近者竞亲,远方致愿,上下一心,三军同力。(《富国》)

楚庄王想要去讨伐陈国,派人到陈国侦察。使者回来以后说:"陈国不能够讨伐。"楚庄王说："为什么？"使者回答说："陈国的城墙高大，护城河深邃，积蓄的财粮很多。"楚国的一位大臣说："陈国可以讨伐。陈国是个小国家，却财粮积蓄很多，这说明赋敛沉重，那么老百姓一定会怨恨统治者；陈国的城墙高大，护城河深邃，这说明百姓疲惫，民力将要枯竭。如果派军队去讨伐它，陈国可以拿下。"楚庄王听从了这个大臣的建议，于是攻下了陈国。陈国作为一个小国家，不在造福于民安定百姓上面多下功夫，却劳民伤财，以至上下不和，才有了其他国家入侵导致自己亡国的结果。

在上面两种国际关系中，大国对小国采取的是高高在上的姿态，大国对小国只有侵夺，它们可以不顾世俗的议论，可以摆脱礼的束缚，为所欲为，然而这种对待小国的方式不会赢得小国的尊重；小国在大国面前盲目屈从，听任大国的支配，也是不可取的。齐宣王问孟子："与邻国打交道有什么方法吗？"孟子回答说："有。只有仁人才能以大国的地位侍奉小国，所以商汤曾侍奉葛国，文王曾侍奉混夷。只有聪明的人才能以小国的地位侍奉大国，所以周太王曾侍奉獯鬻，勾践曾侍奉吴国。能以大国地位侍奉小国的，是乐于听从天命的人；能以小国地位侍奉大国的，是畏惧天命的人。乐于听从天命的能安定天下，畏惧天命的能保住他的国家。《诗经》上说：'畏惧上天的威严，才能得到安定。'"

因此对大国来说，在与小国打交道的过程中要体现仁者之道，要放下大国的架子，尊重小国的利益，维护小国的尊严；对小国来说，要理顺国内关系，团结民众，在大国面前不卑不亢，才能赢得大国的尊重。所以滕文公问孟子："滕只是个小国，夹在齐、楚两大国中间，应当侍奉齐国呢，还是侍奉楚国？"孟子告诉他："不必考虑侍奉哪一个大国，如果能坚守城池，效死社稷，而且人民不背离，也许还能有些作为。"

如何观察国家的治乱

荀子一生曾游历多个诸侯国，对各国是安定还是混乱有着切身的感受，因而提出如何观察国家治乱的方法。他认为观察一个国家的治乱好坏，到了边境就可以看出端倪了：

其候缴支缭，其竟关之政尽察，是乱国已。

凡主相臣下百吏之俗，其于货财取与计数也，顺孰尽察；其于礼义节奏也，芒轫僈楛，是辱国已。

其耕者乐田，其战士安难，其百吏好法，其朝廷隆礼，其卿相调议，是治国已。

凡主相臣下百吏之属，其于货财取与计数也，宽饶简易；其于礼义节奏也，陵谨尽察——是荣国已。（《富国》）

一个国家侦察守卫的哨兵不断地环绕巡逻，其过境关卡检查得很彻底，这就是混乱的国家。

一个国家的君主察看其臣下百吏的习俗，要看他们对于货物、财产算计的态度，是否十分精细缜密地检查，而对于社会行为规范和最佳行为方式的节制和陈述，如果是茫然软弱、轻慢恶劣，这就是被欺辱的国家。

一个国家的农夫乐于种田，如果战士安于困难，如果百吏喜好法制，如果朝廷尊崇社会行为规范，如果左右大臣能互相协调评议国务，这就是能治理好的国家。

君主察看其臣下百吏的属下，要看他们对于货物、财产算计的态度，如果是宽裕、丰饶而且简单；要看他们对于社会行为规范和最佳行为方式的节制和陈述，如果是严谨而又能明察，这就是繁荣昌盛的国家。

很多时候，表象与实质的关系并不一致，因此，国家的治理是否混乱不是完全可以从表面上看出来的，有时表面现象会误导我们的思想，影响我们的判断。但道德修养高的士人，却可以通过一个国家浮在表面的现象，推测这个国家是安定还是混乱。春秋时期，吴国的高士延陵季子在游历时到达晋国，进入国境说："唉，晋国的政治太残暴了！"进入国都说："唉，晋国的国力太薄弱了！"站在晋国的朝堂上说："唉，晋国将要发生大乱了啊！"跟随他的人说："先生您刚来到晋国不久，为什么这么深信晋国政治的混乱而不怀疑?"延陵季子回答说:"对,我是深信不疑。我进入他们国境的时候,看到田地荒芜,苛捐杂税还很高,所以我知道晋国国君对人民施行暴政;我进入他们的国都后,看到刚建的房子很难看但老房子却很美观,刚砌的墙很矮但是旧墙很高,所以我知道晋国的国力正在衰落;我站在晋国的朝堂上,看到晋国的国君能意识到问题但不向大臣询问,晋国的大臣善于争斗而不给君主提建议,所以我知道晋国政治混乱。"

孔子的弟子子路性格直爽,颇具政治才能。他从孔子那里学到了为人处世的知识,投在鲁国权臣季氏的门下,以实践自己的所学,又曾经治蒲邑三年。子路治理蒲邑三年后,有一回孔子路过蒲邑,走到蒲邑境内,孔子就开始表扬起子路来,说:"子路做得真不错,做到了恭谨敬慎而又有信用了。"到了城中时,孔子又称赞说:"子路做得真好,做到了忠信而宽厚了。"到了子路办公的地方,孔子不由得又称赞说:"子路做得真好啊,做到了明察而又有决断了。"孔子的另一个学生子贡听了,很奇怪,握着缰绳问孔子:"您还没有看到子路的政策与成效,却三次称赞他做得好。他做得好的地方,您能告诉我吗?"孔子说:"我已看到了。我进入蒲邑境内,看到耕地都整理好了,杂草都铲除了,田间的水道也加深了,这说明子路恭谨敬慎又有信用,百姓才会尽力去做啊;走到城里时,看到城墙和房屋都完好牢固,树木长得很茂盛,这说明他的政令忠信而宽厚,百姓才不敷衍了事啊;走进他的衙门,那里清静闲暇,办事的人都很卖力,这说明他明察一切,又非常果断,所以他的政令没有扰民啊。从这些方面来看,即使我连续三次称赞他做得好,又怎能将他的优点一一说来呢?"

走出祖宗的阴影

春秋时期,诸子都有推崇先王的习惯,有时还会拉上传说中的人物作为自己这一派的开山祖师。孔子和孟子推崇尧、舜、周公,老子和庄子就推崇伏羲、黄帝。对远古的推崇,往往暗含着对现实的不满和批评,因此,他们贬低眼下的霸主，视之为社会退化的表现。孟子说："五霸者，三王之罪人也；今之诸侯，五霸之罪人也；今之大夫，今之诸侯之罪人也。"

这里有个问题：祖宗之法真的有那么好吗？祖宗之法真的可以超越时间的流逝，成为当下遵循的楷模吗？在夏、商、周三个朝代之间，孔子最想回到西周去，所以他说："周监于二代，郁郁乎文哉！吾从周。"孟子更往后一步，他的理想社会是回到尧舜时代，这也是任何一个君主都憧憬的。如果说孔子是一个理想主义者，孟子是一个浪漫主义者，那么荀子就是现实主义者，与他们相比，荀子更在意的是当下，所以他说："羿之法非亡也，而羿不世中；禹之法犹存，而夏不世王。故法不能独立，类不能自行；得其人则存，失其人则亡。"说明在法和人之间，人是主体。人不在了，他流传下来的"法"只是皮毛。三皇五帝已经成为过去，他们制定的规章制度还在，但他们制定规章制度时的思想已经无从追寻。

春秋时期的许多人已经意识到这个问题了，甚至连做车轮的木匠都能根据自己的手艺说出一堆道理来。齐桓公（有的说是楚成王）在殿上读书，轮扁在堂下做车轮。轮扁看着读书的齐桓公，放下手中的锥子、凿子，问道："国君您读的是什么书？"齐桓公回答："圣人留下来的书。"轮扁问："这个圣人还活在世上吗？"齐桓公回答："已经不在了。"轮扁听到这里，就说："如此看来，这本书不过是圣人留下的糟粕罢了。"齐桓公一听，勃然大怒："你一个做车轮的工人，怎么能这样讥讽圣人？你要是能说出道理，就算了；要是说不出来，只有被处死！"轮扁说："我用我做车轮的经验来说明这个问题。做车轮要是太急躁，榫头、榫眼就难以相合；做得太细致，榫头、榫眼相合得不结实。只有不快不慢，才能心手相应，做出来的车轮才最理想。其中的奥妙我不能用语言来教给我儿子，我儿子也没办法从我这里学到。所以，虽然我已经七十多岁了，还要做车轮谋生。今天国君看的是圣人的书，我觉得圣人精妙的思想已经随他故去了，留下来的只是没多大用的东西。"

战国后期，许多诸侯通过变法运动，打破旧的传统，确立新的法则，实现富国强兵之路。传说徐偃王喜欢施行仁义，天下三十二个国家朝拜他。这

荀子智慧

时王孙厉就对楚文王说:"君王如果不讨伐徐国,那过不了多久,我们反过来就要朝拜他了。"楚文王说:"徐偃王是位有道之君,喜欢施行仁义,我们不好讨伐他。"王孙厉就接着说:"强国对付弱国,大国对付小国,就如同以石击卵、老虎吃猪一样,大王有什么好犹豫的。再说实施文治却不能实现德政,奉行武道又不能显示出实力,没有比这更大的祸乱了。"听了这席话,楚文王说:"好!"就发兵攻打徐国,很快将徐国消灭了。残酷的社会现实表明:在形势已经发生巨变的情况下,你再拘泥于传统,无法走出祖先的阴影,结果只能是失败。

我们读《汉书·王莽传》,看王莽当政期间发布的改革措施,也有固守先王的倾向。王莽是研究《礼经》的学者,对儒家所描述的唐虞三代的社会十分向往。当国师公刘歆从校书阁里找到一本记载西周早期社会制度的典籍《周官》(即后来的《周礼》)后,王莽如获至宝,认为《周礼》中所记载的各种制度与自己的改革设想十分吻合,于是,《周礼》等儒家经典就成了王莽改革的理论基础。他用五威将巡行各处,乘坐乾文车,驾着坤六马,各人都背着"鸢鸟之毛",书呆子气十足。他的改革最终还是失败了。

祖宗流传下来的"法"只是皮毛而已,不能照搬到后世,后世应该根据形势的变化,采取新的应对措施。面对形势的变化,荀子继承孔、孟高歌"法先王"的传统,嘴里也经常念叨"不闻先王之遗言,不知学问之大也""凡言不合先王、不顺礼义,谓之奸言,虽辩,君子不听""法先王,统礼义,一制度",但他内心深处涌动的却是对后王的肯定,"王者之制,道不过三代,法不贰后王。道过三代谓之荡,法贰后王谓之不雅"。

荀子推崇礼,这个礼主要是后王制定的礼,而不是前代的遗留物:

辨莫大于分,分莫大于礼,礼莫大于圣王。圣王有百,吾孰法焉?故曰:文久而息,节族久而绝,守法数之有司极礼而褫。故曰:欲观圣王之迹,则于其粲然者矣,后王是也。彼后王者,天下之君也;舍后王而道上古,譬之是犹舍己之君而事人之君也。(《非相》)

荀子推崇君子,君子的一个重要品质就是法后王:

君子言有坛宇，行有防表，道有一隆。言道德之求，不下于安存；言志意之求，不下于士；言道德之求，不贰后王。道过三代谓之荡，法贰后王谓之不雅。高之下之，小之臣之，不外是矣，是君子之所以骋志意于坛宇宫庭也。故诸侯问政，不及安存，则不告也；匹夫问学，不及为士，则不教也；百家之说，不及后王，则不听也。夫是之谓君子言有坛宇，行有防表也。（《儒效》）

荀子主张法后王，是针对那些脱离现实、穿凿附会地谈论先王而合弃后王的理论而说的。后王之制是面对变化了的形势而形成的应对措施，后王身上凝聚着新时代的一切要求，象征着礼法、王霸、义利等品质特征，因此，比起先王的旧制度，它更具有现实意义。在先秦儒家关于法先王与法后王的天平上，孔、孟更倾向于前者，而荀子则侧重后者。他总结历史的经验教训，冷峻地思考人性和社会现实，扭转儒家对前王歌功颂德的趋势，找到了儒学与政治的结合点，尊重传统的同时，更注意当下才是明智的做法。

王夺之人

王者争取人心，霸主争取友邻的国家，强者夺取别国的土地。争取人心的王者使诸侯为臣，争取友邻国家的霸主同诸侯为友，夺取他国土地的君主与诸侯为敌。使诸侯为臣可以王天下，与诸侯为友可以称霸天下，与诸侯为敌就会很危险。

服心以服人，以收心服人而治国王天下，是儒学王道智慧谋略的核心。荀子对这一儒学仁术给予了充分的继承，并发扬光大。荀子讲到，"治"包含着多种因素和内容：王者治国之所据所得的有人、财、地的关系，治国的条件有天时、地利、人和的关系，治国的方式有力服和心服的关系，治国的手段有礼、乐、仁、义与教化任贤的关系，如此等等。在所有这一切互相关联的因素中，荀子认为，臣民的心悦诚服是决定一切的根本，它是各种正当的治国手段的最重要的一环，是决定"治"与"不治"的核心要素。

当政者倘若能胸怀爱民之心，将人心归附视为治国之要务，且能以重礼、乐、仁、义，而深得人心，那时执政者与民众精气相通，心心相印，将会出现号令还没有发出，天下的人就都伸长脖子，踮起脚殷切地盼望的情景。

相传有一次秦穆公乘马车出行，车坏了。右侧驾辕的马脱缰跑了，一群农夫抓住了它。穆公亲自去寻找那匹马，当他寻马来到岐山的南面时，看到农夫正在分食马肉。原来农夫抓到那匹脱缰的马，不管三七二十一，杀了就吃。秦穆公见到自己的爱马被农夫杀了食肉，心里当然不是滋味，一般人肯定会暴跳如雷，兴师问罪，可是秦穆公却笑容可掬地走上前去，叹息地说道："吃了骏马的肉而不马上喝酒，恐怕马肉会伤了你们的身体。"说完，当即赐给农夫们美酒，并席地而坐，与农夫们一起喝了酒之后才离开。

开始，农夫们见自己杀的是秦穆公的马，而穆公又亲自寻来，一个个吓得面面相觑，不知所措。心想这回不获杀头之罪，也会终身监禁。没想到穆公不但不降罪，反而赐酒并与他们同饮。震惊之余无不感激穆公的恩泽。过了一年，秦、晋在韩原展开激战。晋国士兵已经包围了秦穆公的兵车，晋国大夫梁由靡已经抓住穆公车上左边的马，晋惠公的车右路石举起长殳击中了穆公的铠甲，穆公的七层铠甲已被击穿了六层，在这危急时刻，曾在岐山之南分食马肉的农夫300多人赶来了，他们在车下竭尽全力为穆公拼死搏斗。于是秦军大胜晋军，反而俘虏了晋惠公并将其带回秦国。这就是《诗经》中所说的"给君子作国君就要平正无私，借以让他们施行仁德；给卑贱的人作国君就要宽容厚道，借以让他们竭尽全力"啊！君主怎么能不务求施行仁德、爱抚人民呢？君主施行仁德，爱抚人民，人民就爱戴他；人民如果爱戴他们的君主，那就都乐意为他去死了。

赵简子有两匹白骡，简子特别喜爱它们。一天夜里，任广门邑小吏的阳城胥渠来到简子的门前，叩门申述说："主君的家臣胥渠病了，医生告诉他说：'如果弄到白骡的肝吃了，病就能好；如果弄不到，就必死。'"负责通报的人进去禀告赵简子。董安于正在一旁侍奉，恼怒地说："嘿！胥渠这个家伙！竟算计起我们主君的白骡来了。请允许我去把他杀掉！"简子说："杀人竟是为了使牲畜活命，这也太不仁义了吧？杀掉牲畜为的是救活人命，不正是仁爱的体现吗？"于是呼唤厨师杀掉白骡，取出肝，送给阳城胥渠。过了没多久，赵简子举兵攻狄，广门邑的小吏，左队700人，右队700人都争先登上城头，并斩获敌方披甲武士的首级。

秦国的农夫、赵简子的将士其所以在他们的主君处于危急时刻，挺身而出，争相效命，不正是秦穆公、赵简子以实际行动征服了人心的结果吗！

从前，赵宣子赵盾将要到绛邑去，看见一棵弯曲的桑树下，有一个饿病躺在那里起不来的人，宣子停下车，让人给他准备食物，并把食物弄干净给他吃。他咽下两口后，能睁开眼了。赵宣子问他说："你为什么饿到这种地步？"他回答说："我在绛给人做仆隶，回家的路上断了粮，羞于去乞讨，又厌恶私自拿取别人的食物，所以才饿到这种地步。"宣子又给他两块干肉，他跪拜着接受了而不敢吃。问他为什么，他回答说："我家有老母亲，我想把这些干肉留给她。"赵宣子见此人在如此危急之时，仍不失孝敬之心，十分感动，便对他说："你全都吃了它，我另外再给你。"于是又赠给他2捆干肉和100枚钱，就离开了。过了二年，晋灵公想杀死赵宣子，在房中埋伏了兵士，等待赵宣子到来。一切准备就绪，灵公请赵宣子饮酒，赵宣子知道了灵公的意图，酒喝到一半就走了出去。灵公见赵宣子想溜走，立即命令房中的士兵赶快追上去杀死他。其中有一个追得很快，先追到赵宣子跟前，说："喂，你快上车逃走，我愿为你回去拼命。"赵宣子说："你叫什么名字？"那人避开回答说："问名字干什么？我是桑树下饿病的那个人啊。"他返身去与灵公的兵士搏斗而死。赵宣子于是得以活命。《吕氏春秋》中指出："赵宣子对一个人施恩德，尚且能使自身活命，更何况对万人施恩德呢！"

这些历史故事，都从一个侧面说明了"夺之人"比靠武力侵略邻国，强夺别国的土地不知要强多少倍，只有"夺之人"，即征服人心，才是真正能王天下称霸诸侯的人。

明主急得其人

作为一国之君，必须具有政治远见，善于用人。所以，荀子认为，英明的君主急于得到人才，昏庸的君主却急于得到权势。急于得到人才，君主自己就很安逸，而国家也能得到治理，功劳大，名声好，上可以称王天下，下可以称霸诸侯；不急于得到人才却急于得到权势，君主自己会很劳累而国家却混乱不堪，功劳丧失，名声受辱，国家必定危亡。所以君主在寻求、选择人才时很劳累，但使用人才的时候君主就安逸了。《尚书》上说的"只有文王十分谨慎，亲自去选择人才"就是说的这个道理。

荀子认为人是一种有群体组织的社会动物，与自然界的动物群有着本质的区别，因此，他提出"明分使群"和"群君和一"的社会观，"明主急得其人"则是其社会观的谋略体现。荀子指出，人类在体力上虽然比不上牛马的力大和健走，但是由于人类是社会化的动物，能够协同行动，互相合作，所以有支配自然物的力量（"胜物"）。如果人类没有这种社会组织，必然分散无力，不能"胜物"，因而也就无法生存。

而君主在这种社会组织中，不能事必躬亲，而必须"尚贤使能"，发挥众多人的才智，这样，就能利用社会组织的力量去支配自然，统治天下。

《韩诗外传》说：周公"一沐三握发，一饭三吐哺，犹恐失天下之士"。曹操也对天长歌"山不厌高，水不厌深。周公吐哺，天下归心"。重视人才，发现人才，培养人才，广揽人才，是成就事业、强国富民的必择之策。

齐威王和魏惠王在郊外一起打猎。两人兴致正浓时，魏惠王突然问齐威王道：

"你们齐国有宝贝吗？"

齐威王不明魏惠王用意，搪塞道："没有。"

魏惠王夸耀说：

"我国虽小，却有一寸大的珍珠，它的光辉能照亮前后各12辆车。像这样的珠子，我国共有 10 颗。难道贵国这么大的国家，就没有这样的宝贝吗?"

齐威王听后，微笑着说:

"我认为，珍宝固然是宝，但国家富强安定，珍宝才可保存，如国家衰败，珍宝就可能为别人所有。所以，我是以人才作为国家之宝的。一个国家有了定国安邦的人才，就会兴旺富强，立于不败之地。我有许多这样的文臣武将，他们的光辉远照千里，岂止 12 辆车子呢?"

魏王听了，羞愧地说:

"我知道魏国之所以不如齐国强盛的原因了。多谢您的教诲。"

汉武帝 16 岁即皇位。这位年轻的皇帝锐意进取，在刚即位的几年，十分重视人才，他下诏书给丞相、御史、列侯、太守等，号召他们推荐人才，"举荐贤良方正，直言极谏之士"。于是广川人董仲舒、菑川人公孙弘、会稽人庄助以及各处有名儒生，都被推荐上来，同时进入京城，总数有 100 多人。

汉武帝逐篇细读他们的文章，看到董仲舒一卷，是详论天人感应道理的，说得原原本本，计有数千言。武帝击节称赏，叹为奇文。

董仲舒为天下奇才，少时读《春秋》，颇有心得，汉景帝时已列名为博士，为学子们讲书，滔滔不绝，出口成章，远近学子都奉他为老师。

汉武帝询问治国良策，董仲舒把平生的学识，尽皆施展出来，果然压倒群儒，独得汉武帝宠幸。

汉武帝又再三询问，董仲舒又细加解释，并将所学归为天人三策。

所谓天人三策，就是"大一统"，"罢黜百家"，"独尊儒术"的主张。

年轻的皇帝不断发现人才，破格使用人才，先后起用了韩长孺（安国）、汲黯、公孙弘，这些人后来成为一代名臣。司马相如、东方朔成为当时著名的文学家。唐蒙、庄助成为在开拓东南、西南中立下汗马功劳的杰出的谋略家。

当时，汉武帝还未掌握实权，实权控制在窦太后一派手中，但他仍想办法任用这些人才。被司马迁誉为"为人多大略，智足以当世取舍"的韩安国，汉武帝委任他为北地都尉，后又任为大司农，窦太后死后，升为副丞相。

在地方上政绩突出，任太守岁余而"东海（今山东郯城）大治"的汲黯，被任命为主管列侯主爵都尉。

司马相如是著名的文学家，汉武帝用其所长，在建元年间从四川把他请到京城做郎官，从事审核和润色政府重要文告的工作。建元六年又让他以天子使节的名义，出使西南夷，抚慰那里的少数民族。

唐蒙、庄助有外交才能，谋略过人，汉武帝就让他们出使夜郎和东瓯，他们两人不负王命，终于在建元时期降服了夜郎和东瓯。

建元六年（公元 135 年），窦太后病死，汉武帝完全摆脱了束缚，他可以放手大干了。他立刻罢免了窦太后安插在朝廷里的所有党羽亲信，重新任命曾经协助他革新的舅父田蚡为丞相，把韩安国提拔为御史大夫。

司马相如

汉武帝继建元元年（前 140 年）那次全国大推举之后，又于元兴一年（前 134 年），元封五年（前 106 年）等，几次要求各地推举孝廉、贤良、方正、茂材。他下诏书表示要将这些有"非常之功"的"非常之人"破格任为"将相"或"使绝国者"（出使远方国家）。

吴人朱买臣，表字翁子，性好读书，不治产业，40 多岁，还是一个落魄儒生，家庭贫穷，连妻子也不能赡养，只得同他人入山砍柴，挑到市上去卖。朱买臣挑柴去市途中，口中尚背诵古书，妻子不让他念，他反而大声念，响彻市中，引得行人观看，妻子不堪忍受贫穷，弃他而去。

朱买臣仍操旧业，边读书，边卖柴。转眼又过了几年，朱买臣已有 50

来岁。恰好有会稽吏入京，他随带物品多，朱买臣便自愿为其搬运。

一行人到了京城长安，朱买臣就上书自荐，又经同乡庄助引见，武帝予以召见，面询学术。

朱买臣言《春秋》，说《楚辞》，正合武帝意旨，遂拜朱买臣为中大夫，与庄助同侍禁中，这样朱买臣就由一介平民一跃而成为官员。

后来，朱买臣又献策平越地，他说："东越王余善，向居泉山，负隅自固，一夫守险，万夫难越，今闻他南迁大泽，去泉山已五百里，无险可恃，今若发兵浮海，直指泉山，陈舟列兵，席卷南趋，破东越不难。"

武帝很高兴，便令他为会稽太守，还对他说："富贵不归故乡，如衣锦夜行，今你可衣锦荣归了！"

朱买臣果然击破东越，武帝就升他为主爵都尉，列为九卿之首。

主父偃出身贫寒，长期怀才不遇，游历齐、燕、赵、中山诸地，但不为各诸侯所用。元朔元年（前128年），他来到长安，直接向汉武帝上书九条，有八条谈及律令，一条谈及讨伐匈奴之事。

主父偃所谈之事，正是汉武帝关心的事。汉武帝看了上书，立即召见，二人相谈十分投机，遂拜为郎中。

主父偃的同乡严安，也上书言政，武帝也亲自召见，并夸奖说："相见恨晚了。"也授予郎中官职。

主父偃连续为汉武帝献策，都得到汉武帝的赞赏，他的官职也一升再升，由郎中而中大夫，一年内连升四级。

主父偃成为汉武帝的重要谋臣，他献的削弱诸侯权力的"推恩令"，对巩固皇权具有重要意义。

汉武帝用人不论出身，唯才是用，他从牧羊人中提拔了卜式，从商贾中擢升了桑弘羊，在奴隶中发现了卫青，在降虏中任用了金日磾。

汉武帝还在长安设立太学，选拔郡国的优秀青年来长安受业，通过考试，从中发现治国人才。

汉武帝不仅自己善于发现人才，对前朝的人才也十分重视。枚乘是一个有学问的人，曾为弘农都尉，后来辞官，往游梁国为梁王座上宾，梁王的文告多出自枚乘之手。梁王病殁，枚乘归老家淮阴。

汉武帝即位以后，就派遣使者，迎接枚乘入京，可惜枚乘年老，病死途中。

使臣回报汉武帝，汉武帝十分惋惜，就问使者枚乘的儿子枚皋是否能作文，随后派人调查，知其能文，也亲自召见，命他作《平乐馆赋》，枚皋下笔立就，辞藻华美，武帝立即授予郎中官职。

汉武帝唯才是用，在他为帝时，任用了韩安国、主父偃、朱买臣、卫青、霍去病、霍光、李广、程不识、金日磾、卜式、桑弘羊、公孙弘、董仲舒、郑当时、张骞、苏武、司马迁、司马相如等，这些人都成为一代辅相、名臣、将领。

《汉书》中说："汉之得人，于兹为盛。"

清代史学家赵翼说："武帝长驾远弘，所用皆所弛（放荡不羁之意）之士，不计流品也……史称雄才大略，固不虚也。"

的确如赵翼所说，汉武帝不拘一格使用人才，使学有专长的人凭真本事进入中央和地方为官，特别是起用有开拓性的人才，使汉武帝时期成为我国封建历史上一个辉煌时代，其雄才大略，堪与秦始皇相提并论。

人才是国家的财富。重视人才，是立国治国之本。历代贤明的统治者都深深地懂得这一点。

唐太宗李世民总结一生治国的经验，指出："为政之要，惟在得人。"

明太祖朱元璋在总结历代兴衰的原因时说："唐太宗用房（房玄龄）、杜（杜如晦），则致斗米三钱、外户不闭之效；玄宗用杨（杨国忠）、李（李林甫），则致安史之乱。"因此，他得出结论说："治世之道，在于任贤。""贤才不备，不足以为治。""世有贤才，国之宝也。"

重视人才，善用人才，国家就强盛；反之，国家就衰亡。这是一个被无数历史事实证明了的真理。

不可垂事养誉、遂功忘民

要想国家得到长治久安，非一蹴而就之事。所以，荀子这样说道：不顾政事而专用小恩小惠养育人民，安抚他们，爱护他们，冬天使百姓吃上稠粥，夏天使百姓吃上瓜果和大麦粥，用这种行为来偷取一时的荣誉，是一种苟且的做法；可能在短时间内得到奸民的称誉，但是，不是长久的办法；事业必然不能成就，功名必然不能树立，这是违背礼义的治国方法。吆喝着强迫人民赶着时间从事劳役，只追求事业的进展和功利，不顾毁掉名誉并且任凭失去民心，事业虽有进展而百姓却怨恨他，这又是一种不可以的极端行为，采取这种堕落的违反常规的办法必定无功。所以不顾政事专用小恩小惠窃取名誉，不可以；只想成功而忘记了人民，也不可以。这都是违背礼义的统治方法。

荀子的"不可垂事养誉、遂功忘民"，是他"庶人安政则君子安位"谋略思想的延伸和深化。意思是说，既然"是否得民众"是为政者应该关注的永恒主题，既然"民众"给有的为政者带来勇气、力量和光辉的政绩，而给有的为政者却带来失败甚至灾难性的毁灭，也就是，民众具有一种巨大而神秘的伟力，那么怎样才能深得民众，使民众真正归附、俯首听命、甘愿效劳呢？荀子提出要从大处、从根本处着手，而不能搞一些小恩小惠，更不能滥施淫威。历史上开明的政治家和卓有政绩的君主，与荀子的这一主张是相通的。

《吕氏春秋》这部先秦的重要典籍，就从说理与事例两个方面，阐述了与荀子主张相似的思想。《吕氏春秋·离俗览第七》中讲：

大凡使用人民，最上等的是用义，其次是用赏罚。义如果不足以让人民效死，赏罚如果不足以让人民去恶向善，这样却能使用自己人民的人，从古到今都没有。人民并不是可以随意地永远被使用，也不会永远不被使用，只有掌握了正确的方法，人民才可以被使用。阖庐用兵，不超过3万。吴起用兵，不超过5万。拥有万辆兵车的大国，它们用兵比3万、5万还多，可是如今对外不可以御敌，对内不可以保国，它们的人民并不是不可以使用，只是没有掌握恰当的使用人民的方法而已。没有掌握恰当的使用人民的方法，国家即使很大，形势即使很有利，士兵即使很多，有什么益处？古代有很多享有天下可是最后却遭到灭亡的，就是因为人民不被他们使用啊！使用人民的道理，不可不详尽了解。

文章接着说，剑不会自己凭空砍断东西，车不会自己行走，是有人让它们这样的。播种麦子就收获麦子，播种糜子就收获糜子，人们对此并不感到奇怪。使用人民也有播什么种子的问题，不考察播下什么种子，却要求人民被使用，没有比这更糊涂的了。

接着又用大量的历史事实，阐述正确御民的道理。文章说：在禹那个时代，天下有上万个诸侯国，到汤那个时代有3000多个诸侯国，这些诸侯国现在没有一个存在的了，什么原因？说到底都是因为不能使用自己的人民啊！又是什么原因招致人民不能被使用呢？其中重要的一条，是因为赏罚不兑现。因为赏罚是否得当，牢狱诉讼是否公正，才是人民最为关心的。汤、武王凭借的是夏朝、商朝的人民，这是因为他们掌握了恰当使用人民的方法。管仲、商鞅也是凭借齐国、秦国的人民，也是因为他们掌握了恰当使用人民的方法。人民被使用是有原因的，懂得了这个原因，人民就会听凭使用了。使用人民也有纲，一举起纲来，万目都随之张开。成为人民的纲的是什么呢？是希望和厌恶。希望什么，厌恶什么？希望荣耀利益，厌恶耻辱祸害。耻辱祸害是用来实现惩罚的，荣耀利益是用来实现赏赐的，赏赐惩罚得当并都能实现，那么人民就没有不被使用的了。阖闾在五湖检验他的人民，剑都刺到了肩头，血流遍地，几乎都不能制止人民前进。勾践在寝宫着火时检验他的人民，人民却争着赴汤蹈火，死的人有一千多，不得不赶紧鸣金才能让人民后退。这是因为赏罚都能兑现。莫邪那样的良剑不因为是勇敢的人与怯懦的人而改变其锋利的程度，勇敢的人靠了它更加灵巧，怯懦的人靠了它更加笨拙，这就是由于他们善于使用或不善于使用造成的。

历史上夙沙国的人民，自己杀死自己的君主来归附神农。密须国的人民，自己捆上自己的君主来归附周文王。如此看来，汤、武王不只是能使用自己的人民，还能使用不属于自己的人民。能使用不属于自己的人民，国家即使小，士兵即使少，功名仍然可以建立。古代有很多由平民起事而平定天下的人，只是因为他们都能正确地驾驭和使用人民（包括不属于自己国家的人民）。这种善于使用不属于自己所有的人民的心思，是不可不考究清楚的，夏、商、周三代的法则没有别的奥秘，就是把诚信作为准绳。

《吕氏春秋》还嫌说理不足，下面又从生活中的实例，进一步论证正确御民的道理。文章说，宋国有个赶路的人，他的马不肯前进，就杀死它把它扔到溪水里，又重新换一匹马赶路，马不肯前进，又杀死它把它扔到溪水里。这样反复了三次。那个宋国人没有学过造父对马树立威严的方法，却仅仅学到了威严，这对于驾驭马没有什么好处。君主当中那些不贤德的人，与此相似。他们没有学到当君主的方法，却仅仅学到很多君主的威严。其实，威严越多，滥施威严，人民越不被使用。亡国的君主，大都凭着威严使用人民。威严不可以没有，但也不足以专门倚仗。这就譬如盐对于味道一样，凡是使用盐，一定要有凭借的东西。用量不适度，就毁灭了所凭借的东西，因而就不可食用了。威严也是这样，一定要有所凭借，然后才可以施以威严。凭借什么？凭借爱和利。爱和利的心被人们晓喻了，威严才可以施行。威严太过分了，那么爱和利的心就会消失。爱和利的心消失了，却只是厉行威严，自身必定遭殃。这就是夏、商之所以灭亡的原因。君主有利有势，能决定官吏的等级。处于决定官吏等级的地位，掌握着利益和权势，君主对这种情况不可不审查清楚。

尽管《吕氏春秋》这一段讲述当政者必须正确统御民众、使用民众的文字，层次不太清楚，而且有重复之嫌，但它却以丰富的历史事例，浅显通俗的道理，说出了一个与荀子相一致的思想："不可垂事善誉、遂功忘民"。

强本节用

荀子说：贤明的君主必须谨慎地顺应时节的变化，节用开支，创造收入，时常慎重地考虑这些问题，使天下的财货都有多余，国家就不担心财货不足。如果这样，那么上下富裕，财货多得没处收藏，这是最懂治国大计的。所以禹尽管遭了 10 年水灾，汤遭了七年旱灾，天下的人民却没有饥饿的面孔，10 年以后庄稼又获得丰收，存积的粮食又有多余，这没有其他的原因，就是由于禹、汤知道什么叫根本、末节、源泉、支流罢了。反之，田地荒芜，粮仓却装得满满的，百姓贫乏，国库却装得满满的，这叫做国家灭亡。断绝了根本，使源泉枯竭，并且大力搜刮人民的钱财，可是君主和宰相不知道事情有多危险，那么灭亡马上就会来到。

荀子是一位现实主义的理论家，他以锐利的眼光观察历史和社会，看到了富国富民的重要性，反复阐述了这样一个重要思想：老百姓向往富、追求利是合乎天理人情的，为政者决不应该逆此而行。

荀子认为，要富国富民，就得大力发展农业生产。他说："田野县鄙"是"财之一"，"垣窌仓廪"是"财之末"；农民适时耕种，夺取农业丰收是"货之源"，按等征收税赋以充实府库是"货之流"。在荀子的思想中，十分重视国家的农业生产，他把农业生产看做衣食之源，看成追求富的根本来源。他还认为，要发展农业生产，要抓好这个根本，首先要有足够的农业劳动力。他明确指出："士大夫众则国贫，工商众则国贫。"（《富国》）要富就得"省工贾，众农夫"（《君道》）。认为从事农业生产的人多了就能增加收入，使民众和国家富裕起来；相反，脱离农业生产的人过多，财富就会减少，国家就会贫穷。为了发展农业以求"强本"，他要求封建统治者加强对农业生产的管理。他说："修堤梁，通沟浍，行水潦，安水藏，以时决塞；岁虽凶败水旱，使民有所耕艾"；"相高下，视肥硗，序五种，省农功，谨蓄藏，以时顺修，使农夫朴力而寡能。"（《王制》）不仅要兴修水利，防治水旱灾害，而且要察看土质好坏，因地制宜，精耕细作，同时还要保护自然资源，如保护山林湖泽、草木鱼鳖等。除此之外，荀子认为，还得采取一切措施"无夺农时"，使农夫"朴力而寡能"，如"罕兴力役"等，其目的是为了稳定农业劳动力，保证农作时间，并使农民老老实实、一心一意地从事农业生产，努力耕作。这是根据他"明分"的要求，把农民固定在农业生产岗位上，实现他所谓的"农农"，以巩固和发展封建农业而提出的措施。恩格斯说："农业是整个古代世界的决定性的生产部门。"（《马克思恩格斯选集》，第 4 卷）荀子主张把发展农业放在经济工作的首位，不论务农致富，或是经商致富，都是靠人的努力，靠天是不行的，荀子说："强本而节用，则天不能（使之）贫……本荒而用侈，则天下不能使之富。"强本节用的主张反映了他人定胜天的积极思想，同孔子"富贵在天"的宿命论形成了鲜明的对照。荀子这种视农为本、强本节用的思想不仅突出表现了他的唯物主义自然观，表达了他进步的社会历史观。同时，从某种意义上讲，荀子的思想也揭示了自然经济占主导地位的封建社会治国的一种通律。

纵观中国历代封建王朝的历史，凡是能使国家比较富强，民众较为安康的当政者，无一不是重视和遵循这种强本节用的谋略。

西汉初年，社会经济凋敝不堪，米价昂贵，物品奇缺。汉高祖刘邦采取休养生息政策，社会经济得以逐步恢复。到了汉文帝时，由于商贾、地主侵夺农民，不少农民被迫放弃农业生产，转而从事工商业，亦即"舍本逐末"。大臣贾谊见此情景，十分担忧，便上书文帝要求重视农业生产，增加积贮。

贾谊对文帝说："《管子》中有这么一句话，'粮仓充实了，老百姓就会懂得礼法，衣服粮食充足，老百姓才有荣辱观念。'百姓衣食不充足而可以治理好国家的，从古到今，没有听说过，古时的人说：'一个男子不耕种，就会有人挨饿；一个女子不织布，就会有人受冻'。生产物质财富有时节的限制，然而消费它却没有限度，那么社会上的财富一定会缺乏。古人治理天下，考虑得极细致、极周密，所以国家的积蓄足以作为依靠。现在许多人放弃农业去从事工商业，吃粮的人很多，这是天下的大害；社会上淫靡奢侈的风气一天天地滋长，这是天下的大祸。这两种祸害公然流行，没有谁能制止它；国家的命运将要覆灭，没有谁能挽救它。生产的人很少而浪费的人很多，天下的财富怎么能不匮乏？汉朝自从建立以来近40年了，公家和私人的积贮还是少得使人悲哀痛心。错过时令不下雨，百姓就会忧虑恐慌；年成不好，百姓缴纳不了租税，使得朝廷卖官鬻爵，百姓卖儿卖女，这样的事已经传到您耳朵里了，哪有治理国家却使它危险到这种地步而皇上不惊恐的呢？世上有荒年或丰年，这是自然规律，夏禹、商汤都曾遭受过这种自然灾害。假若不幸遇有方圆二三千里的旱灾，国家拿什么去救济百姓？假若边境突然告急，几百几千几万的军队，国家拿什么去发放粮饷？战争旱灾相继而来，社会的财富就会极其缺乏，那时有勇气有力量的人就会聚集一些人横行抢劫，年老体弱的人就把孩子交换着吃掉；政治还没有完全上轨道，一些远离朝廷又怀有二心的人就会一齐举行起义造反。那时皇上惊慌起来想法对付他们，难道还来得及吗？积贮粮食是国家命脉，如果粮食充足而财力有余，做什么事情还有不成功的吗？凭这进攻就能取胜，防守就能牢固，作战就能胜利。使敌对的人降顺，使远方的人归附，召唤谁谁会不来呢？现在驱使百姓回到农业上，都从事农业生产，使天下的人自食其力，工商业者和游民转而从事农业，那么就能蓄积充足，人民就会安居乐业。本来可以做到使天下富足安定，却竟然造成这样危险可怕的局面，我心里替陛下痛惜啊！"文帝被贾谊之言所打动。这年正月十五日，下诏举行"籍田"仪式，文帝亲自耕作，以为全国的老百姓作出表率。

九月，文帝又下诏说："农业是天下的根本，是百姓赖以生存的事业，现在有的百姓不从事农业这个根本，而去从事工商这个末业，所以生活得很艰难。我对此很担忧，所以现在亲自率领群臣百官从事农业耕作，以提倡重视农业，今年只向百姓征收一半田租。"

北魏前期，承十六国战乱之后，人口流散，田园荒芜，同时原来外流人口陆续返回本乡，争认祖业，土地争讼接二连三，无法确定产权，造成"良畴委而不开，柔桑枯而不采"的局面，这种情况对社会生产的恢复和社会经济的发展极为不利。给事中李安世上书说："每逢遇到荒年，老百姓就四处流亡，其田地也多为豪强所侵占。虽然古代的井田制现在难以恢复，但土地的分配还应该平均些，使农夫耕种土地的数量和其家庭人口数量相当。另外，对于有争议的田地，应该在限期内解决，如果时间久了难以明断，就一律归现在使用的人所有，以杜绝欺诈行为。"魏孝文帝很赞赏李安世的这个建议，就着手讨论均田方案。这年冬天，孝文帝派遣使者巡视各州郡，与州郡牧守一同推行均田制。男子15岁以上可分得40亩没有耕种的农田，妇女可分得20亩，奴婢也按良民的标准分给土地。有一头牛的农户，可加授农田30亩，以4头牛为限。所分配的土地，一律加倍授给，以备休耕，需要休耕两年的，再多加一倍授给，以便于耕作及再分配时调节。人到了可耕种的年龄，就分配给土地，年老及去世之后，土地归还官府，各家奴婢和耕牛根据数量增减的情况决定田地是分给还是收回。初次受田的人，男子分给土地20亩，须种50棵桑树，桑田可以成为世业，死后不还，子孙可以继承。按当时实际的人口计算，原有土地多于应分给土地的，不再分给土地也不用退出多余的土地，不足者可以按照规定补足田数。粮食有盈余者，可以自由出售。各地方官在官府附近按照其官职级别，分得一份公田，调职或免官，需将公田交给接任官员，如果私自卖掉公田，则依法惩处。

孝文帝的这些举措，有力地促进了农业生产的发展，国家的实力也得到明显增强。

庶人安政，则君子安位

马惊车，坐在车内的君子就不安稳；百姓怕政事，君子在官位上就不安稳。马惊车了，没有比使马平静下来更好的了；百姓怕政事，就没有比给他们恩惠更好的了。选择贤良的人，提拔忠诚而又严肃的人，提倡孝悌，收养孤寡，补助贫穷的人，如果这样，那么百姓就会安于政事。百姓安于政事，然后君子就能安于官位。古书上说"君子如船，百姓如水，水既能使船安稳地航行，也能使船沉没"，说的就是这个道理。

荀子在强调"君君臣臣，父父子子"在治国安邦中的重要性时，同时深刻地认识到人民的巨大力量。"民之所欲，天必从之。""民为重，社稷次之，君为轻。""政之所行，在顺民心；政之所废，在逆民心。"这些都是历代统治者在成败中总结出的宝贵经验。依靠人民，相信人民，充分发挥人民的聪明才智，才能巩固政权，永远立于不败之地。

在漫长的中国封建社会中，就权力的角度来说，它构成一个巨大的"金字塔"。上至皇帝天子，下至七品县令，中间由朝臣、大吏、知府、知州组接，井然有序、等级森严。县官，作为权力"金字塔"的最末梢触须，他仍控制着一些属僚，在属僚之下就是普天之下的万众之民了。民众，就其个体而言，是微乎其微的。他如同一滴水，可能随时被太阳蒸发，也可能转瞬消融到沙漠之中。不要说"至尊"帝王，就是一个县令、一个小属僚也可以像吞灭一滴水一样将一个小民即刻化为尘土……然而，水毕竟不是一滴滴地存在着，它可以形成湖泊，也可以汇成江河，还可以融聚成大海。对比一滴水，大海是浩瀚的，是深邃的，也是雄浑的。如果把统治者比成一只船，那民众则是一片汪洋。所以，中国历代为政者多用"舟"和"水"来类比"为政者"与"民众"，并认为"水既可载舟也可覆舟"。正因为如此，历代成功的为政者没有一个不重视民众的力量，从而千方百计地安抚人心，稳定民心的。历史上的商汤用自己的身体作牺牲为民求雨；周文王辞去纣封给他的千里之地，为民请除炮烙之刑；越王勾践"内亲群臣，下善百姓，以求其心"，终于"残吴二年而霸"等事例，都可以说是"庶人安政则君子安位"的最好注脚。

《吕氏春秋·季秋纪第九》中记载：

从前，汤灭掉夏，治理天下。天大旱，五年没有收成。汤于是在桑林用自己的身体向神祈祷，说："我一人有罪，不要祸及天下，即使天下人有罪，罪责也都在我一人身上。不要因我一人不才，致使鬼神伤害人民的生命。"于是汤剪断自己的头发，捯起自己的手指，把自己的身体作为牺牲，向天帝求福。人民于是非常高兴，雨于是也大下起来。汤可说是通晓鬼神的变化、人事转移的道理了。

文王住在岐山臣事纣王，虽遭冤枉侮慢，依然雅正恭顺，早晚朝拜不失其时，进献贡物一定合宜，祭祀一定诚敬。纣很高兴，封文王为西伯，赏他纵横千里的土地。文王再拜稽首，辞谢说："我不要千里的土地，只愿替人民请求废除炮烙之刑。"文王并不是厌恶纵横千里的土地，用它替人民请求废除炮烙之刑，必是想要博得民心。得到民心，它的好处胜过纵横千里的土地。所以说，文王是相当明智的。

越王勾践深为会稽之耻而痛苦，想要深得民心以求和吴国拼死一战。于是他身不安于枕席，口不尝美味，眼不看美色，耳不听音乐。三年的时间，苦心劳力，唇干肺伤，对内爱抚群臣，对下教养百姓，以便使他们一心归顺自己。有甜美的食物，如不够分，自己不敢独自吃；有酒把它倒入江中，与人民共饮。靠自己亲身耕种吃饭，靠妻子亲手纺织穿衣。饮食不求珍奇，衣服不穿两层，禁用二色为饰。他还时常出外巡视，随从车辆载着食物，去探望孤寡老

勾践灭吴

弱中生病的、困厄的、面色忧愁憔悴的、饮食不足的人，一定亲自给他们食物吃。然后，他召集诸大夫，向他们宣告说："我愿与吴国一战求得上天裁正。让吴、越两国彼此一道毁灭，士大夫踏肝践肺同日战死，我跟吴王颈臂相交肉搏而亡，这是我最大的愿望。如果这些办不到，从国内考虑估量我们的国力不足以损伤吴国，从国外考虑结盟的诸侯也不能毁灭它，那么，我将抛弃国家，离开群臣，身带佩剑，手执利刃，改变容貌，更换姓名，充当仆役，执箕帚侍奉吴王，以便跟吴王决死于一日之间。虽然知道这样做会遭到腰断颈绝，头脚异处，四肢分裂，被天下人所羞辱，但是我的志向一定要付

诸实施！"后来越国终于与吴国在五湖决战，吴国军队大败，紧接着越国军队包围了吴王的王宫，攻下城门，活捉了夫差，杀死了吴相。灭掉吴国之后二年越国就称霸诸侯。这不正是先顺依民心的结果吗？

历史上还流传着刘邦"约法三章"深得民心的故事。可以说，汉朝开国皇帝刘邦很早就知道老百姓的巨大力量，在他刚刚举事，起义攻打沛县城时，就听从萧何等人的建议，把一封信射进城里，希望百姓杀死县官，结果百姓真的杀掉县令，开城起义。汉高祖元年（公元前206年）十月，刘邦先项羽等人驻军灞上，他封库不动，并召各县父老百姓说："父老受秦朝残苛的统治已经很久了，诽议朝廷的人遭族诛，偶尔说议的人被处死弃市。我和诸侯相约，先进入关中的为王，我将为关中王。现在与父老相约，法令三章：杀人者死，伤人及盗抵罪。我将秦法全部废除……我之所以来到这里，就是为父老百姓除害，不会侵害你们，不要害怕！"并将此消息让人告知各州县乡里。结果，秦人万分高兴！争先恐后地拿着酒肉物品犒劳刘邦的士兵。刘邦却不让士兵接受，并说道："我军粮食甚多，不缺乏，不忍心再增加老百姓的负担了。"老百姓更加高兴，生怕刘邦不做秦地王。而项羽则不然，早在攻打襄城时，即屠杀无辜，所过之处无不惨灭，秦人十分失望。刘邦在夺取天下建立西汉政权后，仍十分重视民众，采取一系列有利于百姓"休养生息"的政策。刘邦之所以能得天下、守基业，与他的重民安民是分不开的。

这些历史故事，都有力地印证着荀子"庶人安政则君子安位"的策略，真乃是千古不易的训诫。

利而不利，爱而不用

荀子说，不给人民利益而从人民中索取利益，不如先给人民利益然后再向人民索取更有利。不爱护人民而使用人民，不如先爱人民然后再使用人民更有功效。给予利益然后再索取利益，不如只给予利益而不索取利益更为有

利。爱护然后使用，又不如只爱护而不使用更有功效。给予利益而不索取利益、爱护人民而不使用人民的，是得天下、霸诸侯的君主。给予利益然后索取利益、爱护人民然后使用人民的，是能够保住社稷的君主。不给予利益却索取利益、不爱护人民却使用人民的，是危害国家的君主。

荀子把治国御民之术归纳成三种类型。他说：对百姓予而不取的，是上策；先予后取的，是中策；不予而取的，是下策。荀子讲的三种类型，其实是三个层次。他以层层递进的手法分述了各个层次的利弊得失，鲜明地指出：对百姓不予而取，不爱而用，是亡国之道。先予后取，先爱而后用，是保国之君，即是说还能守住既有的基业，但也不会有什么发展。只有对百姓予而不取，爱而不用者，才能称霸诸侯，威震天下。

从字里行间可以看得出，荀子是推崇和赞赏"利而不利"、"爱而不用"，坚决反对"不利而利之"、"不爱而用之"的。

人民群众与君主的关系，是任何一个封建王朝的当政者都绕不开的问题。在中国历史上，孟子的"民为贵，君为轻"的思想对历代当政者有很大的影响。荀子坚持"民重君轻"的思想，而且更进一步提出"利而不利，爱而不用"，才是真正的"利"，真正的"爱"，其思想的底蕴是强调为政者爱民是立国之目的而非手段，这才是真正的爱民、利民，才是最高层次的爱民、利民。荀子这一治国谋略比一般意义的"民重君轻"意义更深，层次更高。

当然，几十年的封建王朝，本身是以"私有制"为基础的，那种旧制度决定了当政者爱民本质上只是一种御民的手段，即"爱"是为了"用"，"予"是为了"取"。当政者们，尤其是历代皇帝不可能从指导思想上把民众的幸福当做治国的目的而非手段来"爱"和"利"，荀子的主张只能是一种理想的模式。可是，荀子的这种主张，也曾激励过不少名人志士和清官，在自己为官期间多为百姓谋利，从而永世留名。清代名臣郑板桥、张伯行就是例证。

郑板桥"一枝一叶总关情"的事大家可能比较熟悉，下面我们说说那位

"一丝一粒我之名节，一厘一毫民之脂膏"的张伯行。

张伯行，清顺治八年生，字孝先，号恕斋，河南仪封（今兰考）人。他中进士后，做了几年官，后因父亲去世，依制回家守孝。在家乡的三年，张伯行感慨文教的落后，于是联合一些人兴建了请见书院，并想终生授业治学，成为一代名儒，不再出仕。然而一次偶然的机会使他重入仕途，后来成为一代名臣。

康熙三十八年的一天，狂风暴雨席卷仪封，到了晚上，暴雨还没有停息的势头。城外的黄河大堤出现了险情。一旦堤溃，人民就无处可逃，一时人心惶惶。这时，一阵锣声在城北响起，原来是张伯行自发地鸣锣示警，募民加固河堤。百姓纷纷冲出家门，脚蹬积水，头顶大雨，在张伯行的指挥下，囊沙填筑，经过一夜的奋战，已经加固的河堤，迫使黄河的滔滔之水驯服地从仪封人民的脚下向东流去。人们看着满身泥水的张伯行，心里充满了感激，要不是他镇定自若、指挥得当，恐怕仪封此时早已成为泽国，人民尽为鱼鳖了。当时的河道总督张鹏翮闻知此事后赞叹不已，立即上疏康熙帝，推荐张伯行参与黄河治理，得到批准。

当时，黄河是从江苏北部入海的，与运河、淮河相通。由于黄河挟带大量泥沙，淤塞河道、提高河床，形成"地上河"，经常决口泛滥，又影响到淮河、运河，弄得河南和苏北连年水灾，并影响了漕运。康熙皇帝十分注重黄河的治理，专设河道总督。张伯行督修了黄河南岸堤防 200 余里以及马家港、东坝、高家堰等工程。在督修工程中，他不辞劳苦，全力以赴，不避烈日、风雨，经常乘船出没在黄河上，进行勘察。

康熙四十二年，张伯行升任山东济宁道，正赶上这年山东发生饥荒，秋粮无收。初上任，他自己出钱从家乡运来粮食、衣物，分发给灾民。当时汶上和阳谷两地灾情严重，他毅然开仓赈济，动用仓谷达 2 万余石。由于事先未经请示，山东布政使大怒，拟以专擅的罪名弹劾张伯行。张伯行抗言道："我奉命赈灾，不能说是专擅，皇上视民如赤子，到底是仓谷重，还是人命重呢？等到层层审批后再开仓放赈，百姓不知会饿死多少！"布政使见张伯行毫不畏惧，而且言之成理，也就没敢弹劾他。

不久，他升为江苏按察使。按当时官场习惯，新任官员要给顶头上司送礼，但张伯行置若罔闻，从不巴结上司，加上他性情刚直，所办案件秉公执法，从不阿附长官意见，上司因此对他十分反感。康熙四十六年，康熙皇帝南巡至苏州，命督抚推荐贤能官员。张伯行未被推荐。为此，康熙皇帝亲自召见张伯行，对他说：朕了解你。并破格任命他为福建巡抚。

张伯行任福建巡抚期间，又为民众做了许多好事。福建地少人多，每年粮食不足以自给，必须从江西、浙江等地购买，运进一批粮食。以前福建地方官从不过问此事，所以商人们趁机囤积居奇、贱买贵卖，从中获得巨利，人民则叫苦不迭。张伯行决定每年由政府出面从江西等地采购粮食，平价卖给人民，使其免受奸商的盘剥。闽台小有饥荒他都认真赈济，有时还带头发动官员捐献衣物。他任职期间，人民没有因为灾荒和饥饿而流离失所的。

张伯行还十分注意文教风化。当地迷信十分盛行，各种杂神庙宇遍布城乡，无知百姓在巫师的劝诱下虔诚供奉，香火昼夜不熄，既劳民伤财，又毒化了社会风气。张伯行下令禁止这种风气的蔓延，杂神庙宇尽改为义塾。当时福州佛教势力很大，从民间买来很多少女，剃发为尼姑，号称"佛子"，有近千人之多。张伯行则令其家人赎回，择夫匹配，穷困之家由官府代其赎回。为了扭转社会风习，张伯行在福州东南建鳌峰书院，招收士子学习，他还拿出了自己的藏书供士子阅读，又广搜文献，次第刊印。康熙四十八年，张伯行调任江苏巡抚。临别时福州人民依依惜别，含泪相送。

明清两代，江苏尤其是苏南是以富庶而闻名全国的，这里自然成了贪官污吏发财肥私的地方，吏治很坏。张伯行初任江苏巡抚，力图遏止这股歪风。当时很多官员纷纷向他送礼，为此他发布文告说："一点一滴都是百姓的膏脂，宽减一分，百姓就受一分之利；盘剥一文，名节就受一文之污。虽说平常交际是难免的，但你们要想一想用来交际的东西是从何而来。本巡抚以清正自守，各司道也应互相激励，以期风化日隆。"张伯行不仅自己不受贿，而且大力察明积弊，严申纲纪，对贪污官吏和豪强恶霸严惩不贷。

江苏虽号称富庶，但人民的生活却十分困苦，他们终年劳作，不得休息，加之赋役繁重，一遇水旱天灾，就生活无着。而有的州县官吏为了迎合长官，取得能吏之誉，常隐匿灾情，对人民严迫催科。张伯行发现这一情况后，力加纠正。每有灾荒都发帑赈济，宽解民困，使江苏的社会经济和人民生活都大有改善。

由于张伯行性格刚烈，从不阿附长官，遇事秉公办理，所以经常受到打击、迫害。他任江苏巡抚期间，一直受到总督噶礼的压制。康熙五十年，江苏乡试发生一起舞弊案，几名平时文理不通的人也被取为举人，一时士子哗然，拥抬财神爷牌位进入学官。张伯行上疏请求朝廷派员查办此事。于是，康熙帝派户部尚书张鹏翮查办。因供词涉及总督噶礼，张鹏翮的儿子又在噶礼任下为官，所以此事很久不得结案。张伯行愤然上疏，揭发噶礼罪行，请求严办，并表示："臣不敢顾念身家，虽言出祸随，亦所不惜。"而噶礼也在大肆捏造罪状，诬告张伯行。康熙皇帝无奈，将张伯行和噶礼俱解职审查。由于官场积弊，审查结果是：噶礼无受贿事，免议，复任；张伯行应撤职。康熙帝算是个明白皇帝，他早就知道张伯行的为人，因此对判决不予批准，命再议。可办案人员串通一气，仍维持原议。康熙于是下谕曰："伯行居官清廉，噶礼操守朕不能信，若无伯行，则江南必受其朘削几半矣。"并批评诸臣受噶礼所制，是非颠倒，不能体会皇上保全清官的用意，决定张伯行复江苏巡抚职，噶礼撤职。消息传到江苏，当地群众欢声雷动，奔走相告，抬着一幅红匾祝贺，上面写着："天子圣明，还我天下第一清官。"

张伯行为官清廉，深受人民的爱戴。他上疏揭发总督噶礼受贿而被解职时，扬州、苏州等地相继罢市。扬州士民扶老携幼，数千人围在他的公馆周围，纷纷说："公在任，止饮江南一杯水；今将去，无却子民一点心。"说罢敬献果蔬财物，张伯行不得已收下豆腐一块、菜一束。康熙五十四年，当他第二次被罢江苏巡抚，入京陛见时，"父老数千焚香而拜，岸上士民夹两岸随舟而行，四十里不绝"。张伯行的为官生涯，其所能为国家做出贡献，又受到人民群众的如此厚爱，如此尊重，不正是荀子"利而不利方称利，爱而不用谓之功"的最好注释吗！

"询于刍荛"

天下，国家有俊杰，社会有贤人。迷路的人是因为他不问路，溺水的人是因为他不问清楚什么地方可以涉水，亡国的君主是因为他独断专行。《诗经》里说："我所说的事都是为了治理国家，你切莫当做笑话，前人的格言很精妙，遇事当问打柴的人。"这是说要广泛地征询各方面的意见。

荀子认为，世上没有全知全能的人，他说："君子之所谓贤者，非能遍能人之所能之谓也；君子之所谓知者，非能遍知人之所知之谓也；君子之所谓辩者，非能遍辩人之所辩之谓也；君子之所谓察者，非能遍察人之所察之谓也。有所止矣。"（《儒效》）一个人的知识、才能总是有一定限度的，因此，只有广开言路、善纳谏言，才不会在成就事业的过程中误入迷津，才可能知道"水之深浅，路之远近"。

唐太宗的直言忠臣魏征曾经说过："纳谏则世治，杜谏则政乱。"这句话道破了善纳谏言对于为政的重要性。

作为领导者，无论多么聪明能干，其智慧和能力总是有限的，唯有做到虚心倾听别人的意见，广开言路，集众人之智，避免失误，才能成为一个好的领导者。能够倾听部下意见，可以说是一个优秀的领导者的必备素质。

中国历史上的一些有作为的君主，无不是重视倾听谏言、从善执政的；相反，昏庸暴虐之君，则往往一意孤行，拒纳谏言，甚至杀戮直谏之臣，结果导致了自己的覆亡。

唐太宗李世民是历史上最能接纳谏诤的明君。他有一句名言："以铜为镜，可以正衣冠；以史为镜，可以知兴替；以人为镜，可以明得失。"

李世民生于隋朝末年，在征战中开创基业。在承袭其父高祖的帝位后，常以隋朝覆亡的历史教训警戒自己。他读过隋炀帝的文集，发现隋炀帝很有才能，但"恃其俊才，骄矜自用"，在他荒淫无度时，"臣下钳口"，自己不闻其过，更不能及时改过。太宗认为这是隋朝灭亡的重要原因。因此，唐太宗特别重视纳谏。魏征直言敢谏，唐太宗对他非常器重。魏征死后，唐太宗悲痛地说：我失去了一面洞察自己得失的镜子。

唐太宗多次对臣下说："人苦不自知其过。"希望他们对自己的过失明确指出来。为鼓励人们直言相谏，唐太宗常给提出意见的人以各种赏赐。一次，唐太宗要把触犯刑律的元律师判处死刑，臣子孙伏伽批评说：

"陛下判刑过重，按照刑律，元律师法不当死。"

唐太宗当即接受了他的意见，并把价值百万的望陵公主园赏赐给他。有人说"赏赐过厚"，太宗则说，"这是为了鼓励大家关心朝政，多提意见。"

在中国历史上，很早就设有专司进谏的官，叫谏议大夫。唐太宗为了能及时匡正自己的过失，还建立了一种新制度，即让谏官和史官参加政事堂会议。这样，谏官可以直接了解情况，有权当面直谏。史官也可以直接掌握材料，实际上起到一种监督作用。

像太宗这样，能够长期认真接受下属的批评和意见，对身居尊位的帝王来说，并不是件很容易的事，非得有超乎常人的忍耐力和宽宏的容人之量才行。一些领导者，常常在创业阶段能够虚心听取别人的意见，以弥补自己的过失，然而一旦功成名就，就自矜自骄，不把别人放在眼里，老子天下第一，对部下的建议和批评更是嗤之以鼻，不予接纳。更有甚者，打击陷害，必欲置之死地而后快。究其原因，正是缺乏始终如一的自制力，缺乏宽宏大度的领导态度，说到底，是不具备优秀领导者应有的素质。

据《资治通鉴》记载，南北朝时汉大将军石勒，把身边聚集的一批有身份和智谋的人编成"君子营"，赵郡人张宾为其中的主要领袖，石勒言必恭听，终成大业。

当初，张宾喜欢读书，胸襟开阔，常怀大志，常常把自己比作西汉的张良。等到石勒攻了崤山以东地区，张宾对身边的人说："我观察那些战将，没有比得上这位胡人将军的，此人可以与之共成大业！"于是手提宝剑来到军营门前，大声呼喊请求接见，但石勒并不觉得他有什么惊人之处。张宾多次向石勒献上计策，事情的结果都与张宾预测的一样。石勒这才感到他不同凡响，于是安排他为军功曹，凡事都要去问他。

　　石勒在葛陂修营垒，用农业税修造舟船，打算进攻建业。琅邪王司马睿大规模调集江南的部队赶到寿春，任镇东长史纪瞻为扬威将军，统率各路军队来征讨石勒。

　　时遇大雨，三月不停，石勒军队又饥又累，疾病流行，兵卒的半数因病死亡。此时，有消息说晋朝军队将要开来，石勒召集武将及参佐商议。右长史刁膺请石勒先送钱款给司马睿，并向司马睿请罪，请求扫平河朔以赎己罪，等到司马睿的军队退兵南阳后，再慢慢谋取他。石勒听后伤心长叹。中将军夔安请石勒到地势高的地方避水，石勒说："将军你为什么要害怕呢?"孔苌等三十多个武将请求各自带兵分路夜袭寿春，斩掉晋将的头颅，占据他们的城邑，吃掉他们的粮食，计划在当年就攻下丹阳，平定江南。石勒笑着说："这真是勇将的计策啊!"各赐他们铠甲一副、马一匹。石勒对张宾说："依您看怎么办呢?"张宾说："将军您攻陷京城，囚禁了晋朝天子，乱杀皇亲大臣，侵夺凌辱晋朝的嫔妃公主，拔尽您的头发，也不够来计数将军您的罪过。怎么能再以臣下的身份尊奉晋朝呢? 去年杀了王弥，今年就不应该到这里来。现在，方圆几百里内上天不断地降雨，这就是告诉您不应该再在这里逗留了。邺城有三个高台防守坚固，西临汉都城平阳，隔山阻河且四面都是要塞，实在是应当向北迁徙占据此地，全力经营黄河以北地区。河北地区稳定后，全国就没有比将军您更据有地理优势的人了。晋军死守寿春，只是害怕您去攻打寿春罢了。他们听说我们离去了，对能够自保而庆幸，哪里还敢追击我军呢? 您应当派辎重队伍从北面的道路先行出发，您带领大军开往寿春。辎重队伍走远后，大部军队再缓慢开拔，还忧虑什么进退无路呢?"石勒兴奋得手舞足蹈，说："张先生的计策好极了!"又转而责备刁膺说："您既然做我的辅佐，就应当促成我们共同成就大业，怎么能劝我投降呢? 按理说出这个馊主意的应当杀头! 但我了解您一向胆怯怕事，特地原谅您罢了。"于是把刁膺贬黜为将军，提拔张宾为右长史，号称"右侯"。

　　石勒从葛陂向北行进。由于所经之地都已坚壁清野，以致抢不到什么东西，军卒们非常饥饿，出现人吃人的惨状。到达东燕，听说汲郡人向冰聚集了几千人在枋头修筑了营垒，石勒想要渡黄河，又怕遭到向冰的阻击。张宾说："听说向冰的船只全都停泊在浅水沟中而没有驶入黄河，应当派轻兵抄小道去袭击这些船，用来渡大军过黄河，大部军队渡河后，一定能擒向冰。"秋季，七月，石勒派遣支雄、孔苌从文石津绑扎木筏偷渡，一举夺得了向冰的船只。石勒率兵从棘津渡黄河，进攻向冰，把向冰打得惨败，缴获向冰的全部物资储备。军队士气重新振作起来，于是长驱直入抵达邺城。刘演坚守三台以求自己稳固，不久以后临深、牟穆等人都率自己的部众投降了石勒。

部将们准备去攻打三台，张宾对石勒说："刘演兵力虽弱，但还有几千军队，何况三台险峻坚固，不容易很快把它拿下，最好是放弃它而离去，他们的防守必然会自己崩溃，现在王浚、刘琨是您的主要敌人，应当先攻打他们，刘演不值得分心。再说天下饥饿动乱，您虽然拥有强大的军队，但来回行军长期奔波，人心不定，这绝不是万全之计。不如选择一个便利的地方占据它，多多聚集储备粮食，依托平阳以谋取幽州、并州，这是霸王的功业。邯郸、襄国，都是好地方，请选其中一地作为都城。"石勒说："您的计策是对的！"于是带兵占据了襄国。

张宾又对石勒说："现在我们驻扎在此地，这是王浚、刘琨深深忌惮的。我担心城墙堑壕还未修固，物资储备还不充分时，他们两支军队就会杀将过来。应当迅速收集四周的粮食，并且派使者到平阳，详细说明我们镇守此地的意图。"石勒听取了这个建议，派出几路人马去攻打冀州，那里的郡、县、营垒大多投降，于是，就把那些地方的粮谷运往襄国。并且表奏汉主刘聪，刘聪让石勒担任都督冀、幽、并、营四州诸军事，兼任冀州牧，晋封为上党公。

后来，石勒的左、右长史张敬、张宾，左、右司马张屈六、程遐等劝石勒称皇帝尊号，石勒没有同意。11月，将佐们又请求石勒称大将军、大单于、领冀州牧，称赵王，依照蜀汉昭烈帝刘备在蜀，魏武帝曹操在邺的旧例，以河内等24郡为赵国，太守一律改为内史，根据《尚书·禹贡》，恢复冀州的行政区划，统统归中央部司监管，石勒同意了，戊寅日，石勒即赵王位，大赦天下，依照春秋时列国旧例称元年。

当初，石勒因为世事纷乱，律令繁多，乃命法曹令史贯志取其精华纲要，作《辛亥制》5000字，施行10多年，以后才用律令。任理曹参军上党人续咸为律学祭酒，续咸运用法律公正、细致，受到赵国人的称赞。任用中垒将军支雄、游击将军王阳兼门臣祭酒，专管胡人的诉讼，严厉禁止胡人欺凌和污辱具有较高文化的汉人，把胡人称做国人。派遣使者到各州县挨个去巡察，鼓励、督促农业生产，上朝和集会时开始用天子的礼乐，服天子的衣冠，用天子的器物。擢升张宾为大执法，总理朝政一切事务，任石虎为单于元辅，都督禁卫各种军务，不久又担任骠骑将军、侍中、军府，赐中山公的爵位。其余群臣，也都分级列举授官晋爵。张宾得到的职位最高，待遇优厚，群臣没有人可以比得上他的；但他本人却谦虚谨慎，真诚坦荡地对待下边的人，杜绝私情，以身作则，入朝时直言规谏，出外却将功劳归于主上。石勒非常看重他，每次上朝，经常因为张宾的缘故端正容貌，修饰辞令，以右侯称呼张宾，不直呼其名。身为一国之君，能做到这样，当属不易。

参之以礼，禁之以等

荀子说：选择人有一定的准则，使用人有一定的方法。选人的准则是礼；用人的方法是等级差别。对他的作风举动用礼来衡量，对他判断是非的正确与否，用他做出的实际成效来考核。日积月累，用他的实际功劳来考察。所以卑贱的人不能凌驾于高贵的人之上，轻的东西不能衡量重的东西，愚蠢的人不能替聪明的人出主意，因此做什么事都不会出错。所以用礼来检查，看他能否安于恭敬；使他处在动荡变化的环境里，看他是否能应变自如；把他放在安逸的环境中，看他是否能不放荡淫乱；让他接触音乐美色、权势利益、愤怒、危险，看他能否不离开职守。这样来确认他是否真正具有这些品德，如同确认黑白二色，还能歪曲吗？所以不能用劣马去欺骗伯乐，不能用坏人去欺骗君子，这是明智的君主任人的准则。

荀子认为，任人唯亲将会导致国家的灭亡。只有严格地按照法定原则赏功罚过，"不恤亲疏"，"不恤贵贱"，"唯诚能之求"，广泛起用具有地主阶级道德文化的有才能的人，特别选好、用好宰相，才能使国家强盛。为了加强中央集权，他提出："贤能不待次而举"，要破格提拔人才。他认为即使是"王公士大夫之子孙"，如果违反封建礼义，也要"归之庶人"；而庶人之子孙"能属于礼义，积文学"的，就应当提拔为"卿相士大夫"。对于政治态度不同的人要区别对待："以善至者待之以礼，以不善至者待之以刑。"当政策法令正式颁行后，就要兑现。百官违背政令要处死，三公违背礼法要受幽禁，诸侯国有分裂行为应坚决消灭它；对于那些逆时代潮流而动的人，也要给予无情的打击。这条鲜明的任人唯贤的路线，体现了荀子锐意改革政治的战斗精神。然而，他也主张"贤齐则其亲者先贵，能齐则其故者先官"的用人原则，仍未割断"亲亲"、"故故"的老尾巴，这是地主阶级自身局限性的表现。

《人物志》的作者刘劭认为，知人有"二难"：一是"难知之难"，二是"有知之而无由得效之难"。

所谓"难知之难"，是指鉴别人才是十分困难的。

人是世界上最奇妙的，其思想无形，其智慧无状，圣哲贤人都难以彻底窥知，何况常人？再加上人们的观察，总是各守一方、各执一偏，往往从自己的角度出发，以己之见，历观众才，或以貌取人，或以辞取人，或以行为取人，或以功效取人，结果必然是所得者少，而所失者多。况且，人是常常在变化的，如不能观知其常情，又兼察其变化，那是无法正确知人的。

所谓"有知之而无由得效之难"，是指即使已认识到了某人的才能的高低，结果也常常因为曲高和寡，未得人响应；或身单力薄，无能为力；或不在其位，无由提拔；或虽在其位，有所屈位，等等。即使识别出了人才，也未必能正确地任用人才。

由此可见，知人用人是十分困难的事情。然而正因为困难，对领导者来说就显得更为重要。

三国时，刘备以知人善任而闻名于世。他临终前召见诸葛亮托孤，看见马谡在身边，便让他出去，然后问诸葛亮说：

"丞相以为马谡的才能如何？"

"此人可说是当代的英才。"

"不然，我观此人，言过其实，不可大用，望丞相深察。"

诸葛亮点头称是，但并未把此事放在心上。

后来，诸葛亮率兵出祁山伐魏，需派一员大将据守蜀军进退的咽喉要道——街亭。马谡立下军令状，率兵前往街亭。马谡到街亭后，不听诸葛亮的嘱咐和部将的建议，不是靠山近水安营扎寨，却把军队驻扎在街亭旁边的小山上，结果魏兵骤至，包围了小山，断绝了水源，蜀军不战自溃，街亭失守。

马谡逃回大营，诸葛亮依法斩之。当武士把马谡的人头献于阶下时，诸葛亮大哭说：

"先帝在白帝城托孤时，曾嘱咐我说'马谡其人，言过其实，不可大用'，我不听先帝之言，错用马谡，致使兵败。"遂上书后主，自请降职三级。

聪明绝顶、精细过人的诸葛亮，为什么会错用马谡呢？原来，马谡是名将马良之弟，曾多次同诸葛亮谈论兵法，其言辞机敏，给诸葛亮留下深刻印象，遂认为马谡是当世英才，致使用人失误，造成难以挽回的严重后果。

知人、识才，主要应看实践。宗泽擢用岳飞则是成功的一例。

宗泽是北宋末年、南宋初年抗金派的著名将领。他很注重提拔那些既有用兵打仗本领，又有优良品质的年轻有为的下级军官。

岳飞在宗泽手下，开始时并未引起宗泽重视。有一次，岳飞违禁论斩。将要行刑时，宗泽发现岳飞威武刚强，临危不惧，镇定自若，便惊奇地问他道："你是哪里人？叫什么名字？跟谁学的武艺？"

岳飞不慌不忙地回答说："我姓岳名飞，汤阴县人氏，还在襁褓之中时，就遭黄河水灾，被王明恩公收养，后拜陕西周侗为师。我从军入伍，本为抗击金兵，保卫祖国，想不到宏图未展，壮志未酬，不明不白地死在法场，真是一件憾事！"

宗泽听后，当面试了试他的弓箭和枪法，感到岳飞既是一个有志于抗金卫国的壮士，又是一员难得的骁将。于是赦免了他的死罪，留在帐前听候使用。

为了考验岳飞指挥作战的本领，并给他将功赎罪的机会，宗泽在金兵进犯围攻渭水关时，破格委任岳飞为"踏白使"，派他火速率领 500 骑兵前往增援破敌。岳飞对整个战事作了周密部署后，一马当先，带头冲入敌阵，把围攻渭水关的金兵打得落花流水。岳飞胜利归来以后，宗泽补他为统领，很快又提拔他当了统制官。打这以后，岳飞的名字才逐渐传布开来。

宗泽死后，岳飞忠实地继承了他的遗志，率领岳家军转战南北，浴血奋战，在太行山一带民众的配合下，大举向金兵反攻，取得了历史上有名的郾城大捷。

韩非子说："往世之主，有得人而身安国存者，有得人而身死国亡者。得人之各一也，而相害千万也，故人主不可不慎。"要保证用人不出现失误，知人便是关键，是至关重要的。

宋代龙图阁大学士包拯，在向皇帝提出的奏议中，曾反复强调："帝王之德，莫大于知人。"另一位宋代政治家司马光也认为："人君之事守，莫大于知人。""夫国之治乱，尽在人君……用人也。"

攻战之本，在乎壹民

荀子认为决定战争胜负的根本在于"道"，即治军路线。所以他说，我听说的古代人用兵的方法是：凡用兵攻战，关键在于使人民心意一致。如果弓和箭不配套，那么就是后羿也不能射中目标，如果驾车用的六匹马不协调，那么就是造父也不能驾车达到远方；士兵和人民不亲近归服，那么就是商汤和周武王也没有必胜的把握。所以，善于使人民归服的人，就是善于用兵的人。因此用兵的要领就是善于使人民归服罢了。

在荀子看来，治军路线具体表现在以下两个方面：

其一，军外在于"壹民"。荀子说：善于争取老百姓的人，才是善于用兵打仗的人。荀子的"壹民"、"附民"的治军思想，是同他政治上论述君民关系的观点一致的。他认为"庶人骇政"是"君子不安"的原因。他把君和民的关系比作舟和水的关系，可见荀子深刻地认识到了人民的力量。

其二，军内在于"同力"。荀子认为军队内部的团结统一是发挥战斗力的重要保证。他说："仁人上下，百将一心，三军同力……故仁人之兵，聚则成卒；散则成列，延则若莫邪之长刃，婴之者断；兑则若莫邪之利锋，当之者溃。"（《议兵》）认为百将一心，三军同力，就可以所向披靡，无敌于天下。荀子还认为要做到"三军同力"，就得集中指挥，严明军纪。他主张在军队中实行"立法施讼"、"顺命为上"，认为只有集中的指挥、严明的军纪，才能发挥军队的战斗力。为此，荀子提出：

（一）集中军队的指挥权，"权出一者强，权出二者弱"。

（二）发扬拼死精神。"将死鼓，御死辔，百吏死职，士大夫死行列。"即将军要死于指挥岗位，驭手要死于战车，文武百官要死于职守，士大夫要死在职位上。

（三）严明纪律。从大将到步卒都必须一律服从统帅的指挥，"闻鼓声而进，闻金声而退，顺命为上，有功次之，令不进而进，犹令不退而退也，其罪惟均"。

（四）"五不"规定——"不杀老弱，不猎禾稼，服者不禽，格者不舍，奔命者不获"，也就是不杀害老弱，不践踏庄稼，对投降的敌人不抓，对顽抗的绝不饶恕，对来投诚的不当俘虏对待。

以上规定，集中反映了荀子"壹民"的治军谋略思想。

成吉思汗幼年时历经艰辛，成人后屡遭挫折，但从不气馁，努力奋斗，终于战胜一个个强大的对手，统一了蒙古草原。随后，他又接连用兵，四处出征。他的一生"灭国四十"，其雄才大略堪为古代帝王之冠。其中，攻打金国的重要韬略，就是激励蒙古人上下一心，同仇敌忾；而金国之所以失败，恰恰是没能做到这一点。

西夏被征服后，南下攻金便被提到蒙古汗国的议事日程上来了。

除了反抗金王朝的民族压迫外，新崛起的蒙古贵族对中原花花世界金帛的贪欲是蒙古伐金的根本原因。成吉思汗又利用"血族复仇"这一具有强大号召力和凝聚力的口号，使得蒙古人上下一心，同仇敌忾。

伐金最直接的导火索是金国卫王永济的即位（完颜永济因为政变被杀，因此没有庙号，史称卫绍王）——这位卫王永济是一个风度翩翩的贵族公子，柔弱无能。晚年猜忌多疑的金章宗在杀死了大批皇室贵族后立他为皇位继承人。他未即位时曾到净州（今内蒙古四王子旗西北）接受成吉思汗的朝贡，叱咤草原的英雄自然不会把这个柔弱无能的纨绔弟子放在眼里，形诸于外，便是拒绝向他行跪拜之礼，两人因此结下仇恨。

当卫王永济即位的消息由金朝使者传到成吉思汗那里，使者要他跪拜接受新君的诏旨时，成吉思汗朝着南方吐唾沫，怒气冲冲地说："我本以为中原皇帝只有'天上人'才能做，现在像卫王这样平庸懦弱的人也做了，还有什么好拜的呢?"使者把这些话报告卫绍王，完颜永济气得七窍生烟，他想等成吉思汗再次朝贡时派人杀他。成吉思汗知道这一诡计后，"遂与金绝，益严兵为备"。为此，两国关系正式破裂，成吉思汗要将他心中酝酿已久的计划付诸实施了。

蒙古族有信萨满教的传统，成吉思汗充分利用了这一点，他登上了一座高山，对蒙古族崇拜的至上神长生天祈祷："长生之天，阿勒坛辱杀我诸父别儿罕、俺巴孩二人，脱汝许我复仇，请以臂助；并命下地之人类及诸神联合辅我。"令人感奋的雄心和卑劣的贪欲交织在一起，在冠冕堂皇的复仇旗帜下喷薄而出，激起了广大蒙古人的民族热情，从而取得了最广泛的支持，全体蒙古军将士个个斗志昂扬，士气高涨，大有"灭此朝食"的气概。

1211 年 2 月，成吉思汗在龙驹河（今克鲁伦河）畔聚集将士，誓师出兵伐金。成吉思汗的 95 个千户中只有两个留守草原，而其他 93 个千户都随大军出征。

蒙古兵的先锋哲别率军兼程前进，掩入金营，金军猝不及防，纷纷溃散，哲别一举攻克了乌沙堡。

成吉思汗闻前锋得胜，就驱动大队人马，会同前队人马，攻打金国西京，西京守将胡沙虎守了七日，支持不住，率部突围而走，蒙古兵趁机大杀一阵，金兵伤亡无数，成吉思汗遂取了西京及抚州。

蒙古大军分成两路，一路由3个儿子赤术、窝阔台、察合台率领，另一路军由成吉思汗和四子拖雷率领，采取钳形攻势。

蒙古大军长驱直入，金兵严阵以待，双方在野狐岭（今河北万全西北）发生激战。当时，金兵号称40万，蒙古军只有10多万；加上金国的西京已经陷落，金军惊恐之余，意识到存亡在此一战，所以拼死抗击。蒙古军攻打竟日，损失惨重。这样消耗下去，对人数较少的蒙古军来说是不利的。这时，四杰之一的木华黎对成吉思汗说："彼众我寡，弗致死力战，未易破也。"成吉思汗就命他为前锋。木华黎组织起一支敢死队，大吼一声，执矛跃马冲向金兵。金军的战斗力相对较差，猝不及防之下乱了阵脚，成吉思汗大军随之冲入敌阵。蒙古骑兵个个杀红了眼，一时间如虎入羊群，挡者披靡。据《元史·木华黎传》载："帝麾诸军并进，大败金兵，追至浍河，僵尸百里。"这一场恶战，金军遭到了毁灭性的打击，一路狂奔，败至浍河堡（今河北怀安东）；蒙古军紧紧追赶，毫不放松。

金军后继部队的统帅完颜承裕畏敌如虎，熟知地形的地方豪强向他献策，他不采纳，只是一味地问离宣德府的远近，逃跑之心昭然若揭。由这样的人统率军队，士气是可想而知的。蒙古军攻到后，经过一天一夜的大战，金军主力残部以及后继部队被蒙古军尽歼，完颜承裕单人匹马逃入宣德（今河北宣化）。

野狐岭之战在蒙金战争史上具有至关重要的地位。这一战，金朝的精锐部队被消灭大半，从此一蹶不振；而蒙古军队的高昂士气，英勇无畏及长于野战和远程奔袭的特点显露无遗，金朝的灭亡只是一个时间问题了。

这年九月，蒙古军队乘胜攻取了金朝边防重镇宣德府，金国北部边疆已无险可守。正当蒙古军准备进攻中都时，金朝宫廷中又发生了政变，皇帝完颜永济被权臣谋害，金宣宗（完颜珣）继立。宣宗面对内外交困的局势，一筹莫展，只好向蒙古求和，献出公主（永济之女），加上大批金帛、童男女、马匹，由丞相恭送蒙古军出关。

蒙古军退回后，金宣宗吓破了胆，他不顾大臣的反对，决意迁都南京开封府（今河南开封）。留下大臣完颜承晖镇守中都。

成吉思汗听到了金宣宗迁都的消息，一眼看破了金朝统治者没有和谈的诚意，遂决定再次大规模向金朝用兵。

成吉思汗任命三模合拔突儿为主帅，石抹明安、耶律阿海、耶律秃花担任前锋，他们与刚刚归降的契丹军合为一处，直逼中都。

面对蒙古军的攻势，金宣宗感情用事，召回了留守中都的太子，这样一来，中都城军民产生了一种被抛弃感。留守中都的将

成吉思汗

领，有的虽有忠心但缺乏军事才能，只会"临危一死报君王"；有的自私狡诈，只顾自己逃命。加上长期被困，粮草已尽，士气低落到了极点。而此时蒙古军掌握了许多攻城的技术，已不再是当年只会野战的单一骑兵兵种了。

1215 年 5 月，蒙古军终于攻下了中都城。成吉思汗派人招降金宣宗，要他奉蒙古为宗主国，自己不再称皇帝而降为河南王。金宣宗自然拒绝，但对蒙古军的横行无忌束手无策，只能徒唤奈何。于是，四路出击的蒙古军攻下了潼关、京兆、汝州、真定、东平、平州、广宁，前锋直抵南京（开封府）附近的杏花营。

天与人各司其职

中国古人很早就开始了对天的沉思。庄子提出了"天人合一"。周公鉴

于商灭夏、周灭商的政治革命，发出"天命靡常"的感叹。孔子从卫国去陈国时经过宋国，桓魋听说后想带兵去杀害他，孔子连忙在学生的保护下离开了宋国，途中神气地向弟子们说："我有天命在身，桓魋能把我怎么样？"屈原被放逐，忧心愁惨，路过楚国先王的庙及公卿祠堂，看到壁上绘有天地、山川、神灵、古代贤圣、怪物等故事，因而"呵壁问天"，留下《天问》这篇不朽的篇章。

那么，天到底是什么样子？它是否和人一样有感情，能体验喜怒哀乐？所谓的天命又是什么？人与天的关系如何？荀子的《天论》对这些问题做出光耀千古的回答：

天行有常，不为尧存，不为桀亡。应之以治则吉，应之以乱则凶。强本而节用，则天不能贫；养备而动时，则天不能病；修道而不贰，则天不能祸。故水旱不能使之饥渴，寒暑不能使之疾，妖怪不能使之凶。本荒而用侈，则天不能使之富；养略而动罕，则天不能使之全；倍道而妄行，则天不能使之吉。故水旱未至而饥，寒暑未薄而疾，妖怪未至而凶。受时与治世同，而殃祸与治世异，不可以怨天，其道然也。故明于天人之分，则可谓至人矣。（《天论》）

在荀子眼里，天不同于人，它没有意志，没有情感。对于世间万物与风云变幻，它采取的是高高在上的姿态，一视同仁，借用《老子》的话，就是视之为"刍狗"。布列于天空的星体绕转，日月交辉，四季轮流，阴阳调和，风雨无定，万物滋生，这才是天的本来面目，也是天的职责。它不会因心地善良的人而感动，也不会因穷凶极恶的人而发怒；不会因圣帝明君而存在，也不会因邪恶暴君而消失；不会因人们讨厌寒冷而停止冬天的到来，也不会因人们喜欢温暖而一年四季如春。你看，太阳月亮、行星恒星、祥瑞的历书，禹和桀时相同，但禹使天下安定，桀使天下混乱；庄稼在春季、夏季纷纷发芽，茂盛地生长，在秋季、冬季积蓄、收藏，这在禹与桀时又是相同的，而禹使天下安定，桀使天下混乱。

在荀子眼中，天表现出客观与冷静，其实是告诉我们人如何顺应天道，而不是单纯去希冀；在结论上，荀子不是讲天与人没有联系，而是强调不能单方面祈求天的改变，因为人的行为也是其诱因；荀子并非完全割裂天与人的关系，他一再阐明，人必须遵循天的规律才能获得发展。涸泽而渔，岂不得鱼，而明年无鱼；焚薮而田，岂不得田，而明年无兽，都是体现遵循天的规律，让天持续发展。理想的统治也如此，顺应人心，遵循天意，则国运昌盛。

遵循天的规律，但也没必要在天面前甘心居于卑微的崇拜者位置而畏首畏尾。"四时行焉，百物生焉。"四季轮转，寒暑交替，万物滋生。人按照春耕、夏耘、秋收、冬藏的自然规律因地制宜，因时制宜即可。

明白了天、人职责的不同，人就不应该过多地纠缠和羡慕那些取决于上天的东西，谋事在人，成事在天，慎重地对待那些取决于自己的事情，掌握和运用天的运行规律：

大天而思之，孰与物畜而制之？从天而颂之，孰与制天命而用之？望时而待之，孰与应时而使之？因物而多之，孰与骋能而化之？思物而物之，孰与理物而勿失之也？愿于物之所以生，孰与有物之所以成？故错人而思天，则失万物之情。（《天论》）

君主要做好表率

在华夏历史上，皇帝的数量有几百人，然而能够青史留名的，或者是开国帝王，或者是中兴之主，或者是亡国之君，甚至还包括那些有着离奇故事和绯闻的。他们当中，既有像唐太宗那样"天下英雄尽入吾彀中矣"的意气风发，也有明崇祯皇帝自杀前"愿生生世世勿生帝王家"的深刻悲叹。

君主治理国家的好坏会受到许多外部因素的制约，同时也与他们自身素养的高低有直接关系，这就涉及君道，也就是做君主的道理。

荀子一生曾奔走于齐、秦、赵、楚等国，不厌其烦地向各国君主宣传自己的政治理想。如同他的儒家前辈孔子和孟子一样，荀子的政治设想对这些君主来说过于宏阔，有点像空中楼阁，需要从底层开始，一层一层地建起，难以取得立竿见影的功效，而君主们则更关心如何快速地称王称霸。果然，面对荀子的说教，君主们的心思都放在一个问题上，"请问为国"，如何才能把国家治理好。看着这些资质平庸的君主，如为人褊狭的齐襄王、听信谗臣的赵成王，以及正在推行远交近攻策略的秦昭王，荀子也在犹豫他毕生的理想能否在这些君主身上实现，他们的提问有多少出自虚心请教，又有多少出于敷衍了事。但荀子还是正色地告诉他们：

闻修身，未尝闻为国也。君者，仪也；民者，影也；仪正而景正；君者，槃也；民者，水也；槃圆而水圆；君者，盂也，盂方而水方。君射则臣决。楚庄王好细腰，故朝有饿人。故曰：闻修身，未尝闻为国也。君者，民之原也，原清则流清，原浊则流浊。（《君道》）

孔子说："为政以德，譬如北辰，居其所而众星共之。"君主如果能够实行德政，以道德教化来治理国家，那他就会像北极星一样，居于一定的方位，而群星都环绕在它的周围。因此，国家治理的一个重要原则就是君主加强自身的道德修养，为臣民做出表率。只有如此，才能带动臣民进入到他预设的轨道中，所谓上行下效是也。反过来，如果君主喜欢权谋，那么大臣百官就会乘机跟着搞欺骗；如果君主喜欢是非颠倒，那么大臣百官就会乘机跟着邪恶不正；如果君主热衷于贪图财利，那么大臣百官就会乘机跟着去多拿少给，没有限度地盘剥老百姓。

春秋时期，晋文公喜欢士人穿不好的衣服，所以他的臣下都穿着用母羊皮缝的裘，围着牛皮带来挂佩剑，头戴熟绢做的帽子，这身打扮既可以参见君上，也可以往来朝廷。其中的原因就是晋文公喜欢这样，所以臣下就这样做。越王勾践很喜欢勇敢的男子，平时注重教育和训练提高胆量。他私下让人烧毁船只，却假装称失火，对被考验的人说："越国的家当都在这船上！"并亲自擂鼓激励他的臣子往前冲。臣子们听到鼓声，不顾行列整齐不整齐，全都冲进船去救火，结果被烧死的就有一百多人，直到鸣锣后才退下来。楚灵王喜欢他的臣子有纤细的腰身，楚国的士大夫们为了细腰，大家每天都只吃一顿饭，因此，饿得头昏眼花，站都站不起来。坐在席子上的人要站起

荀子智慧

来，非要扶着墙壁不可；坐在马车上的人要站起来，一定要借力于车轼。谁都想吃美味的食物，但人们都忍住了不吃，为了腰身纤细，即使饿死了也心甘情愿。

近代西方政治思想的奠基人马基雅弗利在《君主论》中提出君主必备的素质有两条：狮子的勇猛和狐狸的狡猾，不但要力求像狮子一般勇猛，能惊骇豺狼，同时也要像狐狸一般狡猾，能识别陷阱。这样的手段没有任何理性色彩，毫不回避人性之阴暗，总觉得缺少点温情。或许君主本身就不应该谈温情。与他相比，荀子对为君之道的一个总的要求是端正自身，只有自身端正，臣下和百姓才跟着端正；只有自身端正，佞人馋臣才无缝可钻；只有自身端正，贤人君子才慕名而至。

这个道理在中国传统中被多次论述。孔子说："其身正，不令而行；其身不正，虽令不从。"自身品行端正，就是不发命令，人民也会照着去做；本身品行不正，即使发布命令，人民也不会听从。《老子》第五十四章说："善建者不拔，善抱者不脱，子孙以祭祀不辍。修之于身，其德乃真；修之于家，其德乃馀；修之于乡，其德乃长；修之于邦，其德乃丰；修之于天下，其德乃普。"修身是立身处世的根基，只有修身才可以立身、为家、为乡、为天下。《大学》第一章说："古之欲明明德于天下者，先治其国，欲治其国者先齐其家，欲齐其家者先修其身，欲修其身者先正其心，欲正其心者先诚其意，欲诚其意者先致其知，致知在格物。"

隆一而治

墨子及其弟子是热心于国家的统一而奔走的，可是，他们不得法，不知道一统天下的轻重缓急。对此，荀子作了尖锐的批评，他说："不知壹天下、建国家之权称，上功用、大俭约，而慢差等，曾不足以容辨异、县君臣；然而其持之有故，其言之成理，足以欺惑愚众。是墨翟、宋钘也。"（《非十二子》）权称者，轻重缓急也。也就是说，统一天下要有一个纲领计划。为此，荀子提出了统一天下的"总方略"：至于总括治国的方针、策略，统一人们的议论、行动，统一治事的纲纪，聚集天下的英雄豪杰向他们宣传太古帝王的业绩，用最高的治国原则教育他们，即使在一间小屋、一张席子这样的小天地里面，也完全能使圣王的典章制度体现出来，使社会上勃然兴起安定的风俗。

荀子这里讲的"总方略"，主要有三层意思：

第一，要有统一的思想和行动，即谓"齐言行"。荀子认为各种各样的邪说消除了，天下的祸害才能根除，统一天下的大业才能实现。他在指出"仁人"的任务是什么时说："上则法舜、禹之制，下则法仲尼、子弓之义，以务息十二子之说，如是则天下之害除，仁人之事毕，圣王之迹著矣。"（《非十二子》）这就是说，国家的统一，首先在思想上要统一。为了实现思想的统一，他在《非十二子》中，集中批判了它嚣、魏牟、陈仲、史鳅、墨翟、宋钘、慎到、田骈、惠施、邓析、子思、孟轲等十二子。这十二子中，儒、墨、道、名、法各家均有。通过对诸子的批判，对那些他认为有用的观点加以继承，形成融汇诸说的荀学，集中反映了实现国家大一统的要求和理论。为了实现"齐言行"，荀子特别强调两点：其一，思想上的"一统"。荀子主张用《诗》、《书》、《礼》、《乐》去统一人们的思想。他说："夫《诗》、《书》、《礼》、《乐》之分，固非庸人之所知也。故曰：一之而可再也，有之而可久也，广之而可通也，虑之而可安也，反公察之而俞可好也。"（《荣辱》）认为越是以《诗》、《书》、《礼》、《乐》的根本原则去统率一切，越是能够实现天下的长治久安。荀子还认为，为君者思想的统一尤为重要，只有上面的思想统一了，下面的思想才能统一。他说："其道易，其塞固，其政令一，其防表明。故曰：'上一则下一矣，上二则下二矣；辟之若草木，枝叶必类本。'此之谓也。"（《富国》）其二，政法上的"一统"，这集中表现在"尊君"上。荀子认为君子是统一的象征，没有君子就会造成天下大乱。他说："君子者，天地之参也，万物之总也，民之父母也。无君子，则天地不理，礼义无统，上无君师，下无父子，夫是之谓至乱。君臣、父子、兄弟、夫妇。始则终，终则始，与天地同理，与万世同久，无是之谓大本。"

（《王制》）荀子的"隆一"就是"尊君"，"君者，国之隆也；父者，家之隆也。隆一而治，二而乱。自古及今，未有二隆争重而能长久者"。（《致士》）他认为国家或家庭只有尊重一个权力，才能达到安定，如果同时尊重两个权威，就会造成混乱；从古至今，还没有同时有两个最高权威在那里互相争夺权力而能长久存在的。"故天子生，则天下一隆至顺而治。"（《正论》）

第二，要有统一的法度，即谓"壹统类"。荀子认为，忠信做到了，仁义提倡了，并能够把两者完全结合起来，就可以统一天下。他说："故百里之地，足以竭势矣；致忠信，著仁义，足以竭人矣。两者合而天下取，诸侯后同者先危。"（《王霸》）认为统一天下靠的是义礼，如果得到人们的信任，推行到四方去，天下的人们就会异口同声地响应他。

第三，要有为实现"大一统"而奋斗的人才，即谓"群天下之英杰"。战国时期各诸侯国相互争霸，斗争此起彼伏，同时也涌现出许多能人杰士。战国七雄争雄称霸的历史实践证明："得士则兴，失士则亡。"荀子生活在此时代，耳闻目睹，看到了人才对于统一大业的重要性。他认为齐桓公成为霸主不是侥幸取得的，而是符合一定的道理，即谓"其霸也，宜哉！非幸也，数也。"（《仲尼》）什么道理呢？荀子认为齐桓公"有天下之大节"精神。即指齐桓公能够任用贤人，把整个国家托付给他们，尤其是发挥宰相的作用。荀子认为选好宰相是关系到能否统一天下的重要因素，他说："若夫论一相以兼率之，使臣下百吏莫不宿道乡方而务，是夫人主之职也。若是，则一天下，名配尧、禹。"（《王霸》）

维护统治者的权威和地位，只有两条途径：一是削弱反对派的威势和力量；二是积极采取措施，加强和巩固自己的统治地位，使反对派根本无法动摇自己。在此二者中，后者显得更为重要。

中央集权制，是中国古代皇帝为维护自己的统治所实行的一种政治制度。它的创始者当属中国的第一位皇帝——秦始皇。

秦王嬴政吞并六国、一统天下之后，究竟建立一个什么样的国家，当时大臣们有不同的意见和争论。丞相王绾认为应当建立分封制，廷尉李斯则反对分封诸侯，主张建立郡县制的中央集权国家。秦始皇从历史上看到分封的弊病，即政权分散，地方割据，战争不息。他认为立诸侯如同树敌，因此同意李斯的意见，决定在秦国原来的政权基础上建立中央集权制的国家政权。

首先，嬴政改帝王的称号，始称皇帝。他在统一天下后不久，即征召丞相、御史曰：

"寡人不才，凭此区区之身，举兵讨伐诸国，幸赖祖先宗庙庇荫，使得六国俯首称臣，开始天下太平。如今若不更改名称，实无法使寡人的功业传诸后世。还望众卿商议一新帝号。"

丞相王绾等齐声言道：

"五代之前，上古时代有天皇、地皇、泰皇三者君临天下，其中尤以泰皇最为尊贵，臣等冒死僭越以呈尊号，今后王称泰皇，天子之命称为制，天子之令称为诏，天子自称为朕，不知王意如何？"

"取泰皇的皇，加上上古帝王的帝，合称皇帝，其余皆依你等的建议。"

皇帝的称号就这样决定下来了。不久嬴政即下诏曰：

"朕乃第一位皇帝，故称始皇帝，朕后世子孙依顺序称为二世皇帝、三世皇帝，直至千万世，无穷无尽。"

秦朝并没有能千万世延续下来，只传了三世，但皇帝的称号却流传下来，成为历代统治者的称号。

秦始皇建立的政治架构中，皇帝位于至尊，下设中央政府机构，由"三公"分管：丞相，分为左右丞相，为百官之长，协助皇帝处理全国的政务；太尉，为武官之长，掌管全国的军事；御史大夫，辅佐丞相，掌管图籍、奏章，监察各级官吏。"三公"之下设"九卿"，分管祭礼、教育、国防、交通、财政、外交、农业等。这样，政治、军事、监察，三权分立，互不统摄。政治与军事不结合，可避免皇帝的权力被剥夺。监察机构则负责查看官吏和人民是否效忠或是否尽职。"三公"、"九卿"对皇帝直接负责，皇帝对重大事务作最后的裁决，这就保证了皇帝能够大权在握，稳定地保持自己的统治地位。

除此以外，秦始皇还实行郡县制度，健全地方各级行政机构。分全国为36郡，郡、县官吏由皇帝统一任免，实行个人俸禄制。通过这套地方政府机构，皇帝的权威可直达地方，从上到下对全国进行统治。

为了巩固已建立起来的中央集权制度，秦始皇又采取了统一文字和度量衡、修筑交通设施、加强军事力量等措施，又通过"焚书坑儒"等方式，钳制百姓的思想，从而使秦王朝的政治组织逐步建立健全，日臻完善。

秦代之后，历代中央政府的组织形式虽然不断变化，但中央集权的体制，一直保持了2000余年，直到20世纪，才随着帝王制度的崩溃而完结。

秦始皇的集权制，可谓中国帝王统治史上最富智慧的。秦始皇及他的臣下们所表现的独立的思考精神及丰富而深刻的想象能力，令后人叹为观止。

2000多年的封建历史证明，这个智慧的措施，在维护封建统治者的权威和地位、实现国家统一方面是非常有效的。

抓纲举要

荀子说，君主治理国家的方法是：治理近处不治理远处，治理显明的事不治理昏暗的事，治理主要的事不治理琐碎的事。君主能把近处治理好，远处自然也得到了治理；君主能把显明的事治理好，昏暗的事自然就会发生变化；君主能治理好主要的事，所有的事也就有了正确的原则。一面过问天下的政事，而每天都有空闲，好像可供治理的事不多，像这样，是治理国家的最高水平。既能治理近处，又力求治理远处；既能治理显明的事，又力求看到昏暗之事；既能恰当地处理重要的事，又力求治理好所有的小事：这就过分了。过分了，如同达不到一样，好比是竖立一根端直的木杆，却要求它的影子是弯曲的一样。不能治理近处，却力求治理远处；不能分辨显明的事，却力求看到昏暗的事；不能恰当地处理主要的事，却力求治理好所有小事：这是违背事理的，好比是竖立一根弯曲的木杆，却要求它的影子挺直一样。所以明智的君主喜好抓主要的，昏庸的君主则喜好样样都管。君主喜欢抓主要的，所有的事都能详尽地治理；君主喜欢样样都管，所有的事都会荒废。君主的职责是：选择一个宰相，公布一个统一的法规，明确一个主要的原则，用它们来统率一切，照耀一切，然后就观看它们的成功。

做任何事情都要有主有次，有急有缓，有轻有重，切忌胡子眉毛一把抓。

明智的君主，善于抓纲举要；低能的君主，喜欢事必躬亲。善于抓纲举要的，事事都顺心如意；喜欢事必躬亲的，往往因小失大。

天下的事彼此相互影响，相互渗透，牵一发而动全身，这就要求抓住根本和要害。抓住了根本和要害，其他事也就迎刃而解了。

战场就像棋盘，双方的兵力部署就像落子布局。在几百万平方公里的战场上，指挥几百万大军作战，毛泽东算得上"特级大师"。

在双方交战最激烈的关键时刻，局势复杂，险象环生，变幻莫测。一步妙棋，满盘皆活；一着不慎，满盘皆输。

解放战争的三大战役之前，国民党军队被分割于东北、华北、中原、西北地区。从表面上看，敌人的兵力还处于优势，但毛泽东认为，战略决战的时机已经成熟。几百万平方公里的战场，决战的突破口选择哪里？这一步棋就颇费思量了。毛泽东经过周密细致的分析，最后作出判断：首战东北。

东北是我军势力较强的地区。解放区面积达百分之九十七，群众基础好，军事实力也占优势。而国民党在东北只占领几个城市，孤立分散，地域狭小，补给困难。蒋介石也深感他在东北已力不从心，计划"撤退东北，巩固华北，确保华中"。但是他优柔寡断，举棋不定。毛泽东摸透了蒋的心理，东北这步棋，你该走不走，我就先下手为强了。又吃棋子，又占地盘，何乐而不为？结果辽沈战役不但歼敌47万余人，完全解放全东北，而且使蒋介石"撤退东北，巩固华北，确保华中"的计划成为泡影，同时，还避免了我军先打华北则两面受敌的被动局面。

首战东北是毛泽东的一步妙棋，而东北战场先打锦州，置长春、沈阳之敌于不顾，则是毛泽东的又一步妙棋。

毛泽东认为，从局部看，长春孤敌，容易攻打。但敌人却企图以长春来牵制我军，掩护沈阳、锦州之敌改善态势，并且进行撤退的一切准备。若我军先攻长春，反而会吓跑沈阳、锦州之敌，不利全歼东北敌人，影响全国战局。锦州的情况则完全不同，虽然锦州敌人比长春多，但锦州至山海关一线各点敌军孤立分散，攻歼取胜比较可靠；在北宁线上作战，可以吸引长春、沈阳之敌援锦，有利于打援；还可以分割东北和华北的敌军势力，打下锦州，就关闭了东北的大门，在东北战场形成关门打狗之势。

所以，毛泽东果断地电告东北野战军："你们现在就应该准备使用主力于该城，而置长春、沈阳之敌于不顾，并准备在打锦州时歼灭可能由长、沈援锦之敌。"之后，毛泽东又电告林、罗："你们的中心注意力必须放在锦州方面，求得尽可能迅速地攻克该城。即使其后一切目的都未能达到，只要攻克了锦州，你们就有了主动权，就是一个伟大的胜利。"

毛泽东这一着真可谓抓纲举要。蒋介石深知这一着的厉害，连忙飞抵沈阳，亲自督战，叫嚷："东北局势好坏，就在锦州一战。"果不其然，我军一举打下锦州，满盘皆活，在黑山、大虎山地区又歼灭廖耀湘援敌。

难怪范汉杰在惨败面前不得不承认毛泽东的雄才大略："贵军神机妙算，弃长春，舍沈阳，突然闪击锦州，扼住我军战略咽喉重地，乃出我军意料之外。锦州，犹如一条扁担，一头挑东北，一头挑华北，贵军夺下锦州，恰好像从中间折断扁担，使东北与华北分离，棋着厉害……"

刑德兼用，恩威并举

荀子认为，处理政事的关键在于：对怀着好意来的人以礼相待，对不怀好意来的人用刑罚处置。对这两种人用不同的态度对待，那么品行端正和品德不端的人就不会混杂一处，是与非就不会混淆不清。

为政之人，既要慈眉善目，又要铁石心肠，既要宽缓调和，又要威猛严厉。慈善，是以道德的力量感化人；威严，是以谋略的手段制伏人。如果一味威猛严厉，那么臣下便不敢亲近他，不敢知无不言，以致隐瞒事实真相。

如果只讲宽和而没有分寸，那么各种奸伪的言论就会随之而来，奸佞之徒就会乘虚而入。只有亲于可亲之处，疏于必疏之时，思于当思之处，威于必威之时，才称得上有礼有节，有情有义，有方有术，既可团结人，又可领导人。

刑德兼用，恩威并举，是中国传统的政治观念。具体来说，就是首先要严治天下，贯彻政令法令；同时再以仁泽相施，收揽人心。

《三国演义》中，孔明挥泪斩马谡的故事，就是很好的例证。

孔明统率蜀军远征魏国，任马谡为先锋，统军据守咽喉要道街亭。然而马谡在与敌军交战时，无视孔明的指示而致使蜀军大败而返。失败的责任在于马谡，若是不追究其失职之责，那么军中纲纪将荡然无存，于是孔明狠下心肠，下令将马谡依军法处斩。

马谡乃名将马良之弟，熟谙兵法，为孔明厚爱的战将，孔明要下此决心实属不易。刚刚下令处斩马谡，便有重臣蒋琬前来劝说："如今天下烽火连天，局势动荡不安，而我军正值用人之际，你却要斩杀一名谋略之士，实在令人惋惜。"

孔明答道："昔日孙武之所以能制胜于天下，是由于军纪严明。反观今日，天下分裂，局势动荡不安，若不维护军纪，将如何取信于在战场拼死的兵士，又如何讨伐叛逆以一统天下？"言罢，泪流满面，歔欷不已。孔明虽杀掉爱将马谡，对其遗族却百般照顾，给予生活保障，唯恐有所不周。

如此，不仅以严法治军，同时又恩泽广被，使得蜀军纪律森严，万众归心。还有一件事，也可以看出孔明如何善于恩威并施，刑德兼用。

李严本是和孔明同受刘备遗诏辅政的大臣，孔明对他是信任和依靠的。但是李严在负责督运军需的时候，犹豫不决，坐失战机。诸葛亮毫不留情，奏明刘禅，将他撤职流放。

后来诸葛亮去世，李严闻讯，竟然悲痛欲绝，悒悒而死。

后人习凿齿为此称赞孔明说："法行于不可不用，刑加乎自犯之罪，爵之而非私，诛之而不怒，天下有不服者乎！诸葛亮于是可谓能刑矣。自秦、汉以来未之有也。"

诸葛亮的治理之法，无非是强调了两点，一是仁德，二是严法。

严以治世，可使国家组织完整有纪律。但是仅严以待人，却不能服众，只有仁德才能使部属口服心服。

韩非子曾经主张，赏必须谨慎，罚必须严峻。

他说："刑罚严厉则民众安定，奖赏太多则奸人滋生。故治理民众，注重刑罚，是首要条件；过多奖赏，是国家混乱的源泉。"

在这一点上，诸葛亮和韩非子有共同之处，但也不尽相同。诸葛亮虽然也重刑罚，却并不轻视对部下施以仁德的重要性。实际上，历史上许多善于统率管理的人都是这样做的，吴起便是个典型。

某日，军中有一兵士身患脓疮，不胜其苦。吴起见状，即伏身用口吮吸脓汁，以解其疾。兵士的母亲闻听此事，大哭起来。人问其故："你的儿子乃一介士兵，承蒙富有爱心的将军吮取脓汁，应该高兴才对，何以竟啼哭起来？"

母亲答道："你只知其一，不知其二！过去，吴起将军也曾为孩子他爹吮过脓汁。其后两军交战之时，他爹为报吴起之恩，抱着必死的决心冲锋陷阵，终于战死。如今又听说吴起为我孩子吸吮脓汁，只怕孩子的命运……叫我如何不哀痛！"

吴起是以在军中实施严刑峻法而闻名的，但他对部下仍能无微不至地关怀，这正是他的聪明之处，仁德与严法的兼用，也正是他的统兵之道。

赏行罚威

赏刑并举是荀子反复强调的谋略思想。他说："赏不行，则贤者不可得而进也；罚不行，则不肖者不可得而退也。"（《富国》）意思是说，赏不行，有才德的人就得不到提拔；罚不行，不贤能的人就不能被斥退。

上面引用的那一段话，荀子则是具体阐述了赏罚并用，之所以能激励和惩戒人的原因。翻译过来，荀子是说：配备官职，重奖赏，严刑罚，以激励和惩戒人们的心志，使天下人民都知道自己所希望得到的全在这里了，因此奖赏能够实行；都知道自己所畏惧的全在这里了，因此惩罚产生了威严。奖赏能实行，惩罚威严，那么贤人就能得到任用，不贤能的人就能得到辞退，有才能和没才能的人都得到恰当的官职。如果这样，万物就能相互协调，事情变化也能得到恰当的处理，上得天时，下得地利，中得人和，那么钱财货物就如同急流一样滚滚而来，浩浩荡荡如同江河大海，突起如高山，虽然不时地焚烧，钱财货物也多得不可藏，这样又怎会忧虑天下财货不足呢？所以儒术真正能推行，那么天下人民就能平安而富有，役使百姓并取得功效，撞钟击鼓也能和谐。

有功必赏，有罪必罚，奖惩并举，这是王者治国安邦之道。

隋文帝统一中国以后，江南大地主的利益受到很大损害，存在强烈的不满情绪，开皇十年（公元590年），他们散布谣言说隋文帝要把江南百姓迁徙到关中，搞得人心惶惶。在婺州、苏州等地，相继发生反隋的叛乱，刚刚统一的局面，面临威胁。于是，隋文帝下诏，命杨素为行军总管，率领大军南下镇压。

杨素率大军由广陵，出扬子津渡江，迅速攻克京口，占领晋陵、无锡等地，挥

隋文帝

师直插浙江。经过数日激战，击溃叛军，巩固了统一的局面。为此，隋文帝在杨素班师凯旋之时，特派外戚、左将军独孤陀前往浚仪迎接，犒劳慰问。到京师后，隋文帝又赐给杨素黄金40斤，还赏赐给杨素细绢3000段、马200匹、羊2000只、公田百顷、住宅1区。

开皇十二年，隋文帝又任命杨素为尚书左仆射，与高颖共同掌管朝政。

由于隋文帝能及时行赏，所以文官能尽职、武将能效命，从而维护和巩固了全国统一的政治局面。恰如其分的奖赏，取得了理想的结果。

但是，历史上也有因奖赏不当而成为亡国之君的。隋文帝之子隋炀帝杨广就是一例。

仁寿四年（公元 604 年），太子杨广杀掉隋文帝，自立为帝，他就是历史上著名的刚愎自用、荒淫残暴的隋炀帝。

大业三年（公元 607 年），隋炀帝巡视北部边塞，到达榆林（今内蒙古托克县南的黄河对岸），为了向突厥显示朝廷的威风，命人修造了一座规模宏大而豪华的行宫，大宴突厥户民可汗和北部各族酋长贵族，并赐给户民可汗帛 2000 万段。隋炀帝这些劳民伤财、无功而赏的行为，引起朝廷许多大臣的非议。隋炀帝闻知后，非但不责己过，反诬人非，大肆杀戮朝廷大臣，就连先皇隋文帝驾下的老臣也无一幸免。由于隋炀帝的倒行逆施，引起臣民的不满，导致国力日衰，最后，隋炀帝终于被赶下台。

任何一个统治者，对待有罪则惩、有过则罚的问题，决不可掉以轻心、随随便便，否则就会出乱子。

卫出公在灵台宴请大臣时，褚师不遵守礼仪，穿着鞋子入席。出公见了，十分生气，扬言要砍掉他的双足。褚师回去之后，立刻举行叛乱，把出公逐到国外。

楚国送了硕大的龟给郑灵公。郑灵公很高兴，便宴请大臣们。席上，公子子公与子家相顾而笑。

"你们到底在笑什么呀？"灵公问。

子公回答说："刚才我的食指动了一下，所以我知道可以吃到美味。"

灵公甚为不快，就没有给子公龟肉。子公很气恼，就把手指伸入汤里，再舔了一下手指。灵公大怒，痛骂子公，说要杀了他。于是，子公与子家共谋，杀掉了灵公。

卫出公被逐、郑灵公被杀的时候，不知是否认识到自己因何而落得如此下场。大概卫出公在后悔当时真该斩了褚师的双足，郑灵公在后悔当时为什么不杀子公吧！

然而，聪明人应当看出，他们都是自取其咎，原因是他们实施刑罚不当。

虽然对无端犯上的部下应该进行适当的惩罚，但动不动便要斩足杀头，未免太过分了，以大的刑罚对待小的过失，这种刑罚实在过于严厉了。

刑罚不当的可怕之处，并不仅限于被处罚的人，而在于将惹来更多人的憎恨。

殷纣王设炮烙之刑，百姓稍有越轨行为，便以极刑处置，结果使全国百姓怨恨纣王，背叛纣王。

当时九侯、鄂侯、西伯昌（即周文王）是纣王的三公。九侯有一位端庄美丽的女儿被献入宫中。此女不喜淫荡，忤逆纣王，纣王以犯上之罪，不但杀了她，还杀了她的父亲，用乱刀剁成肉酱。鄂侯见纣王滥杀无辜，便为九侯鸣冤叫屈，纣王更恼火，如法炮制，将鄂侯杀了之后，尸体砍碎，剁成肉泥，晒成肉干。

周伯昌听了，不寒而栗，暗自哀叹，以为不久将灾祸临头。不料走了风声，被纣王的亲信崇侯虎得知，向纣王告了密。纣王便把西伯抓起来拘禁在羑里（今河南汤阴），不许他乱说乱动。为铲除后患，纣还把西伯的长子伯邑考押解商都朝歌做人质，让他给自己驾马。虽如此，纣王还是放心不下，索性将伯邑考杀死，下汤锅煮成肉羹，拿来逼西伯吃，西伯不得已而食之，纣王幸灾乐祸地说："谁说西伯昌是圣贤？吃了用自己儿子的肉做的羹还品不出滋味！"

如此乱用刑罚，使得百姓怨声载道，诸侯众叛亲离。殷纣王不久就被逼自杀，殷商也因此而亡。

不顾法度，乱用刑罚，无罪而罚，无过而诛，导致国破人亡者，历史上也不止纣王一人。

简而言之，赏不行、罚不威，均会产生不良后果。有小功而重赏，会使臣下产生投机和侥幸心理，不尽心尽力。有大功而轻赏，则臣下积极性无以调动，同样不会竭忠尽智；有大过而轻罚，臣下则无所顾忌，肆意妄为。因此，赏罚是为君者不能不慎重对待的大事。

荀子智慧

刑称罪则治

治理国家必须充分发挥法律的作用。所以荀子认为：刑罚和罪行相称，国家就安定；刑罚和罪行不相称，国家就混乱。

荀子在"隆礼"的前提下，主张要"重法"，认为假如去掉"法正之治，刑罚之禁"，那么强者就会残害弱者而抢劫其财物，众者就会欺负寡者而侵扰其人身。因此，势必大乱天下，而造成民死国亡。为此荀子主张礼本刑用，"不教而诛，则刑繁而邪不胜；教而不诛，则奸民不惩。"（《富国》）

荀子主张严刑重罚，他强调指出："凡刑人之本，禁暴除恶，且征（惩）其末也。""杀人者死，伤人者刑"，对于暴恶的人实行严刑重罚，是国家大治的表现。如果"罪至重而刑至轻"，这就是纵容暴恶的人，如此，天下必然产生大乱。

荀子在提出施行重刑的时候，又力主慎刑。第一，根据犯罪情节而区别对待。荀子对于不分主犯、从犯，也不根据犯罪情节的轻与重，而一律处于均等之刑的做法是持反对态度的。他提出"刑法有等"（《礼论》）的区别对待的主张，如对盗贼科以重刑，而对"犯上之禁"的"奸人之雄"则必诛杀。在《王制》篇也有具体的规定："元恶不待教而诛，中庸民不待政而化……故奸言、奸说、奸事、奸能、遁逃反侧之民，职而教之，须而待之，勉之以庆赏，惩之以刑罚，安职则畜，不安职弃……才行反时者死无赦。这就是说，对首恶分子不用教育就要杀掉；对那些胡说八道、干坏事、四处流窜和不守本分的人，给予安置，进行教育，让其改过自新。能自新者用奖赏以勉励，不化者用刑罚以惩办之；对其安分者就收容下来，否则就实行流放；而对那些用自己的才能和行为反对现行制度的人，要坚决杀掉，决不赦免。第二，反对株连。族刑始于秦文公，那时规定："一人得罪，三族受戮。""秦用商鞅连坐之法，造三夷之族。"（《汉书·刑法志》）荀子对罪及无辜是坚决反对的。他说："乱世则不然，刑罚怒罪，爵赏逾德，以族论罪，以世举贤。故一人有罪而三族皆夷。德虽如爵，不免刑均，是以族论罪也。"

（《君子》）

公元597年，隋文帝为提高各部门的办事效率，下令允许法外用刑，结果，各部严刑逼供，残暴酷虐，滥用刑罚，导致天下人心惶惶，社会秩序混乱。在此关头，大理寺少卿赵绰挺身而出，加以劝谏并依罪量刑，依法断案，使国家安定，人民安心。

隋文帝因为朝廷各部门的官员往往不尊重上级长官，造成办事效率低下，就下诏说："各主管部门给下属官员定罪，如果按法律应该从轻发落，但犯罪情节又的确比较严重的，可在刑律规定之外处以杖刑。"

隋文帝又因为天下窃贼太多，下令凡是偷窃一文钱以上的人都要在闹市中被处死，暴尸街头。曾有三个人一起偷了一个瓜，事情败露后三人都被立即处死。于是行旅之人都早睡晚起，天下百姓人心惶惶。有几个人劫持了执法的官吏，对他们说："我们岂是贪财之人！只为被冤死的众人而来。现在要求你们替我们上奏皇上，自古以来制定的法律，从来没有偷窃一文钱就判处死刑的条款。你们如果不将我们的话转奏朝廷，等我们再抓到你们，你们就别想活命了！"

对这些刑不称罪的行为，赵绰一再劝谏。一次，大理寺掌固来旷上奏说大理寺执法官吏对因犯量刑定罪太宽，隋文帝因此就认定来旷忠诚正直，让他每天早上站在五品官员的行列中参见。来旷又上奏说大理少卿赵绰违法释放因徒，文帝派使臣前去调查，发现赵绰根本没有枉法偏袒之事，文帝非常愤怒，下令将来旷斩首。赵绰苦苦谏净，认为来旷按照法律构不成死罪，文帝不听，拂衣进入阁中。赵绰又假称："我还有别的事要上奏，不再谈来旷的事了。"文帝让人引赵绰来到后阁，赵绰再拜奏请说："我犯了三项死罪：身为大理寺少卿，没有能管制约束住掌固来旷，使他触犯了朝廷刑律，这是第一；因犯罪不当死，而我不能以死相争，这是第二；我本来没有别的事，而以妄言求见陛下，这是第三。"文帝听了他的话，脸色开始缓和过来。当时恰巧皇后在座，她下令赏赐赵绰两杯酒，并且连盛酒的金杯也赏赐给他了。结果，来旷得以免除一死，被流放到广州。

刑部侍郎辛擅曾经穿过红色的裤子，民间风俗说穿红色裤子可以官运亨通，隋文帝认为这是妖术，要把他斩首。赵绰说："根据法律辛擅不应当被处死，我不敢接受诏命。"文帝十分生气，便对赵绰说："你可惜辛擅的性命，难道不可惜自己的性命吗？"于是下令将赵绰推出去斩首。赵绰回答说："陛下可以处死我，但不能处死辛擅。"赵绰被押到朝堂，解去衣服，正准备处斩时，文帝又派人对他说："你抗命不遵的下场如何？"赵绰答道："我一心一意公正执法，因此不敢爱惜自己的性命。"文帝拂衣进入后宫，过了很长时间，才传命释放赵绰。第二天，文帝又向赵绰道歉，好言慰问勉励他，还赏赐他布帛300段。

隋文帝严禁民间使用假钱，有两个人在集市上用假钱兑换由官府铸造的好钱时，被巡查抓获，并报告了朝廷，文帝下诏将他们斩首。赵绰进谏说："他们所犯的罪应该判处杖刑，杀死他们不符合法律。"文帝回答说："这不关你的事。"赵绰说："陛下不嫌我愚昧无知，把我放置在执法部门，现在陛下想胡乱杀人，怎么能不关我执法大臣的事呢？"文帝又说："想要摇动高大树木的时候，如果树木不动就该知难而退。"赵绰也回答说："我希望自己的一片忠心能感动苍天，何况是摇动树木。"文帝又说："天子的权威，你也想挫折它吗？"赵绰再次跪拜后又向前进一步表示不退让。文帝厉声呵斥他，赵绰还是不肯退避，于是文帝就起身回后宫。这时，治书侍御史又上奏恳切劝谏，文帝这才不再坚持将那两人处死。

隋文帝因为赵绰忠诚正直，依罪量刑，使国家趋于安定，常常把他带进阁中谈话，有时候碰到文帝正和皇后同床而坐，就让赵绰也坐下，和他评论朝政得失，前后赏赐他的布帛财物多达上万。

令行禁止

荀子不仅认识到制定符合实际需要的严密法律的必要性，而且还从前代和当世的实践经验中认识到执法的重要性。他说，能做到有令必行，有禁必止，这样，圣王的事业也就完成了。

封建社会，专制君王的权力至高无上、言出法随，依人不依法、以言代法已成为一种习惯，严重破坏了法的执行。荀子以此为鉴，认为法律的贯彻执行，是法律发挥作用的关键。法令一旦公布，就应具有极大的权威性，君臣百姓都不得加以议论，不得讨价还价，不得徇私枉法。荀子说："政令制度，所以接下之人，百姓有非理者如豪末，则虽'孤独鳏寡必不加焉'。"（《王霸》）这就是说，在立法方面要考虑维持法的严肃性，在对待臣下和百姓不能有丝毫的不合理，应该断于一律，不得感情用事，即使是对待鳏寡孤独的人也应该这样。

　　法国大革命时期雅各宾派活动家圣鞠斯特治军重纪。他多次强调："纪律是军队的质量。"1793 年 10 月，圣鞠斯特作为国民公会的特使，被派到面临着奥地利进攻的阿尔萨斯，指挥莱茵军团作战。他到达斯特拉斯堡之后，马上着手整顿军队的纪律，并首先整顿军官的纪律。在他到来之前，许多军官经常在斯特拉斯堡过夜，出入娱乐场所，给士兵很坏的影响。许多士兵也在乡村乱跑乱撞，违法乱纪。他经过调查，开始对军官进行一次清洗，并把那些士兵不信任的军官撤了职。有一名军官，不经抵抗就将阵地让给了一小队奥地利骑兵。圣鞠斯特下令把这个军官解送到军事法庭，经过审讯判处死刑，并在全体官兵面前执行。

法国大革命

　　圣鞠斯特要求军官必须与他的部队住在一起，将军也必须在军营过夜。佩尔迪厄将军，由于其部队在前线作战受损，而他却坐在斯特拉斯堡剧院看戏，因而被撤了职。他还命令：不论任何人都不准离开驻地，凡私自溜进斯特拉斯堡的一律枪毙。在严肃军纪的同时，他命令部队加紧训练，提高作战

荀子智慧

能力。

由于圣鞠斯特治军有方，莱茵军团面目一新。1794年1月，莱茵军团英勇作战，把奥地利军队赶出了阿尔萨斯。

没有规矩，不成方圆。铁一般的纪律，是军队战斗力的重要因素。圣鞠斯特治军先治纪，从军官到士兵，一改往日松散的面貌，而代之以昂扬向上的斗志，从而扭转了法军在战场上连续败退的局面。

与此有异曲同工之妙的是，1161年，金主完颜亮毁约南下，出兵占据川陕要隘大散关。宋军反攻，60多天没能拿下，已经年过花甲的老将吴磷便亲自到城下督战。

吴磷深知双方经过长时间的对峙之后，锐气渐消，军纪松弛，必须采取措施重整军威，恢复斗志。他到前线后，首先巡视各营寨，发现有不听号令者立即斩首，使众将士均知统帅军法无情，遂不敢怠慢。吴磷又布好兵阵，选择有利地形，然后派数百名骑兵挑战。金军擂响战鼓，出动精锐直扑吴磷阵地。宋军凭着地势之利与敌搏杀，无不以一当十，战至黄昏，尚未分胜负。吴磷站在高处，突然厉声斥责某将战斗不力。众将士听了，更加奋勇冲杀，金军不支，大败逃回。第二天黎明，吴磷率兵又来。敌军坚守不敢应战。这时恰好雷雨交加，金军怕吴磷进袭，只得拔营撤退。经过8天战斗，吴磷顺利收复了大散关这个战略要地。

1184年，洪迈出知婺州。当地官军向来纪律松懈，动辄聚众闹事，地方官辖制不力。洪迈决心改变这种局面。

一次，分发军服，兵士要求折价给钱，管事的官员不同意，这些兵士便聚集成伙，闯进守军将领的府衙，大嚷大叫，威逼将领同意给钱。将领胆怯，忙通知官员按兵士的意思办。适逢洪迈到任，知道了这件事，打算追究闹事者。这帮兵士骄纵惯了，哪里受得了这份气，马上在城门上贴出了污辱知州的榜文。洪迈经过调查，逮捕了其中48人。闹事兵士不甘罢休，再次成帮结伙哄闹起来，他们趁洪迈赴衙途中，簇拥着拦劫洪迈的轿子，逼洪迈放人。洪迈镇定自若，厉声斥责道："这些都是犯了罪的人，请问你们和他们有什么关系？"闹事者一听，都害怕把自己与罪犯扯在一起，纷纷散去。洪迈毫不惧让，审讯之后，将带头闹事的两个人押到市中心砍头示众，其余的或黥面，或打板子，均予惩罚，其他未被抓起的人知道新上任的知州手下无情，再也不敢聚众喧哗了。

宋孝宗听说了这件事，对宰相说："谁说书生怯懦，不能临事达权。"洪迈因功升迁为敷文阁待制。

治之经，礼与刑

江河湖泊的水深，鱼鳖就会归来；山里森林茂盛，禽兽就会归来；刑罚政令合理，百姓就会归顺；礼义制度完备，君子就会归顺。所以一个人有了礼就能行为端正，一个国家实行义就能政治清明；能够普遍推行礼义就能名声显扬，天下仰慕。有令必行，有禁必止，称王天下的条件就具备了。《诗经》里说"国中搞好京师富，安抚诸侯不费力"，说的就是这个意思。湖泊江河是龙和鱼的居所，山里森林是鸟兽的居所，国家是人民的居所。江河湖泊干涸了，龙和鱼就会离开；山里林木稀疏，鸟兽就会离去；国家政治混乱，人民就会离去。

在先秦诸子中，儒家片面强调礼治，夸大道理的作用，儒学的创始人孔子说："子为政，焉用杀？"（《论语·颜渊》）同儒学相反，以商鞅、韩非为代表的法家主张弃礼任法。韩非就公然宣称"为礼"反而使人们之间产生"责怨"，助长争斗。他同意老子的观点："故曰：礼者，忠信之薄也，而乱之首乎！"（《韩非子·解老》）荀子对儒家和法家作了综合，提出了"隆礼重法则国有常"（《君道》）、"治之经，礼与刑"的主张，形成了礼法结合、礼本刑用的治国思想。

荀子一方面对儒、法都进行了批评，认为一个妄轻其刑而使奸人作乱，一个峻法酷刑而使天下不服，另一方面又吸取了自己认为有用的东西。他吸取儒家的思想，认为"礼"是治理国家的根本。他说："隆礼贵义者其国治。""礼者，治辨之极也，强固之本也，威行之道也，功名之总也，王公由之所以得天下也，不由所以陨社稷也。"（《议兵》）同时，也吸取了法家的严刑重罚的思想，主张采用"法正之治"和"刑罚之禁"，以止纷乱。他说："凡刑人之本，禁暴恶恶，且征（惩）其未也。"（《正论》）杀人者死，伤人者刑，对于暴恶的人实行严刑重罚，是国家大治的表现。他指出："法者，治之端也。"（《君道》）

在论述礼、法各自的地位和作用时，荀子总是阐明两者是互相关联的。认为只有礼法结合，双管齐下，才能使国家"合于文理，归于治"。他说："古者圣人以人之性恶，以为偏险而不正，悖乱而不治，故为之立君上之势以临之，明礼义以化之，起法正以治之，重刑罚以禁之，使天下皆出于治，合于善也。"（《性恶》）这种礼法结合的主张正是融王道和霸道为一体，近似于"霸王道杂之"的兼并路线，荀子从中形成了独特的谋略思想。用封建的法制推行封建的伦理，以封建的伦理来保证封建法制的施行，是荀子治国思想的重要特征。

荀子这种"执两而中"、"宽猛相济"的治国思想，对后世封建统治者有着极大的影响。

中国历代为政者的为政实践证明，大多数为政者都不是单纯实行王道、霸道，而是两者兼而用之，只是有所偏重而已。比如诸葛亮七擒孟获即突出地表现为王道思想，而失街亭斩马谡和严厉打击蜀地豪强则是明显的霸道策略。即使较为典型的王道或霸道为政者也是兼合另一种为政策略的，如典型的施行王道的统治者康熙也是重视法制的，对大案要案也坚决严办，对内外叛乱的不断用兵也证明了这一点。又如典型的霸道为政者秦始皇也重用贤才，对百姓施行教化，显示了其王道的一面。因为仅用王道或霸道是不可能治理好国家的，也不可能成为名君名臣。虽然中国历史上倡导王道和力主霸道是两种极为突出的观点，但宽猛相济也一直时断时续地为一些人倡导。就是极力主张"道之以德，齐之以礼"的孔子，也不是一味地主张仁政而放弃刑法。孔子也说过："善哉，政宽则民慢，慢则纠之以猛。猛则民残，残则施之以宽。宽以济猛，猛以济宽，政是以和。"（《左传·昭公二十年》）汉宣帝也曾说："汉家自有制度，本以王霸道杂之，奈何纯用德教，用周政乎！"（《汉书·元帝纪》）说得很有道理。

汉宣帝时代，有一个太守采用"宽猛相济"、"王霸道相杂"的策略，在他的住所里，还真的实现了"隆礼重法"，他就是渤海太守龚遂。

龚遂，字少卿，山阳南平阳（今山东邹县）人，曾以精通儒家经典被选为官，历任昌邑王郎中令、渤海太守、水衡都尉。汉宣帝刘询即位后，渤海郡及其附近各地发生饥荒，官府逼迫得人民铤而走险，云聚风会群起造反，声势之大已使当地官员不知所措。宣帝得知此情，急召大臣商量，以觅贤能速去渤海郡平息事端。丞相和御史大夫一致推荐了龚遂。宣帝即任命龚遂为渤海太守。

当时，龚遂已是年过七旬的老翁。召见时，宣帝见其形容枯槁，很不称意，便问龚遂："目前，渤海郡治安状况混乱，我很忧虑，你将用什么措施来平息盗贼，使我满意？"龚遂对渤海郡动乱的形势早有实际的分析和明确的判断。他认为作乱的民众本来不是盗贼，他们不过是困于饥寒，迫于官府，一时走险，带有很大的偶然性。所以他从容地回答："渤海郡是一个濒海偏远之地，没有受到汉王朝的教化。那里的老百姓遇上大灾之年，饥寒交迫，再加上地方官不体恤民情，横征暴敛，竟使本是陛下忠诚的子民，偷盗兵器，在渤海一带作乱。现在陛下您是想用武力一时平息，还是图长治久安？"宣帝答道："毋庸置疑，朕派良臣前去，当然图的是长治久安。"龚遂进一步说道："既然如此，我请求丞相和御史大夫不要用规章制度法令来限制我，让我因事制宜，便宜行事。"宣帝答应了龚遂的请求。

龚遂到渤海郡上任，那里的官员们听到这个消息，怕沿途乱民劫击，打算派武装部队出郡迎接，并护送到任所。龚遂加以阻止，把来迎接的官兵统统打发回去；并且发出文告，要渤海郡下属的各县一律撤掉原来追捕"盗贼"的官吏。文告中还说："凡是手持农具的都是善良的农民，一切官吏不得查问；只有那些携带兵械的人，才是'盗贼'。"

文告发出后，他自己单车到任。所到之处，秩序井然。一时激愤而起的

荀子智慧

农民也都停止了骚乱行为。渤海郡中许多"盗贼"知道这个情况，一伙一伙地相继解散了。龚遂到任之后，经过明察暗访，抓住几个制造混乱的主犯加以严办，其他胁从及广大聚众闹事的均既往不咎。于是，他们放下武器，重新拿起农具，安心从事农业生产。渤海郡所谓"盗贼"动乱在龚遂的疏导下，不动一兵一卒，全部平息下来了。龚遂在任上，又开仓济贫，选用良吏，官民各司其职。不长时间，把一个偏远荒乱的渤海郡治理成一个政通人和、"官廉民乐"的好地方。

龚遂治理的渤海郡，濒临渤海，自古以来属于燕齐交界地带。这里富有渔盐之利，人们的生活来源较广，久而久之，养成了较浓的懒惰风气。人们多去打鱼、煮盐、经商，很少从事辛苦的农业生产。龚遂看到这种情况，感到轻视农业生产是个大问题。治理郡县必须发展生产，而发展生产，当以农为本。于是，他明确规定："凡在郡中的居民，每人都要亲自种1棵榆树，100棵薤，50畦韭菜；每家必须养2头母猪、5只鸡。"并且亲自带头执行，给人民做出榜样，以鼓励人民从事农业生产。他还规定：人民手中有刀剑的，一定要把刀剑卖掉，用来买牛和牛犊，保证有足够的耕牛。

龚遂是一个封建时代的循吏，他的体恤民情，重疏导教化以使民心归附，躬行节俭，以及安民富民以息狱讼的举措，自有其封建士大夫阶级的局限性，但却体现了封建时代人民的愿望和历史要求。龚遂治渤海郡，显示了"隆礼重法"的效能。

树立国家威严的三种方式

春秋战国时期，诸侯国争斗不已。每个国家都想让自己强大起来，超过其他国家；每个君主都抓住一切机会，咨询国家强大的方法。孔子到卫国，卫灵公"问陈于孔子"；梁惠王见孟子，首先问"亦将有以利吾国乎"；荀子西入秦，秦昭王试探他"儒者无益于人之国"。然而在他们眼里，强大无非就是兵强马壮，无非是土地广袤、人口众多。

事实是这样的吗？夏朝和商朝都曾经拥有天下，那时，天下的土地都属于它控制，天下的百姓都属于它管辖，然而商汤刚起家的时候，只有方圆七十里的地盘；文王刚刚起家的时候，只有方圆百里的地盘，他们都以小小的方国灭亡强大的夏朝和商朝。由此可见，土地、百姓的多少与国家力量的强大与否并不成正比关系。国家是否强大应该有其他的标准。

在《强国》一篇中，荀子区分了国家强大的三种方式。第一种是道德之威，即国家实行道德礼义而体现出的威严：

礼乐则修，分义则明，举错则时，爱利则形。如是，百姓贵之如帝，高之如天，亲之如父母，畏之如神明，故赏不用而民劝，罚不用而威行。夫是之谓道德之威。（《强国》）

在儒家的思想中，文王时期的统治就是道德之威的典型。齐宣王向孟子咨询所谓的王者之政是怎么回事，孟子陈述了文王实行的四点措施：对耕田者抽九分之一的税，做官者可享受世代俸禄，关卡和市场只稽查而不收税，池沼鱼梁无禁止捕鱼之令。同时保障四类社会弱势群体的利益：对犯罪者，刑罚只施及本人而不牵扯妻子儿女；老而无妻为鳏夫，老而无夫为寡妇，老而无子为孤独，幼而无父为孤儿，此四者为社会穷苦无靠之人。文王发布施仁政之令，必先体恤这四种人。能够实现这些，就是道德之威的体现。

第二种是暴察之威，即国家实行严格的法律而体现出的威严：

礼乐则不修，分义则不明，举错则不时，爱利则不形；然而其禁暴也察，其诛不服也审，其刑罚重而信，其诛杀猛而必，黭然而雷击之，如墙厌之。如是，百姓劫则致畏，嬴则敖上，执拘则最，得间则散，敌中则夺，非劫之以形势，非振之以诛杀，则无以有其下。夫是之谓暴察之威。（《强国》）

暴察之威实际是指以齐桓公为首的春秋五霸。齐桓公为了称霸诸侯，发兵讨伐山戎部落，途经燕国。燕国的国君知道了很害怕，齐桓公还没达到燕国时，燕君就赶快出国境去迎接，以表示恭顺。齐桓公问管仲："诸侯之间互相迎送可以超过自己的国境吗？"管仲说："除了迎接天子之外，国君是不能出国境的。"齐桓公说："对！这样看来，燕国国君是因为害怕我而出境迎

荀子智慧

接，以致不符合礼的要求，这是我无道才使燕君失礼的啊！"于是把燕国国君出境所到的地方割让给燕国。其他诸侯知道这件事后，认为齐桓公很讲仁义，纷纷与齐国交好，齐国的威严为之大振。除了齐桓公之外，其他霸主虽然不能推行仁义之政，但大体能够赏罚分明，是暴察之威的代表。

第三种是狂妄之威，即不知道天高地厚胡作非为的国家：

无爱人之心，无利人之事，而日为乱人之道，百姓欢敖则从而执缚之，刑灼之，不和人心。如是，下比周贲溃以离上矣，倾覆灭亡可立而待也。夫是之谓狂妄之威。（《强国》）

这样的国家以夏桀和商纣王为代表。桀和纣虽然是圣明君王的后代子孙，拥有天下，土地之大，分封管理的就有千里；人民众多，突然间却都离开夏桀、商纣而奔向商汤王、周武王，这是为什么呢？没有别的缘故，夏桀、商纣王，最善于做让人民厌恶的事；而商汤王、周武王，最善于做让人民喜好的事。

在这三种方式中，对荀子生活的时代而言，道德之威是很遥远的事了，只是在传说中的尧、舜、禹和后来的汤、文王实现过，他们的统治是真正的"王道"。狂妄之威是儒家极力批判的，也是道家、墨家等极力批判反对的。最后只剩下暴察之威了。

战国时各个诸侯国实行变法，颠覆了原先的传统，通过"霸道"富强起来。在荀子"隆礼尊贤而王，重法爱民而霸，好利多诈而危，权谋倾覆幽险而亡"的阶梯模式中，霸道不失为可取的次一级理想，也符合他对暴察之威的描述。

在秦昭王之时，荀子可能接受了秦范雎的邀请，到秦国进行实地考察。在当时的七个大国中，秦国的力量无疑最为强大，虽然秦国不符合荀子理想中的"王道"，荀子还是打破儒家不入秦的不成文规定，决定尝试一次。看来，这次考察对他的触动很大。他高度赞扬了秦国的山川形势、风光物产，说秦国地理形势险要，易守难攻，山川秀美，物产丰富；他高度赞扬了秦国的民风民俗，说秦国的百姓纯朴，音乐清雅，服饰合礼，简直就是古代的居民；他高度赞扬了秦国的基层政府，说秦国的官吏都是严肃认真的样子，无不谦恭节俭、敦厚谨慎、忠诚守信而不粗疏草率，真像是古代圣王统治下的官吏；他高度赞扬了秦国的中层政府，说秦国的士大夫走出自己的家门，就走进公家的衙门，走出公家的衙门，就回到自己的家里，没有私下的事务，不互相勾结，不拉帮结派，真像是古代圣王统治下的士大夫；最后，他又高度赞扬了秦国的朝廷中央政府，说秦国的君主主持朝政时，处理决定各种政事从无遗留，安闲得好像没有什么需要治理似的，真像是古代圣王治理的朝廷。同时荀子又指出秦国的一些不足之处，其原因他认为是"殆无儒邪"，即秦国缺乏儒家。所以在与秦昭王的对话中，荀子批评昭王"儒者无益于人之国"的说法，大力宣传儒家的基本精神，而使得昭王称"善"。不知为什么，荀子在秦昭王那里并未得宠。但荀子的学生李斯却取得了成功，他从荀子学帝王之术，学成后沿着荀子的足迹再次毅然赴秦，助秦王嬴政统一了天下。

理想的社会是什么样子

在儒家的眼里，尧、舜、禹、汤的时期和西周的初年是历史的黄金时期，从尧、舜之后，社会总体是一代不如一代，所以孔子总想回到周公的年代，叹息"甚矣吾衰也！久矣吾不复梦见周公""周监于二代，郁郁乎文哉！吾从周"。孟子也拉先圣做大旗，包装自己的"王道"，说"王道"就是尧、舜之道，文王之道。

实际上理想社会到底是什么样子，孔子和孟子毕竟没有生活在那个时代，因此也没法描述得很清楚。荀子则已经意识到战国时期的诸侯国家已经不同于夏商周时期的诸侯国家，夏商时期的神权统治再也不能维持一个中央集权国家对各诸侯小国的统治。社会在发展，生产关系在变化，由贵族子弟世袭制而延续下来的国家政治也因神权统治的破灭而使各诸侯小国也走上了不同的发展道路，因此，治理国家的人才问题也就凸现出来了。任人唯贤，不拘一格降人才，才能使一个国家走上正常发展的道路。虽然是王公士大夫

的子孙，若不能归属于社会行为规范和最佳行为方式，就归入庶民之列；虽然是庶民的子孙，若能积累文化学问，能端正身份行为，能归属于社会行为规范和最佳行为方式，就能归入卿相士大夫之列。所以他说：

虽王公士大夫之子孙，不能属于礼义，则归之庶人。虽庶人之子孙也，积文学，正身行，能属于礼义，则归之卿相士大夫。（《王制》）

不拘一格降人才，往往得到丰厚的回报。舜原来在历山耕田，三十多岁时被尧起用，选为继承人；傅说原在傅岩为人筑墙，因以傅为姓，殷王武丁用他为相；胶鬲起初贩卖鱼和盐，周文王把他举荐给纣，后来他又辅佐周武王；管仲原为齐国公子纠的辅臣，公子小白（齐桓公）和公子纠争夺君位，纠失败了，管仲作为罪人被押解回国，齐桓公知道他有才能，即用他为相；孙叔敖，春秋时期楚国人，隐居海滨，楚庄王知道他有才能，用他为令尹；百里奚，春秋时期虞国大夫，虞王被俘后，他由晋入秦，又逃到楚，后来秦穆公用五张羊皮把他赎出来，用为大夫。

世间没有绝对的公平，这是上天注定的。懂得不平等才能懂得平等，只有利用不平等才能使之平等。《论语·为政》曰："道之以政，齐之以刑，民免而无耻；道之以德，齐之以礼，有耻且格。"为政之道之所以要用政治理论，就是要与典范人物平等，人民因此会勉励自己而没有耻辱感；为政之道之所以要认识客观规律，就是要用平等的社会行为规范对人，即使有了羞耻的行为自己也会度量、衡量的。

夫两贵之不能相事，两贱之不能相使，是天数也。势位齐而欲恶同，物不能澹则必争，争则必乱，乱则穷矣。先王恶其乱也，故制礼义以分之，使有贫富贵贱之等，足以相兼临者，是养天下之本也。（《王制》）

才能与职位相符。周文王确实是打破了流传千年的世袭制，提拔任用了许多有才能的平民百姓，但此举在西周中后期没有得到继承。周公分封了各诸侯国以后，世袭制又悄然兴起，而世袭的贵族子弟们又逐渐沉迷于声色犬马之中，鲜有肯学能干的人，于是在春秋时期孔子又提出为政的人才问题。"陈力就列，不能者止"出自《论语》中的《季氏将伐颛臾》篇，其本意为做事要尽心竭力，如果做不好就应该辞去职务。这是孔子对他的弟子冉求和季路因工作失职并推诿责任而进行的严厉申斥。战国时期的荀子紧接孔子的思想，亦是要打破封建的人才世袭制度。因此，荀子的"复古"，是很有道理的。

无德不贵，无能不官，无功不赏，无罪不罚。朝无幸位，民无幸生，尚贤使能而等位不遗，析愿禁悍而刑罚不过，百姓晓然皆知夫为善于家而取赏于朝也，为不善于幽而蒙刑于显也。夫是之谓定论，是王者之论也。《王制》

他对上古的赞美和憧憬，暗含着对现实的不满和批评，从中也可能产生变革的念头。

以德兼人

荀子生活在动乱年代。作为一名思想家，他在考察了各国的兴衰存亡后，得出了这样的结论：用道德兼并别国的可以称王天下，用武力兼并别国的自己会越来越衰弱，用财富兼并别国的自己会越来越贫穷。从古到今都是这样。

春秋战国末期，各国间纵横捭阖，都想"一统天下"，其手段则是八仙过海，各显神通。法家主张奖励耕战，富国强兵，以暴力兼并天下；墨家则认为兼并战争带来灾难，提出"非攻"的思想；纵横家也认为"战之为残"，主张"以智（谋）服人"；儒家则主张"发政施仁"的"王道"政策。荀子将上述方法归纳为三类，即"以德兼人"、"以力兼人"、"以富兼人"，自己则竭力推行"以德兼人"的战略思想。

"以德兼人"是"王道"与"霸道"的兼容，以武力为后盾，用自己的名声、德行赢得别国人民的仰慕与赞美，"兵不血刃，远迩为服"，因此"得地而权弥重，兼人而兵愈强"。而"以力兼人"，以武力吞并别国，由于人力、物力的大量耗损，必然是"得地而权弥轻，兼人而兵愈弱"。"以富兼人"，则由于财物的大量投入，必然是"得地而权弥轻，兼人而国愈贫"。荀子的结论是"以德兼人者王，以力兼人者弱，以富兼人者贫"。

荀子的"以德兼人"是儒家王道的集中体现，他接受了孟子"不嗜杀者能一之"的观点，认为只有"仁义之兵行于天下也"。这与黄老冷冰冰的道术算计和法家权谋的严酷冷峻相比，是富有人情味的。服心以服人，以收心服人而治国王天下，是儒家王道智慧的核心。儒家认为，臣民的心悦诚服是决定一切的根本，它是各种正当的治国手段的直接目标，是决定"治"与"不治"的核心要素。孟子云："以力服人者，非心服也，力不赡也；以德服人者，中心悦而诚服也。"在此基础上，荀子由表及里，以睿智的眼光，看到了人民的力量，在《王霸》篇中说："用国者，得百姓之力者富，得百姓之死者强，得百姓之誉者荣。"荀子还多次把老百姓与君王的关系比作水与舟的关系，在《哀公》篇中说："君者，舟也；庶人者，水也。水则载舟，水则覆舟。"这也是荀子着力倡导"以德兼人"的根本原因。

《菜根谭》曰："德为事业之基。"一个想成就事业的人，若心中不存仁德则无法发展事业。只有以德感化人民，以德征服对手，才能"得地而权弥重，兼人而兵愈强"。

吴起是战国时代著名的军事家。他所著的《吴子兵法》和孙武所著的《孙子兵法》并称于世，被合称为《孙吴兵法》。作为政治家、军事家，吴起深知德行对于一个成就大业之人的重要性。

吴起曾仕于魏武侯。某日，他和武侯共乘一舟沿着西河而下。途中，武侯眺望岸边的景色，回头对吴起说："你看，多么壮观的自然景色。眼前这道天险，千军难破，真是魏国之宝也。"

陪武侯出游的大臣王钟谄媚地接着说："这就是晋国当时强大的原因。如果再很好地修整一下，那么，我们的霸业就成功了。"

吴起听后反驳说："非也！君主的话，是让国家走向危险之途，可你（指王钟）还附和君主，真是太危险了！"

武侯听了吴起的话，很气愤地说："你这话真是岂有此理，你能讲出道理来吗？"

吴起答道："国之宝物，并非山河之险。为政者能行仁德才是国家之宝藏。例如：从前三苗氏所管辖的国家，左临洞庭湖，右濒彭蠡湖，自恃山河的险要，而不知讲修德义，结果，国家给大禹灭掉了。

吴起

"夏桀的国家，左有黄河和济水的天险，右有泰山和华山的屏障，在它的南边和北面，更有那伊阙之固和羊肠之险。可是夏桀自恃有这么险峻的山川形势，只知暴虐百姓而不讲修仁政。结果，王朝给推翻了，而他自己也被商汤放逐了。

"还有殷纣王也是一样，他的领土，左有孟门的天险，右有太行的牢固，巍峨的常山在它的北面，浩浩的黄河流过它的南面，四面依山傍水，国土可谓险要无比，可是他不修德，专事酷虐百姓，终为周武王所诛。可见国之宝，并非取决于地形，乃在于为政者的仁德。如果君王不行仁德，那么今日所见的两岸风光不久就要成为敌人的景致了。"

依现代的眼光来看，这正像一位拥有最新式自动化工厂的经营者很自豪地对下属说："你看到的这些新型机器，真是公司之宝啊！"然而贤能的下属却会对他说道：

"不对！一个公司最重要的不是设备，而是经营者本身的修养和素质。"

为什么"仁德"对领导者、经营者竟如此重要呢？

因为"仁德''表现着一个人的品性，有仁德的领导者具有一种"无言的说服力"，他不须以严令申诫，便可收到莫大的功效，他会深受部下的信赖和爱慕，常常能事半功倍。

《三国演义》中的刘备在临终之际，曾留给儿子刘禅一封遗书，里面写道：

"勿以恶小而为之，勿以善小而不为，惟贤惟德，可以服人。"刘备一生，正因以德服人，才能卓立于乱世之中。有人说：刘备的江山是"哭"出来的。且不论此话是否正确，但刘备智不如诸葛亮，勇不敌关羽、张飞却是事实。而他的德足以弥补其不足，因此，他叮咛刘禅要唯贤兴德，这正是刘备一生经验的精辟总结。

就刘备的能力而言，他远不及魏武帝曹操。但刘备却能收揽像关羽、张飞、赵云以及孔明等文武奇才。刘备年轻时，历经磨难，时常陷于艰难困苦的境地之中而不能自拔。在当时群雄割据、战乱纷争的情况下，他曾先后投靠过吕布、曹操、袁绍、刘表等人，直到遇到诸葛孔明之前，几乎在事业上一无所成。

在避难荆州时，徐庶走马荐诸葛，于是刘备三顾茅庐，礼贤下士，诸葛亮在其著名的《出师表》中曾提到此事：

"先帝不以臣卑鄙，猥自枉屈，三顾臣于草庐之中，咨臣以当世之事，由是感激，遂许先帝以驱驰。"

刘备三顾茅庐时，已47岁了，而诸葛亮却只有27岁。当时的诸葛亮虽在南阳乡里很有名气，但在世人眼里，也不过是个有学识、有才气的穷书生而已。诸葛亮"拒见"刘备，也是想以此来试探刘备是否真有诚意请他出山，是否真的思贤若渴，是否真能礼贤下士而已，而刘备确实是位具有仁德之心的长者，经受住了孔明对他的考验。从此，孔明出山，为他奠定了蜀国的基业。

一位贤明的领导者，如果具备仁德，即可深得民心，得民心者就能成就大业，这个道理是显而易见的。

附录：荀子年表

荀子年表之一

——引自梁启超《荀卿及荀子》

前二九三（齐闵王三十一年）

——假定是年荀卿年十五，始游学于齐。

前二八六（齐闵王三十八年）

——是年齐灭宋。

前二八五（齐闵王三十九年）

——荀卿有说齐相书，见本书强国篇。说既不行，遂去齐适楚。

前二八四至二六八（齐襄王元年至十七年）

——荀子复游齐，三为祭酒，当在此十余年间。

前二六七（齐襄王十八年）（秦昭王四十一年）

——是年秦以范雎为相，号为应侯。

本书儒效篇与秦昭王问答，强国篇与应侯问答，皆当在本年以后。

前二六六（赵孝成王元年）

——本书议兵篇与赵孝成王及临武君问答，皆当在本年以后。

前二六二（楚考烈王元年）

——是年春申君相楚。

前二五五（楚考烈王八年）

——假定是年荀卿五十三岁。是年春申君以卿为兰陵令。

前二四六（秦始皇元年）

——史记李斯列传言："斯辞荀卿入秦，会庄襄王卒。"事当在此一两年间。

前二三六（秦始皇十一年）（楚考烈王二十五年）

——是年李园杀春申君。荀卿遂废居兰陵。假定是年荀卿七十二岁。

前二一三（秦始皇三十四年）

——是年李斯相秦。是年荀卿若尚生存，则假定为九十五岁。

荀子年表之二

——引自梁启雄《荀子简释》

前三二一至三一九（十五岁）

——荀子年十五初来游学于齐，时值宣王末叶。

前三一七（十七岁）

——齐大夫与苏秦争宠，使人刺秦，杀之。张仪复相秦。荀卿随而笑之。

前三一六（十八岁）

——燕王哙让国于子之，前此一二年间荀子或会游燕见子哙。

前二八六至二八五（五十岁）

——荀子年五十复来游学于齐，时在闵王之季世。设为荀子曾二度游学于齐。

前二八五（五十岁左右）

——荀子说齐相，不听，适楚。

前二八四至二五五

——荀子复游齐，为祭酒。荀子在齐，三为祭酒，当在此期间。

前二六七（六十八岁左右）

——秦以范雎为相，号为应侯。荀子入秦，当在本年后。

前二六六（六十九岁左右）

——赵孝成王立，荀子与临武君议兵赵孝成王前，当在本年后。

前二五五（八十岁左右）

——荀子仕楚为兰陵令。

前二三八（九十七岁左右）

——春申君死，荀卿废居兰陵。

前二一三（一百二十二岁左右）

——李斯相秦，荀卿为之不食。

（梁启雄注：此事是否可信，专视荀子享年能否逾于百二十而定。）

荀子年表之三

——引自游国恩《荀卿考》

前三一四（一岁）

——荀子生。

前三〇〇（十五岁）

——始游学于齐。

前二八五（三十岁）

——初为齐祭酒，说齐相适楚。

前二八四（三十一岁）

——五国伐齐，齐闵王被杀。

前二八二（三十三岁）

——齐襄王复国，稷下复修列大夫之缺。荀子再至齐为祭酒。

前二六六（四十九岁）

——范睢相秦封应侯，荀子去齐游秦见昭王及应侯。

前二六五（五十岁）

——秦伐赵，荀子去秦归赵。

前二六二（五十三岁）

——楚以黄歇为相，封春申君。

前二六一（五十四岁）

——荀子与临武君议兵。

前二六〇（五十五岁）

——荀子由赵至齐三次为祭酒最为老师。

前二五五（六十岁）

——齐人谗荀子，荀子适楚，春申君以为兰陵令。

前二五四（六十一岁）

——客说春申君，春申君谢荀子，荀子适赵。

前二五三（六十二岁）

——春申君请荀子复以为兰陵令。

前二三八（七十七岁）

——李园杀春申君，荀子废家于兰陵。

前二一八（九十七岁）

——李斯为丞相，荀子为之不食。

前二一七（九十八岁）

——荀子卒。

荀子年表之四

——引自罗根泽《荀卿游历考》

前三一六（燕王哙五年）

——燕王哙让国于其臣子之。

韩非子称："燕子哙贤子之而非孙卿。"盖不可信？

前三一二（赵武灵王十四年）

荀卿约于是年前后生于赵。

前二六六（秦昭王四十一年）

秦以范雎为相，封应侯。

荀卿入秦见昭王及应侯，当在是年后。在秦不久即返赵。

前二六四（齐王建元年）

荀卿至齐，三为祭酒，当在是年后。其至齐时，年已五十岁。

前二五五（楚考烈王八年）

秦相应侯称病请归相印，秦昭王以蔡泽为相。

齐人或谗荀卿；荀卿适楚楚相春申君以为兰陵令。

前二五〇（赵孝成王十六年）

荀卿自楚返赵，与临武君议兵于赵赵孝成王前，当在是年前后之数年。

前二四七（秦庄襄王三年）

李斯从荀卿学帝王之术，辞卿西入秦。

前二四五（赵孝成王二十一年）

荀卿自赵返楚再为兰陵令，当在是年前。

前二三八（楚考烈王二十五年）

楚李园杀春申君，荀卿废居兰陵，年已七十四五岁矣。

前二一三（秦始皇三十四年）

是年，李斯为丞相。

盐铁论称："李斯相秦始皇任之，人臣无二，而荀卿为之不食。"盖不可信？

荀子年表之五

——引自梁涛《荀况行年新考》

周显王 33 年　韩昭侯 22 年（公元前 336 年）

——荀子约生于此时。

（荀子，名况，赵国人。时人尊称其为荀卿。又因荀、孙音近，亦称孙卿。战国时思想家，儒家代表人物。）

周慎靓王 5 年　燕王哙 5 年（公元前 316 年）

——燕王哙让国子之，荀子约于此时来燕。

（据《史记·燕召公世家》及《六国年表》，燕王哙听信苏代、鹿毛寿的建议，于今年传国于相子之，自己反为臣下，在当时引起极大震动。大约此时稍前，风华正茂的荀况来到燕国，目睹了燕王哙禅让的整个过程，并对燕王哙进行劝阻。现《荀子》一书中的《正论》一篇，有大量反对禅让的言论，有学者认为即是荀子此时的作品。荀子反对燕王哙的禅让，可能是针对政治的稳定而言的。在他大约是晚年的作品《成相》中，则对尧舜的禅让进行了赞美和肯定，反映了他思想的变化，也符合儒家的一般观念。）

周赧王 29 年　齐湣王 15 年（公元前 286 年）

——荀子五十岁，游学于齐。

（据《史记》及刘向《叙录》，荀子年五十岁时曾来齐国游学，"游学"是指学术交流，而不是指"求学"，荀子五十岁时，思想已基本成熟，故来齐国稷下交流。）

周赧王 30 年　齐滑王 16 年（公元前 285 年）

——荀子离开齐国前往楚国。

（荀子到齐国后，遇到齐滑王发动的一系列对外战争，"矜功不休，百姓不堪，诸儒谏不从，各分散。"在这样的环境下，荀子无法在齐国待下去，不久便去了楚国。）

周赧王 37 年　齐襄王 6 年　燕惠王 1 年（公元前 278 年）

——荀子五十七岁，由楚国回到齐国。

（公元前 279 年，齐国向燕军发起反攻，一举收复失地，"迎襄王于莒入于临淄"。齐襄王复国后，招集亡散的学士，重整稷下学宫，"修列大夫之缺"。荀子由楚国回到齐国，参加稷下学宫的恢复重建工作。由於田骈等老一辈的学者都已死去，慎到、接子等稷下旧人又不在齐国，荀子在复办的稷下学宫中"最为老师"，成为最受欢迎、最受尊敬的先生；曾经"三为祭酒"，多次担当学宫的领袖，成为稷下"列大夫"之首。《韩非子·显学》篇所谓"孙氏之儒"，即儒家中的荀子学派，主要形成在这一时期。）

周赧王 49 年　齐襄王 18 年　秦昭王 41 年（公元前 266 年）

——荀子游秦。

（荀子本年由齐国来到秦国，与秦昭王、范雎问答。《荀子》一书中的《儒效》《强国》两篇，即记录了谈话的部分内容。他建议秦昭王重用儒士，实行"王道"，"力术止，义术行"，以达到"得天下"而"天下应之如欢"的境界。南于秦国正忙于兼并战争，准备攻韩并侵赵，荀子在秦国得不到重用，于是离开秦国回到赵国。）

周赧王 50 年　赵孝成王 1 年（公元前 265 年）

——荀子七十一岁，在赵国"议兵"。

（荀子今年回到赵国，与临武君在赵孝成王前就用兵的问题进行了讨论，这一讨论后来被记录整理在《议兵》篇中，集中反映了荀子的军事思想。荀子议兵，尽管以"王兵"折服了"诈兵"，使得赵孝成王和临武君都不得不称"善"，但处于"争於气力"的当时，赵王"卒不能用"，所以他只好离赵而另谋出路。)

周赧王 58 年　齐王建 8 年（公元前 257 年）

——荀子来到齐国，说齐相。

（荀子在赵国停留一段时间后又回到齐国。这时齐王建当位，但朝政由"君王后"（襄王后）控制。《荀子·强国》记录荀子向齐相进言，劝说其执"胜人之势"，行"胜人之道"，作到王霸的统一。同时，论述齐国内外大势，并对"女主乱之宫，诈臣乱之朝，贪吏乱之官"的弊政进行了批评。结果，"齐人或谗荀卿"，荀子在齐国也呆不下去，於是前往楚国。)

秦昭王 52 年　齐王建 10 年　楚考列王 8 年（公元前 255 年）

——荀子八十一岁，适楚为兰陵令。（荀子八十一岁时，被春申君任命为兰陵令，开始了他一生中短暂的仕途生涯。兰陵在今山东苍山县西南兰陵镇，原为鲁地，鲁灭亡后归于楚。荀子在兰陵一边作官，一边著述，同时收徒讲学，进入学术创造的一个高潮。)

秦始皇 9 年（公元前 238 年）

——荀子废居兰陵，不久去世。

特别提示：

本书在编写过程中，参阅和使用了一些报刊、著述和图片。由于联系上的困难，和部分作品的作者（或译者）未能取得联系，对此谨致深深的歉意。敬请原作者（或译者）见到本书后，及时与本书编者联系，以便我们按照国家有关规定支付稿酬并赠送样书。

联系电话：010－80776121　联系人：马老师